四川大學中國俗文化研究所
四川大學漢語史研究所

漢語史研究集刊

第十八輯

巴蜀書社
中國·成都

目　錄

關於《集韻校本》

——敬復王培峰先生

趙振鐸

内容摘要：王培峰《〈集韻校本〉疏失補正》一文針對《集韻校本》提出了數條意見。本文在認真學習研讀這些意見的基礎上認爲：《集韻校本》底本的選定是以流傳廣泛、易於獲得爲依據的；《集韻考證》内容應當補入《集韻校本》，但衛天鵬和丁士涵校語未必來自《集韻考證》。以此作爲對王文的回復。

關鍵詞：集韻校本　底本　集韻考證　衛天鵬　丁士涵

拙著《集韻校本》問世以後，蒙王培峰先生不棄，撰文評騭①，拜讀數四，振聾發聵，獲益良多。然亦有一二處尚有不明確者。謹撰此文，敬復培峰先生。伏望先生有以教我。

一　關於校書底本問題

校書選擇底本至爲重要，選擇一個好的本子作工作底本，然後用其他的本子對校，這是校書常用的方法。好的本子應該是内容完整，文字比較正確的，不一定是所謂的善本，就《集韻》來説，我選擇清朝嘉慶十九年（1814）顧千里重修本，是經過認真

① 《漢語史研究集刊》第十七輯，巴蜀書社，2014年。

考慮的。

《集韻》一書編成於宋仁宗寶元二年（1039），慶曆三年（1043）鏤版刊行。兩宋時期各地有一些翻刻本，據目前所知有中原刻本、蜀中刻本、明州刻本、潭州刻本、金州刻本等。慶曆原刻本及上述前兩種刻本已經看不見了，其餘三種宋本，今天都有影印本傳世①。

元明兩朝四百年間，《集韻》没有重刻過，宋代的刻本隨着時間的推移少了起來。當時社會上出現了這書的鈔本，但是數量不大，到了明末清初，見過這本書的人已經不多。博學多聞的學者如顧炎武，也因爲没有見到這部書，而認爲它已經亡佚②。

清朝康熙年間朱彝尊從常熟毛扆處借得一部影宋鈔本《集韻》，把它交給曹楝亭，請他鏤版印行，以廣流傳，康熙四十五年（1760）書在揚州刻成，於是《集韻》又有了刻本在世上傳播。這個本子就是通常所説的曹本。它對於後來《集韻》的傳布有很大的影響，清代幾個《集韻》本子都是根據它來的。

《集韻》是官修書，書中粗疏的地方不少。清朝姚覲元批評它是“觸處皆幹”，不是誇張之詞。曹楝亭得到的宋本，據筆者觀察，它的母本應該是清宮裏面那部潭州刻本③。但是曹楝亭在刻書的時候，又按照自己書的編排格式，重新編排抄寫，這一改

---

① 潭州本原爲清宮庋藏，現歸首都圖書館。1984 年中華書局影印編入《古逸叢書》三編，明州本原藏清朝大臣翁同龢家，爲其後人攜去美國，現藏上海圖書館。1993 年文物出版社曾於翁氏後人處借得影印。金州本原藏日本宮内廳書陵部。缺卷一，2001 年全國高校古籍整理研究工作委員會《日本宮内廳書陵部藏宋元版漢籍影印叢書》，由綫裝書局影印出版。

② 顧炎武《音論》卷上：“李燾《五音韻補序》又曰：‘《切韻》、《廣韻》皆莫如《集韻》詳，故司馬光因以修《類篇》，是則宋時韻學元有詳略二書，今《集韻》不存，而後人祖述者皆本之《韻略》耳。’”

③ 參見拙作《記〈古逸叢書〉三編影宋刻本〈集韻〉》，《古籍整理研究學刊》1995 年 1、2 期合刊。

動，又增加了一些新的錯謁，正如姚覲元所説“其書版刻精工，而校讎未善，識者之所弗取”。

到了嘉慶年間，曹本的木版已經有破損殘缺，不進行修補，就無法重印。有人提出重修的倡議，由有名的校勘學家顧廣圻主持其事，嘉慶十九年修補完畢，刊刻印行，稱爲顧氏重修本。這個本子行款格式一律依照曹本，祇是補刻了一些破損的版子，對曹本基本上没有改動。

光緒年間，歸安姚覲元任川東布政使，在任上他刊刻了《集韻》，同時刊刻的還有《類篇》和《禮部韻略》，合稱“姚刻三種”。他刊刻《集韻》》也是根據曹本，從姚覲元的序文可以看出，他本來打算在書的後面附一個校勘記，但是索要書的人太多，祇好將正文印出，校勘記就没有附上，現在首都圖書館藏有姚覲元的《集韻校證匯編》稿，僅存四卷，不到《集韻》全書的一半，從他收集材料看，他已經看到了南宋明州本和汲古閣影宋鈔本，還用了余蕭客、韓泰華、吕賢基等人校勘《集韻》的成果。

從以上的論述，可以看到，清代康熙以來相當長一段時間社會上流行的《集韻》，基本上是曹本系統。

二十世紀五十年代以來，中國書店影印了顧氏重修本《集韻》，使這個系統的本子能够更廣泛的流傳，社會上人們持有的《集韻》本子，基本上是曹本這個系統，因此選擇顧氏重修本作爲校本的工作底本，能够滿足絕大多數持有這種本的人的需要。

至於明州本《集韻》，固然它是一個善本，其文字質量比其他兩個宋本爲優，但是明州刻本持有的人不多，清朝時候最爲人知的是翁同龢家有一部，其他就不爲人知了[①]。二十世紀八十年代上海古籍出版社影印出版了錢氏述古堂影宋鈔本《集韻》，它

---

① 參見拙作《集韻研究》170頁，語文出版社，2006年。

的母本就是明州本，於是世上有了明州本流傳，但是這個本子脫漏極多①。九十年代翁氏這個宋本影印出版，但是印數不多，而且售價昂貴，持有的人遠遠少於持有曹本系統的人。

還需要指出的是，清代學者已經看出明州本和曹本不是一個刻本系統，段玉裁、馬釗用曹本和母本爲明州本的汲古閣影宋本作比較得出了這個結論②。仔細比較這兩個本子，不難發現，它們之間有小韻字的排列前後不同，有的切語用字不同，還有文字的衍譌缺脫情況不一樣等情況③。如果用明州本作底本寫出校記，用來讀曹本系統的《集韻》，有時會有一個版本轉換問題，反而不方便。

我在《集韻校本》的序裏面曾經寫道："校本以嘉慶十九年顧廣圻重修本爲底本，因爲這個本子在曹本的基礎上對一些錯譌有所改正，上世紀末中國書店又曾經影印過，流傳較廣，容易得到。"這就是我選擇底本的原因，現在重申我這個觀點。

二　關於《四庫全書考證》之《集韻考證》問題

《四庫全書考證》卷二十一有《集韻考證》一種，以傳世典籍用他校法校理《集韻》所得結論可靠，但是清代有些四庫全書館臣，如王念孫，曾經供職四庫全書館，他對《集韻》有研究，但是他的這些研究並沒有被採錄，這是奉旨撰寫考證之類著作的館臣的通病。振鐸 1990 年去江浙一帶訪書，因姜亮夫仁丈關係，在原杭州大學圖書館見到孫氏玉海樓藏一部《集韻》批校本，朱

① 參見拙作《述古堂影宋抄本〈集韻〉二三事》，《新國學》第一卷，巴蜀書社，1999 年。

② 《漢語史研究集刊》第十七輯，巴蜀書社，2014 年。

③ 《漢語史研究集刊》第十七輯，巴蜀書社，2014 年。

墨滿紙，據雪克教授相告這部書的批語裏面有不少“珪案”，應該是方成珪家舊藏，中以朱筆過録《集韻考證》材料不少。當時《集韻校本》的編撰工作已近尾聲，覺得它和以前收録到的清人校本無多大差别，而且所校清人校本多已涉及，就没有再收録了。現在看來，這個作法是不妥當的。

培峰先生建議若《集韻校本》日後修訂，應將《集韻考證》的内容補進去。這話完全正確，假我以年，修訂再版時可以將它補進去，放在余蕭克校語之後。

培峰先生研究了《集韻考證》和衛天鵬、丁士涵、方成珪諸人校語，第一次提出這三種校本部分或全部出自《集韻考證》，横空出世，石破天驚，發前人所未發。

方氏書中引用有《集韻考證》文字，而他家藏本《集韻》書眉幾乎全部過録了《集韻考證》，説他的校語來自《集韻考證》，應該説得過去。

但是衛天鵬和丁士涵的情況就不一樣了，在不多的有關兩人的資料中都没有有關兩人與《集韻考證》關係的記載，他們的校語裏面也没有直接引用《集韻考證》的話，單憑校語結論和一些校勘用語相同就説他們抄自《集韻考證》，那麽其他一些清人的校語也有同樣的情況，是不是也可以得出同樣來自《集韻考證》的結論呢？

以衛天鵬、丁士涵的學識和功力，用傳世典籍校《集韻》，是完全勝任的。特别是丁士涵，他是清代學者陳奂的學生，從陳奂受《管子》《集韻》之學，他於《集韻》用功最勤，近人王欣夫先生曾在上海圖書館藏丁氏校本上面寫有跋語介紹他治《集韻》的情況，謹録如下：

唯丁書收羅校訂最爲繁富精詳。當時丹鉛勤劬，廿年不下樓，成校語五萬餘條。殁後叠閣數十年，從未顧視，前年其族人丁君載庵曾約孫伯南先生宗弼欲爲理董付梓，伯南先生更來慫恿襄助爲理，卒以斯事體大。荏苒至今。

今天看到丁氏批在《集韻》書上的校語並不多，他那五萬條校語，不知尚在人間否？但是從丁氏所批校材料看，丁士涵是完全能夠獨立校勘集韻的。

《集韻考證》的成就是客觀存在的，在清代它藏於深宮，不是任何人都能够見到的，這就是清人校本裏面少有提到它的原因，而就是没有引用，也無損於這部書的價值。

培峰先生的論斷還不敢說就是結論，因爲他僅是一種推斷，缺乏明確的使人信服的論據，要使"史無明文"到"立論有據，令人信服"，還需要進一步努力。

Some Issues on The Correction of Jiyun

——Reply to Mr. Wang Peifeng

Zhao Zhenduo

(School of Literature and Journalism, Sichuan University, Chengdu 610064)

Abstract: Wang Fengpei's paper *The Investigation The Correction of Jiyun* put forward several opinions according to *The Correction of Jiyun*. This paper has learned these opinions carefully, and believed that the reason of selecting the original version is based on its widely circulated and easy to get; *The Etymological Note of Jiyun* should be added into *The Correction of Jiyun*, but Wei Tianpeng and Ding Shihan's notes are not from *The Etymological Note of Jiyun*. These are just the replies to Wang's article.

Key words: The Correction of Jiyun; The Original Version; The Etymological Note of Jiyun; Wei Tianpeng; Ding Shihan

（趙振鐸，四川大學文學與新聞學院，郵編 610064）

《詩》語間詁（一）*

董志翹

内容摘要：《詩·邶風·静女》中的“彤管”的解釋，是《詩經》研究史上的一樁公案。數千年來衆説紛紜，然總覺不盡人意。今謂“彤管”實即“彤菅”，而“菅”亦“蘭”也。“彤管”即“彤菅”，亦即“紅蘭”，本文擬從文字、音韻、詞義及民俗諸方面略加論列，以就教於方家云。

關鍵詞：詩經　彤管　彤菅　紅蘭

《詩經·邶風·静女》凡三章，章四句：

静女其姝，俟我於城隅，愛而不見，搔首踟躕。

静女其孌，貽我彤管，彤管有煒，説懌女美。

自牧歸荑，洵美且異，匪女之爲美，美人之貽。

這是一首膾炙人口的優美情詩。王力先生的《古代漢語》、北大中文系編寫的《先秦文學史參考資料》以及余冠英先生的《詩經選》，趙浩如先生的《詩經選譯》，都選録了這首詩，可見這首詩的影響之大。對這首詩中名詞“彤管”的解釋，千百年來，古今學者衆説紛紜，各執己見，莫衷一是，至今没有定論。宋代朱熹《詩集傳》云“不詳何物”，態度雖謹慎，然未能解決問題。迄今較有代表性的説法，舉其大端，約有五種之多。

---

* 基金項目：國家社科基金重大招標項目（2010—2015）“漢語史語料庫建設研究”（項目編號：10&ZD117）。

最早的解釋是《毛詩傳》:“彤管，赤筆管，古代女史以彤管記事，後因用於女子文墨之事。”①這種看法爲董仲舒進一步闡發。清陳啟源《毛詩稽古編》云:“牛亨問:‘彤管何也?’董仲舒答曰:‘彤者，赤漆也，史官載事，故以彤管，赤心記事也。’”②董説除了擴大了彤管使用者範圍外，還强調“彤管”在命名上的象徵意義，所謂“赤心記事”。聽起來振振有詞，其實漏洞百出，前後矛盾。第一，如上述，若彤管爲女史專用筆，則静女當是女史；若彤管爲史官專用筆，則静女當爲史官之女。是女史，則應居宫中，行所謂“女史彤管之法”(《毛詩傳》)；是史官之女，則應居城裹。然而第三章詩裹則明明寫著“自牧歸荑”。按:《説文》云:“牧，養牛人。”③又《史記·周本紀》“麋鹿在牧”引徐廣注云:“牧，郊也。”④郊外的養牛人如何同“女史”或“史官之女”聯繫起來呢?第二，把用來“赤心記事”的彤管饋贈情人，未免有瀆“聖賢”之嫌。王夫之《詩廣傳》云:“其二章(指《静女》第二章——引者注)曰:‘貽我彤管’，其貽可知已。彤管，貞物也，貞物而淫用之，顧名不慊而僅詑其煒也。”⑤王氏所論甚是。第三，先秦没有“管”作“筆”的記載。《説文》:“筆，秦謂之筆，從聿。”“聿，所以書也，楚謂之聿，吴謂之不律，燕謂之弗。”許慎記録了這麽多筆的别名，惟獨没有“彤管”，難道是疏忽嗎?《禮記·曲禮》:“史載筆，士載言。”⑥這都證明先秦古籍中並無筆爲“彤管”之説。“彤管”指代“筆”，是漢以後的事。《後漢書·皇后紀序》有“女史彤管，

---

① 《十三經注疏》(上)，中華書局，1980年。

② 清陳啟源《毛詩稽古編》,《清經解》本，上海書店，1988年。

③ 清段玉裁《説文解字注》，上海古籍出版社，1981年。

④ 《史記》，中華書局，1959年。

⑤ 清王夫之《詩廣傳》，中華書局，1964年。

⑥ 《十三經注疏》(上)，中華書局，1980年。

記功書過”説法①。《初學記》引傅玄《筆銘》曰：“韡韡彤管，冉冉輕翰。”②這又怎樣解釋呢？我們以爲秦以後把“管”稱爲“筆”可能與造筆者的傳説有關。韓愈《毛穎傳》：“秦皇帝使恬賜之湯沐，而封諸管城，號曰‘管城子’。”③恬是蒙恬，相傳筆是他發明的，《博物志》有“蒙恬造筆”的記載。筆是否蒙恬所造，且擱一邊，不去理會。但這段記錄有助於我們理解秦以後的人把筆稱作“管”的原因。因爲筆是蒙恬發明的，蒙恬的封地在管，所以把筆稱作“管”；就像英語裏把瓷器稱爲“中國(China)”的道理一樣。因此我們説，即使秦以後的人把筆稱爲“管”，也不能證明《詩經·邶風·静女》裏的“彤管”指的是筆或赤筆管。

清代姚際恒《詩經通論》認爲，“彤管即《内則》‘左佩箴管’之管，其色赤，故曰‘彤管’。毛、鄭以爲筆管，未然，‘女’指‘彤管’謂悦此彤管之類也。”④姚説雖不雷同於前人，然而僅憑《内則》有“左佩箴管”這句話就斷然認爲彤管是“箴管”，是乃强詞耳。《禮記·月令》：“孟冬之月，修鍵閉，慎管籥。”鄭玄注：“管籥，博鍵器也。”孔穎達疏：“以鐵爲之，似樂管之管籥，搢於鎖以搏取其鍵也。”同樣出自《禮記》的“管”却解釋爲鑰匙。如果我們不同意姚氏的解釋，按照姚氏非此即彼的邏輯，豈不就可以憑《禮記》裏有“慎管籥”三字把“彤管”釋爲“紅鑰匙”嗎？顯然，把“彤管”釋爲“箴管”是行不通的。所以此説今人多不採用。

現代又有不少學者以爲“彤管”是樂管，以高亨先生爲代

---

① 《後漢書》，中華書局，1965年。
② 《初學記》，中華書局，1962年。
③ 《五百家注昌黎文集》，文淵閣《四庫全書》，上海古籍出版社，2003年。
④ 清姚際恒《詩經通論》，中華書局，1958年。

表。高氏所著《詩經今注》說，“彤管當是樂器，就是紅色的樂管。《詩經》裹的管字都是指樂管。《周頌·有瞽》：‘簫管備舉’。《商頌·那》：‘嘒嘒管聲。’又《周頌·執競》：‘磬筦將將’。《漢書·禮樂志》、《説文》都引筦作管，所以説此詩的彤管當是樂器。”①我們也不能同意高氏的説法。爲了説明問題，我們不妨把高氏引證的幾首詩拿出來和《静女》對比一下。

《周頌·有瞽》：

有瞽有瞽，在周之庭，設業設虡，崇牙樹羽。

應田縣鼓，鞉磬柷圉，既備乃奏，簫管備舉。

喤喤厥聲，肅雝和鳴，先祖是聽，我客戾止，永觀厥成。

《商頌·那》：

猗與那與，置我鞉鼓。奏鼓簡簡，衎我烈祖。

湯孫奏假，綏我思成。鞉鼓淵淵，嘒嘒管聲。

既和且平，依我磬聲。於赫湯孫，穆穆厥聲。

庸鼓有斁，萬舞有奕。我有嘉客，亦不夷懌。

……

《周頌·執競》：

執競武王，無競維烈。不顯成康，上帝是皇。

自彼成康，奄有四方。斤斤其明，鐘鼓喤喤。

磬筦將將，降福穰穰。降福簡簡，威儀反反。

既醉既飽，福祿來反。

我們可以看出這三首詩和《静女》相比有三處不同。首先這三首詩都是統治者在祭祀時的頌歌，用高氏自己的題解，《有瞽》是“周王大合樂於宗廟所唱的樂歌”，《執競》是“周王祭武王、成王、康王時所唱的樂歌”，《那》是“宋君祭祀祖先通用的樂

① 高亨《詩經今注》，上海古籍出版社，1980年。

歌”，古代統治者祭祀時要奏樂、跳舞，“美盛德之形容，以成功告其神明”，在反映這種祭祀場面的詩歌裏出現樂器是毫不足怪的。而《静女》是一首情歌，記載一對青年男女幽會情形的“民俗歌謠”，在這樣的詩裏出現樂器不合情理。《詩經》裏個别寫男女關係的詩裏曾出現樂器，如《周南·關雎》四章：“窈窕淑女，琴瑟友之”，五章：“窈窕淑女，鐘鼓樂之”。《鄭風·女曰雞鳴》二章：“琴瑟友之，莫不静好”。前者是主人公想像娶親時鼓樂齊奏的熱鬧氣氛，後者是寫宴會時歡樂情景。兩首詩都是寫的家庭生活，在這裏出現樂器是符合客觀實際的。但是《静女》並不能與這兩首詩相提並論，《静女》是寫男女幽會的。男女幽會時不會演奏樂器，出現樂器不合乎詩的内容。其次，在這三首詩裏，都同時出現了幾種樂器，《執競》裏有鼓、鐘、磬、管四種樂器，《有瞽》裏有鼓、縣鼓、鞉磬、虡、圉、簫、管七種樂器，《那》裏有鼓、磬、管等樂器。進而察之，管這種樂器又總是和磬、鼓同時出現。而《静女》裏除了“彤管”外就是“荑”，樂器和草出現在一起，缺乏内在聯繫。再次，在這三首詩裏，都有表示樂器聲音的象聲詞：《執競》裏有“喤喤”、“將將”，《有瞽》裏有“喤喤”，《那》裏有“嘒嘒”、“穆穆”。由此可見，高氏所引證的三首詩的性質、内容都和《静女》並不相同，因此它們之間不能簡單類推。

在我國先秦詩歌裏，有不少關於男女之間互贈信物的記載，如：

“彼留之子，貽我佩玖。”（《詩·王風·丘中有麻》）

“投我以木瓜，報之以瓊琚。”

“投我以木桃，報之以瓊瑶。”

“投我以木李，報之以瓊玖。”（上三例皆出於《詩·衛風·木瓜》）

“知子之來之，雜佩以贈之。”（《詩·鄭風·女曰雞鳴》）

"捐余玦兮江中，遺余佩兮醴浦。"(《楚辭·湘君》)

"捐余袂兮江中，遺余褋兮醴浦。"(《楚辭·湘夫人》)

然未見男女之間以筆、箴管、樂管相贈以示友好的記載。上述把彤管釋爲"筆管"、"箴管"、"樂管"的通病，就在於不顧作品的實際内容，脱離了作品的語言環境，以及上下文的聯繫，或臆斷，或簡單類推，當然不會得出正確的答案的。

現在比較流行的看法還有，認爲"彤管"是一種紅色管狀的草，和詩中"荑"爲同物。劉大白《白屋説詩》:"彤管是一個紅色的管子，這個紅色的管子就是(《静女》)第三章'自牧歸荑'的荑。《毛詩傳》説'荑，茅之始生者'……。《左傳》'爾貢包茅不入，王祭不供，無以縮酒'茅既可以縮酒，可見茅是有管的，宋梅堯臣詩'丹茅苦竹深幽之'，晉郭璞《遊仙詩》:'臨源挹清波，陵崗掇丹荑'，可見茅有丹茅，荑有丹荑，所以這個彤管，我以爲祇是那位静女從牧場上采回來的一紅色的茅笛兒。"① 這是一種新穎的説法，得到了顧頡剛、王力等衆多學者的贊成，余冠英的《詩經選譯》就把"貽我彤管"譯成:"送我一把紅管草。"

此説雖給我們很大啟發，但亦有可商之處:

茅能縮酒，並不能證明茅有管。《周禮·天官·甸師》"共蕭茅"下鄭興注:"蕭字或爲莤，莤讀爲縮。束茅立之祭前，沃酒其上，酒滲下去，若神飲之，故謂之縮。"② 《史記·夏本紀》"包匭菁茅"下《集解》引鄭玄注曰:"菁茅，茅有毛刺者，給宗廟束酒。"由此可知，縮酒只是古人祭祀鬼神的一種形式，縮酒用的茅草是古荆州的一種特產，稱爲菁茅。《本草綱目·草部》:"香茅一名菁茅，一名璚茅，生湖南及江淮間。葉有三脊，其氣

① 劉大白《白屋説詩》，嶽麓書社，2012年。

② 《十三經注疏》(上)，中華書局，1980年。

香芬，可以包藉及縮酒。《禹貢》所謂荆州‘包匭菁茅’是也。”①顯然，菁茅不是管狀的草，古人用它縮酒並非因其有管，而可能與它的“香芬”有關。

各家釋“彤管”，都着眼於“管”的“筆管”、“箴管”、“樂管”義上做文章。劉氏之説可謂不凡，能照顧到與後文“荑”的呼應，較前人更合詩意。然把彤管釋作“紅色管狀草”，最終還是囿于“管”字。仍不免望文生義之嫌。

我們認爲“管”即“菅”之異體字。古字，從“竹”之字，與從“艸”之字每通。《説文》、《碑别字新編》及《廣碑别字》中例子不可勝舉。如：

《説文·竹部》：“篓，蔽不見也。从竹，愛聲。”段玉裁注：“《爾雅》：‘薆，隱也。’《方言》：‘揜，翳，薆也。’其字皆當从竹，竹善蔽。《九歌》曰‘余處幽篁兮終不見天’是也。……《邶風》‘愛而不見’，郭注《方言》作‘薆而不見’。”

《説文·竹部》：“筊，竹索也。从竹，交聲。”《漢書·溝洫志》：“搴長茭兮湛美玉。”臣瓚曰：“竹葦絙謂之茭也，所以引置土石也。”師古曰：“瓚説是也。搴，拔也。絙，索也。湛美玉者，以祭河也。茭字宜從竹。搴音騫，茭音交，又音爻。”

《説文·竹部》：“筰，筊也。从竹，作聲。”段玉裁注：“或从艸作莋，非也。”

《説文·竹部》：“篛，竹皃。从竹，翁聲。”段玉裁注：“今三《賦》篛皆誤从艸矣。”

《隸辨》上聲二十四“緩”韻：“菅，靈台碑：成陽令博陵菅遵。按：‘菅’即’管’字。菅，北海相景君銘：或黻頌於菅弦。按：‘菅’即‘管’字。”② 又漢畫像石“管仲”像下即刻有

① 明李時珍《本草綱目》，文淵閣《四庫全書》，上海古籍出版社，2003年。
② 清顧藹吉編《隸辨》，中華書局，2003年。

“菅仲”之名。

《別雅》卷三：“菅弦、莞弦，管弦也。北海相景君碑：‘或斆頌於菅弦’。按：漢隸從‘竹’之字多書同‘艸’，如簿書之‘簿’即作厚薄之‘薄’；簡畧之‘簡’即作秉蕳之‘蕳’。‘菅’本艸菅字，即用爲管弦字，非是借‘菅‘爲’管’，蓋書法如是耳。漢印管姓字，亦但從艸。”①

《説文·艸部》：“菅，茅也。”故“彤菅”即“紅色的茅草”，正與下文“自牧歸荑”互相應證。

那麽，茅草有紅色者否？答案是肯定的。晉郭璞《遊仙詩》：“臨源挹清波，陵崗掇丹荑。”梁簡文帝《箏賦》：“丹荑成葉，翠陰如黛。佳人采掇，動容生態。”②清《御制詩集》四集卷二十“東竺菴”詩：“却是女夷工綴景，蒼松側畔點紅荑。”③宋梅堯臣《送張太博通判袁州》詩“丹茅苦竹深幽幽，邑人祠鬼拜古樹。”④元許恕“久雨歎”詩：“轉頭天地緑陰滿，荻洲水長紅茅短”⑤清胡延《天全雜詩》：“比戶甘黄菽，當關列赤菅。”⑥

可見荑有丹荑、红荑，茅有丹茅、红茅，菅有赤菅。不僅如此，《詩·召南·野有死麕》：“白茅純束，有女如玉”，與《静女》同時代詩歌中有“白茅”。宋張孝祥《又》詩：“户輸無翠羽，溪瘴有黄茅”，與梅堯臣同代的詩人有“黄茅”。此外《初學記》引南朝齊王儉《春》詩：“青荑結翠藻，黄鳥弄春飛。”離郭璞不遠的詩人又有“青荑”，左思《蜀都賦》：“或豐緑荑，或蕃丹椒。”和郭璞同時人又有“緑荑”。所以，“彤菅”就是“丹

① 清吴玉搢撰《别雅》，文淵閣《四庫全書》，上海古籍出版社，2003年。
② 梁蕭統編《文選》，中華書局，1977年。
③ 清《御制詩集》，文淵閣《四庫全書》，上海古籍出版社，2003年。
④ 宋梅堯臣《宛陵集》，文淵閣《四庫全書》，上海古籍出版社，2003年。
⑤ 元許恕《北郭集》，文淵閣《四庫全書》，上海古籍出版社，2003年。
⑥ 《清代詩文集彙編》，上海古籍出版社，2010年。

荑”，也就是“红茅”之類。

談到這裏，我們還不想打住，因爲還可進一步深入。問題是：古代男女幽會，何以贈一把紅茅草呢？

李嘉言《古詩初探》云：“我以爲彤管就是紅蘭，分三點説明於下：一，管可讀如管蘭，猶《説文》：‘綰，一曰讀若雞卵’。這種現象近人稱爲複辅音關係。如果是複輔音關係，則管字古時即讀‘管蘭’。……二，《晉書·郭璞傳》載郭璞《客傲》説：“杞梓競敷，蘭荑爭翘’，蘭荑二字連之，頗不多見。與本詩管荑並舉，似可互相發明。管字既可讀如蘭，則蘭荑一詞則即源於本詩。……三，管字既可讀如蘭，而詩云彤管，蘭是否有紅色呢？……請教植物學專家及籍貫南方的師友們，纔知道蘭花本以紅色爲最多。”①

李嘉言之説甚有新意，但論證過程過於迂曲。我們前面是從字形而言，“管”、“菅”從字形上可以互用。其實，從兩字的上古音看，管：從竹官聲；菅：從艸官聲，聲符相同，上古兩字均屬“見”母“元”部，則完全同音。而“管”、“菅”、“蕑”、“蘭”上古亦可互訓。

《诗·陈风·泽陂》：“彼泽之陂，有蒲与蕑。”（按：“蕑”字或作“蔄”）毛传“蕑，兰也。”《詩·鄭風·溱洧》：“溱與洧，方渙渙兮。士與女，方秉蕑兮。”毛傳：“蕑，蘭也。”鄭玄箋：“男與女相棄，各無匹偶。感春氣並出，托采芬香之草，而爲淫佚之行。”《漢書·地理志》引作“溱與洧，方灌灌兮，士與女，方秉菅兮”②，可見古“蕑”字和“菅”字相通，都可訓“蘭”。又《山海經》：“又東百二十里曰吳林之山，其中多荔草。”郭璞

---

① 李嘉言《古詩初探》，上海古籍出版社，1957年。

② 《漢書》，中華書局，1962年。

注："菅，亦菅字"①。《説文·艸部》："菅，香艸，出吴林山。从艸，姦聲。"《廣雅·釋草》："蕑，蘭也。"王念孫疏證："《神農本草》云：'蘭草主殺蠱毒、辟不祥、通神明。'《衆經音義》卷二引《字書》云：'蕑與菅同。菅，蘭也。'卷十二引《聲類》云：'蕑，蘭也'"②與"管"、"菅"一樣，"菅"、"蕑"，上古音亦爲"見"母"元"部，故"管"、"菅"、"菅"、"蕑"都可訓爲"蘭"，因爲《説文·艸部》："蘭，香艸也，从艸，闌聲。"又《説文·門部》："闌，門遮也，从門柬聲。""柬"上古音亦爲"見"母"元"部。

既然"管"、"菅"同"蕑"，毛傳"蕑，蘭也。"而郭璞又將"蘭荑"並舉，那麽將"彤管"（彤菅）訓爲"紅蘭"的話，不僅文字上符合《静女》中"彤管（彤菅）"與"荑"前後呼應，而且更符合古代贈物之習俗。

在先秦詩歌中不乏男女互贈香草以示愛情的詩句。如：

搴汀洲兮杜若，將以遺兮遠者。（《楚辭·湘夫人》③）

采芳洲之杜若，將以遺兮下女。（《楚辭·湘君》）

折疏麻兮瑶華，將以遺兮離居。（《楚辭·大司命》）

被石蘭兮帶杜蘅，折芳馨兮遺所思。（《楚辭·山鬼》）

及榮華之未落兮，相下女之可詒。（《楚辭·離騷》）

伊其相謔，贈之以芍藥。（《詩·鄭風·溱洧》）

視爾如荍，貽我握椒。（《詩·陳風·東門之枌》）

這種遺風一直到漢代還有出現，如：

涉江采芙蓉，蘭澤多芳草，采之欲遺誰，所思在遠道。（《古詩十九首》中《涉江采芙蓉》）

---

① 《山海經》，中華書局，2009年。

② 王念孫《廣雅疏證》，江蘇古籍出版社，1984年。

③ 宋洪興祖《楚辭補注》，中華書局，1983年。

衆多的香草，爲什麽偏偏把“蕳（管、菅、荾）”釋爲蘭草呢？因爲蘭草在古代人心目中有着特殊的象徵意義，古人認爲蘭草能避邪氣，它還是生子的象徵。《韓詩外傳》：“三月桃花水下之時，執蘭拂除。”注：“鄭國之俗，三月上已，之溱洧兩水之上招魂續魄秉蘭草祓除不祥。”① 又盛弘之《荆州記》云：“都梁縣有山，山下有水清淺，其中生蘭草，名都梁香，因山岡爲號，其物可殺蟲毒、除不祥，故鄭人方春三月於溱洧之上，士與女秉蕳而祓除。”②這是蘭草能避邪氣的證明。那麽又何以證明蘭草與生子是聯繫在一起的呢？《左傳·宣公三年》：“初，鄭文公有賤妾曰燕姞，夢天使與已蘭，曰：‘余爲伯儵，余，而祖也。以是爲而子。以蘭有國香，人服媚如是。’既而文公見之，與之蘭而御之。辭曰：‘妾不才，幸而有子，將不信，敢徵蘭乎？’公曰：‘諾。’生穆公，名之曰蘭。”這種説法雖然荒謬，但在《左傳》裏記載，却多少説明了古人崇尚蘭的原因，即所謂“以蘭有國香，人服媚如是”。而鄭文公“與之蘭而御之”正好與“士與女秉蘭拂除”互爲注脚。又《楚辭·少司命》：“秋蘭兮麋蕪，羅生兮堂下，緑葉兮素枝，芳菲菲兮襲予，夫人自有兮美子，蓀何以兮愁苦。”馬茂元《楚辭選》説，“少司命則專司兒童的命，所以稱爲少。”③由此可知，《少司命》是一曲祭歌，是楚人對主宰少年兒童命運的神的頌歌。在詩中用秋蘭起興，決非巧合。又《本草綱目·草部》録蘭草的别名中有“女蘭、孩兒菊”，李時珍曰：“蘭乃香草，能辟不祥。……《淮南子》云：‘男子種蘭，美而不芳’則蘭須女子種之，女蘭之名或因乎此，其葉似菊，女子、小兒喜佩之，則女蘭、孩兒菊之名，又或以此也。”此説不免附會

① 漢韓嬰編，許維遹校釋《韓詩外傳集釋》，中華書局，2009年。

② 劉宋盛弘之撰《荆州記》，《箋經室叢書》，清光緒十九年（1893）刻本。

③ 馬茂元選注《楚辭選》，人民文學出版社，1998年。

之嫌，然“女蘭、孩兒菊”之别名也可證明其是與生子有聯繫的。我們知道了蘭的這個特殊含義以後，就能理解，爲什麼在描寫愛情的古詩中經常出現蘭的原因了。所以把管（菅）釋爲蘭，是符合當時人的觀念的。

管（菅）釋爲“蘭”，那麼彤管（菅）就是“紅蘭”嗎？李嘉言先生曾用陳子昂《感遇》詩“蘭若生春夏……朱蕤冒紫莖”和許渾《曉發天井關寄李師晦詩》“露曉紅蘭重”，來證明蘭花有紅色的。其實“紅蘭”一詞早就見於江淹《别賦》：“見紅蘭之受露，望青楸之離霜。”① 問題關鍵並不在於古籍中有無紅蘭這個詞，而在於彤管的“彤”字，和下句的“彤管有煒”的“煒”字上。《説文·丹部》：“彤，彤飾也，从丹彡，彡其畫也，彡亦聲。”又“丹，巴越之赤色石也。象采丹井。……彤亦古文丹。”。可知“丹”和“彤”古字相同。彤從丹，表示赤義，从彡，表示有光彩義。又《説文·火部》：“煒，盛明皃也，从火韋聲。詩曰‘彤管有煒’。”从火也就是“像火一樣紅”的意思，“盛明”即“有光彩”的意思。《水經注·漯水》有“衆彩之上，煒煒有精光”② 句。那麼，作爲植物類的蘭草怎麼能和光彩聯繫起來呢？把彤管釋爲“紅蘭”是不是穩妥呢？答案也是肯定的。

首先，古籍中有蘭草光潤之記載。《楚辭補注》：“《本草注》云：蘭草、澤蘭二物同名。蘭草一名水香。李云都梁是也。《水經》云：零陵郡都梁縣西小山上有渟水，其中悉生蘭草，緑葉紫莖。澤蘭如薄荷，微香，荆、湘、嶺南人家多種之。此與蘭草大抵相類。但蘭草生水傍，葉光潤，尖長有歧，陰小紫，花紅白色而香，五六月盛。而澤蘭生水澤中及下濕地，苗高二三尺，葉尖

---

① 梁蕭統編《文選》，中華書局，1977 年。

② 北魏酈道元注，楊守敬、熊會貞疏《水經注疏》，江蘇古籍出版社，1989 年。

微有毛，不光潤。方莖紫節，七月八月開花，帶紫白色，此爲異耳。《詩》云：士與女方秉蕑兮。陸機云：蕑即蘭也。”

其次，古詩文中並不乏關於蘭草發光及以蘭草喻輝光的描述。試舉例如下：

傷彼蕙蘭花，含英揚光輝（《古樂府·冉冉孤生竹》①）

照灼蘭光在，容冶春風生（《子夜四時歌·春歌》②）

華蓋蔭蘭暉，紫轡策綠軿。（陶弘景《九月六日夕紫微夫人喻作示許長史並與同學》③）

蘭華雪豔，玉潤珠清。（張說《兵部尚書國公贈少保郭公行狀》④）

再次，“彤管有煒”還與周人尚赤有聯繫。《史記·周本紀》：“武王渡河，中流白魚躍入王舟中，武王俯取以祭。既渡，有火自上復於下，至於王屋，流爲烏，其色赤，其聲魂云。”《集解》引鄭玄曰：“赤者，周之正色也。”《禮記·郊特牲》：“牲用騂，尚赤也。”紅色象徵光明，意味喜慶，這種傳統觀念一直沿襲至今日，我國農村裏多所還保留着迎親禮物都要裝在紅漆木盤裏，饅頭、糕點要點上紅顏色，生兒子要送紅雞蛋的風俗。“彤管有煒”正充分體現了詩中主人公的喜悦心情。袁梅在《詩經譯注》裏認爲彤管“象徵一片赤心和火樣的熱情”⑤，是深得其妙的。所以彤管（菅）用“彤”字、言“有煒”不但不矛盾，而且恰恰表明，詩人用詞的準確、精煉，用心之良苦。

“彤管”的解釋，是《詩經》研究史上的一樁公案，從《毛詩傳》算起，訖今打了幾千年的官司了。把彤管釋爲“紅蘭”，

---

① 《古樂府》，文淵閣《四庫全書》，上海古籍出版社，2003年。

② 《樂府詩集》，文淵閣《四庫全書》，上海古籍出版社，2003年。

③ 梁陶弘景《真誥》，文淵閣《四庫全書》，上海古籍出版社，2003年。

④ 唐張説《張燕公集》，文淵閣《四庫全書》，上海古籍出版社，2003年。

⑤ 袁梅《詩經譯註》，齊魯書社，1982年。

並非我們發明，我們衹是在前人研究成果的基礎上作一點補充而已。紕繆之處，在所難免，希冀得到讀者的指正。

Interpretation of Words in SHi

Dong Zhiqiao
(College of Liberal Arts，Nanjing Normal University，Nanjing210097)

Abstract：The explanations of the word “Tong guan” in *The Book of Songs Bei Ballad Quite Girl* are divergent in the history of study of the *Book of Songs* over thousands of years. According to the research nowadays we found that “Tongguan” actually is “Tongjian” and “Jian” is “Orchid”. So “Tongguan” is “Honglan” (Cymbidium floribundum) and I will expound this from character，phonology，vocabulary and folk custom.

Key words：*The Book of Songs*；Tongguan；Tongjian；Honglan

（董志翹，南京師範大學文學院，郵編 210097）

《馬氏文通》以前的漢語詞類分析

俞理明

内容摘要：漢語的詞類分析，在西漢已經區分了虛詞，唐宋人在詞類分析方面有了空前進展，對名詞、動詞、形容詞等都有了清晰的認識，到明代已經出現了完整的漢語詞類分析系統。

關鍵詞：漢語歷史　語法　詞類

一般認爲，漢語的語法研究始於借鑒西方語法的《馬氏文通》，甚至有人以爲《馬氏文通》之前漢語没有語法，這與歷史事實不符。即使不提明代以來外國傳教士所編的多種漢語語法教材①，中國本土在受現代西方語言研究影響之前的兩千多年中，尤其從唐宋時期開始，在漢語詞類的劃分上，就有了不少令人讚歎的進展，值得注意。對此，前人已有措意，其中，鄭奠、麥梅翹先生的《古漢語語法學資料彙編》搜集了大量的歷史資料，爲漢語語法學史的研究提供了豐富的資料。孫玄常、林玉山、龔千炎、孫良明諸先生的漢語語法學史著作也給予了不同程度的關注，但多語焉不詳，古代漢語詞類分析的成就，尚未廣爲人知。

漢語歷史語法研究中的詞類分析，情况複雜，不同時代、不同學者、不同流派，意見不一，需要充分尊重前人在時空和觀念

---

① 參姚小平《現存最早的漢語語法著作——瓦羅著〈華語官話語法〉簡介》，載《中國語文》2001年5期。

上的差異，對不同時期、不同學者在漢語詞類分析中的意見作一探索，理清其中的歷史脈絡。

一 "辭"和"語助"概念的產生與衍化

漢語表語氣的虛詞，在古代大多没有專門的用字，而借用同音實詞的用字，因此，至少從漢代開始，就有人提出"辭"和"歎辭"的概念，以區别這類不表實義的用詞，提醒讀者不要把它們理解爲字的本義或引申義，如：

《詩·周南·漢廣》"漢有游女，不可求思"毛傳："思，辭也。"

《詩·召南·草蟲》"亦既見止，亦既覯止"毛傳："止，辭也。"

《詩·鄘風·載馳》"載馳載驅，歸唁衛侯"毛傳："載，辭也。"

《詩·周南·麟之趾》"於嗟麟兮"毛傳："於嗟，歎辭。"

《詩·大雅·文王》"文王在上，於昭於天"毛傳："於，歎辭。"

或作"～言""～聲""～辭""～助"：

《論語·先進》"顔淵死，子曰：噫，天喪予，天喪予"何晏集解引包咸："噫，痛傷之聲。"

《詩·周頌·潛》"猗與漆沮，潛有多魚"鄭箋："猗與，歎美之言。"

《禮記·檀弓上》"夫祖者，且也"鄭注："且，未定之辭。"

《禮記·中庸》"詩曰：神之格思，不可度思，矧可射思"鄭注："格，來也。矧，况也。射，厭也。思，皆聲之助。"

也有人稱爲“發聲”“語助”“語詞”“語辭”:

《詩·式微》“式微式微,胡不歸”鄭箋:“式,發聲也。”

《禮記·檀弓》“何居”鄭玄注:“‘居’讀爲姬姓之姬,齊魯之間語助也。”

《楚辭·離騷》“羌內恕己以量人兮”王逸注:“羌,楚人語詞。”

《公羊傳·宣公六年》“上其堂則無人焉”何休注:“但言焉絶,語辭。”

唐宋以後,又有“餘音”“辭餘語助”“助語”“助字”“助語辭”“語助辭”“助辭”等概念,跟“辭”基本一致:

夫人樞機之發,亹亹不窮,必有餘音足句爲其始末,是以‘伊’‘惟’‘夫’‘蓋’,發語之端也,‘焉’‘哉’‘矣’‘兮’斷句之助也,去之則言語不足,加之則章句獲全。(唐劉知幾《史通·浮詞》)

及乎辭餘語助者,《詩》《書》同有之。“已焉哉,謂之何哉”,慨之深也。“俟我於庭乎而,充耳以青乎而”,加“乎而”二字爲助者,悔之深也。“其樂只且”,美之深也,“母也天只,不諒人只”“椒聊且,遠條且”,“且”與“只”皆助語也。用“矣”字爲助者,“出自口矣”“顔之厚矣”。用“之”字者,“左右流之”“寤寐求之”是也。用“也”字者,“何其處也”“必有以也”“允矣君子,展也大成”。用“其”字者,“夜如何其”,“其”亦助語也。用“止”字者,“女心傷止,征夫遑止”。用“者”字者,“有翩者騅”“有芃者狐”,又曰“知我者謂我心憂”是也。又以語助連正韻者,“其虛其邪,既亟只且”,又曰“是究是圖,亶其然乎”。逸詩曰:“唐棣之華,偏其反而。神之格思,不可度思。”“思”“而”皆助語也。用“兮”字者,多處一句之下,少處一句之中:“美目盼兮”“儀既成兮”,又曰“緇衣之宜兮,敝,

予又改爲兮”是也。“日居月諸”，亦助語也。（唐成伯璵《毛詩指説》）

（宣三年春王正月郊牛之口傷）穀梁曰：之口，緩辭也。趙氏云：之，助語辭爾，何煩妄釋。（唐陸淳《春秋集傳辨疑》卷八）

（吾）立言狀物，未嘗求過人，亦不能辨生之才致，但見生用助字不當律令，唯以此奉答。所謂“乎”“歟”“耶”“哉”“夫”者，疑詞也；“矣”“耳”“焉”“也”者，決詞也。今生則一之，宜考前聞人所使用與否言類且異，慎思之則一益也。（唐柳宗元《復杜温夫書》）

（薄汙我私，薄澣我衣）薄，助辭也。汙其私、澣其衣，各有法也。（宋李樗、黄櫄《毛詩集解》卷二）

虚詞内部的差異，也得到關注，林玉山《漢語語法學史》（27頁）指出，“到了梁朝劉勰的《文心雕龍》，已經能把虚字分爲三類：‘至於夫惟蓋故者，發端之首唱；之而於以者，乃劄句之舊體；乎哉矣也，亦送末之常科。’”這是根據虚字在句中的位置和表達功能作的分類。唐時，柳宗元則進一步把處在句末的這類詞分爲“疑詞”“決詞”兩大類（例見上引《復杜温夫書》），相當於今天的疑問語氣詞和肯定語氣詞。元代盧以緯《語助》（原刊於1324年。今本書名作《助語辭》），就是這一學術傳統的一個總結，它是目前所知最早的彙集漢語虚詞的著作。

二　古代詞類研究的“詞”

“詞”和“辭”同音，二字歷來多有相混。在漢代，就有人“詞”“辭”並用，指稱虚詞。如王逸注《楚辭》：

《九歌·雲中君》“蹇誰留兮中洲”王逸注：“蹇，詞也。”

《七諫·謬諫》“蹇超搖而無冀”王逸注：“蹇，辭也。”

但是，二者的語源是不同的，對於這一點，許慎分得很清楚：

《説文·辛部》："辭，説也。"①

《説文·司部》："詞，意内而言外也。"段注："有是意於内，因有是言於外，謂之詞。此語爲全書之凡例，全書有言意者，如'啟，言意'②，'欪，無腸意'，'歊，悲意'，'僚，臁意'之類是也；有言詞者，如'昳，詮詞也'，'者，別事詞也'，'皆，俱詞也'，'咼，詞也'③，'魯，鈍詞也'，'智，識詞也'，'曾，詞之舒也'，'乃，詞之難也'，'爾，詞之必然也'，'矣，語已詞也'，'弞，兄詞也'④，'粤，驚詞也'，'㕧，逆惡驚詞也'，'魃，逆鬼警詞也'⑤，'臮，衆與詞也'⑥之類是也。意即意内，詞即言外，言意而詞見，言詞而意見。意者，文字之義也，言者，文字之聲也，詞者，文字形聲之合也。凡許之説字義，皆意内也，凡許之説形説聲皆言外也。有意而後有聲，有聲而後有形，造字之本也。形在而聲在，形聲在而義在焉，六藝之學也。詞與辛部之辭，其義迥別，辭者，説也……謂文辭足以排難解

① 小徐本作"辭，訟也"，此從段注改。

② 《説文》"啟"字段注："有所言之意也，意内言外之意。"

③ 《説文》"咼"字段注："凡《毛傳》之例，云'辭也'，如《芣苢》之'薄'，《漢廣》之'思'，《草蟲》之'止'，《載馳》之'載'，《大叔于田》之'忌'，《山有扶蘇》之'且'，皆是。《説文》之例，云'某詞'，自部外吹爲詮詞，矣爲語已詞，矤爲況詞，曶爲出氣詞，各爲異詞，粤爲驚詞，爾詞之必然也，曾詞之舒也，皆是。然則'詞也'二字非例，當作'誰詞也'三字。堯典言'疇若予'者二，皆訓誰……壁中古文字作咼，古字也。《爾雅》'疇、孰，誰也'，字作疇，今字也。許以疇爲假借字。"

④ 弞，即"矤"字。兄，同"況"。

⑤ 大徐本作："見鬼驚詞也。"

⑥ 《説文》"臮"字段注："或假'洎'爲之，如鄭詩譜稱《無逸》'爰洎小人'是也。亦假'暨'爲之，如《公羊傳》'及者何？與也。會及暨，皆與也。暨，猶暨暨也。'《釋詁》曰：'暨，與也。'"

紛也。然則，辭謂篇章也。詞者，意内而言外，從司言，此謂摹繪物狀及發聲助語之文字也。積文字而爲篇章，積詞而爲辭。”

對“意内而言外”的解釋，段注未必的當。“詞”是一個會意字，由“司”“言”兩個部分構成，許慎没有把它歸入“言部”，而安排在“司部”，而《説文》的司部就此一字，其中或有某種考慮。

從現代語法觀念來看，詞可分爲兩類，實詞可以充當句子成分，虚詞不能充當句子成分。過去人們常常以意義虚靈來看待虚詞，但現代的學者，尤其是從篇章分析語言結構的學者，則認爲很多虚詞對於句子意義的作用，要大於實詞，因爲虚詞能夠明確句子的結構關係或意義類型，或有完句功能。對此，古人早有論及，如上引《史通》曾指出，斷句之助“去之則言語不足，加之則章句獲全”。從這個角度來看，把“意内而言外”中的“意”理解爲句子結構的意義類型或構式義，把“言”理解句中表實義的成分，而“詞”在“言外”，雖非句子構成中表實義成分，却具有“司言”的功能，也是句子意義的構成成分，在“意内”。這樣的理解，是否更切近許慎“意内而言外”的原意？

許慎認定爲“詞”的，比一般訓詁著作中提及的“辭”或“語助”，範圍稍寬。除上述段注所引的“詞”之外，在《説文》中還有一些被釋爲“詞”的成分①：

《説文·口部》：“各，異詞也。”

① 關於《説文》“詞”的概念已有不少學者專門論及，如：班吉慶《試論〈説文〉對古漢語虚詞的認識》，載《揚州師院學報（社會科學版）》1988年3期；王平《〈説文〉訓“詞”例考釋及許慎的虚字觀》，載《古籍整理研究學刊》2002年2期；劉志剛《〈説文〉“詞也”類訓詁術語及段注考略》，載《江西師範大學學報（哲學社會科學版）》2009年4期；王貴元《〈説文解字〉中的“詞”》，載《辭書研究》2011年4期。

《説文·只部》:“只,語已詞也。从口,象气下引之形。”

《説文·曰部》:“曰,詞也,从口,乙聲,亦象口气出也。”又:“曶,出氣詞也。”

《説文·白部》:“白,此亦自字也,省。自者,詞言之气从鼻出,與口相助也。”

《説文·丂部》:“甹,亟詞也。”又:“寧,願詞也。”

《説文·亏部》:“粵,虧也,審慎之詞。”

《説文·言部》:“誒,可惡之詞。”段注:“詞,各本作辭,誤。今正。”

以上出現在各類文獻中的“語助”或“辭”“詞”等概念,受到學界重視,鄭奠、麥梅翹《古漢語語法學資料彙編》“語助”(1—90頁),彙集了大量的相關用例,孫玄常《漢語語法學簡史》(3—7頁)“虚詞”,龔千炎《中國語法學史稿》“虚詞的研究”(4—9頁)、趙振鐸《中國語言學史》(58—60頁)也都有不同程度的討論。

觀察《説文》的材料,從現代詞類的角度來看,被許慎歸釋爲“詞”的,可以分爲以下幾個類別(《説文》中還有一些不以“詞”解釋的虚詞,這裏暫不涉及):

嘆詞:㝹、碢、魅、誒。

句首發語詞:昳(即“聿”字)、臮(即“洎”字)、粵。

句末語氣詞:只、矣、爾。

連詞:矧。

副詞:寧、各、乃、皆、曾、曶(即“忽”字)、甹。

代詞:𢑴(即“疇”字)、者。

引述言説的動詞:曰、白。

形容詞：魯、智、侉①。

需要注意的是，《説文》作爲字書，意在分析造字的本義，即衹關注爲虚詞概念的“詞”而造的字，因此，通過引申或假借而有“詞”的用法的字例，比如本義爲名詞髯鬚的“而”和動詞長出的“之”，它們的虚詞用法，不在《説文》的陳述範圍之内。另一方面，一些《説文》造有本字的詞，在通行文獻中，本字廢而不用，能夠見到的是假借其他字的用例。還有一些字，如嘆詞中的各例，可能因爲語言新陳代謝的原因，已經退出交際，在文獻中連通假的形式也無法找到。

此外，“曰”“白”作爲話語引用的標記，因而歸入了“詞”。而從“曰”的“魯”“智”由於字形的連及關係，闌入了《説文》的“詞”中，未免過寬。儘管如此，《説文》對於虚詞的認識，還是得到很高程度的認同，後代虚詞著作，基本上都在《説文》所舉“詞”的範圍内展開討論。

《説文》對於“詞”和“辭”的區分，在語用中並没有得到公衆認同。歷代文獻中，雖不乏有人用“詞”表示虚詞，但在多數情況下，都採用“辭”來表示虚詞的概念。乾嘉以後，一些學者重視字的本義，從王引之《經傳釋詞》起，他們用“詞”來代替“辭”或“語助”“虚字”一類的説法，其後又有吴昌瑩《經詞衍釋》、以及二十世紀楊樹達的《詞詮》和徐仁甫的《廣釋詞》。這些書名中的“詞”，都遵用了《説文》所定義的“詞”的含義，指傳統意義上的虚詞。

遺憾的是，許慎的意見没有得到今人應有的重視和正確的解讀，因而出現了一些偏差。在代表當今漢語研究最高水準的工具書中，《漢語大字典》以《説文》爲本，在“詞”這個字頭下作

① 《説文·人部》：“侉，憊詞也。”段注：“按《爾雅》《毛傳》皆曰：‘夸毗，體多柔。’然則侉即夸毗字乎。”

了這樣的解釋：

> 語言中最小的可以自由運用的獨立音義單位。《説文·司部》："詞，意内而言外也"。……舊專指語助詞、虛詞，五代徐鍇《説文繫傳通論》："詞者，音内而言外，在音之内在言之外也。何以言之？惟也，思也，曰也，兮也，期也。若此之類皆詞也，語之助也。"

這個解釋，混淆了《説文》中"詞"的含義和現代語言學概念之間的不同。而呂叔湘《語文常談·"詞"的今昔》對此有很清晰的説明：

> 古時候所謂'詞'是虛字的意思。用做語言單位的名稱，好像是從章士釗的《中等國文典》開始。

把古已有之的表示虛詞的"詞"，作爲二十世紀纔出現的"語言中最小的可以自由運用的獨立音義單位"概念的分支義，未免顛倒本末。

《漢語大詞典》在"詞"條下，收了十二個義項，但首列"言辭、文辭"義，按《説文》的意見，這是"辭"的概念借用了"詞"字来表達，與"詞"的本義無涉。其第五個義項是"語言組織中的基本單位"，第六個義項是"舊時亦專指語助詞、虛詞"，首引徐鍇《〈説文繫傳〉通論》，遠離其本。

三 "實字"和"虛字"

漢語的文學創作，從六朝開始起有一個大的變化，駢體文的流行和隨後的格律詩的興起，使對仗成爲文學創作中帶有標誌性基本手段。

關於對仗的語言特點，王力先生有過很好的歸納："對偶的一般規則，是名詞對名詞，動詞對動詞，形容詞對形容詞，副詞對副詞。"① 詞性相同是對仗的一個基本要求。因此，蘊含在對仗中的詞類關係，受到人們的注意。孫玄常在《漢語語法學簡史》中説（8頁）："區別實字和虚字始於宋人，淵源大約可以推到唐代。"孫良明先生《中國古代語法學探究》根據唐代來華日僧弘法（774－835年）留學長安歸國後所作的《文鏡秘府論》中所列"二十九對"説：

> 一個日本人的著作中都出現"虚名""實名"和語詞虚、實相對提法，可以想像這兩個名稱在當時中國學者中使用之廣泛以及當時中國學者語詞虚實對立觀念樹立之明確。（304頁）②

國内文獻中已經看不到唐時的此類材料。在宋代，表示實體概念的用字，被稱爲"實字"，與其他詞彙成分（虚字）區分開來，如：

> "悲臺蕭颯石巃嵸，哀壑杈枒浪呼洶。""浪"字從別本。考兩句屬對之二，當用一實字。（宋阮閲《詩話總龜》後集卷十八。按："浪呼洶"，各本作"浩呼洶"，阮閲改"浩"爲"浪"，校曰"'浪'字作別本"，周本淳、陳新校點："'從'原作'作'，依明抄本改。"③）
>
> 詩有實字而善用之者，以實爲虚。杜云："弟子貧原憲，

① 王力《詩詞格律》11頁，中華書局，1977年。

② 孫先生引《文鏡秘府論·二十九對》數例，如"第一，的名對……又曰：'日月光天德，山河壯帝居。'有虚名，有實名，上對實名也。"（孫按：指"日月""山河"爲兩實名對。）"第廿三，偏對……詩曰：'春豫過靈沼，雲旗出鳳城。'此例多矣，但天然語，今雖虚亦對實。"（孫按："豫"義同"遊"，爲動詞，是虚；"旗"爲名詞，是實。"春豫"一實一虚，"雲旗"兩實，二者爲偏對。）"第廿四，雙虚實對。詩曰：'故人雲雨散，空山往來疏。'此對當句義，不同互成。"（王利器注：蓋"故人"對"空山"，實也；"雲雨散"對"往來疏"虚也：故名雙虚實對，而非互成也。）

③ 參人民文學出版社1987年《詩話總龜》排印本。

諸生老伏虔。”“老”字蓋用“趙充國請行，上老之”。（宋楊萬里《誠齋集》卷一百十四。“老”兼作形容詞和名詞，這裏是意動用法。）

（杜甫）《龍門》曰：“往還時屢改，川水日悠哉。”是以實對虛也。大手筆如老杜則可，然未免爲白圭之玷，恐後學不可效尤。（宋孫奕《示兒編》。此詩以“川水”對“往還”，即名詞對動詞，因此稱“以實對虛”。）

杜陵詩云“桑麻深雨露，燕雀半生成”，後山詩云“輟耕扶日月，起廢極吹噓”，或謂虛實不類，殊不知生爲造、成爲化、吹爲陰、噓爲陽，氣勢力量與日月字正相配也。（宋羅大經《鶴林玉露》卷三。此例中“生成”“吹噓”與“雨露”“日月”相對。羅大經認爲“生成”相當於“造化”，“吹噓”相當於“陰陽”，“造化”和“陰陽”都有名詞義，即實字義，因此可以和實字“雨露”“日月”對仗。）

王維詩“衛青不改由天幸，李廣無功緣數奇”，以“數”字對“天”字，若作“朔”音，則爲虛字，不可以對“天”字。（宋葉大慶《考古質疑》卷三。“數”多音多義，詩中指“命運”，是名詞，屬實字。若讀 shuò，則是屢次的意思，副詞，屬虛字。）

詞與詩不同，詞之句語有二字、三字、四字至六字、七八字者，若堆疊實字，讀且不通，況付之雪兒乎？合用虛字呼喚，單字如“正”“但”“甚”“任”之類，兩字如“莫是”“還又”“那堪”之類，三字如“更能消”“最無端”“又却是”之類，此類虛字却要用之得其所，若使盡用虛字，句語又俗，必不實質，恐不無掩卷之誚。（宋張炎《詞源》）

其中，“實字”相當於今天的名詞，“虛字”則指“實字”之外的語言成分，包括動詞和歷來被稱爲“語助”或“辭”以及其他成分。對虛字的這種理解，在張炎《詞源》以及同類的對詞曲

“一字逗”等引起對仗的用詞或散句的分析中，得到了充分體現，其中動詞、副詞、連詞、介詞等經常出現在詞曲中對仗前的引起成分，都被歸入了“虚字”。

“實字”“虚字”概念提出後，就被當時一些學者用來分析經典中的用語，成爲訓詁分析中的一個手段。一代學問大家朱熹，在他的討論中就常常使用實字和虚字概念：

致堂謂學所以求仁也，仁是無頭面底，若將實字來解求仁則可。若以求仁解學字，又没理會了。直卿雲，若如此説，一部《論語》衹將求仁二字説，便了也。（《朱子語類》卷二十）

“以約失之者鮮”，“約”字是實字。若“約之於中”“約之於禮”，則約字輕。（《朱子語類》卷二十七。“輕”，意同虚，指“約”的動詞意義。）

問：“吕氏言‘中則性也’，或謂此與‘性即理也’語意似同，銖疑不然。”先生曰：“公意如何?”銖曰：“理者，萬事萬物之道理，性皆有之，而無不具者也。故謂性即理則可中者，又所以言此理之不偏倚，無過不及者，故伊川只説狀性之體段。”曰：“中是虚字，理是實字，故中所以狀性之體段。”銖曰：“然則，謂性中可乎?”曰：“此處定有脱誤，性中亦説得未盡。”（《朱子語類》卷六十二）

用太極者，性之本體，其説有病。如明道所謂其體則謂之易，其理則謂之道，其用則謂之神，方説得的當。然伊川所謂“體”字，與實字相似，乃是該體用而言，如陰陽動静之類，畢竟是陰爲體，陽爲用，静而動，動而静，是所以爲易之體也。（宋朱鑑《文公易説》卷十九）

其中的實字都指名詞，虚字指動詞或形容詞。在他人與朱熹的討論中，也可以看到實字虚字概念的使用，例如以下兩封信：

字義固有一字而數義者，用字則有專一義者，有兼數義者。而字之指歸又有虛實，虛字則但當論字義，實字則當論所指之實。論其所指之實，則有非字義所能拘者。如元字有始義、有長義、有大義，坤五之元、吉屯之元。亨則是虛字，專爲大義，不可復以他義參之。如乾元之元則是實字，論其所指之實，則文言所謂善，所謂仁，皆元也。亦豈可以字義拘之哉？極字亦如此，太極、皇極乃是實字，所指之實，豈容有二充塞宇宙？無非此理豈容以字義拘之乎？中即至理何嘗不兼至義？大學文言皆言知至，所謂至者，即此理也。（宋陸九淵《与朱元晦》之二，見《象山先生全集》卷二）

來書云《大學》《文言》皆言知至。熹詳，知、至二字雖同，而在《大學》則'知'爲實字，'至'爲虛字，兩字上重而下輕，蓋曰心之所知，無不到耳。在《文言》則'知'爲虛字，'至'爲實字，兩字上輕而下重，蓋曰有以知其所當至之地耳。兩義既自不同，而與太極之爲至極者又皆不相似，請更詳之。（宋朱熹《答陸子静》之五，見《晦庵先生朱文公文集》卷三十六）

其他學人也有使用"實字""虛字"概念探討文意的，尤其是同一字兼有名詞和動詞用法時的意義差別：

唐明皇因《表記》嚮往興起之義，其序《孝經》遂有"景行先哲"之語，似以"景行"二實字爲人心嚮往之虛字。《表記》善於言詩，而明皇不善於讀《表記》矣。後世緣此遂有景慕之説，是不以景爲大也。音釋者又或以行作去聲，是不以行爲路也。皆始於明皇之誤，非經旨矣。（宋黄震《黄氏日抄》卷四）

（王敬作所不可不敬德）古註云，敬爲所不可不敬之德。蔡云，所，處所也，猶"所其無逸"之所，王能以敬爲所，則無往而不居敬矣。古作一句讀，"所"作虛字説；蔡作兩

句讀，“所”作實字説。然古註不費力。（宋黄震《黄氏日抄》卷五）

象辭，卦有六爻，遠近承乘，愛惡之不同，理之使有條而不亂也，窮理盡性以至于命者。上“理”字是虚字，此“理”字是實字。（宋丁易東《易象義》卷十六）

除了直接使用“實字”來表示名詞的用例，還有對實字的範圍的探討：

杜詩用字。律詩用自字相字共字獨字誰字之类，皆是實字，及彼我所稱，當以爲對，故杜老未嘗不然。今略紀其句于此：“徑石相縈帶，川雲自去留。”“山花相映發，水鳥自孤飛。”“衰顔聊自哂，小吏最相輕。”“高城秋自落，雜樹晚相迷。”“百鳥各相命，孤雲無自心。”“勝地初相引，徐行得自娱。”“雲裏相呼疾，沙邊自宿稀。”“暗飛螢自照，水宿鳥相呼。”“猿挂時相學，鷗行炯自如。”“自吟詩送老，相勸酒開顔。”“俱飛蛺蝶元相逐，並蒂芙蓉本自双。”“自去自來堂上燕，相親相近水中鷗。”“此時對雪遥相憶，送客逢春可自由。”“梅花欲開不自覺，棣萼一别永相望。”“桃花氣暖眼自醉，春渚日落夢相牽。”此以自字對相字也。“自須開竹徑，誰道避雲蘿?”“自笑燈前舞，誰憐醉後歌?”“死去憑誰報，歸來始自憐。”“哀歌時自短，醉舞爲誰醒?”“離别人誰在，經過老自休。”“永夜角聲悲自語，中天月色好誰看”，此以自字對誰字也。“野人時獨往，雲木曉相參。”“正月鶯相見，非時鳥共聞。”“江上形容吾獨老，天涯風俗病相親。”“縱飲久判人共弃，懶朝眞與世相違。”“此日此時人共得，一談一笑俗相看。”此以共字獨字對相字也。（宋洪邁《容齋續筆》卷五）

洪邁在文中認爲“自”“相”指人，可以跟“誰”作對，因而跟“彼”“我”等代詞同類，屬實字。洪邁的意見與一般的認識不同，其中的是非高下另當別論，但實字概念的影響可見一斑。實字和虛字等概念，還被引入了宋人的詩文教學指導中：

東坡教諸子作文，或辭多而意寡，或虛字多實字少，皆批諭之。（宋周輝《清波雜誌》卷七）

也有超出詩歌或古文訓解的範圍，利用實字虛字的概念，對他人的散文提出批評的：

歐公散文自爲一代之祖，而所不足者精潔峻健耳。《五代史論》曲折太過，往往支離蹉跌，或至渙散而不收，助詞虛字亦多不愜，如《吴越世家論》尤甚也。（金王若虛《滹南遺老集》卷三十六"文辨"。注意：此例把助詞與虛字分列開來。）

宋代以後，"實字"和"虛字"的概念在文學作品分析和古籍訓解實踐中繼續使用，此不贅舉。到了清代，還進入了官方的文獻，包括皇帝的諭旨中，比如：

其解格物，既不從朱子事物之説，而亦不取王守仁所云格去此心之物，乃謂即上文物有本末之物，其中精微處如等格然，不可不分曉信。如尚忠説，則"格"乃實字，無用力之意。致知在格物句，文義豈復可通？亦徒好立異而已。（《四庫全書總目》卷三十七四明毛尚忠《書會解》提要）

蓋宋詩多空疎率易，故沆立多用實字則健之。説而主持太過，遂至於偏。（《四庫全書總目》卷一百九十五《環溪詩話》提要）

上諭：近來凡有諭旨兼蒙古文者，必經朕親加考正，方可頒發。而以理藩院所擬原稿示蒙古王公等，多不能解。緣繙譯人員未能諳習蒙古語，就虛文實字敷衍成篇，遂致不相脗合。（《八旗通志》卷首之十二）

《八旗通志》一例，涉及了蒙古語。把實字和虛字觀念用於漢語與其他語言的討論在清代文獻中還有多例，這説明，實字和虛字已經是一對相當流行的語法分析觀念了：

（琉球）國初無文字，舜天依日本書制字母四十七名，依魯花碁放中國切音三十六字母意，或借以反切，或取以連書，琉球有字自此始。後於明初賜以三十六姓，又許陪臣子弟入國學肄業，中華文字漸流入境。今得中國書，多用鈎挑旁記，逐句倒讀，實字居上，虛字倒下，逆讀。文移中參用中國一二字，上下皆國字，猶存舜天遺製。（《皇朝文獻通考》卷二百九十五）

番人稱好曰雅古，藏地本無漢字，今就其音而筆之。雅或作亞古，或作孤，無不可也。餘音仿此。不好曰雅古麻力，猶云以言好則不也。藏語大抵實字居上，虛字居下。（清周靄聯《西藏紀遊》卷一①）

在《皇朝通志》卷十一"書略"中，談及了滿語中的"實字虛用"和"虛字實用"等現象，其引文因雜有滿文字母，不便書引，此略。其他清人文獻中談及實字虛字的材料，各家所引頗多，此不贅舉。可見，實字虛字概念，在清代已經非常流行了。

四 "死字"和"活字"

宋人還提出了"死字""活字"的概念：

作詩要健字作撐柱，要活字斡旋。"紅入桃花嫩，青歸柳葉新"，"弟子貧原憲，諸生老伏虔"，"入"與"歸"字、"貧"與"老"字乃撐柱也。"生理何顏面，憂端且歲時"，"名豈文章著，官應老病休"，"何"與"且"字、"豈"與"應"字乃斡旋也。撐柱如屋之有柱，斡旋如車之有軸，文亦然，詩以字，文以句。（宋羅大經《鶴林玉露》卷六）

---

① 清周靄聯《西藏紀遊》，張江華等點校，中國藏學出版社，2006年。

此例中，作撐柱的“健字”，都是作謂語的動詞或形容詞，用來斡旋的“活字”，則是據謂語位置的虛詞。在多數情況下，“活字”指表行爲的動詞，跟表名物的“死字”相對：

大學不得令日日作詩作對，虛費日力。今世俗之教，十五歲前不能讀記九經正文，皆是此弊。但令習字演文之日，將已説小學書作口義以學演文，每句先逐字訓之，然後通解一句之意，又通結一章之意，相接續作去，明理演文，一舉兩得。更令記對类單字，使知虛實死活字，更記类首長天永日字，但臨放學時面屬一對便行，使略知對偶、輕重虛實足矣。（元程端禮《程氏家塾讀書分年日程綱領》卷一）

敏樹是樹藝之樹，是活字。（元許謙《讀中庸叢说》卷下）

虛字對虛，實字對實，半虛半實者亦然，是死字不可對以活字，活字不可對以死字。（明佚名《對類》）

活字指動詞，以行爲活動而命名。與之相對，名詞就是死字，因表示名物的詞本身不表達運動的意義，運動的意義由動詞表達，故稱。此外，動詞是虛字中的一部分，結合字的虛實，就有虛死、虛活之分，其中虛活字就是活字，相當於現在的動詞，虛死字則指其他虛字，如形容詞、副詞、連詞等等：

虛活字極難下，虛死字尤不易。蓋雖是死字，欲使之活，此所以爲難。老杜“古牆猶竹色，虛閣自松聲”及“江山有巴蜀，棟宇自齊梁”，人到於今誦之。予近讀其《瞿塘兩崖詩》云：“入天猶石色，穿水忽雲根。”“猶”“忽”二字，如浮雲著風，閃爍無定，誰能跡其妙處。他如“江山且相見，戎馬未安居”“故國猶兵馬，他鄉亦鼓鼙”“地偏初衣袷，山擁更登危”“寺書遂牆壁，奴僕且旌旄”，皆用力於一字。（宋范晞文《對床夜語》。）

蓋字之有形體者爲實，字之無形體者爲虛，似有而無者爲半虛，似無而有者爲半實。實者比是死字，惟虛字則有死有活，死謂其自然而然者，如高下洪纖之類是也。活謂其使然而然者，如飛潛變化之類是也。（明佚名《對類》）

五 “半實”“半虛”和漢語的詞類系統

“半實”和“半虛”是對實字和虛字這一組概念的細化，也是漢語詞類研究深入完善的結果。這一概念，最初也見於宋代，以“半虛半實”作爲一個概念使用：

今人把“守氣不如守約”做題目，此不成題目。“氣”是實物，“約”是半虛半實字，對不得。“守約”只是所守之約，言北宫黝之守氣，不似孟施舍守氣之約；孟施舍之守氣，又不如曾子所守之約也。孟施舍就氣上做工夫，曾子就理上做工夫。（《朱子語類》卷五十二。從現代的理解來看，“氣”是具體名詞，而“約”是帶有行爲性的抽象名詞，朱熹因此認爲二者不可成對。）

耳、目，體也，死實字也。視、聽，用也，半虛半實字也。“耳而目之”句，配以而字、之字，則死者活，虛者實矣。口中耳目，而意已視聽矣。（清袁仁林《虛字説》。此例中，視、聽兼可指行爲和行爲的結果，故稱半虛半實。）

“今”，《説文》“是時也”，就當下切實指出，其字半虛半實，如“今女”、“今將”、“今也”之類。（清丁守存《四書虛字講義》）

在明代討論對仗用字的《對類》中，列舉了大量實字、虛字、半虛字、半實字，形成一個詞類系統，參照鄭奠、麥梅翹《古漢語語法學資料彙編》中的引例（110－113 頁），可以歸納如下（其中，雙音詞被認爲是兩個字的組合，比如“陰陽”是兩個實字並用）：

助辭：然、則、乃、於、矣、歟、哉、若、只、於、之類、而已，

虛字：長、短、衰、大小、古今、成敗、是非，吹開、推開、妝成、凝成、飛來。

虛活：聞、聽、搜、需、添，吟哦、刪裁、揄揚、鋪張、搜尋、鑽研。

虛死：千、三、單、孤、衆、半，昭昭、油然、輕清、光明、朦朧、團圓。

半虛：香、馨、紋、顏、容、音、聲、芬、陰、痕、芳。

半虛死：行行、層層、般般、個個、片片、陣陣、尋常、絲毫、些須、贏餘、錙銖。

半實：聲、光、威、情、懷、態、度、量、想，精神、精華、婚姻、典故、世務。

實字：天、桃、梨、經、詩、文、詞、易、禮、乾坤、雲霞、春天、晨風、冬霜。

另外，還有不同類別的組合（例多，每類兩例）：半虛半實（香邊、影前）、上虛死下虛（輕敲、低臨）、上虛死下虛活（閒遊、狂歌）、上虛下半虛（千尋、幾重）、上虛死下半虛死（微辭、妙趣）、上半虛死下虛活（東升、右轉）、上虛活下實（行雲、橫空）、上虛活下半虛（商功、紀事）、上虛活下半虛死（生寒、指南）、上虛活下半實（調元、話外）、上虛死下實（長天、始霜）、上虛死下半實（無聲、何言、有聲、不常）、上半虛死下實（祥雲、晴天、涼風）。

《對類》中，助辭是實字和虛字之外的一類，與王若虛同。此外，用現代的詞類觀念來看，實字相當於實體名詞，半實字指抽象名詞；虛字包括形容詞和動詞等，其中再作細分，虛活字指動詞，虛死字指形容詞、數詞。量詞和感知性强的形容詞爲半虛

死字，方位詞或入半實字或歸半虚死字。

漢語語法研究中，詞的歸類非常複雜，至今未能做到十全十美。出現在明代的《對類》的虚字和實字兩類之間，包含了半虚、半實等中間類別，形成一個連續統，其中有少數字分類界限不清，部分類别關係，比如虚字與虚活、虚死，半虚與半虚死之間，也不明晰，存在重叠現象，同類的詞會出現在相鄰類别之中，不够精密。但從整體上看，儘管《對類》對漢語詞的語法歸類或有未精，但確實已經很清晰地勾勒出了漢語詞類系統的輪廓。

六 字類的關係

每個詞都有固定的詞性，出現在相宜的句中位置，在句中承擔相應的功能。但是，有些詞會超出它的詞性和詞義限制，表示包含它原有意義在内的複雜意義，並承擔上級語法成分的語法功能，佔據上級的語法位置①。對於這類現象，現在通常叫做“詞類活用”。一般認爲，“詞類活用”這個概念是陳承澤最先提出的，但在《馬氏文通》之前，已經出現了不少相關的討論：

> 實字虚用，死字活用，此等用法，雖字書亦不能遍釋，如“人其人，火其書，廬其居”、“墟其國，草其朝”、“生死肉骨”、“土國城漕”之類，上一字俱系死實字，一經如此用之，頓成虚活，凡死皆可活，但有用不用之時耳。從其體之静者，隨分寫之，則爲實爲死；從其用之動者，以意遣之，則爲虚爲活，用字之新奇簡煉，此亦一法，然其虚用活用，

① 參拙文《詞類活用和漢語構句中的輔重現象》，載《古漢語研究》2008 年 3 期；《名詞詞類活用的語法－語義分析》，載《漢語史研究集刊》第十二輯，巴蜀書社，2009 年。

必亦由上下文知之，若單字獨出，則無從見矣。（清袁仁林《虛字説》）

此類意見，也見於清人的詩文分析研究中：

昌黎《古寒》诗“六龙冰脱髯”，《寄李大夫诗》“无因帆江水”，冰字帆字，皆以实字虚用，死字活用，作去声读。（清黄本骥《痴学》卷六）

“永夜角聲悲自語，中天月色好誰看”注：“角聲慘栗，悲哉自語，月色分明，好與誰看。……按《杜臆》：‘悲自語，好誰看，下三字連讀。’悲字、好字，作活字用。《測旨》將角聲悲、月色好連讀於下兩字，未妥。”（清仇兆鼇《杜詩詳注·宿府》）

“異方初豔菊，故里亦高桐”注：“《杜臆》：‘菊開花而吐豔，桐脱葉而枝高。’豔高二字，死字活用。”（清仇兆鼇《杜詩詳注·陪鄭公晚秋北池臨眺》）

“放筐亭午際，洗剝相蒙羃”注：“舊注‘洗其土，剝其毛。’按：‘相蒙羃’乃信手堆放之謂，不必依舊注，以羃字作覆食巾，實用。”（清浦起龍《讀杜心解·驅豎子摘蒼耳》）

《前苦寒行二首》注：“苦寒，猶云嚴寒、盛寒，苦字不作活字用。公詩凡言熱處，多用執熱，執字亦不作活字用，與此同。”（清浦起龍《讀杜心解·前苦寒行二首》）

“地下無朝燭，人間有賜金”注：“趙注‘“朝燭”當音朝覲之朝。凡朝在早，則秉燭受朝，地下無之也。’按：朝與賜對，宜活用。趙説是。”（清浦起龍《讀杜心解·驪山》）

當然，與今人不同，清人的使用的虛、實、死、活等概念，指的是虛字、實字、死字、活字，“活用”也不是“靈活運用”的意思，而是“當活字用”，對此，不可誤讀。

七 動字和静字

宋人還提出了“動字”和“静字”的概念：

憲問篇。“霸諸侯”註云：“霸與伯同，長也。”愚意天下之主謂之王，諸侯之長謂之伯，此指其定位而名也。以德方興而爲天下所歸則王平聲，聲轉而爲王去聲。王政不綱而諸侯之長自整齊其諸侯，則伯聲轉而爲霸，皆有爲之稱也。正音爲静字，轉聲爲動字。（宋黄震《黄氏日抄》卷二）

元人繼承了這樣的意見，劉鑒據宋人賈昌朝《群經音辨》中論及詞類活用中變音關係的“字音清濁”，提出朱筆標示破讀字的原則：

凡字之動字者，在諸經史當以朱筆圈之，静者不當圈也。（《切韻指南》附《經史動静字者》）

字詁字有分體用、動静者，如號令、政令，實字也，其義體也，其聲静也（音零去聲）。使令之令，活字也，其義用也，其聲動也（音零）。按此例至宋代始分晰精密，然而字音猶多死活並用，如學問、學校同音，明察、光明同音，攻門曰門，音等門户，築城曰城，音等城郭之類，其例亦多有未盡拘者。（清謝鼎卿《虚字闡義》卷二。體，指名物。用，行爲。動，破讀。静，讀本音。）

至傳道、傳聞、傳授之傳，乃一定之平聲；紀載之傳，一定之去聲。此音之分動静不可易者也。（《康熙字典·人部》“傳”字釋義）

據此，可以認爲，“静字”表示讀本音的字，“動字”指破讀的字，即改變意義的同時也改變了讀音。這些字音的變化，跟它們的詞性變化有關，但詞性變化不一定改變聲調，且聲調與詞性没有直接聯繫。

此前，宋人也有談及静字的，但語焉不詳：

腔子多有句上合用虚字，如嗟字、奈字、況字、更字、又字、料字、想字、正字、甚字，用之不妨，如一詞中兩三次用之，便不好，謂之空頭字。不若徑用一静字，頂上道下來，句法又健，然不可多用。（宋沈義父《樂府指迷》）

不過，到了清代，對"動字""静字"出現了另外一種理解，即用動字指動詞，静字指名詞和形容詞：

蓋，《説文》"苫也"，《釋器》"白蓋謂之苫"。苫、蓋，物名，而"苫之"、"蓋之"，用爲動字。（清王筠《説文句讀》卷八）

幾，《説文》"微也，殆也"，案"微也"是静字，"殆也"是動字，故兩言之。（清王筠《説文句讀》卷八）

"示"下云"天垂象"，象，獸也，此借爲静字。六書"象形"，又借爲動字，《支部》"效，象也"，亦動字。（清王筠《説文釋例》卷五）

攻，擊也，假借爲工，《小爾雅·廣詁》："攻，善也。"《西周策》"是攻用兵"注："巧也。"《小爾雅·廣詁》："攻，治也。"《考工記》，凡攻木之"工"七。按猶《詩》"雉離于羅"，"薪是獲薪"，"景行行止"，"如塗塗附"，"行彼周行""載輸爾載"，"于時盧旅"，"言授之縶，以縶其馬"，《儀禮》"士羞庶羞"，《論語》"求善賈而沽諸"，皆一静字一動字也。（清朱駿聲《説文通訓定聲》豐部第一）

八　小結

1. 綜觀以上材料，可以梳理出漢語詞類研究的簡單脉絡。漢語詞類的分析，至少在西漢已經開始，最初是被稱爲"詞（辭）"的虚詞，它們的共同特點是不充當句子成分，或不充當句子的主幹成分。其後，對虛詞的内部也有了分析，南朝梁劉勰把現在句首、句中、句末的虛詞分爲“發端”“劄句”“送末”三類，唐劉知幾指出了這類發端斷句成分在構句中的關鍵作用；而柳宗元還把句末語氣詞分爲“疑詞”“決詞”兩類。

唐宋時人在詞類分析中貢獻卓著，實字、虛字、死字、活字，以及半實、半虛等概念的提出，爲漢語詞類的深入分析作出了具有開創意義的探索和實踐，這種努力，爲明代《對類》中系統的漢語詞類分析觀念的形成，提供了堅實的基礎。

清人的詞類分析知識已經相當普遍，相關的概念，甚至被用於其他語言的討論分析之中，還用動字、静字代替活字、死字的概念，分别指動詞和名詞形容詞。

2. 從語用的角度觀察漢語詞類分析的歷程，可以看到，最初對虛詞的分析，出於經典的訓讀，但南北朝以後，有人把這些概念用在了辭章的分析中，成爲文學辭章分析的一種手段。伴隨駢體文和格律詩的盛行，對仗成爲文人必具的文學修養，對於詩文對仗技巧的分析研究，引發了對漢語詞類的劃分和細化。此後，詞類分析，主要用於對仗的寫作和詩文寫作技巧的分析評價之中，具有很强的實用性，受到辭章學研究的高度重視。而經典的訓讀中雖偶或用之，但不入傳統小學研究的主流，相關的概念，比如“虛”“實”“死”“活”等等，都没有成爲小學研究的内容，至今的訓詁研究中，雖或時有涉及“辭”的概念，但未見其他涉及詞性相關的概念。

在古代漢語研究的學術傳承中，以傳統小學爲主線，對古代的辭章研究關注不夠，這就導致現有的各本中國語言學史中，大多未涉及漢語語法的歷史研究，尤其是詞類的研究（僅趙振鐸先生有所論及）。各本漢語語法學史，都注意到了這方面的内容，但往往偏重於虛詞，在其他詞的分類方面著力不夠，未有深入探究，這方面的研究，有待深入。

3. 古代詞類分析觀念的使用人群，似乎也有某種局限。像實字虛字一類的概念，主要用於文學家或文學寫作分析，其中約有半數是談論杜甫的詩歌所用，其他場合使用不多。而涉及文獻解讀的，在宋代幾乎只限於朱熹和他的門人。這樣的使用範圍，讓人感覺，這是一些相當深奥的概念，主要用於高端專業的學者和他們的作品，不是基礎學習或基礎教育中的内容。因此，儘管清代皇帝都學習和使用了這類概念，但民間對這些概念的理解和使用，却並不普遍，且認識不一，缺乏規範，相關的詞類概念缺乏系統的整理和明確的界定，對這些概念的理解和使用時有混亂。這種局面，一直到《馬氏文通》的出現，才得以結束。

《馬氏文通》甚至更早的西方傳教士的漢語語法著作中，都從漢語傳統詞類分析中吸取了不少成分。但是在學習西方的熱潮中，人們更多地關注《馬氏文通》與西方語言研究的聯繫，忽略了它對中國傳統研究的繼承和吸收，未免偏頗。有必要給予中國傳統研究中的詞類觀念更多的關注，深入瞭解前人在這方面的各種努力和已有成就，充實和完善漢語詞類研究史料，客觀、全面、準確地反映漢語語法學的發展歷史。

〔主要參考文獻〕

鄭奠，麥梅翹．古漢語語法學資料彙編．北京：中華書局，1964.
王力．中國語言學史．太原：山西人民出版社，1981.
孫玄常．漢語語法學簡史．合肥：安徽教育出版社，1983.
林玉山．漢語語法學史．長沙：湖南教育出版社，1983.
何九盈．中國古代語言學史．鄭州：河南人民出版社，1985.
龔千炎．中國語法學史稿．北京：語文出版社，1987.
趙振鐸．中國語言學史．石家莊：河北教育出版社，2000.
孫良明．中國古代語法學探究．增訂本．北京：商務印書館，2005.

Analysis of Chinese part of speech before *Mashi Wenton*

Institute for Non-orthodox Chinese Culture Sichuan University
Yu Liming
(Department of Chinese, Sichuan University, Chengdu 610064)

Abstract: Analysis on the parts of speech in Chinese, in the *Western Han Dynasty* people have been distinguished the function words from all the words. In the *Tang-Song Dynasty Chinese* analysis of part of speech have the unprecedented progress, people have a clear understanding of nouns, verbs, adjectives, and so on. In the Ming Dynasty, it has formed a complete analysis of Chinese part of speech.

Key words: Chinese history; grammar; part of speech

(俞理明，四川大學文學與新聞學院，郵編 610064)

中古漢語雙及物結構研究*

周俊勛　高　韜

内容摘要：與上古漢語的雙及物結構相比，中古漢語雙及物結構最明顯的變化是使動類雙及物結構的大量減少，出現了大量的複合詞式的雙及物結構。複合詞式的雙及物結構導致中古雙及物結構複雜化，並造成中古雙及物結構不同句式間語義的混同。中古漢語雙及物結構變化的主要動因是動詞語義結構的變化，雙及物結構的變化與中古連動結構的融合、謂語内部結構的變化存在聯繫。

關鍵詞：中古漢語　雙及物結構　動詞　語義結構　句法演變

本文所説的雙及物結構指在主語以外帶一個客體和一個與事的結構（劉丹青 2001），在語義上表現爲“施事成功地使接受者獲得客體”（Goldberg1995：38），張伯江（1999，2009：110）表述爲“事件結束後，客體一定經歷了明顯的狀態變化”，並把典型雙及物式的特徵概括爲：在形式爲“A＋V＋R＋P”的句式裏，施事者有意地把客體轉移給接受者，這個過程是在發生的現場成功地完成的。

與上古漢語相比，中古雙及物結構出現了以下一些變化：(1) 複合詞式的雙及物結構大量增加；(2) 雙及物結構複雜化，導致了雙及物結構的不同句式語義的混同；(3) 新的雙賓語結構

* 本文是國家社科基金西部項目“中古漢語行爲動詞語義研究”（項目編號：08XYY013）的階段性成果。

“V1＋V2＋$O_{接受者}$＋$O_{客體}$”、“V－與＋$O_{接受者}$＋$O_{客體}$”成熟；（4）新的與格句式“V＋$O_{客體}$＋與＋$O_{接受者}$”成熟。（5）“與＋$O_{接受者}$＋V＋$O_{客體}$”結構的産生。

一　複合詞式的雙及物結構大量增加

中古漢語雙及物結構最明顯的變化是雙及物結構中出現了不少雙音節動詞。上古雙及物結構中的動詞“授、予、與、給、付、賜、遺、貽、饋、賞、報、輸、資、供、假、傳、還、加、奉、獻、借、分”都出現了雙音節動詞形式，如：

（1）（童子寶網）各各**賜遺**清信士女，一具體衣。（西晉·竺法護譯《寶網經》1，14/79b）

（2）我曹種所收粳米，各各**供給**君衣食。（西晉·法立共法炬譯《大樓炭經》6，1/308c）

（3）若會耕祠，主縣**假給**辟車鮮明卒，備其威儀。（《後漢書·輿服志上》）

（4）具記衣被棺木，下至飯含之物，**分付**諸客。（《漢書·游俠傳·原涉》）

（5）教之**佈施**，不得自慳貪。（後漢·安世高譯《尸迦羅越六方禮經》1，1/251c）

（6）如是阿闍世，本所**供施**五百人膳，悉令二萬三千皆得飽足，飲食如故。（西晉·竺法護譯《文殊支利普超三昧經》21，5/420）

（7）二者興立寺廟，**供養**三尊床榻幃帳，以是爲王，在於正殿御座理國。（晉·法炬共法立譯《法句譬喻經》4，4/606c）

（8）**供奉**世尊衣被、飲食、醫藥、床臥之具。（西晉·竺法護譯《幻士仁賢經》1，12/31a）

(9) 是時其女，自手授與彼摩那婆飯食訖已，頂禮其足，却住一面。(隋·闍那崛多譯《佛本行集經》卷45，3/864c)

(10) 太后頗豫政事，賜與瓊之等財物，家累千金。(《宋書·後妃傳·文帝路淑媛》)

(11) 時方給與姜維鎧杖，白外有匈匈聲，似失火。(《三國志·魏志·鍾會傳》)

(12) 有人惠與瞻婆花鬘、婆師華鬘。(劉宋·佛陀什共竺道生等譯《彌沙塞部和醯五分律》29，22/186a)

(13) 曾行佈施，或守淨戒，乃至施與畜生一揣之食。(西晉·敦煌三藏譯《決定毘尼經》1，12/39a)

(14) 卓王孫不得已，分與文君僮百人，錢百萬，及其嫁時衣被財物。(《漢書·司馬相如傳》)

這些雙音節動詞的加入，是漢語從上古到中古辭彙由單音節向雙音節演變的產物。"與"、"予"是上古漢語中典型的純"給予"義動詞(時兵2007，劉雲2009)，根據動詞是否跟"與/予"組合，可以將中古雙及物結構中出現的複合詞式(V_1V_2)分成兩類：

1. V_1與V_2都不是純"給予"義動詞。如"賞賜、增益、賜遺、供給、分付、假給、供養、供奉、佈施、供施、教授、訓誨"。

2. V_1表達某種方式的給予，V_2是純"給予"義動詞。如"給與、授與、賜與、分與、投與、遺與、賣與、持與、施與、惠與"等。

上古及中古都沒有發現純"給予"義動詞的雙雙組合(*"與予"、*"予與")。上面兩類結構性質不一樣。第一類是現場成功地給予類，都是表示具體可"傳遞－授受"的事物；第二類可以是具體可"傳遞－授受"的事物，也可以是比較抽象的事物，有的衹是强調“給予”這種動作本身，如例（12）、例（13）。《史記》中出現的“報遺”“輸遺”“奉遺”“饋遺”“給遺”“獻遺”“賂遺”等是同義複詞（劉雲 2009），其中的 V_1V_2 都表示的通過某種方式“給予”，屬於第一類，説明第一類最先出現在複合式雙及物結構中。

二　雙及物結構複雜化

動詞的雙音化會影響動詞帶賓語的能力（張國憲 1994，董秀芳 2011，周俊勛 2006）。一些單用能帶雙賓語的動詞，雙音化後不能再帶雙賓語，如“報”“奉”組成“報與”“奉與”後衹帶單賓語。如：

（15）持書人直前至佛所，佛預知書上所説，得便裂壞之。作書**報與**金色女言……。（梁·寶唱等集《經律異相》34，53/184a）

（16）專以銀器盛彼飲食，欲**奉與**王。（隋·闍那崛多譯《佛本行集經》52，3/896a）

由於雙音動詞的帶賓語能力低於單音動詞，大量的雙音動詞進入雙及物結構後，爲了保證原有雙及物結構句式語義的表達，就必須改變動詞的論元結構，從而導致雙及物結構複雜化。同一個動詞，與給予義的動詞組成雙音詞後，參與雙及物結構的能力發生了變化，如“賜與/賜予”，“賜予”衹使用在單賓結構中，“賜與”可用於雙及物結構，既可用於雙賓語式，還有“客體話題化”結構。如：

（17）遊士妄作妖言阿諛王，王喜，多**賜予**之。（《漢書·淮南厲王長傳》）

（18）太后頗豫政事，**賜與**瓊之等財物，家累千金。（《宋書·后妃傳·文帝路淑媛》）

(19)［蕭曉聚錢］金銀布帛絲錦不可稱計，至此歲末，所用過半，皆賜與左右廝卒之徒。(《魏書·島夷蕭道成傳》)

而其他一些雙音節動詞，不能使用於雙賓語式，衹有廣義處置式用法，如“遺與、賞與”。

(20) 莽乃複以所益納征錢千萬，遺與長樂長禦奉共養者。(《漢書·王莽傳》)

(21) 飯食畢，以一柰賞與之。(後漢·安世高譯《柰女耆婆經》1，14/902b)

一些雙音節動詞衹有“客體話題化”結構，如“輸與”：

(22) 一頃收子二百石，輸與壓油家，三量成米，此爲收粟米六百石，亦勝谷田十頃。(《齊民要術·種葵》)

(23) 諸有華者，不得私賣，悉輸與王。(劉宋·求那跋陀羅譯《過去現在因果經》1，3/621b)

一些雙音節動詞，只有“$SV_1+O_{客體}+V_2+O_{接受者}$”結構，如“付與”：

(24) 婆羅門即捉二子付與尊者。(西晉·安法欽譯《阿育王傳》5，50/120c)

單音節“傳”可參與現場給予和遠距離給予的雙及物表達，在秦漢時可用於“$VO_{接受者}O_{客體}$”和“$VO_{客體}O_{接受者}$”兩種雙賓語句式①，但組成雙音形式後都没有雙賓語用法，衹有廣義處置式、客體話題化結構。如：

(25) 太子張弓，弓聲如雷，傳與大衆，莫能引者。”(後漢·竺大力共康孟詳譯《修行本起經》1，3/465c)

(26) 世尊以栴檀木各傳與諸天。(東晉·瞿曇僧伽提婆譯《增壹阿含經》50，2/823a)

① 具體用例如：《史記·陳杞世家》：“舜已崩，傳禹天下。”《銀雀山漢墓竹簡·孫臏兵法》：“舜身衰而治屈，胥天下而傳之禹。”

(27) 末所憤憤者，徒以亡親墳壟未成，所好群書率皆腐敝，不得于禮堂寫定，傳與其人。(《後漢書·鄭玄傳》)

以上情況說明，漢語辭彙雙音化直接影響了動詞的論元結構，使雙音及物動詞的論元結構變得複雜，直接造成中古雙及物結構句式多樣化。以“授與”爲例，“授”、“與”單用時，只用於 $VO_{接受者}O_{客體}$，如：

(28) 漢興，老父授張良書，已化爲石。(論衡·無形)

(29) 我得善利！年少！買我心、髓及血，與我財寶，得供養師。(西晉·無羅叉譯《放光般若經》20，8/143b)

組成同義複合詞後，“授與”從東漢到隋，衹見於佛經文獻，共計使用121例。具體情況如：

1. 雙賓語式 ($VO_{接受者}O_{客體}$)：3例。

(30) 大王園中，無有此華。臣朝早將園華，道路逢佛，不勝歡喜，盡以上佛。即授與我決。(西晉·法炬譯《阿闍世王授決經》1，14/777c)

2. 客體話題化：3例。

(31) 此比丘守法難及，頻爲興設甘脆肥美之食，而授與之。(西晉·竺法護譯《生經》1，3/71a)

(32) 吾今年已衰微，更無兒息，今唯有清淨太子，今王高位，應授與太子。(東晉·瞿曇僧伽提婆譯《增壹阿含經》31，2/722a)

3. 接受者話題化：1例。

(33) 雪山大神與十二白光神等，至行者前，先爲說法，後授與藥。(劉宋·沮渠京聲譯《治禪病秘要法》2，15/338b)

4. $SV_1+O_{客體}+V_{2(授與)}+O_{接受者}$：111例。

(34) 佛得此藥，授與婆持加，令使服盡。(三國吴·支謙譯《撰集百緣經》1，4/205c)

(35) 彼于異時，身得疾病，無療瞻者，亦無持果授與食者。(西晉·竺法護譯《生經》3，3/89b)

5. SV_1＋$O_{客體}$＋$V_{2(授與)}$＋於＋$O_{接受者}$：2例。

(36) 汝斷我頭，還著我手中，我當以手授與於汝。(南朝梁·寶唱等譯《經律異相》25，53/137b) $O_{客體}$表示工具格。

6. (S) 以＋$O_{客體}$＋$V_{2(授與)}$＋$O_{接受者}$：1例。

(37) 即便以木授與化人。(三國吴·支謙譯《撰集百緣經》3，4/216a)

7. SV1＋$O_{客體}$＋以＋$V_{2(授與)}$：1例。

(38) 㨽預持死人臂以授與。(南朝梁·寶唱等譯《經律異相》44，53/230b)

8. SV1＋$O_{客體}$＋以＋$V_{2(授與)}$＋$O_{接受者}$：2例。

(39) 太子左手持水澡道士手，右手牽象以授與之。(西晉·聖堅譯《太子須大拏經》1，3/419c)

"給與"的情況也是如此。中古時期，"給與"能出現的句式也達9種之多。在東漢的中土文獻中，没有發現"給與"的例子；東漢佛經文獻中，出現11例，没有發現雙及物句式，衹有以下四種句式：

1. 單賓語式（$VO_{客體}$）7例。

2. 客體話題化：3例。分爲兩種情況：(1) $O_{客體}$＋$V_{(給與)}$，1例。(2) $O_{客體}$＋$V_{(給與)}$＋$O_{接受者}$，2例。

3. 廣義處置式：1例。

但在整個東漢至隋的文獻中，出現了3例雙及物結構：中土文獻中，《三國志》1例，東晉佛經文獻2例。

以上的分析説明，動詞的雙音化造成了雙及物結構形式的多樣化。

三　雙及物結構“$V_1+V_2+O_{接受者}+O_{客體}$”的發展

3.1　“$V_1+V_2+O_{接受者}+O_{客體}$”產生的時代

（40）誠得至，反漢，漢之賂遺王財物不可勝言。（史記·大宛列傳）

《史記》中出現的這類新雙賓語結構（A式），其形式可概括爲“$V_1+V_2+O_{接受者}+O_{客體}$”。這是什麼時候產生的，產生的原因是什麼，學術界有不同的認識。

貝羅貝（1986）認爲產生於西漢。這種新雙賓語結構，“V_1”是任何具有特定語義的動詞，如“分、賜、傳、給、獻”等。“V_2”只包括“與、予、遺”三個動詞，V_2重複已表達“給予”語義的V_1。

劉雲（2009）也認爲產生於西漢，他考察《史記》中表“給予”義的相關句式，“遺”充當V_2的有5例，由“與”和“予”充當V_2的例句有13例。

V_1＋遺＋$O_{接受者}+O_{客體}$：V_1＝輸、饋、獻、奉、賂、給、報

V_1＋與＋$O_{接受者}+O_{客體}$：V_1＝許、分、分散、傳、賜、假

V_1＋予＋$O_{接受者}+O_{客體}$：V_1＝推、分、假

3.2　“$V_1+V_2+O_{接受者}+O_{客體}$”是怎樣產生的

1. 來自於“$V+O_{接受者}+O_{客體}$”

貝羅貝（1986：205）認爲，在漢代，從“動＋間＋直”發展出新結構“動$_1$＋動$_2$＋間＋直”，其理由是“由於當時的語言裏本來已有‘動$_1$＋動$_2$’並列動詞謂語句、連動式和‘動＋趨向補語’，所以發生了一個同類（analogie）現象，即帶來了‘動$_1$＋動$_2$＋間＋直’這個與格結構的誕生。”

2. 認爲“$V_1+V_2+O_{接受者}+O_{客體}$”來自於“$V_1+O_{客體}+V_2+O_{接受者}$”

胡竹安（1960）、張國憲（2004）、黄紅蕾（2008）、劉雲（2009）都認爲“$V_1+V_2+O_{接受者}+O_{客體}$”來自於“$V_1+O_{客體}+V_2+O_{接受者}$”。

胡竹安（1960）認爲“$V_1+O_{客體}+與+O_{接受者}$”通過直接賓語的省略或移動産生了“$V_1+與+O_{接受者}$”。張國憲（2004）也認爲“$V_1+V_2+O_{接受者}+O_{客體}$”其實只是“前漢時期早已成熟了的連動式‘$V_1+O_I+V_{2(與)}+O_D$’的語用變式。”

黄紅蕾（2008：45—46）認爲“$V_1+V_2+O_{接受者}$”是西漢已産生並發展成熟的“$V_1+O_{客體}+V_2+O_{接受者}$”的語用變式，通過以下三種情況形成：（1）直接賓語的省略或移動産生了“$V_1+V_2+O_{接受者}$”，（2）間接賓語的省略或移動産生了“$V_1+V_2+O_{客體}$”，（3）是直接賓語和間接賓語都從缺，形成了“V_1+V_2”。也認爲是省略，同時還存在辭彙複音化傾向的類推。“$V_1+O_{客體}+V_2+O_{接受者}$”的各種語用變式，“$V_1+V_2+O_{接受者}$”、“$V_1+V_2+O_{客體}$”、“V_1+V_2”都無一例外地把“V_1”和“V_2”緊密聯繫在了一起。由於“V_1”和“V_2”都表示給予義，詞義相近，容易在複音化趨勢的類推作用下形成准聯合式複音詞，這種複音詞的組合方式是當時最重要的複音詞造詞方式。如下面例子（轉引自黄紅蕾 2008）：

（41）我有禁方，年老，欲**傳與**公。（《史記·扁鵲倉公列傳》）省 $O_{客體}$。

（42）乃徒貧民……七十餘萬口，衣食皆仰給縣官，數歲，**假予**産業。（《史記·平准書》）省 $O_{接受者}$。

（43）賁赫自以爲侍中，乃厚**饋遺**。（《史記·黥布列傳》）省 $O_{接受者}$、$O_{客體}$。

劉雲（2009）在《左傳》中找到如下句子，如：

（44）召使者，裂裳帛而與之。（《左傳·昭公元年》）

鑒於《史記》中“$V_1+O_{客體}+V_{2(與)}+O_{接受者}$”已相當成熟，推測其可能在先秦已產生，最遲在西漢；因此“V_1＋直＋V_2＋間”早於“V_1＋V_2＋間＋直”產生，“V_1＋直＋V_2＋間”就會對“V_1＋V_2＋間＋直”的形成產生影響，其中“動$_1$＋$V_{2(遺)}$＋間＋直”的產生是類推的作用，“動$_1$＋與/予＋間＋直”的產生是省略和類推共同作用的結果。

3. 蕭紅（1999）、宋文輝（2007）都認爲兩者並無發生學關係，是平行發展的句式。蕭紅（1999）認爲“V_1＋V_2＋O_1＋O_2”、“V_1＋O_2＋V_2＋O_1”都產生於西漢，受到當時複雜謂語的影響而產生。如：

(45) 持其頭遺陳餘。（《史記·張耳陳餘列傳》）

(46) 乃悉取其禁方書盡與扁鵲。（《史記·扁鵲倉公列傳》）

(47) 晉文公重耳伐衛，分其地予宋。（《史記·衛康叔世家》）

但没有闡述“V_1＋V_2＋O_1＋O_2”結構的具體來源。

4. 本文贊同貝羅貝（1986）的看法，認爲來自於“V＋$O_{接受者}$＋$O_{客體}$”

首先，我們認爲這種假設具有理論上的簡潔性。

其次，從“動＋間＋直”發展出新結構“動$_1$＋動$_2$＋間＋直”，是經過類推。即“動＋間＋直”中的單音動詞在當時辭彙複音化傾向的類推作用下，有可能和一些義同或義近的字構成同義複合動詞（劉雲 2009），而當時語言中已有的“V_1V_2”並列謂語句爲形成“V_1V_2＋間＋直”也提供了句法可能。語言事實是：最初形成的“V_1＋V_2＋$O_{接受者}$＋$O_{客體}$”雙賓語結構中，V_1V_2是並列結構，並都是表示給予動詞。爲什麽會存在這種動詞語義類上的限制呢？這是因爲新的句式的出現需要句法和語義兩方面的支撑。從辭彙形式上看，好像是辭彙替换，但實際上它是相同句式語義的類推，類似於句法層面上的辭彙擴散

(ZhangMin2000)。

3.3 “V－與＋$O_{接受者}$＋$O_{客體}$”句式的產生

這種句式是怎樣演變來的？學術界也有不同的認識。

1. 胡竹安（1960）認爲“V_1＋$O_{客體}$＋與＋$O_{接受者}$”通過直接賓語的省略或移動產生了“V_1＋與＋$O_{接受者}$”。但這種省略衹能形成單賓語結構。

2. 貝羅貝（1986：205）認爲產生於西漢的新雙賓句式“V_1＋V_2＋$O_{接受者}$＋$O_{客體}$”中V_2重複已表達給予語義的V_1。到後漢，V_2開始了統一爲“與”的過程。

蕭紅（1999）認爲這種統一的過程比較反復。《史記》中充當V_2的有“與、予、遺”三個；《論衡》中V_2爲“遺、與”；《漢書》中開始了“與”的統一化過程；《世説新語》中V_2曾統一爲“與”；《魏書》中V_2爲“授”等；唐五代時V_2纔又基本統一爲“與”。

3. 黄紅蕾（2008：45－47）認爲無法在西漢、三國中找到“V_1＋V_2＋$O_{接受者}$＋$O_{客體}$”的完整式，就不能説“V－與＋O_1＋O_2”是“V_1＋V_2＋$O_{接受者}$＋$O_{客體}$”的語用變式，因爲“衹有當一個句式發展成熟了，具有完整的句子形態之後纔能根據語境不同形成語用變式”，而真正的“V－與＋O_1＋O_2”結構最早產生於西晉，如“給與”“授與”“惠與”“施與”等。產生的機制是：在“V_1＋$O_{客體}$＋V_2＋$O_{接受者}$”通過直接賓語或/和間接賓語的省略或移動產生的“V_1＋V_2＋$O_{接受者}$”、“V_1＋V_2＋$O_{客體}$”、“V_1＋V_2”三種語用變式的基礎上，經過辭彙複音化傾向的類推，在三國出現了“V2”統一爲“與”字的傾向後，西晉就出現了“V－與＋O_1＋O_2”結構。

4. 劉雲（2009）認爲“動$_1$＋與/予＋間＋直”的產生是“動$_1$＋直＋予/與＋間”省略和類推共同作用的結果。當直接賓語承前省略或作爲話題提前時，產生了“動$_1$＋（）＋與/予＋

間”，動$_1$和“與”是線性的組合關係，這爲它們進一步融合創造了條件；當“動$_1$＋（）＋與/予＋間”式的出現頻率達到一定程度後，在當時大量出現的複音詞的類推作用下，使用者會傾向於將“動$_1$＋（）＋予”重新分析爲一個複音詞“V與”，相應“動$_1$＋（）＋與/予＋間”式也被重新分析爲“V與＋間＋直”的省略形式。“動$_1$＋與/予＋間＋直”産生便不遠了。但這種假設的問題是：由“V－與＋O$_{客體}$”怎樣變爲“V－與＋O$_{接受者}$＋O$_{客體}$”需要得到解釋。

5. 本文認爲從“V$_1$＋V$_2$＋O$_{接受者}$＋O$_{客體}$”到“V－與＋O$_{接受者}$＋O$_{客體}$”是當時複合動詞内部語義結構的變化造成的。

前面將複合詞式中的動詞分成了兩類：一類是“V－與”類，此類自然不用解釋；一類是“V$_1$V$_2$”都不是單純表示“給予”義的動詞，如“賞賜、增益、賜遺、供給、分付、假給、供養、供奉、佈施、供施”等，在它們的語義結構中都體現出“方式＋給予”。

上古到中古漢語時期，漢語辭彙發生了由綜合向分析的演變，這種變化帶動了新雙賓語結構“V$_1$＋V$_2$＋O$_{接受者}$＋O$_{客體}$”中“V$_1$”的表示動作“方式”、“條件”、“工具”等語義特徵得到突顯，而使“V$_2$”承擔“給予”語義，V$_2$在辭彙形式上集中體現爲“與、予、遺”等“給予”義動詞。“與”是表示“給予”義的動詞中最具代表性的（貝羅貝 1986），最終就形成了“V－與＋O$_{接受者}$＋O$_{客體}$”這種新的雙賓語結構。

劉雲（2009）分析爲什麽選擇“與”而不選擇“予、遺”時説，“予”是出於經濟原則，“遺”是其表“給予”義的不純粹性。應該説“予”的“給予”語義也是不純粹的，因爲“予”在上古漢語中，有一些用例可以看出“予”可以對應於“賜予”。如：

(48) 怒不過奪，喜不過予。（《荀子·修身》楊倞注：

"予，賜也。")

此外，據"與、予、遺"三者能否充當 V_1 的情況，也可以將它們作爲"給予"義的典型性程度區分爲：與>予>遺。如：

(49) 莽乃複以所益納征錢千萬，遺與長樂長禦奉共養者。(《漢書·王莽傳》)

(50) 以五百寶珠遺與諸王。(元魏·慧覺等譯《賢愚經》9，4/414c)

語料中没有發現"遺予"的例子，而"遺與"的組合最早出現在《漢書》中，也許透露出從東漢開始"與、予、遺"開始統一於"與"，因此，石琳(2005)統計的三國佛經中已經很難找到"與"字之外的詞充當 V_2 的例子了。

(51) 其有主者，能爲擁護；其無主者，取給王用。時，居士寶往白王言："大王，有所給與，不足爲憂。"(姚秦·佛陀耶舍共竺佛念譯《長阿含經》3，1/22b)

此例"取給"中 V_2 是"給"，但存在"給與"的組合，説明"給"還是"供給"義。下例更能説明問題：

(52) 何等爲居家火？善男子隨時育養，施以安樂，謂善男子方便得財，手足勤苦，如法所得，供給妻子、宗親、眷屬、僕使、傭客，隨時給與，恭敬施安，是名家火。(劉宋·求那跋陀羅《雜阿含經》4，2/25a)

"V+於+$O_{接受者}$+$O_{客體}$"中的"於"依附在其前的動詞上，虚化程度很高(時兵 2007)。中古"V+與+$O_{接受者}$+($O_{客體}$)"句式與"V+於+$O_{接受者}$+($O_{客體}$)"句式出現了語義上的等同情況。如：

(53) 漢嘗出征，妻子在後買田業。……遂盡以**分與**昆弟外家。(《後漢書·吴漢傳》)

(54) 撫所得賞賜，盡**分於**麾下。(《後漢書·滕撫傳》)

(55) 扶南王範尋養虎於山，有犯罪者**投於**虎，不噬，乃宥之。故山名大蟲，亦名大靈。又養鱷魚十頭，若犯罪者**投與**鱷魚，不噬，乃赦之，無罪者皆不噬。（《搜神記》2“扶南王”條）

（56）佛以音聲説而**授於**我決。（西晉·竺法護譯《文殊師利現寶藏經》2，14/466a）

（57）大王園中無有此華，臣朝早將園華，道路逢佛，不勝歡喜，盡以上佛，即**授與**我決，知當殺故，過家索食。（西晉·法炬譯《阿闍世王授決經》1，14/777c）

黄紅蕾（2008：37）認爲例（56）的“於”字標記大多都有其對應的雙賓語，如“授於我決”有“授我決”的雙賓語形式，“於”字標記類功能已經蜕化，和雙賓語結構不再有語用功能上的差别。

這説明此時“與”的詞性發生了變化。此外，下面例子中的“與”也可以認定爲介詞，而不是三同連形式。如：

（58）齎持珍寶，**贈遺與**王。（三國吴·支謙譯《撰集百緣經》6，4/233c）

（59）［八關齋文］大臣得已，甚用歡喜，著金案上**奉獻與**王。（三國吴·支謙譯《撰集百緣經》6，4/233c）

（60）竭家之貨，**供給與**之。（元魏·慧覺等譯《賢愚經》2，4/360c）

四　新與格句式“$V+O_{客體}+與+O_{接受者}$”的發展

4.1　“$V_1+O_{客體}+與+O_{接受者}$”產生的時代

貝羅貝（1986）認爲“$V_1+O_{客體}+與+O_{接受者}$”產生於魏晉南北朝，是在新出現的“與”格結構“$V_1+O_{客體}+V_2+O_{接受者}$”的基礎上，隨著 V_2 位置的動詞單一化爲“與”，並且“與”逐漸介詞化而形成的。產生的動因是 V_2 的語法化。即“$V_1\ O_{客體}\ V_2$

$O_{接受者}$” > “$V_1 O_{客體} V_{與} O_{接受者}$” > “$V_1 O_{客體} Pron_{與} O_{接受者}$”。

但是，劉雲（2009）指出“V_1 + $O_{客體}$ + 與 + $O_{接受者}$”在西漢已產生，如：

（60）如姬果盜晉鄙兵符與公子。（《史記·魏公子列傳》）

他認爲此例已與一般的連動式不同。

石琳（2005）對三國佛經的考察，如：

（61）化菩薩，既受飯與諸大人，俱承佛聖旨。（三國吴·支謙譯《維摩詰經》2，14/532b）

（62）我往日經行舍衛城市，得此明月珠意欲與貧者。（曹魏·白延譯《須賴經》1，12/54a）

黄紅蕾（2008：43）據此研究和她自已對西晉佛經的考察，認爲這種格式最遲在西漢就已產生，東漢時有所發展，三國和西晉時 V_2 已具有統一爲“與”的傾向。

4.2 關於“V_1 + $O_{客體}$ + 與 + $O_{接受者}$”認定的有關事項

1.“V_1 + $O_{客體}$ + 與 + $O_{接受者}$”結構的性質

據貝羅貝（1986），“V_1 + $O_{客體}$ + 與 + $O_{接受者}$”的產生分兩步：[1] 新“與”格結構“V_1 + $O_{客體}$ + V_2 + $O_{接受者}$”的 V_2 單一化爲“與”，[2]“與”由動詞演變爲介詞。即：“$V_1 O_{客體} V_2 O_{接受者}$” > “$V_1 O_{客體} V_{與} O_{接受者}$” > “$V_1 O_{客體} Pron_{與} O_{接受者}$”。

宋文輝（2007）認爲是“V_1 + $O_{客體}$ + 與 + $O_{接受者}$”中 V_2“與”的語法化造成的。因爲介詞“於”最先也是因爲動詞“于”位於連謂結構 V_2 位置上語法化而來的，所以“V_1 + $O_{客體}$ + 與 + $O_{接受者}$”中 V_2“與”的語法化衹是重複了“於”的過程。魏晉時期，正是“V_1 + $O_{客體}$ + 於 + $O_{接受者}$”與“V_1 + $O_{客體}$ + 與 + $O_{接受者}$”兩種新舊句式重疊的時期。

2. 判斷“V_1 + $O_{客體}$ + V_2 + $O_{接受者}$”中 V_2 統一爲“與”的標準是什麽？

蕭紅（1999）認爲“V_1＋$O_{客體}$＋V_2＋$O_{接受者}$”是在秦漢時複雜謂語（包括“並列謂語”、“連動式”、“動補式”等）發展日益成熟（據何樂士 1984）的大環境的直接影響下產生的。這種結構與“連動式”相同，衹是動詞語義受到限制，特别是 V_2 一般是“給予”義動詞。他分析認爲 V_2 最後統一爲“與”大約在唐五代。這個發展過程：V_2 在《史記》中爲“遺、予、與”，《論衡》中爲“與、予”，《三國志》中爲“與、封、賜、給、付、遺、供”等，《世説新語》中爲“與、付、施、送、遺”等，《魏書》中爲“與、授、遺、送、付、給”等。在以上中古典籍中，可以充當“V_1＋$O_{客體}$＋V_2＋$O_{接受者}$”中 V_2 的有多個“給予”義動詞，但其中以“與”較爲常見。到唐五代時“與”更爲常見，極少例爲“送、獻”。

這是根據語料用例的實際情況來判斷的，也是目前大家都比較認同的一種判斷標準。

4.3　本文認爲

大家討論的“V_1＋$O_{客體}$＋與＋$O_{接受者}$”結構中，有兩個語言事實值得注意：[1] V_1 是單音動詞，[2] V_2 也是單音動詞。

但中古時期，在“V_1＋$O_{客體}$＋V_2＋$O_{接受者}$”句式中，出現了大量的雙音“給予”義動詞，如例（34）、（35）的“授與”。又如“傳與”、“給與”的情況：

傳與：

1. 東漢：中土文獻無用例，佛經文獻 1 例，是“$O_{客體}$＋傳與＋$O_{接受者}$”式。

2. 東晉：“以＋$O_{客體}$＋傳與＋$O_{接受者}$”1 例，

3. 姚秦：“以＋$O_{客體}$＋傳與＋$O_{接受者}$”1 例，

4. 梁：[1]“以＋$O_{客體}$＋傳與＋$O_{接受者}$”1 例。

[2]“以＋$O_{客體}$＋以＋傳與＋$O_{接受者}$”1 例。此例“傳”有異文“付”。

[3]“傳與＋$O_{接受者}$”2例。

[4]“$O_{客體}$＋傳與＋$O_{接受者}$”1例。（後漢書）

5. 陳：[1]“傳與＋$O_{接受者}$”4例。

給與：

1. 東漢：中土文獻無用例，佛經文獻11例。

Ⅰ. 單賓語式（$VO_{客體}$）7例。

Ⅱ. 客體話題化：3例。分爲兩種情況：

[1]“$O_{客體}$＋$V_{(給與)}$”1例。

[2]“$O_{客體}$＋$V_{(給與)}$＋$O_{接受者}$”2例。

Ⅲ. 廣義處置式：1例。

2. 三國：客體話題化3例。

3. 晉：中土文獻7例，佛經文獻就很多了，有以下句式：

Ⅰ. 單賓語式：

[1]“$V_{(給與)}$＋$O_{客體}$”。

[2]“$V_{(給與)}$＋$O_{接受者}$”。

Ⅱ. 雙賓語式：“給與＋$O_{接受者}$＋$O_{客體}$”3例。

Ⅲ. “V_1＋$O_{客體}$＋V_2＋$O_{接受者}$”式

Ⅳ. 客體話題化：3例。

[1]“$O_{客體}$＋$V_{(給與)}$”。

[2]“$O_{客體}$＋$V_{(給與)}$＋$O_{接受者}$”。

Ⅴ. 接受者話題化。

Ⅵ. 廣義處置式。

而目前學者集中討論的V_2都是單音“給予”義動詞，是否可以這樣假設：V_2經歷了“單→單和雙→單$_{(統一爲“與”)}$”這樣一個錯綜的過程？這個假設應該行不通。

我們是不是可以這樣假設，V_2存在任務分工：[1]單音“給予”義動詞逐漸專用於“V_1＋$O_{客體}$＋V_2＋$O_{接受者}$”式，後來V_2統一爲單音“與”；[2]雙音“給予”動詞比較傾向於“V_1＋

$O_{客體}+V_2+O_{接受者}$”式以外的其他句式。

我們這樣假設的理由是：雙賓語句式發達的語法系統會限制典型“給予”義動詞進入與格句式（宋文輝 2007）。反過來說，中古辭彙雙音化引起雙及物結構句式複雜化，造成雙賓語句式的衰落，使中古雙及物結構演變出具有多種分佈都較廣的雙及物句式，使大量的表“給予”義的雙音動詞進入多個句式（客體話題化、廣義處置式）。

V_2的這種任務分工，就使西漢以來就存在的“$V_1+O_{客體}+$與$+O_{接受者}$”句式得到强調，同時又在“$V+$與$+O_{接受者}+(O_{客體})$”句式的成熟，以及“$V+$與$+O_{接受者}+(O_{客體})$”句式與“$V+$於$+O_{接受者}+(O_{客體})$”句式的語義等同的類推下，形成了“$V_1+O_{客體}+$與$+O_{接受者}$”與“$V_1+O_{客體}+$於$+O_{接受者}$”兩種新舊句式的重疊使用。如下面例子中，出現在V_2位置上的“與”和“於”語義相同。如：

（63）單于卒從顓渠閼氏計，立雕陶莫皋，約令傳國與弟。（《漢書·匈奴傳》）

（64）左大將使人召左賢王而讓位焉。左賢王辭以病，左大將不聽，謂曰：“即不幸死，傳之於我。”左賢王許之，遂立爲狐鹿姑單于。（《漢書·匈奴傳》）

（65）羌固請迎恭，諸將不敢前，乃分兵二千人與羌，從山北迎恭，遇大雪丈餘，軍僅能至。（《後漢書·耿弇傳》）

“分$O_{客體}$與$O_{接受者}$”在《後漢書》共 4 例，句義與“分…於”相同。

原來是非給予類動詞纔能進入“分$O_{客體}$與$O_{接受者}$”中V_1的位置上，現在V_1的動詞範圍也有所擴大，如“嫁、送、割、舉、施”等“給予”義動詞與非給予義動詞都可以充當V_1了。

（66）長者頭面禮足，遶佛三匝，便退而去。還至家中，供辦種種甘饌飲食與滿財長者。滿財長者曰：“我用此食爲？

但嫁女與我不耶?”(三國吴·支謙譯《須摩提女經》1,2/838a)

(67)今以斷食,何緣複使諸天送甘露與我?(東晉·瞿曇僧伽提婆譯《增壹阿含經》23,2/670c)

(68)淫女人即取利刀,自割兩乳與之。(西晉·法炬譯《前世三轉經》1,3/448b)

(69)共還入國,擧位與汝,我自避退。(西晉·竺法護譯《太子墓魄經》1,3/410c)

(70)於是別去。施主九物與諸梵志,使各分之已。(西晉·竺法護譯《生經》5,3/108a)

五 “與+間+動+直”結構的產生

這種句式,貝羅貝(1986)認爲到了10世紀纔產生。其實,在東漢的佛經文獻中就已經有以下用例:

(71)我不用餘,欲得王身與我作奴,及王夫人爲我作婢。(三國吴·康僧會譯《六度集經》2,3/7b)

(72)衆多比丘白舍利弗曰:“我等乃從遠來,請問其義,得修行之。尊者舍利弗堪任者,便與我等廣演其義。”(東晉·瞿曇僧伽提婆譯《增壹阿含經》9,2/588b)

(73)願世尊與我説菩薩所行法。(東晉·瞿曇僧伽提婆譯《增壹阿含經》11,2/599a)

(74)惟願如來,於今與我受佛職位,令得阿耨多羅三藐三菩提。(北涼·曇無讖譯《悲華經》1,3/173a)

(75)是時,阿那律以凡常之法而縫衣裳,不能得使縷通針孔中。是時,阿那律便作是念:諸世間得道羅漢,當與我貫針。(東晉·瞿曇僧伽提婆譯《增壹阿含經》31,2/719a)

(76) 即自生念：我是世尊弟子，又且復是佛姨母兒，此諸天女盡當與我作妻。(東晉·瞿曇僧伽提婆譯《增壹阿含經》9，2/592a)

六 結 論

與上古漢語雙及物結構相比，中古雙及物結構出現了以下一些變化：(1) 複合詞式的雙及物結構大量增加；(2) 雙及物結構複雜化，導致了雙及物結構的不同句式語義的混同；(3) 新的雙賓語結構“V_1＋V_2＋$O_{接受者}$＋$O_{客體}$”、“V—與＋$O_{接受者}$＋$O_{客體}$”成熟；(4) 新的與格句式“V＋$O_{客體}$＋與＋$O_{接受者}$”成熟；(5)“與＋$O_{接受者}$＋V＋$O_{客體}$”結構的產生。

中古漢語雙及物結構最明顯的變化是出現了大量的複合詞式的雙及物結構。由於雙音動詞的帶賓語的能力低於單音動詞，如一些單用能帶雙賓語的動詞，雙音化後不能再帶雙賓語，如“報”“奉”組成“報與”“奉與”後衹帶單賓語。大量的雙音動詞進入雙及物結構中後，爲了保證原有雙及物結構句式語義的表達，就必須改變動詞的論元結構，如使受事語義角色改變爲工具語義角色等，從而導致了雙及物結構複雜化。比如同一個動詞，與“給予”義的動詞組成雙音詞後，參與雙及物結構的能力發生了變化，如“賜與”“賜予”雙音組合後，“賜予”衹使用在單賓結構中，“賜與”可用於雙及物結構，既可用於雙賓語式，還有“客體話題化”結構。“授與”在中古形成了八種雙及物句式，更有力地説明了複合詞式的雙及物結構導致了中古雙及物結構的複雜化。

雙及物結構的複雜化還造成中古雙及物結構不同句式間語義的混同，如新的與格句式“V＋$O_{客體}$＋與＋$O_{接受者}$”與原有句式“V＋$O_{客體}$＋於＋$O_{接受者}$”表達的語義相同。

雙及物結構的複雜化還引發了新的雙及物結構“與＋$O_{接受者}$＋V＋$O_{客體}$”的產生。

複合動詞内部語義結構的變化是中古漢語雙及物結構變化的另一個動因。上古到中古漢語時期，漢語辭彙發生了由綜合向分析的演變，這種變化帶動了新雙賓語結構“V_1＋V_2＋$O_{接受者}$＋$O_{客體}$”中“V_1”的表示動作“方式”“條件”“工具”等語義特徵得到突顯，而使“V_2”承擔“給予”語義，V_2在辭彙形式上集中體現爲“與、予、給”等“給予”義動詞，最終就形成了“V－與＋$O_{接受者}$＋$O_{客體}$”這種新的雙賓語結構。

雙及物結構的變化與中古連動結構的融合、謂語内部結構的變化存在關係。新雙賓語結構“V_1＋V_2＋$O_{接受者}$＋$O_{客體}$”、“V－與＋$O_{接受者}$＋$O_{客體}$”、新與格句式“V＋$O_{客體}$＋與＋$O_{接受者}$”、“與＋$O_{接受者}$＋V＋$O_{客體}$”結構的產生都與它們有一定的聯繫。

〔主要參考文獻〕

貝羅貝. 雙賓結構從漢代至唐代的歷史發展. 中國語文，1986 (3).

董秀芳. 詞彙化：漢語雙音詞的衍生和發展. 北京：商務印書館，2011.

胡竹安. 動詞後的“給”的詞性和雙賓語問題. 中國語文，1960 (5).

黄紅蕾. 西晉佛經中的雙賓語研究. 清華大學碩士學位論文，2008.

劉丹青. 漢語給予類雙及物結構的類型學考察. 中國語文，2001 (5).

劉　雲.《史記》中表“給予”義的相關句式解析. 牡丹江師範學院學報，2009 (4).

蕭　紅. 也説中古雙賓語結構的形式與發展. 古漢語研究，1999 (1).

張伯江. 現代漢語的雙及物結構式. 中國語文，1999 (3).

張伯江. 從施受關係到句式語義. 北京：商務印書館，2009.

張國憲. 雙音節動詞功能增殖探討//語法研究與語法應用. 北京：北京語言學院出版社，1994.

Zhang，Min 2000：Syntactic Change in Southeastern Mandarin：How

Does Geographical Distribution Reveal a History of Diffusion。收入丁邦新、余靄芹編《語言變化與漢語方言：李方桂先生紀念文集》，P197－242，臺北："中研院"語言研究所籌備處。

Research on Ditransitive Constructions in Medieval Chinese

Zhou Junxun and Gao Tao
(School of Arts and Communication, Southwest Jiaotong University,
Chengdu, 610031, China)

Abstract: Compared with ditransitive constructions in Old Chinese, the most outstanding change of ditransitive constructions in Medieval Chinese was the decrease obviously of ditransitive constructions that composed of caused verbs. There were many ditransitive constructions that formed from compounded verbs, which caused the complication of ditransitive constructions in Medieval Chinese and the confuse of different constructions of ditransitive constructions in Medieval Chinese. The main motivations of the change of ditransitive constructions in Medieval Chinese not only were the change of semantic constructions of verbs, but also were the merges of serial-verb construction and the change of the internal construction of predicate.

Key words: Medieval Chinese Ditransitive construction Semantic construction Development of Syntax

（周俊勳、高韜，西南交通大學藝術與傳播學院，郵編 610031）

先秦漢語連詞“苟”用法考察*

龔　波

内容摘要：先秦漢語連詞“苟”與“若”、“如”有區別。“若”與“如”的區別在於方言的不同。“苟”是一個各地通用的連詞，不論在以用“若”爲主的方言還是在以用“如”爲主的方言中都要用到它。從前件的虛擬性來看，“苟”引導的條件可以是既定事實，也可以是虛擬事件；“若”、“如”引導的條件不能是既定事實，只能是虛擬事件。“苟”不能引導反事實假設，“若”、“如”可以引導反事實假設。從前後件之間的語義關係來看，“苟”引導的複句，前後件之間的語義關係是充分條件關係；“若”、“如”引導的複句，前後件之間的語義關係是複雜多樣的。從疑問句中的情況來看，“苟”引導的疑問複句全部是反問句，是没有疑問焦點的，不需要做出回答；“若”、“如”引導的疑問複句則既有反問句也有具有疑問焦點的真實疑問句。這反映了“苟”與“若”、“如”引導的複句後件確定性程度的不同。“苟”與“若”、“如”的區別類似於現代漢語中“如果”和“衹要”的區別。

關鍵詞：連詞　苟　充分條件　假設

零　引　言

“苟”是古代漢語中很常用的一個連詞。大多數學者都認爲，

---

* 本文的研究得到國家社科基金後期資助項目的資助，項目批准號 13FYY017，謹致謝忱。

古漢語中的連詞“苟”的作用是表示假設，相當於“若”或“如”。王引之《經傳釋詞》即云：“苟，若也。”劉淇《助字辨略》：“《中庸》：‘苟無其德，不敢作禮樂焉。’此苟字，猶云如也，若也。”通行的古漢語教材（如王力 1999；郭錫良等 1999）及一些語法研究的專著（如馬建忠 1898；楊伯峻、何樂士 2001）也大多持相同的看法，認爲“苟”應當解釋爲“如果”。

用“若”或“如”解釋“苟”是否恰當？古漢語中的“苟”與“若”、“如”有沒有區别？如果它們詞義完全相同，是一組絕對同義詞（等義詞）的話，爲什麼上古漢語的很多文獻中既用“苟”，也用“若”、“如”？等義詞不能長期共存，這已經是語言學界的共識。葉蜚聲、徐通鏘（2010：130）明確指出：“等義詞在語言中多半不能長期存在，因爲語言要求經濟，容不得可有可無、重複臃腫的東西。”在漢語史的發展過程中，“苟”與“若”、“如”却長期並存，如果“苟”與“若”、“如”毫無差别，則這種長期並存是違背語言的經濟性原則的。

據周法高（1961）的調查，“若”和“如”的差别大概是方言的不同：《尚書》《莊子》《左傳》等書多用“若”，《詩經》《論語》《孟子》等書多用“如”。在周氏調查的以上六部著作中，時代較早的《尚書》和《詩經》中没有連詞“苟”的用例，時代稍晚的《左傳》《論語》《莊子》和《孟子》中，“苟”都用例比較普遍（具體分佈情況詳下文）。在有些地方，“苟”與“若”或“如”還可接連出現。例如：

（1）孟莊子疾，豐點謂公鉏：“苟立羯，請仇臧氏。”公鉏謂季孫曰：“孺子秩固其所也。若羯立，則季氏信有力于臧氏矣。”（《左傳·襄公二十三年》）

（2）寡君以爲苟有盟焉，弗可改也已。若猶可改，日盟何益？（《左傳·哀公十二年》）

例（1）中，同樣是“立羯”這樣一個事件，豐點説“苟立羯"而公鉏說"若羯立"，相連的兩句話，一用"茍"，一用"若"；例（2）中，前一句說"茍有盟焉"，用的連詞是"茍"，後一句說"若猶可改"，用的連詞是"若"。爲什麽同樣的事實或連續的兩句話要用不同的連詞來引導？Bolinger（1977）認爲，任何兩個語言形式在意義和功能上不可能完全相同。連詞"若"與"如"的區别在于地域，那"茍"與"若"、"如"的區别又何在？這種區别是地域的還是語義和語法的？這是本文要將要探討的問題。下文首先考察"茍"和"若"、"如"在先秦時期的代表性文獻中分佈情況，然後比較分析"茍"與"若"、"如"的差异，并將其與現代漢語中的類似關聯詞語進行對比分析。希望通過本文的考察，揭示"茍"與"若"、"如"的主要區别。

一　連詞"茍"在先秦文獻中的分佈情況

甲骨文和兩周金文中都没有連詞"茍"的用例。在相對而言比較可靠的早期傳世文獻如今文《尚書》《詩經》和《春秋經》中，也没有連詞"茍"的用例。

《詩經》中雖然還没有出現連詞"茍"，但已經出現了一些詞義比較虚化的"茍"的用例。如：

（3）雞棲于桀，日之夕矣，羊牛下括。君子于役，茍無飢渴！（《詩經·王風·君子于役》）

（4）采苓采苓，首陽之巔。人之爲言，茍亦無信。（《詩經·唐風·采苓》）

（5）采葑采葑，首陽之東。人之爲言，茍亦無從。（《詩經·唐風·采苓》）

（6）采苦采苦，首陽之下。人之爲言，茍亦無與。（《詩經·唐風·采苓》）

（7）舍旃舍旃，茍亦無然。人之爲言，胡得焉！（《詩

經·唐風·采苓》)

朱熹《詩集傳》認爲"苟無飢渴"意謂"庶幾其免于飢渴而已矣",把"苟"釋爲希冀之詞;《經傳釋詞》和《經義述聞》則認爲此句中的"苟"相當于"尚",是"或許"的意思,表達揣測之義;例(4)至例(7)中的"苟",毛傳認爲相當於"誠",鄭箋則認爲相當於"且"。前人對《詩經》中的"苟"的解釋並不統一。這一方面是由於"苟"的用例過少,不能採用歸納匯證的訓詁學方法來概括詞義,另一方面也是由於詩歌語言的特殊性,其語義較爲模糊;因此前人只能從各自的理解出發,隨文釋義。不過可以確定的是,這些用例中的"苟"都還不是連詞。例(3)的"苟"按朱熹的解釋是動詞,按《經傳釋詞》和《經義述聞》的解釋是副詞;例(4)至例(7)的"苟"則應當看成是副詞。

傳世文獻中,最早出現連詞"苟"的文獻是《左傳》。《左傳》中,連詞"苟"與連詞"若"並用,"如"則少見。從用例數量上看,"若"佔着絕對的優勢地位,共有343例①;"苟"有55例;"如"僅7例,其中還有4例是引用《詩經》,實際僅3例。

---

① 周法高(1961)的統計爲392例,管燮初(1994)的統計爲347例。我們的數據接近於管燮初(1994),相差幾例可能是因爲我們排除了幾例"若+NP"的用例,我們認爲"若+NP"中的"若"是一個引出話題的標記,相當於"至於……"、"説到……"。

這三個連詞在先秦文獻中的分佈情況如下表所示①：

	左傳	國語	老子	論語	孟子	莊子	韓非子	墨子	管子	呂氏春秋	荀子
若	343	197	4	0	4	24	32	121	45	30	5
如	7	0	0	16	35	0	2	1	0	2	0②
苟	55	28	0	6	18	7	4	16	20	15③	12

根據“若”和“如”的使用情況（暫不考慮“苟”），這些文獻可以分爲四類：一類是衹用“如”不用“若”的，代表文獻是《論語》；第二類是衹用“若”不用“如”的，代表文獻是《國語》《老子》《莊子》《管子》和《荀子》；第三類是多用“如”而少用“若”的，代表文獻是《孟子》；第四類是多用“若”而少用“如”的，代表文獻是《左傳》《韓非子》《墨子》和《呂氏春秋》。這四類可以合併爲兩類，即用“如”爲主的一類（一、三類）和用“若”爲主的一類（二、四類）。“若”與“如”的使用

① 本文對假設連詞的判定採用比較嚴格的標準，凡有歧解之可能者均不計入統計數據，如文獻中常見到“若此”“若是”“如是”之例，其中的“若”和“如”既可解釋爲“如果”，也可解釋爲“像”。例如：

（1）若是，則弟子之惑滋甚。（《孟子·公孫丑上》）

（2）若是，則夫子過孟賁遠矣。（《孟子·公孫丑上》）

（3）請以令令富商蓄賈百符而一馬，無有者取于公家。若此，則馬必坐長而百倍其本矣。（《管子·輕重》）

這種有兩解可能的用例反映了連詞“若”的來源及其語法化初期的狀態，本文的目的在于説明連詞“若”在文獻中的分布情況并與連詞“苟”對比，因此不將這種有歧解的句子計入統計數據。本表的統計數據也不包括“若苟”這樣的合用形式（即合用形式是“苟”、“若”、“如”三者之間的組合形式），但包括“苟爲”這樣的雙音節形式（“苟”、“若”、“如”分別與其他語素組合）。

② 于峻嶸（2008）認爲《荀子》中有連詞“如”的用例，但所舉均爲“如是”之例。“如是”是有歧解的，故本文不計入。

③ 殷國光（2008）統計的《呂氏春秋》中連詞“苟”的用例是17個。

情況表現爲一個比較清晰的連續統（continuum）。我們既可以按“如”的出現頻率遞減而“若”的出現頻率遞增的順序將這個連續統排列爲正向的四段（依次爲：一類、三類、四類和二類）；也可以按照“如”的出現頻率遞增而“若”的出現頻率遞減的順序將這個連續統排列爲反向的四段（依次爲二類、四類、三類和一類）。不管是正向還是反向，第一和第二類始終位于這個連續統的兩端，它們代表的是比較典型的情況。這個調查結果印證了周法高（1961）的判斷，即“若”與“如”的差別是方言的不同。舍此而外似乎没有更好的理論可以解釋“若”和“如”的這種分佈狀態。

某些文獻中的“若”與“如”的混用，大概是由于以下一些原因：一是引用他書的結果，本來作者的口語中是衹用一個連詞（或者是“若”，或者是“如”）的，但是由於要引用到別的方言區的文獻，因此出現了混用的情況；二是方言之間的相互接觸和影響，這種接觸和影響使得本屬不同方言區的兩個詞能夠被不同地區的人理解和使用，從而導致混用的産生；三是某些先秦文獻成書情況複雜，很多書籍並非成於一時一地一人之手，有些甚至著作權也難以斷定，因其成於衆手，故很難保證語言的純潔性；四是文獻傳抄過程中可能出現妄改的情況。由於上述這些原因，我們很難確切地指出“若”與“如”到底是哪個地域的方言。但是，根據二者在先秦文獻中的分佈和使用情況，我們可以比較有把握地説，這兩個詞語的差別不在於語義和語法而在於地域。

“苟”的分佈情況則與“若”和“如”不一樣：

1. 在以上 11 部文獻中，除《老子》以外，其餘 10 部文獻中都有“苟”的用例。由于《老子》的篇幅實在是太短了，我們很難據此認爲在《老子》所代表的語言中没有連詞“苟”。《老子》中没有“苟”的用例是由於文獻篇幅的原因，可以看成是例外。

2. 除《荀子》以外，其餘 10 部文獻中“苟”的用例均少於

“若（如）”①。在用“若“爲主的文獻中，“苟”的用例少於“若”，在用“如”爲主的文獻中，“苟”的用例少於“如”。《荀子》多用“苟”少用“若”、“如”可能跟個人習慣及《荀子》的説理方式有關，這個問題尚待進一步研究。與其他 10 部文獻相比，《荀子》“苟”的用例多於“若（如）”可以看成是一個例外。

3. 排除《荀子》和《老子》，“苟”在其餘 9 部文獻中佔三個連詞用例的比例分別是：13.6%（左傳）、12.4%（國語）、27.3%（論語）、31.6%（孟子）、22.6%（莊子）、10.5%（韓非子）、11.6%（墨子）、30.8%（管子）和 31.9%（呂氏春秋）。“苟”的比例維持在五分之一到三分之一之間，没有極端的情況，即既没有衹用“若（如）”不用“苟”的情況，也没有衹用“苟”不用“若（如）”的情況。“苟”的分佈不像“若”和“如”那樣呈現出一種連續統的樣態，而是相對均衡。

總之，“若”和“如”在先秦文獻中的分佈是不均衡的，有典型用“若”和典型用“如”之分；“苟”在先秦文獻中的分佈則是大致均衡的：除了篇幅很短的《老子》之外，其他文獻都要用到連詞“苟”；除了《荀子》中“苟”的用例比較多以外，其他文獻没有典型用“苟”與典型用“若（如）”之分。“苟”的這種分佈狀態提示我們，“苟”跟“若（如）”的性質可能不一樣。“若”與“如”差别在於地域的不同，而“苟”是一個各地通用的連詞，不論在以用“若”爲主的方言還是在以用“如”爲主的方言中都不可避免地要用到它。“苟”用得不如“若（如）”那樣多，但又絕非罕見，對於絕大多數文獻而言，“苟”的使用不可避免。“苟”與“若（如）”之間定然有語義或語法的不同，這種語義或語法的不同是保證“苟”在地域上的廣泛分佈及其在時間

① 由於“若”“如”之别在於方言之不同，因而可以將它們看作是同一詞在不同方言中的變體。下文中，當行文需要時，將它們記作“若（如）”。

上與“若（如）”長期並用的基礎。籠統地以“若”釋“苟”，或者以“如”釋“苟”，有可能失之偏頗。

二　連詞“苟”用法考察

爲了探明“苟”與“若（如）”之別，我們需要對先秦文獻中“苟”的使用情況做一個詳細的調查，并將之與“若（如）”對比。從句法角度來看，“苟”與“若（如）”的差別並不明顯。它們都既可以位於主語之前，也可以位於主語之後。從頻率上看，“苟”出現於主語之後的頻率比“若（如）”出現於主語之後的頻率要高，但這種差异似乎並没有統計學的意義。我們認爲“苟”與“若（如）”的差別不在句法而在語義。以下我們從前件虛擬性、前後件之間的語義關係及後件的確定性程度等方面來考察“苟”與“若（如）”引導的複句的差別，以期發現它們在語義上的不同。

2.1　前件虛擬性的考察

“苟”與“若（如）”引導的複句，其條件的虛擬性不一樣。“苟”引導的條件可以是既定事實，也可以是虛擬的事件；“若（如）”引導的條件不能是既定事實，衹能是虛擬的事件。

“苟”引導既定事實之例如：

(8) 丘也幸，苟有過，人必知之。(《論語·述而》)

(9) 諸侯相吊賀也，雖不當事，苟有禮焉，書也，以無忘舊好。(《左傳·文公九年》)

(10) 自公以下，苟有積者，盡出之。(《左傳·襄公十年》)

(11) 左師爲己短策，苟過華臣之門，必騁。(《左傳·襄公十七年》)

以上諸例中的“有過”、“有禮”、“有積”、“過華臣之門”説的都是已然存在的事實，是説話人説話之前已經發生過的，説話人也明知這些事情真實地存在着，不存在主觀虛擬的故意。

有時候，“苟”也可以引導一個虛擬的事件，例如：

(12) 苟舍我，吾請納君。(《左傳·莊公十四年》)

(13) 苟能治之，毁請從焉。(《左傳·僖公十八年》)

(14) 苟入而賀，何後之有?(《左傳·僖公二十七年》)

以上諸例中的“舍我”、“能治之”、“入而賀”等説的都不是已然存在的事實，而是一種虛擬的情況。

與“苟”不同的是，“若（如)”則衹能引導虛擬事件而不能引導既定事實。“若（如)”引導虛擬事件之例如：

(15) 若闕地及泉，隧而相見，其誰曰不然?(《左傳·隱公元年》)

(16) 先君若問與夷，其將何辭以對?(《左傳·隱公三年》)

(17) 君若伐鄭，以除君害，君爲主，敝邑以賦與陳、蔡從，則衛國之願也。(《左傳·隱公四年》)

以上諸例，“若（如)”引導的都是虛擬的事件，是尚未發生的。在我們調查的文獻中，没有發現“若（如)”引導既定事實之例。

當“苟”所引導的條件是一個既定事實時，如果將“苟”換成“若”或“如”，從句法上來説，句子可能仍然站得住脚，但是從語義上來説，句子意思就會有所改變，甚至變得不可接受。如上舉例（8）中，“苟有過”説的是已經經歷的事情，這一句的上下文是：

(18) 陳司敗問：“昭公知禮乎?”孔子曰：“知禮。”孔子退，揖巫馬期而進之曰：“吾聞君子不黨，君子亦黨乎? 君取於吴，爲同姓，謂之吴孟子。君而知禮，孰不知禮?”巫馬期以告。子曰：“丘也幸，苟有過，人必知之。”(《論語·述而》)

很明顯，孔子説自己“苟有過，人必知之”是在孔子已經犯了過錯且別人已經指出了他的過錯之後纔說的，孔子慨嘆自己衹要犯了過錯，別人都會知道，覺得這是一件幸事。如果將其中的“苟有過”改爲“如有過”[①]，整句意思就會變爲“如果我有了過錯，別人一定會知道”。這時候，“如果有過錯”不能再指事實上已經發生的事情，衹能是指事實上還没有發生但將來有可能發生的事情[②]。這樣的意思與上下文不協調，因此該例中的“苟”是不能換成“如”的。例（9）至例（11）是同樣的道理：如果將其中的“苟”換成“若”[③]，則“若有禮”、“若有積者”、“若過華臣之門”表示的不能是過去已發生之事而衹能是將來未實現之事；從這些句子的語境來看，將“苟”改爲“若”都是不合適的。

總之，“苟”引導的條件既可以是既定事實，也可以是虛擬事件；“若（如）”引導的條件衹能是虛擬事件，不能是既定事實。這是“苟”與“若（如）”在語義上的一個重要差別。如果用語義特徵來描述的話，可以説，“若（如）”具有［＋虛擬性］的語義特徵，“苟”不具有這個語義特徵。

2.2 前後件之間語義關係的考察

從前後件之間的語義關係來看，在前後件之間是否構成充分條件關係這一點上，“苟”與“若（如）”有區別。根據歐文·M·柯匹、卡爾·科恩（2007）的論述，一個事件能够發生的充分條件是，在它出現的情況下，事件必定發生。充分條件的複句表示衹要具備前件的條件，就一定能導致後件的結果。“苟”引

① 因《論語》用“如”不用“若”，故改爲“如”而不改爲“若”。

② 這種假設即可能假設（possible condition）。此類假設也稱爲開放條件假設（open condition）、真實條件假設（real condition）、事實條件假設（factual condition）或中立條件假設（neutual condition）。可能假設所提出的條件可能出現，也可能不出現；可能是事實，也可能不是事實。説話人對條件的真實性持中立態度。但其所提出的條件一定是虛擬的，非現實的。參看 Quirk et al.（1985）。

③ 因《左傳》多用“若”少用“若”，故改爲“若”而不改爲“如”。

導的複句，前件一定是後件的充分條件；“若（如）”引導的複句，前件不一定是後件的充分條件。

以《論語》爲例。在《論語》中，連詞“苟”一共有6例，這6例中的“苟”都表示充分條件。例如：

(19) 苟志於仁矣，無惡也。(《論語·里仁》)

(20) 丘也幸，苟有過，人必知之。(《論語·述而》)

(21) 苟子之不欲，雖賞之不竊。(《論語·顔淵》)

(22) 苟有用我者，期月而已可也。(《論語·子路》)

(23) 苟正其身矣，於從政乎何有？不能正其身，如正人何！(《論語·子路》)

(24) 其未得之也，患得之；既得之，患失之。苟患失之，無所不至矣。(《論語·陽貨》)

例(19)中，“無惡”的充分條件是“志於仁”，意思是説，衹要有志於仁，就不會有惡，滿足了“志於仁”的條件，就會有“無惡”的結果。例(20)中，“有過”是“人必知之”的充分條件。衹要“有過”，别人一定“知之”，滿足了“有過”的條件，就會有“知之”的結果。例(21)中，“子之不欲”也是“雖賞之不竊”的充分條件。其餘諸例類似。

與“苟”不同，“若（如）”引導的複句則衹注重前件所述事件的虚擬性而不注重前後件之間的邏輯關係。因此，“若（如）”引導的前件既可以是充分條件，也可以不是充分條件。據龔波(2011)的研究，上古漢語假設句前後件之間的語義關係有多種，可以是言效、承接、轉折、説明、推論等。“若（如）”是上古漢語表示假設關係的主要連詞，由“若（如）”引導的複句，前後件之間的語義關係也可以是言效、承接、轉折、説明、推論等；由“苟”引導的複句，前後件之間的語義關係是充分條件關係，屬於上述五種關係中的推論關係。從前後件之間的語義關係來看，“苟”引導的複句前後件之間的語義關係比較單一，“若（如）”

引導的複句前後件之間的語義關係比較多樣。龔波（2011）列舉了“若（如）”引導的表示各種語義關係的複句。例如①：

承接關係：

(25) 如有不嗜殺人者，則天下之民皆引領而望之矣。(《孟子·梁惠王上》)

轉折關係：

(26) 如有一朝之患，則君子不患矣②。(《孟子·離婁下》)

説明關係：

(27) 若大盜禮焉以君之姑姊與其大邑，其次皁牧輿馬，其小者衣裳劍帶，是賞盜也。(《左傳·襄公二十年》)

推論關係：

(28) 今吾子曰“必尋盟”，若可尋也，亦可寒也。(《左傳·哀公十二年》)

以上由“若（如）”引導的複句，如果從前後件之間的語義關係的角度來看，各個句子的前後分句之間的語義關係並不一樣；如果衹着眼於前件是否具有虛擬性這一點，則它們都有一個共同的特點，即它們的前件都有虛擬性。因此雖然各句前後件之間的語義關係並不一樣，但它們又都可以歸入假設複句的範疇。

總之，“苟”引導的複句，前後件之間的語義關係是充分條件關係；“若（如）”引導的複句，前後件之間的語義關係是複雜

① 龔波（2011）所説的言效關係和承接關係的區别在于言效關係表示後件是前件的結果（result），承接關係表示前後件之間是順承連接（progressive conjunction）。由於二者差別細微，在傳統的複句研究中，這兩種關係都被納入到承接關係中。爲與傳統説法保持一致，本文對二者也不予區分。

② 楊伯峻《孟子譯注》釋此句爲：“即使一旦有意外飛來的禍害，君子也不以爲痛苦了。”（198頁）從語義上看，其前後件之間具有轉折關係，不過此類由“如”引導的轉折類假設複句數量較少。

多樣的。這是"苟"與"若(如)"在語義上的又一個差別。

充分條件關係與[+限定性]語義特徵密切相關。說明條件充分性的最簡單最常用的方法就是對條件加以限定，指出需要符合哪一個(或哪一些)條件則可以達到"充分"的狀態。"充分"與"限定"是彼此依存的:"限定"是界定"充分"的方法，"充分"是對條件進行"限定"而得到的結果。打個比方來說，可以把所有的條件看成是一些無序排列的點，每個點代表一個條件，指出某一事件的充分條件的過程實際上是將其中的一個(或多個)點勾勒出來的過程。這個勾勒的過程就是一種"限定"。充分條件與[+限定性]語義特徵的密切關係還可以得到語言的證明:現代漢語中表示充分條件關係的關聯詞是"祇要"，其中的"祇"也可以表示限定，具有[+限定性]的語義特徵。

"苟"的[+限定性]語義特徵可以從"苟"的副詞用法中看出端倪。王引之《經傳釋詞》:

> 苟，猶但也，《易·繫辭傳》曰:"苟錯諸地而可矣，藉之白茅，何咎之有?"言但置諸地而已可矣，而必藉之以白茅，謹慎如此，復何咎之有乎?桓五年《左傳》曰:"苟自救也，社稷無隕，多矣。"襄二十八年《傳》曰:"小適大，苟舍而已，焉用壇?"苟字并與但同義。"

王氏用來解釋"苟"的"但"是"僅僅、祇"的意思。王氏說"苟置諸地"等於"但置諸地"，用今天的話來說，意思是祇需要放在地上(就可以了)。"苟自救也，社稷無殞，多矣"意思是祇要能够自救，使國家免於滅亡就可以了。"小適大，苟舍而已，焉用壇?"意思是說小國到大國去，祇需要草草地搭起棚舍就可以了，哪里用得着築壇?應當說明的是，王氏所舉的這些例子中的"苟"並不是連詞而是表限定的副詞。但從來源上來說，連詞"苟"與此類表限定的"苟"應當是密切相關的。連詞"苟"的[+限定性]語義特徵應當是副詞"苟"的[+限定性]

語義特徵在語法化過程中的滯留。

2.3　後件確定性程度的考察——疑問複句中的"苟"與"若（如）"

爲了考察"苟"與"若（如）"在語義上的差别，我們進一步對由它們引導的疑問複句進行考察。我們發現："苟"引導的疑問複句全部是反問句（無疑而問，用疑問句的形式是爲了加强語氣），"若（如）"引導的疑問複句則既有反問句也有具有疑問焦點的真實疑問句（有疑而問，要求針對疑問焦點做出回答）。這個差别反映了"苟"與"若（如）"引導的複句在語義上的另一個差别：後件確定性程度不一樣。

在上述11部先秦文獻中，"苟"引導的疑問複句共有26例（《論語》1例，《吕氏春秋》2例，《墨子》7例，《國語》9例，《左傳》12例；其餘《莊子》《孟子》《荀子》《韓非子》《管子》等均爲0例）。這些形式上的疑問句全部都是反問句。例如：

（29）苟正其身矣，於從政乎何有？不能正其身，如正人何？（《論語·子路》）

（30）今苟有釁，從之，不亦可乎？（《左傳·僖公七年》）

（31）苟利衆而百姓和，豈能憚君？（《國語·晋語一》）

（32）若弃魯而苟固諸侯，群臣敢憚戮乎？（《國語·魯語下》）

（33）苟得聞子大夫之言，何後之有？（《國語·越語上》）

（34）亡人苟入掃宗廟，定社稷，亡人何國之與有？（《國語·晋語二》）

（35）苟主社稷，國内之民，其誰不爲臣？（《左傳·莊公十四年》）

（36）苟從是行也，臨長晋國者，非女其誰？（《國語·

晋語五》)

(37) 苟如是，則又可以出貨而成私欲乎?(《國語·魯語下》)

(38) 所言苟善，雖奮于取少主，何損?(《呂氏春秋·去宥》)

(39) 且諺曰：“心苟無瑕，何恤乎無家?”(《左傳·閔公元年》)

以上諸例中的很多表反問的疑問詞和固定搭配形式可以表明它們的反問句的性質。如例(29)的“何有”、例(30)的“不亦……乎”、例(31)的“豈”、例(32)的“敢……乎”、例(33)的“何……之有”、例(34)的“何……之與有”等都是比較常見的表反問的形式。例(37)、(38)和(39)雖然從形式上看不出是不是反問句，但是從上下文情況來看，這些句子確實是表反問的。反問句的功能不在於疑問而在於强調，因此，在很多標點本的古籍中這類句子的句末用感嘆號而不用問號。例如：

(40) 苟違其違，誰能懼之!(《國語·晋語二》)①

(41) 天苟兼而有食之，夫奚説以不欲人之相愛相利也!(《墨子·法儀》)②

“若(如)”引導的假設句，其後件則既可以是反問句，也可以是一個事實上的疑問句。“若(如)”引導反問句之例如：

(42) 若闕地及泉，隧而相見，其誰曰不然?(《左傳·隱公元年》)

(43) 君若以德綏諸侯，誰敢不服?(《左傳·僖公四

---

① 上海師範學院古籍整理組校點、上海古籍出版社1978年出版的《國語》中，此例句末爲嘆號；在中華書局2002年出版的《國語集解》(徐元誥撰，王樹民、沈長雲點校)中，此例句末爲問號。

② 孫詒讓《墨子閒詁》，孫啓治點校，中華書局，2007年，第22頁。

年》)

(44) 若晋取虞，而明德以薦馨香，神其吐之乎？(《左傳·僖公五年》)

(45) 若篳門閨竇，其能來東厎乎？(《左傳·襄公十年》)

(46) 彼若謀害楚國，豈不爲患？(《左傳·襄公二十六年》)

"若(如)"引導有疑問焦點的疑問句之例則如：

(47) 如或知爾，則何以哉？(《論語·先進》)

(48) 如殺無道，以就有道，何如？(《論語·顔淵》)

(49) 若以大夫之靈，得保首領以没；先君若問與夷，其將何辭以對？(《左傳·隱公三年》)

(50) 莊公之子猶有八人，若皆以官爵行賂勸貳而可以濟事，君其若之何？(《左傳·莊公十四年》)

(51) 我若從之，其與我乎？(《左傳·昭公十二年》)

(52) 季平子曰："然則意如乎！若我往，晋必患我，誰爲之貳？"子服惠伯曰："椒既言之矣，敢逃難乎？椒請從。"(《國語·魯語下》)

(53) 楚子問于公子曰："子若克復晋國，何以報我？"(《國語·晋語四》)

(54) 公曰："若周衰，諸姬其孰興？"(《國語·鄭語》)

(55) 若受吾幣而不吾假道，將奈何？(《吕氏春秋·權勛》)

(56) 又曰："若使秦求河内，則王將與之乎？"王曰："弗與也。"(《吕氏春秋·應言》)

(57) 白公問于孔子曰："人可與微言乎？"孔子不應。白公曰："若以石投水，奚若？"孔子曰："没人能取之。"白公曰："若以水投水，奚若？"孔子曰："淄、澠之合者，易

牙嘗而知之。”（《呂氏春秋·精喻》）

(58) 管仲有病，桓公往問之曰：“仲父之病病矣，若不可諱而不起此病也，仲父亦將何以詔寡人？”（《管子·小稱》）

以上諸例都出現在對話語境中，從對話人的答話中我們很容易判斷出這些問句都是有疑而問，是需要針對疑問焦點做出回答的。如例（47）出自有名的“子路曾晳冉有公西華侍坐”章，在孔子問完了“如或知爾，則何以哉”之後，子路、曾晳、冉有、公西華等人分別做出了回答，闡述了自己的觀點。可見孔子的發問是需要回答的，是有疑而問。其餘諸例均類似。與“苟”所引導的疑問句相較，這一類句子很特殊。因爲“苟”從不引導一個後件是有疑而問的疑問句。

“苟”與“若（如）”在疑問句中的這種分佈情況絕非偶然。這反映了“苟”與“若（如）”引導的疑問句在後件確定性程度上的差异。無獨有偶，現代漢語中也有類似的情況。龔波、謝明君（2012）對現代漢語中的“如果”和“衹要”引導的疑問複句進行了考察後發現：“如果”引導的複句，後件可以是有疑而問的疑問句；“衹要”引導的複句，後件一般不能是有疑而問的疑問句，當其後件爲疑問形式時，衹能是反問、回聲問，或者實際的疑問焦點在整句而不在後件。也就是説，“如果”引導的複句，可以針對後件提問，“衹要”引導的複句，不能針對後件提問。龔波、謝明君（2012）認爲這與“如果”句和“衹要”句在後件的確定性程度及視角上的不同有關。在“如果”句中，説話人的視角從前往後，作爲條件的前件是確定的，作爲結果的後件不一定是確定的，因此可以針對後件提問；在“衹要”句中，説話人的視角是從後往前，雖然從事理上來説，前件是條件，後件是結果，但是從説話人的視角來説，後件却是推論的前提，這個前提必須是確定無疑的，因而不能針對後件提問。

"苟"與"若（如）"在疑問句中的差異跟現代漢語中"衹要"和"如果"的差異是完全平行的："苟"相當於"衹要"，不能針對後件提問；"若"和"如"相當於"如果"，可以針對後件提問。造成這種分佈差异的原因也是一樣的："苟"所引導的是一個充分條件，説話人關注的是某一結果所需的條件是否具備，説話人的視角是從後往前，因此作爲推論基礎的結果部分不能是不確定的，故其結果分句不能是事實上的疑問句；"若（如）"引導的假設句關注在某一假定前提下會産生怎樣的結果，其視角是從前往後，説話人可以就某一條件之下會産生怎樣的結果進行發問，其後件可以是事實上的疑問句。

三　"苟"與"若（如）"之别對應於現代漢語中的"如果"與"衹要"之别

先秦漢語中由"苟"與"若（如）"引導的疑問複句的區别恰好與現代漢語中"衹要"和"如果"引導的疑問複句的區别形成清楚的對應關係。這種對應關係恐非偶然。由於相隔年代久遠，現代人已經很難根據語感準確地判定出先秦時期的連詞"苟"與"若（如）"的區别了。慶幸的是，以 Labov 爲代表的社會語言學家們爲我們找到了一條瞭解過去的語言狀態和演變過程的行之有效的方法，即"用現在來解釋過去（the use of the present to explain the past）"。Brugmann（1897）説："五千年乃至一萬年前支配語言演變的原則、定律跟我們今天所觀察到的活語言演變的原則、定律基本上應該是一致的；要更好地理解古代文獻可以通過觀察現在活的語言而取得。"① 社會語言學家們運用這個原則來研究語言演變，取得了卓越的成就。今天，當我

① 轉引自陳忠敏（2007）。

們需要瞭解歷史上的“苟”與“若（如）”之別時，我們也可以借用這個方法。上文的分析已經揭示了先秦漢語的“苟”與“若（如）”之別與現代漢語的“祇要”與“如果”之別在疑問句中的對應關係。如果我們能够詳細地觀察現代漢語中的“祇要”和“如果”在語義和功能上的種種區別，并與先秦漢語的“苟”與“若（如）”進行對比，一定有助於我們更好地把握“苟”與“若（如）”的差别。

現代漢語中的“如果”和“祇要”是一對既有聯繫又有區别的關聯詞語。這兩個關聯詞語之間的糾葛跟假設關係和條件關係之間的糾葛密切相關。早期的漢語語法研究者往往對假設和條件不加區分。吕叔湘（1942）即認爲假設和條件可以有不同的區分標準，在西方語言裏，反事實假設句有特殊的形式標記，把它們作爲假設句從條件句中區分出來，是有語言的依據的。漢語裏的假設和條件不易區分，也没有必要區分，條件和假設可以合二爲一。吕叔湘（1942）不區分假設和條件，將條件關係納入到假設關係之中。王力《中國現代語法》、趙元任《漢語口語語法》和丁聲樹等《現代漢語語法講話》中都没有將假設句從條件句中區分出來。《中學語法教學暫擬系統》以後，一些語法學家仍然主張假設和條件不應區分，如胡裕樹（1987）將假設歸入條件，認爲條件關係可以分爲三種，一種是假設的條件；一種是特定的條件；還有一種是“無條件”。另一些學者則認爲假設與條件是有區别的，二者不能相互包含。如張志公（1979），黄伯榮、廖序東（1991），錢乃榮（1990），邢福義（2001）等都將假設與條件單列，認爲它們是互不相容的兩種關係。對於假設與條件之間的區别何在，各家却又各持己見，衆説紛紜。對於“祇要”，一般認爲它既表條件，又表假設；因爲表假設，所以跟“如果”有聯繫；因爲表條件，所以跟“衹有”有聯繫①。

在各家的論述中，我們覺得王維賢等（1994）的觀點是比較中肯的。王文指出：“衹要”是表示充分條件關係的關聯詞語；“如果”是表示假設關係的關聯詞語。“衹要”表示充分條件，“如果”除了表示條件之外，還有很强的假設語氣。正因爲這一點，“如果”和“衹要”並不是任何情況下都可以替换。例如②：

(59) 衹要你活著，我的心就算没有白費。

(60) 衹要有人説起老黄，父親就顯得很激動。

(61) 他的烟捲盒兒，衹要一掏出來，便繞著圈遞給大家。

以上各例中，“衹要”所引導的條件都是作爲客觀事實或經驗而存在的，因而都不能换成“如果”。

拿王文所舉的這幾個例子和本文所舉的例（1）至例（4）比較就可以發現。“衹要”和“如果”之間的差别再一次在“苟”與“若（如）”之間得到了驗證。在例（1）至例（4）中，“苟”所引導的也要麽是既定事實，要麽是客觀規律和經驗，因而這些句子中的“苟”也都不能换成“若”或“如”。

王維賢等（1994）還指出，由于“如果”表示的是説話人的主觀假定，因而可以引出反事實的條件（counterfactual condition）③。例如：

(62) 假設（＝如果）大姐婆婆的説法十分正確，我便根本不存在啊！

① 以上一段對前人研究成果的介紹參考了王維賢等（1994），各家觀點的詳細情況請參看該書。

② 例句轉引自王維賢等（1994）。下文例（62）、例（63）同。

③ 反事實條件又稱爲封閉條件（closed condition）或非真實條件（unreal condition），指説話人確定所提出的條件是不可能實現的或明顯爲虚假的。參看 Quirk et al.（1985）。

(63) 如果上帝真是愛人類的，他决無力量做得起主宰。

“衹要”引導的條件除了既定事實和客觀規律、經驗之外，還可以是可能發生的虛擬的情况，但不能引導反事實的假設。“如果”和“衹要”的這個區别同樣存在於“苟”和“若（如）”之間：“若（如）”可以引導反事實的假設，而“苟”不能。“若（如）”引導反事實假設之例如：

(64) 子若無言，吾幾失子矣。（《左傳·昭公二十八年》）

(65) 秦、晋圍鄭，鄭既知亡矣。若亡鄭而有益於君，敢以煩執事。越國以鄙遠，君知其難也，焉用亡鄭以陪鄰？（《左傳·僖公三十年》）

(66) 荀偃曰：“改載書！”公孫舍之曰：“昭大神要言焉。若可改也，大國亦可叛也。”（《左傳·襄公九年》）

例（64）是對過去事實的否定，例（65）是説話人已認定亡鄭必無益於君而假設“有益于君”的情况，例（66）是説話人明知載書之不可而假設“可改”的情况，顯然他們都是違反事實的假設。此類用法在“苟”引導的複句中是没有的。可見在能否引導反事實假設的問題上，先秦漢語中的“苟”與“若（如）”跟現代漢語中的“衹要”與“如果”也是對應的：“苟”與“衹要”對應，不能引導反事實的假設；“若（如）”與“如果”對應，可以引導反事實的假設。

沿着將“苟”與“若（如）”之别跟現代漢語中的“衹要”與“如果”進行類比這個思路繼續前進，我們會發現：凡是“如果”與“衹要”之間存在着的語義的差别，都能够在“苟”與“若（如）”之間得到驗證；反之亦然，凡是在“苟”與“若（如）”之間存在着的語義的差别也都能够在“衹要”與“如果”之間得到驗證。上文提到，龔波（2011）認爲“若（如）”引導的複句，前後件之間的語義關係是多樣的，包括言效、承接、轉折、説明、推論等；“苟”引導的複句，前後件之間的語義關係則是單一的，即充分條件關係。王維賢等（1994）在對“如果”與“祇要”的討論中也有類似的論述。在明確指出“祇要”表示的是充分條件關係而“如果”表示假設關係之後，王文還指出，假設句還有幾種特殊的類型，包括違實性假設、時間性假設、對比性假設、解證性假設、倚變性假設等。這些類型大多是從考慮前後件之間的語義關係角度得出的。可見，在前後件之間的語義關係上，“如果”引導的複句是多樣的，而“祇要”引導的複句是單一的①。在前後件語義關係上，“如果”與“祇要”跟“苟”與“若（如）”再次有了對應關係。

綜合王維賢等（1994）、龔波、謝明君（2012）及前文的研究，我們可以將“祇要”和“如果”的區別列表於下：

	引導既定事實	引導反事實假設	前後件語義關係	針對後件提問	視角	後件確定性程度	語義特徵
如果	不可以	可以	多樣	可以	從前往後	低	虛擬性
祇要	可以	不可以	充分條件	不可以	從後往前	高	限定性

“苟”與“若（如）”的區別跟“祇要”和“如果”的區別完全一致：

① “如果”和“祇要”關注的焦點不一樣。林裕文（1984）指出：“假設同條件是從不同的角度説的。所謂假設，是指敘述的内容尚未證實，所謂條件，是指分句之間的一種關係。”、“如果”是表示假設關係的連詞，在假設關係中，説話人側重强調的是所提出的事件的虛擬性，對於前後件之間的邏輯聯繫，説話人並不關注。“祇要”是表示條件關係的連詞，説明某一結果的出現需要具備怎樣的前提。在條件關係中，説話人關注的是前後件之間的關係，對於所提出的條件的虛擬性或現實性這個問題，説話人並不關注。關注焦點的不一致是造成“如果”句前後件之間語義關係多樣而“祇要”句前後件之間語義關係單一的重要原因。

	引導既定事實	引導反事實假設	前後件語義關係	針對後件提問	視角	後件確定性程度	語義特徵
若（如）	不可以	可以	多樣	可以	從前往後	低	虛擬性
苟	可以	不可以	充分條件	不可以	從後往前	高	限定性

四 結論和餘論

綜合上述，所有的證據都指向一個清晰的結論：先秦漢語的連詞“苟”與“若（如）”有區別。“若”和“如”側重表示條件的虛擬性，“苟”側重表示條件的充分性。“苟”與“若（如）”之別類似於現代漢語中的“如果”與“衹要”之別。

白兆麟（1998）認爲：“就古代漢語複句之使用情況而言，假設句於古籍大量存在，且表示假設之關聯詞語十分豐富，而真正的條件句於古書却很少見到，其專用的關聯詞語更是難以舉出。”與白先生的看法相反，我們認爲，古代漢語表條件的關聯詞語並非難以舉出，在先秦漢語中，“苟”是表示充分條件關係的專用連詞。

劉承慧（2010）詳細討論了先秦條件句標記“苟”、“若”、“使”的在功能上差別，其中關於“苟”的來源和功能的考察是目前所見到的關于“苟”的用法的最爲細緻和深入的討論。劉文認爲“苟”的作用在於“注記言説者祈願實現的條件或絕對條件”，“若”的功能在於“注記言説者認爲具有相對性、選擇性或不確定性的條件”。劉文從標記起源與發展的角度詳細辨析了這種差別，認爲表示絕對條件的“苟”來自於用於祝禱時表示希冀義的“苟”。

“苟”與“若”的功能有差別，在這一點上，本文完全贊同劉承慧（2010）的觀察。不過，關於“苟”與“若”“如”差別的實質，本文與劉文觀點有不同之處。

首先，我們不贊同劉承慧（2010）所説的“苟”的功能在於“記言説者祈願實現的條件”這一觀察。因爲我們可以很輕易地從文獻中找出反例來。例如：

(67) 丘也幸，苟有過，人必知之。(《論語·述而》)

(68) 苟爲後義而先利，不奪不饜。(《孟子·梁惠王上》)

(69) 苟無恒心，放辟邪侈，無不爲已。(《孟子·梁惠王上》)

(70) 苟不志於仁，終身憂辱，以陷於死亡。(《孟子·離婁上》)

(71) 苟信不繼，盟無益也。(《左傳·桓公十二年》)

(72) 自始合，苟有險，余必下推車。(《左傳·成公二年》)

很顯然，以上諸例的“有過”、“後義而先利”、“無恒心”、“不志于仁”、“信不繼”、“有險”等都不是言説者祈願實現的條件。相反，他們表達的都是一些負面的意義，應當是言説者不希望發生的。當“苟”引出一組正反相對的條件時，如果説“苟”所引導的條件都是言説者祈願發生的，勢必陷入自相矛盾的境地。例如：

(73) 苟向善，雖過無怨，苟不向善，雖忠來惡。(《老子》第六章)

(74) 苟能充之，足以保四海；苟不充之，不足以事父母。(《孟子·公孫丑上》)

(75) 故苟得其養，無物不長；苟失其養，無物不消。(《孟子·告子上》)

以上三例中，“向善”與“不向善”對舉，“能充之”與“不能充之”對舉，“得其養”與“失其養”對舉，它們都用“苟”

引導，很難説哪一個是言説者祈願發生的，哪一個是言説者祈願不發生的。

其次，劉承慧（2010）認爲，條件標記“苟”多用於注記交換條件，條件標記“苟”來源於于祝禱時表示希望的“苟”。我們覺得這個假設尚缺乏足够的證據。我們認爲條件標記“苟”與表希冀意義的“苟”之間的關係不如其與表僅止意義的“苟”之間的關係密切。解惠全等（2008）列舉了諸書所列“苟”表僅止義的用例。如：

(76) 小適大，苟舍而已，焉用壇？（《左傳·襄公二十八年》）

(77) 不吾知其亦已兮，苟余情其信芳。（《楚辭·離騷》）

(78) 苟以是心至，斯受之而已。（《孟子·盡心下》）

(79) 諸侯相吊賀也，雖不當事，苟有禮焉，書也。（《左傳·文公九年》）

(80) 苟有其備，何故不可。（《左傳·昭公五年》）

(81) 效果之事大國也，苟免於討，不敢求貺。（《左傳·昭公六年》）

(82) 苟錯諸地而可矣，藉之白茅，何咎之有？（《周易·繫辭》）

解惠全等（2008）認爲表僅止義的“苟”與表姑且、權且義的“苟”及表充分條件義的“苟”均有關係：例（76）、例（81）、例（82）除可訓爲僅、止外，也可訓爲姑且、權且；例（77）至例（80）除訓爲僅、止外也可訓爲只要。按照解惠全等（2008）的論述，其引申關係當是：

姑且、權且＞僅、止＞祇要

這個看法可能更接近事實，因爲除了可以有上述兩解的語句作爲證據之外，從語義上來説，充分條件與限定義關係密切。如前所述，指明條件充分性的實質就是在衆多的條件中對滿足結果的條件進行限定。

再次，劉承慧（2010）認爲先秦的條件標記“苟”注記絕對條件，本文對此尚有疑慮。關於什麽是絕對條件，劉文並没有給出具體的定義。揣摩文意，所謂的絕對條件似乎是指不可更改、不可違背的條件。這一點似乎是從認爲“苟”有注記言説者祈願的條件的功能引申而來的。劉文認爲：“大凡言説者的冀求或期待，都是希望成真的，這是以‘苟’注記交换條件的心理基礎。交换條件也可以説是言説者認定的絕對條件或唯一條件。”所舉例爲：

(83) 晋侯歸，謀所以息民。魏絳請施舍，輸積聚以貸。自公以下，苟有積者，盡出之。(《左傳·襄公十年》)

(84) 諸侯相吊賀也，雖不當事，苟有禮焉，書也，以無忘舊好。(《左傳·文公十年》)

(85) 左師爲己短策，苟過華臣之門，必聘。(《左傳·襄公十七年》)

(86) 夫差使人立于庭，苟出入，必謂己曰：「夫差！而忘越王之殺而父乎?」(《左傳·定公十四年》)

從上下文來看，劉文認爲這些條件是絕對條件或唯一條件似也無不妥之處。不過，我們認爲，所謂的絕對或唯一條件的絕對性和唯一性衹是充分條件在具體語境中的一種表現。從邏輯上説，充分條件並不等同於唯一條件或絕對條件。但是，在語言運用中，充分條件與唯一條件和絕對條件又有着天然的聯繫。當我們在説明某個條件的充分性時，我們往往把條件往少了説，以證明它的充分性。這使得充分條件往往就是唯一條件。現代漢語中表示充分條件的關聯詞“衹要”中的“衹”很好地詮釋了條件的充分性和唯一性之間的關聯——“衹要”作爲最典型的表達充分條件的關聯詞，其構詞成分“衹”單獨使用時表達的却主要是條件的唯一性。“苟”註記的是充分條件，這個說法並不否認“苟”引導的條件在多數情況下可以被解讀爲絕對條件或唯一條件。但應當注意的是，言説者在使用“苟”時，主觀上要强調的並不是條件的唯一性和絕對性，而是它的充分性。

雖然存在上述分歧，但我們也注意到劉承慧（2010）的如下表述：

> 現代漢語最接近先秦“苟”的對應形式不是“如果”而是“祇要”。解惠全（2008）指出傳統注釋爲“但”的“苟”不僅與姑且義的“苟”有關，也與表示假設的“苟”有關，而假設連詞“苟”大都相當於“祇要”。這是符合先秦語言實情的詮釋。

在“苟”類似於現代漢語的“祇要”而非“如果”這一點上，本文與劉承慧（2010）及解惠全等（2008）不謀而合。

以上是就先秦漢語的考察而得出的結論。

至晚從漢代開始，“苟”的用法有了改變。如《史記》中的很多“苟”的用法已不同於先秦時期：

(87) 苟如公言，不可僥幸邪？（《史記・淮南衡山王列傳》）

(88) 王苟以錯不善，何不以聞？（及）［乃］未有詔虎符，擅發兵擊義國。以此觀之，意非欲誅錯也。（《史記・吴王濞列傳》）

(89) 今諸王苟能存亡繼絕，振弱伐暴，以安劉氏，社稷之所願也。（《史記・吴王濞列傳》）

例（87）的後件“不可僥幸邪”是有疑而問的疑問句，這在先秦文獻中是没有的；例（88）的“苟”所引導的前件是一個與事實相反的假設，這在先秦文獻中也是没有的；例（89）的前件“今諸王苟能存亡繼絕，振弱伐暴，以安劉氏”與後件“社稷之所願也”之間並不構成充分條件與結果的關係，而是構成一個廣義的判斷句，後件是對前件性質的判定和説明，這也是先秦文獻中没有的。這些例子中的“苟”應當翻譯爲“如果”，不能翻譯爲“衹要”。

事實上，相當於“如果”的“苟”在先秦時期即有用例。解惠全等（2008）認爲以下幾例的“苟”仍當視同“若”“如”：

（90）苟非其人，道不虛行。（《周易·繫辭》）

（91）苟無其德，不敢作禮樂焉。（《禮記·中庸》）

（92）今之欲王者，猶七年之病求三年之艾也。苟爲不畜，終身不得。苟不志於仁，終身憂辱，以陷于死亡。（《孟子·離婁上》）

這幾例中的“苟”確實不好用“衹要”來翻譯。我們認爲，這是“苟”在使用過程中由功能擴展而産生的新用法。這些用法與漢代以後的新用法是一脈相承的。其演變方向和具體過程有待進一步研究。在現代漢語口語中，連詞“苟”已經消失了。“苟”在口語中消失的具體時間是在什麽時候？這是也漢語史的研究應當關注的問題。這些問題本文暫無力涉及。

在古漢語語法的研究中，虚詞的研究向來是重點。在虚詞的研究中，功能相近的虚詞的辨析是一個難點和熱點問題。例如代詞研究中的“吾”“我”之别，“汝”“若”之别，否定詞研究中“弗”“不”之别，疑問詞研究中“孰”“誰”之别，介詞中的“於（于）”“以”之别等問題都引起了學者們廣泛的關注和熱烈的討論，功效卓著。但是，就本文所討論的“苟”與“若（如）”之别而言，前人的關注還很不够，大家似乎都默認“苟”就相當於“若”或“如”，認爲“苟”與“若（如）”没有區别。這種局面的造成與研究的方法有關。在古漢語虚詞研究中，傳統的方法主要是靠文獻考察、歸納匯證、語感和翻譯。應當看到，這些方法都是行之有效的，在研究的過程中都曾經發揮過巨大的功用。但是，世界上没有完美的方法論，任何方法都是有缺陷的，都有自己的適用範圍。超出了自己的適用範圍，本來行之有效的方法就會行之無效了。就“苟”與“若（如）”的區別而言，以上這些方法都顯得不大够用。因爲二者之間的差别實在是非常細微，它們更多的體現的是説話人用意和視角（perspective）的不同，體現的是説話人的主觀性（subjectivity）。由於差别細微，“苟”與“若（如）”在很多情况下似乎都可以互换，因此，歸納匯證的方法衹能得出一個與事實相反的結論——“苟”與“若（如）”没有區别。對於幾千年前的語言，要去揣摩説話人的主觀性，顯然難度很大，因此語感和翻譯的作用也都没有了。幸好我們有新的方法可資利用——“用現在來解釋過去”；幸好我們有現代漢語可資比較——用“衹要”和“如果”之别與“苟”與“若（如）”之别進行比較；幸好我們有豐富的歷史文獻——比較結果的正確與否可以在文獻中一一得到驗證。正是因爲有了現代漢語和古代漢語兩方面的材料作爲支撑，有好的方法將現漢和古漢兩方面的材料結合在一起，纔有可能對先秦漢語的“苟”與“若（如）”之别的做出新的觀察并得出新的結論。我們願意在這方面進行更多的探索，至於本文研究的結論是否能够成立，敬請方家批評指正。

〔主要參考文獻〕

白兆麟.《左傳》假設複句研究//郭錫良主編. 古漢語語法論集. 北京：語文出版社，1998.

龔波. 上古漢語的假設構式//漢語史研究集刊. 第十四輯. 成都：巴蜀書社，2011.

龔波，謝明君. 疑問句中“如果”與“衹要”的功能差别及其解釋. 漢語學習，2012（3）.

劉承慧. 先秦條件句標記“苟”、“若”、“使”的功能. 清華學報，2010年新四十卷第二期.

馬林可. 因果、假設、條件複句的區分. 畢節師專學報，1994（1）.

陳忠敏.《語言變化原理：內部因素》導讀. 北京：北京大學出版社，2007.

郭錫良，唐作藩，何九盈，蔣紹愚，田瑞娟. 古代漢語. 修訂本. 北京：商務印書館，1999.

管燮初. 左傳句法研究. 合肥：安徽教育出版社，1994.

胡裕樹. 現代漢語. 上海：上海教育出版社，1987.

黄伯榮，廖序東. 現代漢語. 北京：高等教育出版社，1991.

林裕文. 偏正複句. 上海：上海教育出版社，1984.

呂叔湘. 中國文法要略//呂叔湘文集. 第1卷. 北京：商務印書館，1990.

馬建忠. 馬氏文通. 北京：商務印書館，1983.

錢乃榮. 現代漢語. 北京：高等教育出版社，1990.

王力. 古代漢語. 校訂重排本. 北京：中華書局，1999.

王維賢，張學成，盧曼雲，程懷友. 現代漢語複句新解. 上海：華東師範大學出版社，1994.

向熹. 詩經詞典. 成都：四川人民出版社，1986.

解惠全，崔永琳，鄭天一. 古書虛詞通解. 北京：商務印書館，2008.

邢福義. 漢語複句研究. 北京：商務印書館，2001.

楊伯峻. 論語譯注. 北京：中華書局，2005.

楊伯峻，何樂士. 古漢語語法及其發展. 修訂本. 北京：語文出版社，2001.

殷國光.《呂氏春秋》詞類研究. 北京：商務印書館，2008.

于峻嶸.《荀子》語法研究. 石家莊：河北教育出版社，2008.

葉蜚聲，徐通鏘. 語言學綱要（修訂版）. 王洪君，李娟修訂. 北京：北京大學出版社，2010.

張志公. 漢語知識. 北京：人民教育出版社，1979.

周法高. 中國古代語法·造句編（上）. 臺北："中研院"史語所專刊39，1961.

宗福邦，陳世鐃，蕭海波. 故訓匯纂. 北京：商務印書館，2003.

［美］歐文·M·柯匹，卡爾·科恩. 邏輯學導論. 第11版. 張建軍，潘天群等譯. 北京：中國人民大學出版社，2007.

Bolinger, Dwight 1977 *Meaning and Form*, London and New Yok: Longman.

Quirk Randolph, Sidney Greenbaum, Geoffrey Leech & Jan Svartvik 1985 *A comprehensive grammar of the English language*, London and New York: Longman.

On the Usage of the Conjunction "Gou" in Pre-Qin Chinese

Gong Bo

(School of Humanities, Sichuan International Studies University, Chongqing 400031)

Abstract: The conjunction "gou" was different from another two conjunctions "ruo" and "ru" in Pre-Qin Chinese. The difference between "ruo" and "ru" lied in different dialect, but "gou" was commonly used in everywhere in Pre-Qin period. From the viewpoint of the hypothesis of the protases, "gou" could introduce a protasis which was either factual or suppositional but "ruo/ru" could only introduce a protasis which was suppositional. From the viewpoint of the semantic relationship between protases and apodoses, "gou"-introduced protases were the sufficient condition of the apodoses but there were different relationships between the "ruo/ru"-introduced protases and their apodoses. From the viewpoint of interrogative sentences, all the "gou"-introduced interrogative sentences are rhetorical questions which do not have a real question focus but the "ruo/ru"-introduced interrogative sentences were not the same. They can both be a rhetorical question or a real question with a question focus. This phenomenon reflected the difference of the certainty degree between these two sentences. The difference between "gou" and "ruo/ru" is analogous to the difference between "ruguo" and "zhiyao" in Mandarin.

Key words: Conjunction; Gou (苟); Sufficient conditions; Hypothesis

(龔波，四川外國語大學中文系，郵編 400031)

“老子”源流考*

朱冠明

内容摘要：“老子”是現代漢語中的一個常用詞。從歷史上看，“老子”共出現過三個義項，本文細緻描寫了這三個義項的產生發展和消亡過程，對“老子”一詞的歷史進行了全面的考察。文章認爲對常用詞的歷史研究應當以義項爲單位，且應加强對某個詞義的消亡過程的研究。

關鍵詞：老子　常用詞　義項

“老子”是現代漢語中一個較爲常見的詞，尤其在口語中常常説到。《現代漢語詞典》（第6版）“老子”條列有如下兩個義項：

1）父親。

2）男性的自稱（含有傲慢意，用於氣憤或開玩笑的場合）。

不過我們注意到，歷史上“老子”一詞除專指春秋時期的思想家老聃外，還有一個意思，即泛指老年人（男子），如：

(1) 皤然一老子，擁裘仍隱几。（白居易《晚起閑行》）

顯然這三個義項之間存在著源流關係，本文即討論這三個義項的產生、發展和流變。爲表述的方便，下文把這三個義項分別記作：

---

* 中國人民大學科學研究基金（中央高校基本科研業務費專項資金資助）項目“佛典語言的中國化”（13XNL007）成果。

老子$_A$—老年人；老子$_B$—父親；老子$_C$—男性的自稱。

一

"老子$_A$"產生於六朝時期，指"老年人"：

(2) 雄與離謀襲阜，曰："若功成事濟，當爲人主，要三年一更。"雄曰："與君計雖定，老子不從，若何?"(《華陽國志》卷八)

(3) 因夜見權，權喜曰："足以驚駭老子否？聊以觀卿膽耳。"(《三國志·甘甯傳》裴注)

(4) 不付老子財，不寄邊境民。不信奸狡人，及諸慳吝者。(劉宋·求那跋陀羅譯《雜阿含經》卷四十八)

(5) 帝乃遣慶之從子攸之賫藥賜慶之死，時年八十。是年初，慶之夢有人以兩匹絹與之，謂曰："此絹足度。"謂人曰："老子今年不免。兩匹，八十尺也；足度，無盈餘矣。"(《宋書·沈慶之傳》)

(6) 彥之與友人蕭斌書曰："魯軌頑鈍，馬楚粗狂，亡人之中，唯王慧龍及韓延之可爲深憚。不意儒生懦夫，乃令老子訝之。"(《魏書·王慧龍傳》)

(7) 王輔嗣注《易》，笑鄭玄云："老奴甚無意。"于時夜分，忽聞外閣有著屐聲，須臾即入，自云是鄭玄，責之曰："君年少，何以穿鑿文句，而妄譏誚老子邪?"極有怒色，言竟便退。(《殷芸小説》卷五)

又可稱爲"大老子"，如：

(8) 佑曰："卿許活吾，當卒恩否?"答曰："大老子業已許卿，當複相欺耶!"(《搜神記》卷五)

(9) 牧羊必須大老子、心性宛順者，起居以時，調其宜適……若使急性人及小兒者，攔約不得，必有打傷之災。

(《齊民要術》卷六)

從上舉用例來看,“老子”一詞大體上從產生起便具備兩種用法,即:

1) 老年人自稱,如例(5)、(7)、(8);

2) 對老年人的泛稱,如例(2)、(3)、(4)、(6)、(9)。

結構上,“老子”由形容詞“老”與後綴“子”構成,與同期出現的“癡子”(《長阿含經》卷七)、“盲子”(《長阿含經》卷十九)等是相同的類型①。“老子”一詞之所以在這個時代產生,與後綴“子”在此期的迅速擴張這一大背景是分不開的。據太田辰夫(1987/2003:85)、朱慶之(1992:164—168)、柳士鎮(1992:101—103)等的研究,“子”作爲詞綴在先秦便可發現它的源頭,六朝時期完成虛化過程並得到迅速發展,人、動植物、器具等事物都可由“實詞+子”構成,如“婢子”(《魏書·楊大眼傳》)、“貉子”(《世説新語·惑溺》)、“松樹子”(《世説新語·言語》)、“甕子”(《洛陽伽藍記》卷五)等。“老子”的產生與這一趨勢相合,不過總的來説,此期“老子”一詞在文獻中並不多見,還不是個十分常用的詞。

二

“老子$_A$”自六朝產生後一直沿用至明代,並且在宋元明有過十分普遍的使用,以下是“老子$_A$”唐至明的用例:

(10)早梅昔待佳人折,好月誰將老子同。(李紳《新樓詩二十首·杜鵑樓》)

(11)杯,汝來前,老子今朝,點檢形骸。(辛棄疾《沁

① 向熹(2010:281)在談及中古漢語中後綴“子”的發展時,即舉有“老子”例。

園春》)

(12) 一個老子上灶點茶，衆人道：“一道請四公出來吃茶。”(《宋四公大鬧禁魂張》)

(13) 我想這婦人每休信那男兒口，婆婆也，怕没的貞心兒自守，到今日招著個村老子，領著個半死囚。(《竇娥冤》第一折)

(14) 那老子覷功名如夢蝶，五斗米腰懶折，百里侯心便舍。(《全元散曲·徐再思〈紅錦袍〉》)

(15) 伯爵連忙道：“哥説的是。婆兒燒香，當不的老子念佛，各自要盡自的心。衹是俺衆人們，老鼠尾巴生瘡兒——有膿也不多。”(《金瓶梅》第一回)

(16) 豈知李清身邊，自有薄薄的一本仙書，怎肯輕易洩漏？正是：小兒有命終須救，老子無書把甚看。(《醒世恒言》卷三十八)

宋代的禪宗語録中，“老子$_A$”發展出了新的用法，即可接在姓、名號、地名以及體貌特徵等之後，指稱某個年紀大的人，其中尤以“釋迦老子”、“閻羅老子”爲最多。此前“老子”一般都單獨使用，這種用法上的發展表明了“老子”一詞較之前代更爲常用。例如：

(17) 恁麼稱禪客，閻羅老子未放你在。(《五燈會元》卷三)

(18) 達磨是老臊胡，釋迦老子是乾屎橛，文殊普賢是擔屎漢。(同上，卷七)

(19) 九年面壁，壞却東土兒孫。只履西歸，鈍置黄面老子。(同上，卷二十)

(20) 春氣乍寒乍暖，春雲或卷或舒，引得韶陽老子，放出針眼裡魚。(《法演禪師語錄》卷上)

(21) 僧云：“且道，龐老子興此一問，是會了問，不會

了問?”(《虛堂和尚語錄》卷二)

同時，禪宗基於“即心是佛”的思想，對佛祖並不頂禮恭敬，語錄中多有“呵佛駡祖”之語，故而稱佛祖爲“釋迦老子”、“黄面老子”，稱高僧爲“××老子”，這又表明“老子”一詞實際上同現代漢語中的“老頭”一樣，有些戲謔和不恭的意味，是個通俗的、難登大雅之堂的口語詞。清人陳廷焯《白雨齋詞話》卷六的一段話恰好也證明了這一點:“詞中如佳人、夫人……等字面，俗劣已極，斷不可用；即老子、玉人……等字，亦以慎用爲是。蓋措詞不雅，命意雖佳，終不足貴。”

下文會看到，由於“老子$_C$”的產生和逐漸普遍的運用，以及與之同義的另一個詞“老頭”的强有力的競爭，“老子$_A$”的使用受到限制，明以後便逐漸從口語中淡出。

三

“老頭”在唐代便已出現，以下兩例轉引自項楚(1986):

(22) 少年生夜樂，老頭自受苦。(《王梵志詩校輯》第266首)

(23) 一願世清平，二願身强健，三願臨老頭，數與君相見。(白居易《贈夢得》)

但這裏“老頭”並非指老年人，而是“老時”之義，這一點項楚先生已經説得很清楚。

指稱年老男子的“老頭”一詞(包括“老頭子”、“老頭兒”)，大約在元代出現，以下3例轉引自《漢語大詞典》:

(24) 他待將這老頭兒監押去遊街。(元·武漢臣《老生兒》第一折)

(25) 是我殺了他一家三百口，他今日祇殺的我一個，又是個没用的老頭兒，有什麽本事?(元·李壽卿《伍員吹

簫》第四折)

(26) 這老頭子,硬頭硬腦的,正是躲避差徭遊食户。(元 · 岳伯川《鐵拐李》第一折)

元以後繼續沿用,且在用量上逐漸超過"老子A",並在清初取而代之,成爲泛稱老年人的最常用的口語詞:

(27) 李逵接過來便吃,老頭兒又來勸,一連吃了四五碗。(《水滸傳》第九十三回)

(28) 又飛近他門口看時,原來是個做豆腐的,見一個老頭兒燒火,媽媽兒擠漿。(《西遊記》第九十七回)

(29) 正説著,只見遠遠一個老頭兒,斯琅琅搖著驚閨葉過來。(《金瓶梅》第五十八回)

(30) 誰知這晏世保,專於嫖賭,把那老頭兒活活氣死。(《醒世恒言》卷三十五)

(31) 那賈璉一日事畢回來,先到了新房中,已竟悄悄的封鎖,只有一個看房子的老頭兒。(《紅樓夢》第六十九回)

(32) 五十歲的老頭兒,也得伏案埋頭作起楷來。(《兒女英雄傳》第一回)

從下表可看出"老子A"與"老頭"在用量上的消長情況:

	水滸傳	西遊記	金瓶梅	醒世恒言	紅樓夢	兒女英雄傳
老子A	12	2	7	1	0	0
老頭	1	6	6	4	5	85

(表中《金瓶梅》的統計範圍爲前六十回、《紅樓夢》爲前八十回)

《水滸傳》爲元末明初作品,"老子A"還佔絕對優勢;《西遊記》與《金瓶梅》同爲明代中期作品,"老頭"共有12例,已超過"老子A";《醒世恒言》爲明末作品,"老頭"已大大超出;清代的《紅樓夢》與《兒女英雄傳》中"老子A"已消失。

四

"老子$_B$"是在"老子$_A$"的基礎上產生的，從泛指老年男子的"老子$_A$"到特指"父親"的"老子$_B$"，是很自然的發展[①]。關於"老子$_B$"，《漢語大詞典》首引《宋書·孝義傳·潘綜》"兒年少，自能走，今爲老子不走去"爲例。但此例從上下文看，還應是"老子$_A$"：

(33)（潘）綜與父驃共走避賊。驃年老行遲，賊轉逼，驃語綜："我不能去，汝走可脱，幸勿俱死。"驃困乏坐地，綜迎賊叩頭曰："父年老，乞賜生命。"賊至，驃亦請賊曰："兒年少，自能走，今爲老子不走去。老子不惜死，乞活此兒。"

例中潘驃對賊説話，"老子"兩見，均爲潘驃自稱，實爲"老子$_A$"。

"老子$_B$"較早見於宋代陸遊的一則筆記：

(34) 予在南鄭，見西郵俚俗謂父曰老子，雖年十七八，有子亦稱老子。乃悟西人所謂大范老子、小范老子，蓋尊之以爲父也。建炎初，宗汝霖留守東京，郡盜降附者百余萬，皆謂汝霖曰宗爺爺，蓋此比也。(《老學庵筆記》卷一)

"南鄭"在今陝西漢中，"大范老子"指范雍，"小范老子"指范仲淹，北宋初年人。又，《范文正集》卷十六《讓觀察使第一表》："臣自到邊上，其熟戶藩部皆呼臣爲龍圖老子，至於賊界，亦傳而呼之，且不測其品位之高下也。"兩則材料相映證，

① 如據陸谷孫（2007：1359），英語中"old man"在口語中也有"父親"義；又據李榮（2002：1206）、許寶華、宮田一郎（1999：1653、1658），在吴語、西南官話的一些方言點中"老倌（官）"一詞既可指一般的老者，也可指父親。

推知"老子$_B$"在北宋初已產生，最開始可能帶有西部方言色彩。不過宋代"老子$_B$"的用例還不多見，元明便多了起來，且一直沿用至今：

(35) 竇娥，你藥殺了俺老子，你要官休？要私休？(《竇娥冤》第二折)

(36) 此事若告到官，就是你老子做官，也説不過去。(《西遊記》第十四回)

(37) 呸！怪囚根子，那個没個娘老子，就是石頭鏬剌兒裡迸出來，也有個窩巢兒，爲人就没個親戚六眷？(《金瓶梅》第二十五回)

(38) 倪善繼對老子説道："人生七十古來稀。父親今年七十九，明年八十齊頭了，何不把家事交卸與孩兒掌管，吃些見成茶飯，豈不爲美？"(《喻世明言》卷十)

(39) 銀子是你晚老子朱三官所借，却是爲你用的，你也著得有花字。(《二刻拍案驚奇》卷十)

(40) 今日我帶了你侄兒來，也不爲别的，祇因他老子娘在家裏，連吃的都没有。(《紅樓夢》卷六)

(41) 你這話怎麽講？褚一官是你妹夫，他丈人豈不就是你老子，怎麽他又有個丈人起來？(《兒女英雄傳》第十四回)

(42) 他老子又恨兒子不長進，又是可惜衣服，急的眼睛裡冒火。(《官場現形記》第一回)

(43) 阿四被他老子追急了，也就顧不得老婆的叮囑，説出了真情實事。(茅盾《秋收》)

(44) 得了這樣的女兒那還有什麽話説，做老子的累死也心甘。(池莉《太陽出世》)

不過在當代，"老子$_B$"雖仍有使用，但"老子"一詞已主要用爲"老子$_C$"。

五

“老子$_C$”指説話人對聽話人自稱“老子”，以老者自居或以聽話人父親的身份自居，是在“老子$_B$”的基礎上發展而來的。現代漢語中的“老子$_C$”還往往有一種説話人“佔對方便宜”或“泄忿”的意味，是個欠文明的、對他人不敬的自稱；在某些方言中“老子$_C$”甚至是駡人的話，聽話人往往會覺得刺耳。如據李榮（2002：1187），婁底方言中“老子”一個義項爲“自稱，表示傲慢，侮辱對方”；成都方言“老子”一個義項爲“粗俗語。説話人自稱（不分男女），含對對方不敬的意思或表示自負”。下二例看得很清楚：

(45)“我看他那營業任務還完不成呢！老子今年……”“馮么爸！你嘴巴放乾淨點，你是哪個的老子？”（何士光《鄉場上》）

(46) 隨著崇尚青春的時尚興起，大家不再以老賣老，不再爭做爺爺奶奶，不再自稱老子老娘。（包銘新《時髦辭典》“cute”條）

例（45）作者何士光是貴陽人，可見貴陽話中自稱“老子”是“嘴巴不乾淨”，有以別人父親自居的意思；例（46）表明自稱“老子”是以老者自居，與爭做別人的爺爺奶奶相當。這個意義上的“老子”（即“老子$_C$”）《漢語大詞典》首引洪深《香稻米》第三幕“老子辦正事，你這不點兒大的小東西，也要來打岔”爲例，嫌晚。筆者在《西遊記》中即發現了“老子”的這類用法：

(47) 行者叫道：“好兒子！把老子趕在門外，還不開門！”（《西遊記》第四十二回）

(48) 行者道：“我兒，你趕老子出門，你該個甚麼罪

名?"(同上)

(49) 那妖王罵道:"猴子,你在前有二三十合的本事,你怎麽如今正鬥時就要走了,何也?"行者笑道:"賢郎,老子怕你放火。"(同上)

此後明清時期少見,至清末又出現在文獻中,現代漢語則非常常見:①

(50) 一面罵,一面把炒菜的杓子往地下一摜,説:"咱老子不做啦,等他送罷!"(《官場現形記》第一回)

(51) 許亮説:"咱老子可不怕他!他敢怎麽樣咱?"(《老殘遊記》第二十回)

(52) 最奇怪的是昨天街上的那個女人,打他兒子,嘴裡説道,"老子呀!我要咬你幾口纔出氣!"(魯迅《狂人日記》)

(53) 咱老子偏愛罵,不干你事!怕刺耳朵,塞了它做

---

① 其實這種以别人父親自居的口語表達方式古已有之,從目前的材料看,至少可以追溯到《史記》,"輕士善罵"的劉邦在不高興時經常自稱"而公"或"乃公"(《廣雅·釋親》:"公,父也"),如:

陸生時時前説稱詩書。高帝罵之曰:"乃公居馬上而得之,安事詩書!"(《史記·酈生陸賈列傳》)

漢王輟食吐哺,罵曰:"豎儒,幾敗而公事!"令趣銷印。(《史記·留侯世家》)

除劉邦外,其他人如淮南王、酈生等,同樣也如此自稱:

淮南王乃謂侍者曰:"誰謂乃公勇者?吾安能勇!吾以驕故不聞吾過至此。人生一世閒,安能邑邑如此!"(《史記·淮南衡山列傳》)

齊王田廣聞漢兵至,以爲酈生賣己,乃曰:"汝能止漢軍,我活汝;不然,我將亨汝!"酈生曰:"舉大事不細謹,盛德不辭讓。而公不爲若更言!"(《史記·酈生陸賈列傳》)

可見這種表達法自古至今一直沿用不斷,祇是一方面文獻有失記載,另一方面具體的詞彙也在更換(如由"乃公"變爲"老子")。爲何"老子 C"首見於《西遊記》後,文獻中要遲至清末才能重新發現,尚待進一步研究,但我們相信口語中"老子 C"是一直存在着的。

聾子！（錢鍾書《圍城》）

(54) 爹，你他娘的算了吧。老子看在你把我弄出來的份上讓讓你，你他娘的就算了吧。（余華《活着》）

(55) 我的欣慰立刻化爲憤怒，踩水昂頭沖他們喊："你他媽管着嗎，老子願意。"（王朔《浮出海面》）

同是自稱，"老子$_A$"是老年人稱呼自己，語義呈中性，而"老子$_C$"則以別人的父親自居或以老者自居，顯得對聽話人不敬。這樣隨著"老子$_C$"的逐漸常用，老年人如再自稱"老子"，則可能會因與"老子$_C$"相同而冒犯他人，同時也由於"老頭"一詞越來越有力的競爭，這兩點必然會導致"老子$_A$"的逐漸消失。

我們還注意到，"老子"一詞的使用在現代和當代時期也發生了較大的變化，現代"老子$_B$"還很常見，而當代則主要用爲"老子$_C$"，下表的數據統計可顯示出這一點：

	西遊記	官場現形記	老殘遊記	現代	當代
老子$_B$	7	20	0	19	3
老子$_C$	3	1	1	4	18

（表中"現代"所調查的作品包括：魯迅《吶喊》，茅盾《林家鋪子》《秋收》《殘冬》，錢鍾書《圍城》；"當代"包括：余華《活着》，王朔《浮出海面》《一半是海水，一半是火焰》《過把癮就死》，池莉《太陽出世》《你以爲你是誰》）

六

小結：在名詞後綴"子"完成虚化且用法大大擴展這一歷史背景下，"老子"一詞在六朝產生，並一直沿用至現當代。從歷史上看，"老子"有過"老子$_A$""老子$_B$"和"老子$_C$"三個義項，三者之間的關係是：老子$_A$＞老子$_B$＞老子$_C$，即後者是在前者的基礎上引申發展而來。"老子A"產生於六朝，有自稱和泛稱兩種用法，宋元明時期十分常用，是個極爲通俗的口語詞，清以前從口語中消失，其中泛稱老年人的"老子A"被另一個口語詞"老頭"所取代；"老子B"大約在北宋已經產生，沿用至今，元明清較爲常用，但在當代並不常用；"老子C"在《西遊記》中即可發現用例，至當代成了"老子"一詞最常見的義項。我們推測"老子C"的逐漸常用以及"老頭"一詞的競爭，是導致"老子A"消失的主要原因。

通過對"老子"一詞的個案研究，我們認識到常用詞的歷史研究，一方面應該以義項爲單位，考察每個義項產生發展和消亡的歷史。以"老子"爲例，A、B、C三個義項產生和消亡的時代各不相同，相互之間有著淵源關係，因此如果不以義項爲單位，僅僅瞭解它在六朝產生，一直沿用到現代，則算不上真正弄清楚了這個詞的歷史。另一方面，目前學界對新詞新義產生的研究著力較多，成果也很豐富，但是對某個詞某個義項消亡的過程及原因的研究，則尚不多見。某個詞義的產生、發展、消亡構成此一義項歷史的全部，缺乏其中任何一部分都是不完整的，所以還要大力加强對詞義消亡的研究。衹有這樣，對於某個詞項歷史的認識才是全面和透徹的。其實，王力（1980）早就説過："我們對於每一個語義，都應該研究它在何時產生，何時死亡。"王力先生這句話正好涵蓋了這兩方面的内容。

〔主要參考文獻〕

包銘新. 時髦辭典. 上海：上海文化出版社，1999.

李榮主編. 現代漢語方言大詞典. 南京：江蘇教育出版社，2002.

柳士鎮. 魏晉南北朝歷史語法. 南京：南京大學出版社，1992.

陸谷孫主編. 英漢大詞典. 第二版. 上海：上海譯文出版社，2007.

太田辰夫. 中國語歷史文法. 修訂譯本. 蔣紹愚，徐昌華譯. 北京：北京大學出版社，1987/2003.

王力. 新訓詁學. //龍蟲並雕齋文集. 第一册. 北京：中華書局，1980.

向熹. 簡明漢語史. 下册. 北京：商務印書館，2010.

項楚. 王梵志詩釋詞. 中國語文，1986 (4).

許寶華，宮田一郎主編. 漢語方言大詞典. 北京：中華書局，1999.

朱慶之. 佛典與中古漢語詞彙研究. 臺北：文津出版社，1992.

The Evolution Of the Word *Laozi*

Zhu Guanming

(School of Liberal Arts，Renmin University of China，Beijing 100872)

Abstract：*Laozi* (老子) is a widely used word in modern Chinese，and during its whole evolutionary process it has obtained three meanings altogether. This article describes detailedly and comprehensively the process of birth，development and death of these three meanings，which makes up the full history of the word. It is argued that exploring the history of a common word must take each meaning instead of the word itself into consideration，and that more attention should be paid to the dying process of each meaning.

Key words：*laozi* (老子)；common word；meanings of word

(朱冠明，中國人民大學文學院，郵編 100872)

量詞“回”源流淺探*

王彤偉

内容摘要：“回”的動量詞用法是在其本義“回轉、轉動、環繞”的基礎上虚化引申出來的，其他用法（如名量詞用法等）又都是在動量詞的基礎上通過認知的相似性引申出來的。由動量詞演變爲表示短暫時段的固定結構“一回”，是認知圖式變化的結果。

關鍵詞：漢語史　量詞　回

《現代漢語頻率詞典》通過對現代漢語“報刊政論、科普書刊、日常口語、文學作品四大類語言作品，共179種、180萬字”語料的調查，統計出了在現代漢語中出現頻率在10次以上的常用詞8000個。在這8000个詞中，量詞“回”居於量詞行列的第12位①。可見，量詞“回”是現代漢語中較常用的量詞，探討現代漢語常用量詞的源流發展，有必要對其進行考察。

吕叔湘在《現代漢語八百詞》中對量詞“回”總結道②：

1. 次。

a）動＋數＋回。去了一～｜説了兩～｜問過好幾～

---

* 本文是2010年度教育部青年項目“漢語常用量詞演變研究”（項目號：10YJC740100）、2013年四川省社科規劃年度項目“漢語高頻量詞的歷史考察”（項目號：SC13B047）、2011年四川大學中央高校基本科研业务費項目（skjp201102）的階段性成果。

① 北京語言學院語言教學研究所編著，北京語言學院出版社，1986年。

② 吕叔湘《現代漢語八百詞》（增訂本），商務印書館，1999年，第276頁。

動詞後如果有賓語，有兩種詞序。或是賓語在前（人稱代詞作賓語時，必須是這種詞序）去過北京一～｜看過他三～｜問了小王兩～，或是賓語在後去過一～北京｜問過兩～小王。

b）數十回十動。杭州我一～也没去過｜好幾～出門都忘了帶雨衣｜別讓人一～一～地來催

c）“有一回”用在句首，表示過去某個時候。後面可以停頓。有一～，我在路上碰到他。

d）重疊表示不止一次。她來過我們家幾回，～～都帶禮物來

2. 件。

用於事情。前面常用“這麽、那麽、怎麽”。這是怎麽～事？｜原來是這麽～事｜看着很像～事兒｜這～事我不知道｜你們倆説的是兩～事，不是一～事

3. 章回小説或評書所分的章節。

《紅樓夢》一共有一百二十～｜我才看到第十～｜這一～評書講的是武松打虎

下面我們從漢語史的角度對量詞“回”的源流發展進行考察。

一　關於“回”的本義

“回”本義爲“回轉、轉動、環繞”。《説文·囗部》：“回，轉也。從囗，中象回轉形。”後來引申爲動作“返回”，“回”的量詞用法就是在這個意義的基礎上虚化出來的。至於“迴”字，《正字通》曰：“古無迴字。”我們認爲“回、迴”其實是一對古今字，“迴”字就是爲了專門表示“走動”義而在“回”的基礎上加“辵”形成的新字。

二　量詞“回”的歷時發展

關於“回”最早用爲量詞的時代，劉世儒認爲“回”在梁陳

時代首先用爲名量詞，舉了兩個例子①：

聊因一書札，以代九迴腸。（徐悱《贈内》）

安得一樽酒，慰妾九迴腸。（陳少女《寄夫》）

其實，這裏的兩個“迴”都是動詞，而不是量詞。“九迴腸”又常説成“腸一日而九迴”，如司馬遷《報任安書》：“腸一日而九迴”。再如：

如仁夕惕之志，中夜九回；龕世拯亂之情，獨用懷抱。（沈約《齊故安陸昭王碑》）

自茲厥後，兩絕珪璧，意眷眷于菁華，腸回回於九逝。（劉孝標《與舉法師書》）

劉世儒本人也覺得把這兩個“回”直接説成名量詞也不是很妥當，所以自己又補充説：“這種用法其實還衹能説是名量詞的初級形態，因爲它的詞義還是實在的，還不是虚化的用法。外如‘曲’也有相同的用例，如‘登九曲之層臺’，類似這樣的用法，頂多只能算是‘名量詞的初級形態’，還不是正規的量詞，更同動量詞不相干。”②

我們檢索到的“回”最早的量詞用例出現在南朝的樂府歌辭中③。

不復蹋踶人，踶地地欲穿。盆隘歡繩斷，蹋壞絳羅裙。不復出場戲，踶場生青草。試作兩三回，踶場方就好。（《樂府詩集·西曲歌下·江陵樂》）

很明顯，“回”的量詞用法是由其“返回”義虚化而來的，用以稱量“動作重復的次數”。不過在整個南北朝兩晉時代，

① 劉世儒《魏晉南北朝量詞研究》，中華書局，1965年，第258頁。

② 同上。

③ 《樂府詩集》宋代郭茂倩編，其中的“清商曲辭”是南北朝時新產生的歌曲，共四百餘首。郭氏將這些民歌分又爲“吴聲歌”、“神弦曲”、“西曲歌”三部分。“西曲歌”又名“荆楚西聲”，是江漢流域一帶的民歌。

“回”作量詞的例子都不多見。

唐代文獻中，“回”作量詞的例子就很常見了，而且現代漢語中常見的“動＋數＋回”和“數＋回＋動”兩種形式的使用頻率都很高。例如：

一過啼多血滿腮，肝腸寸斷幾千回。（《敦煌變文集新書》卷二）

半年出國憂千種，一日歸宫罵百回。（《敦煌變文集新書》卷二）

聖賢嗟歎千千遍，凡庶歌揚萬萬回。（《敦煌變文集新書》卷二）

更試一回看看，後功將補前過。（《敦煌變文集新書》卷三）

上恒令送書，從京至東都與魏王，仍取報，日往反數回。（張鷟《朝野僉載》卷五）

以上爲“動＋數＋回”形式，以下爲“數＋回＋動”形式。

幾迴旋繞百花台，一注仰瞻圓月面。（《敦煌變文集新書》卷二）

千回念佛求加護，萬遍燒香請世尊。（《敦煌變文集新書》卷二）

從空直下，若天上之流星，遙見毒龍，數回博（搏）擊。（《敦煌變文集新書》卷三）

乃以緋紫紅黄綾爲袋數十重盛像，人聚觀者，去一重一回佈施，收千端乃見像。（張鷟《朝野僉載》卷三）

別後幾回思會面，到來相見似前生。（羅隱《送楊煉師却歸貞浩岩》）

同時，出現了“每回”、“回回”這樣的形式，通常充當狀語。

中有蘭膏漬紅豆，每回拈著長相憶。（韓偓《玉合》）

善惡多般須攝治，莫交回回見蹉跎。（《敦煌變文集新書》卷二）

很明顯，動量詞“回”稱量的動作都有一個相對的終止點，在此終止點結束後重復進行，就是下一“回/次”了。如果有的名詞，其所指稱的事物原本有一個過程或有一個相對的終止點，那麼也可以用“回”來稱量。在這種認知相似心理的引導下，“回”演變出了名量詞的功能①。例如：

憶昔同遊紫閣雲，別來三十二回春。（曹松《贈廣宣大師》）

一霎芰荷雨，幾回簾幕風。（鄭谷《乖慵》）

一枝仙桂兩回春，始覺文章可致身。（褚載《賀趙觀文重試及第》）

根據我們的調查，“回”作名量詞的例子從唐代晚期開始纔多了起來②。

量詞“回”在宋、元、明代文獻中基本沿用了唐代的用法。

秖要日日熟讀，須教他在吾肚中轉作千百回，便自然純熟。（《朱子語類》卷第一百五）

---

① 《宋書·氐胡傳》：“仇池地方百頃，因以百頃爲號，四面門絕，高平地方二十餘里，羊腸蟠道三十六回。”像這樣的例子中“回”的詞義還是比較實在，不宜看作量詞。

② 劉世儒在《魏晉南北朝量詞研究》中認爲“回”先出現的是名量詞用法，除了前引兩例，另外還舉了一個：梁簡文帝《昇仙篇》：“靈桃恒可餌，幾迴三千年。”並說：“這就引申用於歲月的‘輪回’（說‘幾回’就等於‘幾次’），就是典型的個體名詞了。”但是我們在這個時代並未發現比較典型的“回”用作名量詞的例子，根據語言的社會性和歷史性原則，那麽這個例子就值得重新審視。梁簡文帝的這首《昇仙篇》全詩曰：

少室堪求道，明光可學仙。丹繒碧林宇，緑玉黄金篇。雲車了無轍，風馬詎須鞭。靈桃恒可餌，幾迴三千年。

“幾迴”這樣的組合形式在這個時代很少見，除《昇仙篇》這個例子外，我們只找到了1例，其中的“迴”也是動詞：

竟日坐春臺，芙蓉承酒杯。水流平澗下，山花滿谷開。行雲數番過，白鶴一雙來。水影摇藂竹，林香動落梅。直上山頭路，羊腸能幾迴。（庾信《詠畫屏風詩二十五首》之二五）

看來《昇仙篇》中的“靈桃恒可餌，幾迴三千年”也可理解爲“吃了仙桃，幾乎要回到三千年前（幾乎要年輕三千歲）”，那麼這個“迴”也不宜看作典型的個體名詞。

主人宣命我兩次三回，我不肯去。(《元刊雜劇三十種·嚴子陵垂釣七里灘》)

吃一回呂太后筵席。(《元刊雜劇三十種·李太白貶夜郎》)

某無別法，衹是將聖賢之書虛心下氣以讀之。且看這箇是，那箇不是。待得一回推出一回新，便是進處。(《朱子語類》卷第一百二十)

則聽的韻悠悠的耳畔吹寒角，一回價不鼕鼕的催軍鼓擂，響當當的助戰鑼敲，稀撒撒地朱簾篩日，滴溜溜的繡幕翻風，衹疑是古剌剌雜綵旗搖。(《元刊雜劇三十種·尉遲恭三奪槊》)句中"一回價"猶"每回"。

尋思我枉把孫吴韜略學，天交我不發跡直等到老。一回家怨天公直恁困英豪，嘆良金美玉何人曉，恨高山流水知音少！(《元刊雜劇三十種·蕭何月夜追韓信》)句中"一回家"即"一回價"。

稱量名詞的例子還是不多，但已經比較典型。

不能夠瓮里篘，斗内量，那一回浮生空自忙。(《元刊雜劇三十種·李太白貶夜郎》)

直到清代晚期，現代漢語中常用的用於稱量事情的"這/那回事"纔逐漸開始使用①。如：

---

① 此前的《水滸傳》《三國演義》《西遊記》《金瓶梅》《鼓掌絕塵》《紅樓夢》《鏡花緣》等小説中都没有這樣的用法。不過，我們在《古本水滸傳》中檢索到了這種用例。如：

公孫勝運用玄功，安定下元神，才行開口説話，把這回事告訴樊瑞知道。(《古本水滸傳》第十七回）不知這刁桂生長石碣村裏，自小就看慣村中的行徑，三言兩語不合，揮拳打架，不當一回事。(《古本水滸傳》第二十五回)

學術界對於《古本水滸傳》的成書年代歷來爭論不休，有人認爲早於《水滸傳》，有人認爲是後代的僞作。從語言的社會性角度看，既然同時代以及其後的很長一段時期内都没有"×回事"這種用法，那麽認爲這部書早於《水滸傳》的説法還真值得懷疑。

老弟，今日這回事不是我外着你説，我究竟要算是在我們姑娘這頭兒站着，自然儘老弟你合張老大你們兩親家你二位較量起來。(《兒女英雄傳》第二十四回)

衹你路見不平，拔刀相助，替我打倒海馬周三那回事，那就算你在世街路上留了朋友，俊了師傅了。(《兒女英雄傳》第二十七回)

今日這回事都是小的帶累他們三個了。(《兒女英雄傳》第三十一回)

這回事極承老哥費心，斷不好再叫你墊錢，(《官場現形記·第十五回》)

傅撫院道："那裏有這回事！我也不認得什麽女人。"(《官場現形記·第二十二回》)

我帶了銀子進京，爲的那回事？(《官場現形記·第二十八回》)

有話請起來説，被人家瞧著算那一回事呢！(《官場現形記·第三十六回》)

太太道："我要同你講好了價錢，我們再去辦這一回事。"(《官場現形記·第三十八回》)

這是怎麽一回事？(《官場現形記·第四十回》)

另外很有意思的是，"回"在動量詞的基礎上引申出了一種表示短暫時間的用法"一回"，相當於"一會兒"，前面的數詞限於"一"。如：

那蛇看了洪太尉一回，望山下一溜，却早不見了。(《水滸傳》第一回)

端王拿起獅子，不落手看了一回，道："好！"(《水滸傳》第二回)

智深走到半山亭子上，坐了一回，酒却湧上來。(《水滸傳》第二回)

吃了茶，坐了一回，起身道："乾娘，記了帳目。"(《水滸傳》第二十四回)

小的舖子裡睡了好一回，衹聽見畫童兒打對過門，那咱有三更時分纔來了。(《金瓶梅詞話》第六十八回)

等那人去遠，又復走轉看時，女子已下簾進去。站立一回，不見蹤影。教清琴記了門面，明日再來打探。(《醒世恒言·陸五漢硬留合色鞋》)

寶玉無精打彩的，衹得依他。晃出了房門，在迴廊上調弄了一回雀兒；出至院外，順着沁芳溪看了一回金魚。(《紅樓夢》第二十六回)

尤氏托着走至上席，南安太妃謙讓了一回，點了一齣吉慶戲文，然後又謙讓了一回，北静王妃也點了一齣。衆人又讓了一回，命隨便揀好的唱罷了。(《紅樓夢》第七十一回》)

由動量詞演變爲表示短暫時段的固定結構"一回"，是認知圖式變化的結果。即如果心理關注的是動作的反復性，就是動量詞"回"；如果心理關注的是動作從起點到終點這個過程、這個延續的時段，則是"一會兒"了。

伴隨着章回小説的興起出現了用以稱量小説回目數量的量詞"回"。這種長篇小説一次不能講完故事，就讓聽衆"且聽下回分解"。這種"下回分解"本指"下一次講解"，稱量小説回目數量的量詞"回"，就是在此基礎上引申出來的。

三 小 結

綜上所述，量詞"回"首先出現的是動量用法。動量詞"回"最早出現在南朝的樂府歌辭中，用以稱量"動作重復的次數"。"回"作名量詞的例子大約要到唐代晚期纔開始多起來。而現代漢語中常用的用於稱量事情的"這/那回事"這種形式要到清代晚期纔逐漸開始使用。元末明初，伴隨着章回小説的興起，量詞“回”又引申出了專用以稱量小説回目數量的用法。

“回”的動量詞用法是在其本義“回轉、轉動、環繞”的基礎上虚化引申出來的，其他用法（如名量詞用法等）又都是在動量詞的基礎上通過認知的相似性引申出來的。由動量詞演變爲表示短暫時段的固定結構“一回”，是認知圖式變化的結果。即如果心理關注的是動作的反復性，就是動量詞“回”；如果心理關注的是動作從起點到終點這個過程、這個延續的時段，則是“一會兒”了。長篇小説因爲一次不能講完故事，就讓聽衆“且聽下回分解”。這種“下回分解”本指“下一次講解”，稱量小説回目數量的量詞“回”，就是在此基礎上引申出來的。

〔主要參考文獻〕

北京语言学院语言教学研究所．现代汉语频率词典．北京：北京语言学院出版社，1986.

劉世儒．魏晉南北朝量詞研究．北京：中華書局，1965.

吕叔湘．現代漢語八百詞（增訂本）．北京：商務印書館，1999.

王彤偉．量詞“張”源流淺探．漢語史研究集刊．第 17 輯．成都：巴蜀書社，2014.

The Origin and Development of the Quantifier Hui（回）

Wang Tongwei

(Literature and Journalism College, Sichuan University, Chengdu 610064)

Abstract: HUI（回）as an action quantifier is based on the original meaning of “rotation, around”. Other usage, such as quantifiers, are also extended from the action quantifier usage by the similarity in cognition. The Fixing structure YI HUI（一回）which means a short time is the result of cognitive schema change.

Key words: the history of Chinese; Quantifier; HUI（回）

（王彤偉，四川大學文學與新聞學院，郵編 610064）

《説文解字》誤立字頭現象分析

張金霞　翟春龍

内容摘要： 許慎的《説文解字》是我國現存最早的一部體系完備的字典，但其中也存在一些訛誤。我們研究發現，《説文》中存在着誤立字頭的現象，這主要是指《説文》誤將某些異寫字立爲字頭和誤將不能成字的形體立爲字頭兩種。

關鍵詞：《説文解字》　訛誤　字頭　異寫字

《説文解字》是我國現存最早的一部體系完備的字典，在我國傳統文字學研究中的重要性自不待言。它所保存的古文字資料，有很多已經得到了出土古文字資料的印證。例如，《説文》"仁"字收有"古文""忎"，在1993年出土的《郭店楚簡》中，就有這種"仁"字寫法（許芃2013）。但許慎所處的東漢時代畢竟離漢字的産生已經有相當長的時間了，漢字在這一過程中有的已經發生了變形，而許慎依據較晚的字形推求漢字的構形本意，導致他在《説文》中對漢字的分析往往不符合實際。隨着地下出土的古文字資料的日益豐富，很多學者已開始對《説文》進行補充和訂正，並且取得了很好的成績。例如，"不"字，《説文》解釋爲"鳥飛上翔不下來也"，而根據出土的甲骨文資料，"不"字乃像花萼之柎形，《詩經·小雅·棠棣》"棠棣之華，鄂不韡韡"中的"不"用的就是這一意義。許慎的解釋顯然是錯誤的。這類例子很多（張金霞2013）。同樣，由於許慎認識的局限，也影響到他對《説文》字頭的設立。

《説文》中有些形體簡單的字頭，由於在小篆體系中與之有形音義聯繫（僅就許慎説解，包括可靠的和不可靠的）的字很少，本身難以進行形聲或表義分析（許説對這類字的解釋常不可靠，詳下文），同時它們在小篆以前或時代接近的出土文字材料中也是難覓蹤影；還有些“字”其實是某個字的異寫形式，這類形體雖然確曾在古文字發展的歷史中發生過，但在小篆階段實不具備獨立的身份。以不成字形體爲字頭，和以異寫字形爲字頭，是《説文》誤立字頭的兩種大的類型。《説文》中這兩種字頭的數量還是比較多的，其中以不成字形體爲字頭的情況還可以分作幾個小類，我們把這類留到後面論述。

一　誤以異寫字爲字頭

王寧先生在《漢字構形學講座》中提出了異寫字的概念，她説“異寫字是職能相同的同一個字，因寫法不同而形成的異形”(2002：80)。我們理解，所謂異寫字，應是指所用表音表意構件相同、構意和承擔職能也完全相同的兩個以上漢字形體所形成的一種字際關係。一字異寫是漢字中一種很普遍的現象，在楷書定型以前，這種現象尤其多。是否收錄異寫字，根據字書體例不同，可以靈活把握。本文所指出的異寫字，《説文》釋義均不同，可見許慎並不認爲相關字形爲一字異寫。將某些異寫字作爲各自獨立的不同的字來處理，這應是許氏的失誤。

一般的一字異寫體現在個別筆畫的差異上。這類異寫字在《説文》中被誤釋的例子，如：

1.“夊”(P114 上)[①] 與“夂”(P112 上)

① 因不少字頭隸定後易於混淆，或字形生僻，不便檢索，我們在字後括注了中華書局影陳昌治刻大徐本《説文解字》(1963 年版）的頁碼，必要時加注小篆字形。下同。

“夂”、“夊”篆形並爲倒“止”形的線條化，在小篆中這兩個“字”意義相涉，形體極近。《説文》：“（夂），从後至也。象人兩脛後有致之者。”“（夊），行遲曳夊夊，象人兩脛有所躧也。”倒“止”形單獨使用的例子在古籍中極少，“夂”僅見於字書，“夊”見於《玉篇》所引《詩經·齊風·南山》，被認爲是“綏”的古文。這兩個“字”在出土文獻中亦不多見，西周𣪕尊有“不顯朕文考魯公文遺公”，李學勤先生主編的《字源》（2012：488、482）“夂”、“夊”二字頭下均收列此條。林義光（2012：62）云：“从夊之字如夌、憂、夒、夏、慶等，从夂之字如夅、舛等，古並从虢叔鐘降字偏旁从散氏器降字偏旁从太保彝降字偏旁，亦从函皇父敦降字偏旁从小臣俞器夒字偏旁，皆象足跡形，無夂、夊之別。”其説當可從。

2. “彖”（ P. 197 下）與“豕”或“彖”（ P. 197 下）①

《説文》：“彖，豕也。从彑，从豕。讀若弛。”“彖，豕走也。从彑，从豕省。”案：“彖”、“彖”構形，一省一不省，其構形所用表音表意構件本質無别。而“彖”、“豕”形音義並通，亦不必爲兩字。我們認爲，“豕”、“彖”本爲一字異體關係，後來因音分化爲二字。“彖”則是保持“豕”音之“彖”的孑遺。清人翟云升舉證“彖”本有“豕”音：“彖下曰‘從彑從豕省。通貫切。’竊謂（彖與彖）實止一字；或彖爲彖之重文，而皆有式視、通貫二切也。《類篇》：‘彖，通貫切，又賞氏切。’《六書故》：‘彖，丈里切，又丈遠切’。稽之《説文》全書，偏傍皆作彖，無作彖者，可證從彖之字則各如其音切爲聲。分言之，則喙、愫之類皆以式視切爲聲，瑑、篆、椽、之類皆以通貫切爲聲。合言

① 彖、彖中華書局影陳昌治本楷篆分别作彖（）、彖（），此處字形據段注本（1988：456）改定。

之，如墜爲籀文地，從隊。隊，徒定切，而墜則徒四切也。”（轉引自《古文字詁林（第八册）》2003：407）其説翔確。如此則“豙”不當視爲獨立字頭。

3. “く”（⌇，P239 上）、“厂”（∫，P265 下）、“乁”（⌇，P265 下）與“乙”（⌉）

《説文》：“く，水小流也。”“厂，抴也，明也。象抴引之形。”“乁，流也。从反厂。讀若移。”“乙，象春艸木冤曲而出，陰氣尚强，其出乙乙也。與丨同意。乙承甲，象人頸。”

《説文》對“乙”字的解釋流於神秘，難以信據。甲骨文“乙”字作⌇、⌇、丨等形，後世學者對“乙”字的構形做出了各種解釋。其中，李孝定（1996：1180）謂“甲乙字與許書訓流之‘く’實爲一字，以乙假爲干名，遂歧爲二字”，這一認識是有道理的。甲骨文“河”字作⌇，所從水流之形與甲骨文“乙”字形體相同。《説文·乙部》從“乙”之“亂、乾”諸字，在上古文獻中的意義也與水流有關。《爾雅·釋水》：“正絕流曰亂。”郭璞注：“直横渡也。”《書·禹貢》：“入於渭，亂於河。”孔穎達疏：“帝都在河之東，故渡河陸行而至帝都也。”《詩·大雅·公劉》：“涉渭爲亂。”孔穎達疏：“水以流爲順，横度則絕其流。”“乾”有水流枯竭義。《山海經·北山經》：“是水冬乾而夏流。”由此，我們推測，“乙”乃像水流、河道之形。《説文》“厂”、“く”、“乁”等的篆形，與甲骨文“乙”字形體相近，皆可視爲“乙”的異寫。《説文》釋“く”爲“水小流也”、“乁”爲“流也”猶存水道古義，與“乙”字本義也相同。“く”的文獻用例僅見於《説文》所引《周禮》，“厂”、“乁”也僅見於字書中，這種現象是很可疑的。如果“厂”、“く”、“乁”三形確實本諸當時所傳古文獻用例，而不是許慎爲了隸字而人爲割裂出來的話，那麽它們其實應當是“乙”字的異寫。“厂”與“乁”方向相反，這種因字形方向差異造成的一字異寫是古文字中常見的現象，《說文》中也有不少。

4. "禾"（，P128上）與禾"（）"

這兩個是因字形方向差異造成的一字異寫。古文字中"禾"亦可頭向右傾而作"禾"形，甲骨文、金文、楚文字皆有其例，字形可見《新甲骨文編》第413頁"禾"字（）、《金文編》第401頁"年"字（）偏旁、《楚系簡帛文字編》（增訂本）第672頁"采"字（）偏旁。

《說文》"禾，嘉穀也"，與字形及"禾"字本義相合；"禾，木之曲頭止不能上也"，則因"禾"字缺少文獻用例而無從證明。《說文》中以"禾"爲直接構件的字只有"積"、"䅭"、"稽"三字（均見P128上）。"積，積䅭，① 多小意而止也。从禾，从支，只聲。一曰木也。""䅭，積䅭也。从禾，从又，句聲。又者，从丑省。一曰木名。""稽，留止也。从禾从尤，旨聲。"

《廣韻》"積"、"䅭"二字皆訓曲枝果。其意義與"木之曲頭止不能上也"有一定關係，又二字均有"木名"義，取"木"爲偏旁亦足以表義。《說文》從"稽"的字有"䅪"、"䅦"二字，許慎在"䅦"下引用賈侍中說"稽、䅪、䅦三字皆木名"。可見，稽與"積"、"䅭"一樣，以"木"爲偏旁即可。這樣看來，定"禾"爲獨立的字，證據不足。

《說文》中還有不少字，許慎解釋爲某字的反寫，其實也都屬於這種因字形方向差異造成的一字異寫，不必另立字頭。如：

"爪，丮也。覆手曰爪。""𠂂，亦丮也。从反爪。"

---

① 《說文》通行本無"積䅭"二字，今從段注本（1988：275）。

“丮，持也。象手有所丮據也。”“𠃨，拖持也。从反丮。”

“丂，氣欲舒出，㇓上礙於一也。”“𠀀，反丂也。”

“邑，國也。”“𨛜，从反邑。”

“身，躬也。象人之身。”“㐆，歸也。从反身。”

“印，執政所持信也。从爪从卩。”“𠩺，按也。从反印。”

“㣺”與“𣥂”，“𠂎”與“卩”，雖然許慎没有提“从反”某，應該也屬於這一類現象。

書寫方向不固定造成的一字異寫在出土古文字材料中是屢見不鮮的。但許慎對此似乎缺乏認識，因此很多因方向差異而形成的異寫，便被當作獨立的字頭而收入了《説文》。就《説文》解説文字的體例而言，許慎顯然認爲這些形體也有獨立的音義。出現這種情況是有原因的。

秦始皇的統一文字政策，在很大程度上影響到了六國文字及小篆以前文字的傳習。李學勤先生（2013：56）説：“漢代的文字基本上來自秦文字，所以生在漢代的人已經不能讀懂六國古文。”那麽秦火之後，六國文獻的孑遺，以至於出土的商周、春秋鼎彝等器物上的文字，對於漢人而言在一定的程度上是需要重新釋讀的，這其中出現個别誤釋，實不足爲怪。對於古文字中一字異寫現象缺乏足夠的警覺，不瞭解古文字左右互作常常無别這一規律，則更直接加重了發生此類誤釋的可能性。且因方向不固定的現象更多的見於商周文字，如漢人從出土商周金文獲得這部分字形，其釋讀無疑要比一般簡牘帛書的釋讀難度大。

此外，有些與漢代仍在使用的字方向相反的形體，在合體字中還作爲構件存在，如“𠃨”之於“鬥”，“㐆”之於“殷”。如果許慎不是據出土文字材料獲得的異寫字形而將它們立爲字頭，而是由對合體字的分析而得出了這些形體，那麽這類字頭實質上應當歸入下面所説的“將不能成字的形體立爲字頭”這一類。

二　《説文》誤將不能成字的形體立爲字頭

將不能成字的形體處理爲字頭，在《説文》中也很常見。根據《説文》據形系聯的體例，特定部首需要與其前後的部首存在形體上的關聯；而出於使漢字“分别部居，以類相從”的目的，幾個漢字的共有構形成分被選爲部首的可能性也較大；此外，許慎對部分漢字的不當分析，也造成許多不成字形體被誤認成具有完整音義屬性的字。在這些情況下，以不成字形體爲字頭的現象就大量産生了。

將不能成字的形體處理爲字頭又有幾種不同的情況：

（一）將不成字的漢字構件誤立爲字頭，如：

1.“厶”（P104下）①

“厶”常被認爲是一個獨立的字，這種説法是很可疑的。《説文》：“去，人相違也。从大厶聲。”“去”字所從之“厶”，在古文字中多作“口”，如“”（《新甲骨文編》第307頁）、“”（《金文編》四版第277頁）。古文字中口、厶可通用。“去”字應該是用“人離開‘口’（代指一定地點）”來會“離開”之義的。許慎既將“去”字解釋爲“厶”聲，“厶”便自然而取得“字”的身份。目前還没有發現可以定釋爲獨立的“厶”的古文字材料。這是由於“口”構件的異寫被分析爲有獨立身份的構件，進而被視爲獨立的漢字而被誤立爲字頭。

2.“菐”（P58下）

在出土古文字材料中，我們尚未發現有獨立使用的“菐”，“僕”字甲骨文作（孟世凱2009：611），像童僕持“其（箕）”、

① 中華書局影陳昌治本楷體字頭作“凵”。

“其（箕）”中有土之形。此字人形與持物的手形連爲一體，且童僕之形頗爲複雜，象形氣息濃厚，説明是比較原始的字形。金文此字出現較多，比較複雜的童僕形已簡化爲一般的人形，且不再與手形相連。其演變序列大致如下：①

《新甲骨文編》138 頁	《金文編》158 頁		《戰國文字編》160 頁	《説文》

“菐”則並無可據的出土古文字形體。由此可知，人形並不是在“菐”的基礎上新增的偏旁。《説文・菐部》：“僕，給事者。从人从菐，菐亦聲。”這一分析顯誤。那麽能否説“菐”是後世從“僕”字截取而來的分化字呢？就“菐”在出土古文字材料和傳世典籍（字書除外）中皆未發現來看，似乎也嫌證據不足。因此，“菐”當非漢字。

3. “㡀”（P161 上）

此字頭形體與“敝”字左半相同。“敝”字形體，據李學勤《字源》，從甲骨文至小篆，皆有脈絡可循，均作以手持物撲打布上灰土形（象徵塵土的小點有時可省去），屬會意字：

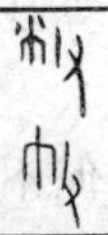	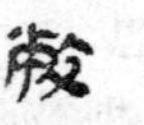	
《新甲骨文編》453 頁	《戰國文字編》547 頁	《説文》

目前尚未見獨立使用的“㡀”形。《説文・㡀部》：“敝，帗也。一曰敗衣。从攴从㡀，㡀亦聲。”就單獨構件而言，説“㡀”

① 本表參考李學勤先生主編《字源》製作，下表亦同。

象徵敗衣可能不無可取，但以爲它是獨立的字，則不可信。

4.“巫”（P258 上）

此形與“脊”字上半相同。劉釗在《古文字構形學》中對此有詳細的分析。即“脊”從肉朿聲，其上半本爲“朿”，爲聲符，後乃訛變爲“巫”。事實上並没有“巫”這個字和偏旁，它只是“朿”字的變形。《説文》將訛變的聲符單獨析出，是没有什麽理據性可講的。

其他如“呆”（P161 下）與“保”，“产”（P194 上）與“危”，“巜”（P239 下）與“粼”，也很可能屬於這類情況。

對於這類字頭的設置，劉釗曾有討論。他（2011：214）在討論“脊”字後指出：“《説文》所列部首，有些並非真有其字，而是因爲有些字之所從《説文》已搞不清楚，無法統屬，才將其單列出來作爲部首，而在實際上文字系統中此形體並不存在。”他（2011：210）在討論“禾”字時，又論證道：“在古文字和後世典籍中，從未見‘禾’字單獨使用的例子，也就是説‘禾’字很可能並不是一個可以獨立的形體。《説文》設立‘禾’部，不過是因爲‘稽’字等字無法統屬的緣故。類似這種在實際文字系統中並不單獨存在，而是因爲個别字不能統屬而設立的部首在《説文》中還有一些”。這些意見都是應當重視的。將構件作爲字頭，我們可姑且稱爲“構件字頭化”，這也許可以算是許慎設置字頭過程中一個指導思想。

（二）另一種類型，則被誤立爲字頭的形體非但不是字，其實也不是漢字的構件。若被錯誤分析的漢字本身就是獨體字，被誤立的字頭很可能只是那個獨體字的某個或某幾個筆畫所組成的形體。如：

1.“乀”（P265 下）

《説文》謂“乂”（P28 上）、“乂”（P265 下）、“弗”、“氏”等字從此形，皆不可據。“乂”、“弗”、“氏”這幾個字構意難以索解，即使從甲骨文看，也是絕非能夠簡單論定的問題。前面已經説過，“乚”只是“少”的異寫字。許慎僅就訛變的小篆立説，稱“乚”、“氏”從“乀”得聲，“乂”、“弗”用“乀”會意，均難令人信服。根據前面對“乙”字的分析，“乀”就是“乙”的異寫字。

2. “干”（P50 上）

《説文》：“干，撖也。从干。入一爲干，入二爲干。讀若飪，言稍甚也。”“干”在出土文字材料中未見其形，於傳世古書中亦無用例，《説文》所謂含“干”構件的“燮（籀文燮）”、“南”、“卒”①（P214 下），其古文字形體亦均不從“干”。“燮”，甲骨文作，其所從之“干”當爲一木柄上有一火形之訛。“南”、“卒”兩字均爲象形字，亦無由析出“干”構件。綜合看來，“干”當屬誤立之字頭。

3. “从”（P109 上）

《説文·入部》云：“从。二入也。兩从此。闕。”《説文》全書指明與之相關者，僅有“兩”一字。“从”在出土古文字材料中尚未發現，在傳世古書中亦無用例。于省吾先生（1983：1）認爲“兩”乃截取“車”之初文（如）的部分形體而成，較許説爲優。如此，則“从”無由單獨成字。

4. “叒”（P127 上）

《説文·叒部》云：“叒。日初出東方湯谷，所登榑桑，叒木也。象形。”《説文》中指明與“叒”字頭相關者，僅一“桑”字。“桑”，甲骨文作，乃象形字，無由析出“叒”構件。

從《説文》説解文字的體例看，《説文》收“叒”爲字頭，是由於誤解了“桑”的構形。目前各種古文字工具書在“叒”下

① 中華書局影陳昌治本楷體字頭作“幸”。

常收列許多形似字形，實另有其字，不能與《説文》之“叒”簡單比附。

5.“彑”（P197 下）

《説文》謂“彖”、“彘”、“彘”從此。“彑”在出土文字材料中尚未發現獨立使用的情況，在傳世古書中亦無用例。《説文·彑部》謂：“彑，豕之頭。象其鋭而上見也。”“豕之頭”在語言中是否需要一個詞來表示，是值得懷疑的。綜合看來，此字頭的設立，也是出於據形系聯的需要。

6.“禸”（P308 上）

《説文》：“禸，獸足蹂地也，象形，九聲。”《説文》中從“禸”的字有“離”、“萬”、“禹”、“䰜”（P308 上）、“禼”（P308 上）、“禺”等。其實，“禸”所包含的“九”本爲先後加在象形符號的豎畫上的兩條飾筆，劉釗（2011：24）對此有分析。他進一步指出：“實際文字系統中並無‘禸’字，《説文》單列出‘禸’，只是因爲《説文》已不明禽、離、萬、禹等字的下部所從，於是才分離出‘禸’形以統屬禽、離、萬、禹等字，而實際上‘禸’形並不是一個獨立的字，它不過是由文字形體的一部分加飾筆變來的。”“禸”獨立成字的用例在出土古文字材料中尚未發現。

上述這類誤立字頭的現象大部分可以根據《説文》的解説文字找到其致誤之由及來源字，但有時則很難認定其究竟來自於哪一個字，就如“乁”（P265 下）字頭，許慎就認爲“必”、“乂”、“弗”、“氏”都從之得聲或得義。

（三）在“將不能成字的形體立爲字頭”這一大類中，還有一種較爲特殊的情況，即許慎將當時的標點符號也當作了漢字。

1.“丶”（P105 下）

此爲東周秦漢間“標點”符號，起點斷句子之用，非漢字。《説文·丶部》云：“丶，有所絕止，丶而識之也”。

2. “乚”（P267上）

此爲兩周秦漢間“標點”符號，大體相當於今之句號，非漢字。《説文·亅部》謂：“乚，鉤識也。从反亅。讀若捕鳥罬”。

對於“丶”、“乚”這兩個字頭的性質問題，目前還存在不同的看法。“丶”又被看作是“主”或“涶”等字的初文（《古文字詁林》2002：249）；“乚”亦存在理解爲表意字的意見。（《古文字詁林》2004：997）但目前出土簡牘帛書中此類符號具在，許慎之解説正與其用法、意義相應，（李零 2008：132）似無須別尋新解。蘇世民（2001）對上述二者均有考論，且引證相關材料較爲詳備，可資參考。此外，作爲“乚”之部首的“亅”，也是一個缺乏用例支持的字頭。它或許是“乚”的一個變體形式。

許慎將當時通行“標點”符號立爲字頭，混淆了文字與“標點”的區別，是不恰當的。從許慎釋“主”、“戉”，以爲分別包含“丶”、“乚”構件來看，這兩個字頭的確立也應該導源於許慎將構件字頭化的意識。

《説文》中有許多形體構意解説牽强而又找不到對應的出土古文字形體的“字”。除了上文已提及的外，《説文》應該還存在不少因各種原因而誤立的字頭。要認定其中某些字頭是否確屬誤立，在目前情況下還存在較大的困難。因此本文主要是起釋例之用。將《説文》中的誤立字頭系統整理出來，無疑是一項很有意義的工作，這裏我們謹提出一些淺近的感想，誠懇就教於方家！

〔主要參考文獻〕

許芃．從“仁”字形體看孔子“仁”之内涵．山東師範大學學報（人文社會科學版），2013（1）．

張金霞．古文字研究與古典文獻閲讀．山東師範大學學報（人文社會科學版），2013（3）．

王寧．漢字構形學講座．上海：上海教育出版社，2002．

段玉裁．說文解字注．上海：上海古籍出版社，1988.

李學勤主編．字源．天津：天津古籍出版社，2012.

林義光．文源．上海：中西書局，2012.

古文字诂林编纂委员会．古文字詁林．第八册．上海：上海教育出版社，2003.

于省吾．甲骨文字言古林．北京：中華書局，1996.

李學勤．古文字學初階．北京：中華書局，2013.

孟世凱．甲骨學辭典．上海：上海人民出版社，2009.

劉釗．古文字構形學．修訂本．福州：福建人民出版社，2011.

于省吾．釋兩．古文字研究．第十輯．山西省文物局考古研究所，北京：中華書局，1983.

古文字诂林编纂委员会．古文字詁林．第五册．上海：上海教育出版社，2002.

古文字诂林编纂委员会．古文字詁林．第九册．上海：上海教育出版社，2004.

李零．簡帛古書與學術源流．修訂本．北京：生活·讀書·新知三聯書店，2008.

蘇世民．説文解字所收標點符號“レ”、“丶”考．蘇州大學學報（哲學社會科學版），2001（3）.

Analysis of the wrongly identification of characters in *Shuo Wen Jie Zi*

Zhang Jinxia[1] and Zhai Chunlong[2]

(1. School of Liberal Arts, Shandong Normal University, Jinan 250014, China;
2. History Department, Tsinghua University, Beijing 100084, China)

Abstract: Xushen's *Shuo Wen Jie Zi* is the earliest existing comprehensive dictionary, but there are also errors in the book. Through studies, we find one kind of the major errors lie in wrongly identification of some characters, namely, mistakes some synonyms as "Zitou (independent characters)" and part of a character as an independent character.

Key words: *Shuo Wen Jie Zi*; error; zitou; synonym

（張金霞，山東師範大學文學院，郵編 250014；翟春龍，清華大學歷史系，郵編 100084）

《篆隸萬象名義·水部》呂校補正（下）

郭　萍

内容摘要：《篆隸萬象名義》是日本僧人空海於唐德宗貞元間依據《玉篇》編撰的一部字書，在漢語史上具有重要的學術價值。由於傳寫本譌謬頗多，呂浩《〈篆隸萬象名義〉校釋》作了系統整理，但失校、誤校亦復不少，本文對其水部校釋進行了補正。

關鍵詞：名義　水部　呂校補正

一　失校例

（二）訓詁失校例

1. 油，餘周反麻肥（頁186下）

《校釋》：油，餘周反。麻，肥。（頁302右）

按“肥”當爲“脂”字寫譌。“麻脂”即芝麻油。參見筆者《〈篆隸萬象名義〉呂校訛誤舉例》（《漢語史研究集刊》第十六輯）。

2. 濥，余仞反水脉濥行地中（頁188下）

《校釋》：濥，余仞反。水脉湝行地中。（頁304右）

按《名義》下第九條爲“演”，不當重出，《校釋》錄作“濥”，是。《説文·水部》：“濥，水脈行地中濥濥也。从水，寅聲。”段玉裁注：“《江賦》曰：‘潛演之所汨淈。’《蜀都賦》曰：

‘濥以潛沫。’劉注：‘水潛行曰濥。此二水伏流，故曰濥。’按今《文選》作演，誤。”則《名義》“濥”誤同《文選》矣。《玉篇·水部》：“濥，余刃切，洪水演天。《説文》：‘水脉行地中。’”《廣韻·軫韻》余忍切：“濥，水門。又引水也。《説文》曰：‘水脈行地中濥濥也。’”“潛”當爲“潛”字，“潛行”即《説文》“水脈行地中”、劉注所謂“伏流”，《校釋》錄作“涪行”未是。

3. 潚，桒聊反深清水深清（頁 188 下）

《校釋》：潚，桑聊反。深清，水淬清。（頁 304 右）

按《説文·水部》：“潚，深清也。”《玉篇·水部》：“潚，桑郁切，水深清也。”《廣韻·屋韻》息逐切：“潚，深淸也。”《集韻·屋韻》息六切：“潚，《廣雅》：‘清也。’”又子六切：“潚，《説文》：‘深清也。’”段注《説文》云：“子叔切。按子字疑誤，《廣韵》息逐切，二部。”故“深”當爲“深”字，錄作“淬”，非。

4. 演，翼忍反長流、引、潤、長、正、水門、（頁 188 下）

《校釋》：演，翼忍反。長流也，引也，潤也，長也，正也，水門也。（頁 304 右）

按《説文·水部》：“演，長流也。一曰水名。从水，寅聲。”段玉裁注：“演之言引也，故爲長遠之流。《周語》注曰：‘水土氣通爲演。’引伸之義也。”韋昭注：“水土氣通爲演。演，猶潤也。”《釋名·釋言語》：“演，延也，言蔓延而廣也。”《玉篇·水部》：“演，弋展切，計也，長也，延也，長流也。又水門也。”《廣韻·獮韻》：“演，廣也。亦水長流皃。以淺切。”檢校中古字書、韻書及文獻，“演”並無“正”義，故“正”當校爲“延”寫譌，《名義》“正”、“延”字形近似。

5. 滂，普旁反沛、廣、浦（頁 188 下）

《校釋》：滂，普旁反。沛也，廣也，浦也。（頁 305 左）

按《玉篇·水部》："滂，普方切，滂沱也。"唐慧琳《一切經音義》卷七十八《經律異相第十卷》："滂沛，上普忙反，下音配，大水流溢也。形聲字也。"《廣韻·唐韻》："滂，滂沱。普郎切。"故"浦"當校爲"沛"，註釋字重出在《名義》中習見。

6. 澐，禹軍反波溺（頁 189 上）

《校釋》：澐，禹軍反。波溺。（頁 305 右）

按《説文·水部》："澐，江水大波謂之澐。从水，雲聲。"段玉裁注："專謂江水也。玉裁昔署理四川南谿縣，攷故碑，大江在縣有揚澐灘。"桂馥義證："江水大波謂之澐者，通作沄，杜甫詩'沄沄逆素浪'。"朱駿聲通訓定聲："按實與沄同字。"《楚辭·王逸〈九思·哀歲〉》："流水兮沄沄。"注："沄沄，沸流。"《説文·水部》："沄，轉流也。"段玉裁注："回轉之流沄沄然也。《釋言》曰：'沄，沆也。'郭云'水流漭沆'。"故"溺"當校爲"沸"。

7. 涌，俞種反盡、滕、泉白湧同上。（頁 189 下）

《校釋》：涌，俞種反。盡也，滕也，泉白。湧，同上。"泉白"疑當作"泉皃"。（頁 306 左）

按《玉篇·水部》："涌，俞種切，水騰波。湧，同上。"《廣韻·腫韻》余隴切："涌，涌泉。《説文》曰：'滕也。一曰涌水在楚國。'"《集韻·腫韻》："涌，《説文》：'滕也。一曰水名，在楚國。'或作湧。"《素問·五常政大論》："其動漂泄沃涌。"王冰注："涌，溢也。"《爾雅·釋水》"濫泉正出。正出，涌出也"郝懿行義疏："涌有濆溢之意。"王筠《説文釋例》："益之水在皿上，則增益之益，即兼有氾溢之意。溢似後來分別文。"故"盡"當爲"益"。

8. 澂，置陵反清湛、瀓同上澄同上（頁 189 下）

《校釋》：澂，置陵反。清湛也。瀓，同上。澄，同上。

（頁 306 右）

按《玉篇·水部》："澂，直陵切，清也。瀓、澄，並同上。"《廣韻·蒸韻》："澂，清也。"又，《文選·謝混〈游西池〉詩》："景昃鳴禽集，水木湛清華。"李周翰注："湛，澄。"慧琳《一切經音義》卷八十八《集沙門不拜俗議卷第四》："圓湛，直減反，案湛猶清也。《考聲》：'水澄皃也。'"故"清湛"當分爲"清"、"湛"兩個義項。

9. 湜，視力反清見底、特正皃（頁 189 下）

《校釋》：湜，視力反。清見底也，特正皃。（頁 306 右）

按《詩·邶風·谷風》："湜湜其沚。"鄭玄注："湜，持正貌。"《增修互助禮部韻略》："湜，水清見底，又持正貌。詩：'湜湜其沚。'"《音韻闡微》："湜，水清底見也，一曰持正貌。"故"特"爲"持"，形譌。

10. 渻，所景反水出丘前、滅、（頁 190 上）

《校釋》：渻，所景反。水出丘前也，滅也。（頁 307 左）

按《説文·水部》："渻，少減也。"段玉裁注："今減省之字當作渻，古今字也。"《玉篇·水部》："渻，所景切。減也，一曰水門名。"《類篇·水部》："渻，所景切。《爾雅》：'水出其前，渻丘。'一曰水名，一曰少減。"故"滅"當校爲"減"。

11. 沸，不謂反湯潰或出、波涌（頁 190 下）

《校釋》：沸，不謂反。湯潰或出也，波涌。（頁 308 左）

按《山海經·西山經》："其源沸沸湯湯。"郭璞注："沸沸湯湯，玉膏涌出之貌。"朱駿聲《説文通訓定聲·履部》："沸，字亦作湝。"《文選·王褒〈洞簫賦〉》："佚豫以沸憒。"李善注："沸，或爲潰。"《詩·小雅·十月之交》："百川沸騰。"毛亨傳："沸，出也；騰，乘也。"故"湯湝或出"當校爲"湯"、"湝或"、"出"，誤合三個義項爲一個義訓，殊失原旨矣。其中，"湝或"指"湝"爲"沸"之或體。

12. 潜，辞故反壅水、優、（頁 191 上）

《校釋》：潜，辞故反。壅水也，優也。（頁 308 右）

按《廣雅·釋宮》："潜，隁也。"王念孫疏證："隁之言偃也，所以障水，或用以取魚。"《集韻·莫韻》："潜，《博雅》'隁也'，所以壅水。"又："潜，隁也。"故"優"當爲"偃"字形譌。

13. 潢，胡孟反船疾、筏、小津、（頁 191 上）

《校釋》：潢，胡孟反。船疾也，筏也，小津也。（頁 309 左）

按《説文·水部》："潢，小津也。从水，横聲。一曰以船渡也。"揚雄《方言》卷九："揚州人呼渡津舫爲杭，荊州人呼潢。"《音韻闡微》："潢，小津也，一曰以船渡也。《方言》方舟謂之潢。"故"船疾"當爲"船渡"。

14. 潛，似鹿反深、隐、洗、止、思、（頁 191 上）

《校釋》：潛，似廉反。深也，隐也，洗也，止也，思也。

"似鹿反"當作"似廉反"。（頁 309 左）

按《廣雅·釋詁一》："潛，上也"。故"止"當校爲"上"。

15. 湯，他郎反沸水、煸、熱水、（頁 192 下）

《校釋》：湯，他郎反。沸水也，煸也，熱水也。（頁 312 左）

按《廣雅·釋詁二》："湯，爚也。"王念孫疏證："湯者，沈肉於湯謂之爚，故又謂爚爲湯。"《集韻·鹽韻》："燅，徐廉切，《説文》'於湯中爚肉'。"故"煸"當爲"爚"，

16. 淅，先激反先、洗、（頁 192 下）

《校釋》：淅，先激反。先也，洗也。（頁 312 左）

按《玉篇·水部》："淅，桑激切，洗也。"《古今韻會舉要》："淅，《説文》：'汰米也，从水，析聲。'《孟子》：'接淅而行。'

又淅瀝，雨聲。”故“先”當爲“洗”，譌脱“氵”部。“淅”字義項重出。

17. 澆，公堯反薄、没、沃、清、渠或、(頁193上)

《校釋》：澆，公堯反。薄也，没也，沃，清也，渠，或也。(頁313左)

按《廣雅·釋詁二》：“澆，漬也。”玄應《一切經音義》卷三《放光般若經第五卷》：“《説文》：‘澆，灌漬也。’”故“清”當爲“漬”形譌。

18. 洒，先礼反滌、盡、齊、(頁193上)

《校釋》：洒，先礼反。滌也，盡也，齊也。(頁313左)

按《集韻·銑韻》：“洒，肅恭貌。”《禮記·玉藻》：“受一爵而色洒如也。”鄭玄注：“洒如，肅敬貌。”倪濤《六藝之一録》卷二百六十二：“灑，灑落，與洒同。音厮，分也。音銑，肅恭貌。”故“盡”當校爲“肅”。

19. 染，如琰反如豔反普色、汁、(頁193下)

《校釋》：染，如琰反，如豔反。普色也，汁也。(頁314左)

按慧琳《一切經音義》卷五《大般若波羅蜜多經第四百五十二卷》：“《考聲》云：‘染，汗(汙)也，著也。’”祝穆《方輿勝覽》卷三十三：“鹽池，在武當東南百里。水氣所染著，草木如霜雪，工人呼爲鹽花。”故“普色”當爲“著色”。又，《楚辭·七諫·沉江》：“日漸染而不自知兮。”王逸注：“汙變爲染。”《經典釋文》卷二十六《莊子音義上》：“塵垢，猶染污。”《廣雅·釋詁三》：“染，污也。”《音韻闡微》：“染，日豔切，污也。”故“汁”當爲“汙”形譌。

20. 流，吕周反水行、求、下、移、放、失、礼、懌、覃、末、化、(頁194上)

《校釋》：流，吕周反。水行也，求也，下也，移也，放

也，失也，礼也，懌也，覃也，末也，化也。（頁 314 右）

按《爾雅·釋詁上》："流，擇也"。《文選·枚乘〈七發〉》："練色娛目，流聲悦耳。"李善注："《爾雅》曰：'流，擇也。'"故"懌"當爲"擇"，

21. 澙，齒亦反鹵、海濱廣汙（頁 194 下）

《校釋》：澙，齒亦反。鹵也，海濱廣汙。

《史記·夏本紀》："其土曰墳，海濱廣澙。"（頁 315 右）

按《尚書·禹貢》："厥土白墳，海濱廣斥。"《爾雅·释地》："齊有海隅。"郭璞注："海濱廣斥。"邢昺疏："云'海濱廣斥'，《禹貢》文也。孔傳云：'濱，涯也。言復其斥鹵。'案《説文》云：'鹵，鹹地也。'東方謂之斥，西方謂之鹵，海畔迴闊，地皆斥鹵，故云廣斥。""汙"當校爲"斥"。

22. 浘，無斐反水名（頁 195 上）

《校釋》：浘，無斐反。水名。（頁 316 右）

按《玉篇·水部》："浘，浘浘，水流皃。"《龍龕手鏡·水部》："浘，音尾，水流貌。又音間，海水淺處也。"《類篇·水部》："浘，武斐切，一曰水流貌，一曰泉底。"故"水名"當爲"水皃"，《名義》"皃"常誤作"名"。

23. 㴬，於晃反水名（頁 195 上）

《校釋》：㴬，於晃反。水名。（頁 316 右）

按《玉篇·水部》："泟，於晃切，大水皃。"《集韻·漾韻》："泟，大水皃。"又《養韻》："浧、汪、泟，陶縣名，在鴈門。或省。亦从枉。"又《集韻·蕩韻》："泟，鄔晃切，大水。一曰水名，在譙郡。"載籍寫刻"木"、"扌"多混不別，故"㴬"當錄作"泟"而非"㴬"。

24. 湭，才周反灊液、液、（頁 195 下）

《校釋》：湭，才周反。潛液也，液也。（頁 317 左）

按《玉篇·水部》："湭，才周切，湭液也。"《集韻·尤韻》：

“湭，《博雅》：‘湭，酒液也。一曰水名，在雍州。”今本《廣雅·釋言》作“滋液”，王念孫疏證謂《衆經音義》、《類篇》引並同，《玉篇》作“湭液”，未下按斷。《正字通·水部》：“湭，慈由切，音酋，酒液。”故“[illegible]”當錄作“湭”或“酒”，而非“潛”字。

25. ⿰氵耴，丑涉反庚、（頁 196 下）

《校釋》：⿰氵耴，丑涉反。庚也。（頁 318 右）

按《玉篇·水部》：“⿰氵耴，丑涉切，⿰氵耴渉，纔有水。渉，子葉切，⿰氵耴渉也。”《廣韻·葉韻》：“⿰氵耴，渉⿰氵耴，纔有水皃。”《集韻·葉韻》：“渉⿰氵耴，水出皃。”“渉⿰氵耴”當爲聯綿詞，但亦有分別釋義者。如《集韻·帖韻》“渉”、“⿰氵耴”均釋“水皃”。故疑“庚”當爲“渉”。

二　誤校例

(一) 以不誤爲誤例

1. 江，古龙反貢（頁 185 下）

《校釋》：《書·禹貢》：“岷山導江，朿别爲沱。”《名義》：“貢”爲誤訓。（頁 300 右）

按漢應劭《風俗通義·山澤》：“江者，貢也。珍物可貢獻也。”《廣雅·釋水》：“江，貢也。”《名義》本此，不誤，與《禹貢》無涉。又，所引“朿”爲“東”字形譌。

2. 泰，他賴反丘、通、多、（頁 193 下）

《校釋》：《名義》：“多也”疑當作“侈也”。《玉篇》作“侈也”。（頁 314 左）

按《莊子·駢母》：“駢母枝指，出乎性哉，而侈於德。”陸德明釋文：“侈，郭云：多皃。”《國語·楚語上》：“不羞珍異，不陳庶侈。”韋昭注：“侈猶多也。”“多”與“侈”同義，不煩改。

3. 潧，徒憒反潰、清、（頁195上）

《校釋》：《名義》："清也"疑有誤。（頁316右）

按《玉篇·水部》："潧，大內切，淸也，濡也。"《廣韻·隊韻》："潧，清也，濡也。"《名義》不誤。

4. 泯，弥忍反滅、民、（頁196下）

《校釋》：泯，弥忍反。滅也，民也。

《玉篇》作"滅也。又泯泯，亂也"。《名義》"民也"爲誤訓。（頁319左）

按《說文·水部新附》："泯，滅也。"《玉篇·水部》："泯，弥忍、弥賓二切，滅也，乱也。"此誤錄"滅"爲"滅"，再校《玉篇》作"滅"，非是。又，按《經典釋文》："泯泯，面忍反，徐音民。"《古今韻會舉要》："泯，滅也。《詩》'靡國不泯。'一音民。"故"民"當爲"泯"的注音字。

（二）不明訓詁而誤例

1. 漆，且栗反池、木汁彡古文（頁186上）

《校釋》：漆，且栗反。池也，木汁。彡，古文。

《玉篇》古文漆字作"泄"。《名義》："池也"疑爲注音字。（頁301右）

按《玉篇·桼部》："桼，且栗切，木汁，可以髹物。今爲柒。柒，俗。"又《水部》："漆，且栗切。《說文》：'水出右扶風杜陵岐山，東入渭。'泄，古文。"故"池"當爲"柒"形譌，《名義》實謂"漆"一作"柒"。呂校謂"'池也'疑爲注音字"，信口雌黃，實不足據。又，"彡"、"泄"同字異構，"氵"變而爲"彡"，左右位置互換。

2. 氾，扶釼反汎作、淹、濫、清、廣（頁189上）

《校釋》：《名義》："清也"疑當作"漬也"。（頁306左）

按《廣雅·釋詁二》："氾，漬也。"王念孫疏證："氾者，淹之漬也。《說文》：'氾，淹也。'王逸注《九歎》云：'淹，漬也。'

《漢書·武帝紀》云:‘河水決濮陽氾郡十六。’《方言》:‘氾,洿也。自關而東或曰氾。’亦漬之義也。”故“清”當校爲“漬”。

3. 湊,青豆反聚、鏡、進、威、㝡(頁191上)

《校釋》:湊,青豆反。聚也,鏡也,進也,威也,㝡。《殘卷》作“許叔重曰:‘湊,競進也’”。《名義》:“鏡也,進也”似爲“競進也”之誤。(頁309右)

按《玉篇·水部》:“湊,青豆切,聚也,競進也。”《廣雅·釋詁一》:“叢、湊、𢿫、趣、務、矜,遽也。”王念孫疏證:“湊,曹憲七候反,各本脱去‘湊’字,其七候反之音遂誤入‘叢’字下,《玉篇》:‘湊,競進也。’……今補正。”“鏡”當爲“競”音誤。“競進”連讀,謂爭進,出《離騷》“衆皆競進以貪婪兮”,故録作“鏡也,進也”未是。又,“㝡”爲“冣”形譌。《廣韻·泰韻》:“最,極也。俗作㝡。”《説文·冖部》:“冣,積也。从冖、取,取亦聲。”段玉裁注:“冣與聚音義皆同,與月部之最音義皆别。《公羊傳》曰:‘會猶冣也。’何云:‘冣之爲言聚。’”録作“冣”是。

4. 淪,余灼反漬、清、(頁193上)

《校釋》:“清也”當作“漬也”。(頁312右)

按《集韻·笑韻》:“淪,水清也。”故“清”不當校改。又,《説文·水部》及《廣韻·藥韻》:“淪,漬也。”《儀禮·既夕禮》:“菅筲三,其實皆淪發。”賈公彦疏:“筲用菅草黍稷皆淹而漬之。”故“漬”當爲“漬”形譌,失校。

5. 泂,胡炯反酌彼行潦、遠、同、(頁193上)

《校釋》:“炯”字原誤。《殘卷》作“毛詩:‘泂酌彼行潦。’傳曰:‘泂,遠也。’野王案,訓遠與迥字同也”。《名義》:“酌彼行潦也”爲引証。“同也”爲誤訓。(頁313右)

按《玉篇·水部》:“泂,乎頃切,遠也。亦與迥字同。”《詩·大雅·泂酌》:“泂酌彼行潦。”毛傳:“泂,遠也。”《廣韻·

迴韻》："迴，遠也。"疑原本作"迴同"，《名義》脫"迴"字。

6. 沍，胡故反寒閇、（頁195上）

《校釋》："寒閇也"當作"塞閉也"。《玉篇》作"閉塞也"。（頁316左）

按《左傳·昭公四年》："其藏冰也，深山窮谷，固陰沍寒，於是乎取之。"杜預注："沍，閉也。"孔穎達疏："牢陰閉寒，言其不得見日，寒甚之處，於是乎取之。"阮元校勘記："固陰沍寒：《釋文》'沍'作'冱'字。按《説文》無冱字，古衹作互。冱閉也：諸本作沍，此本作互，今改正。"又，《玉篇·冫部》："冱，胡故切，寒也。"《廣韻·暮韻》："冱，寒凝。"《古今韻會舉要·遇韻》："冱，與沍同。"《正字通·冫部》："冱，呼誤切，音互，寒凝也。冱，閉也，謂堅固之陰閉塞不通陽氣也。"又，《玉篇·門部》"閇"爲"閉"俗字。故"寒閇"當校爲"寒"、"閇"兩個義項。

7. 濊，纡廢反江、滂、盛、多、濁、（頁195下）

《校釋》：江也，疑當作汙也。（頁317左）

按《説文·水部》："濊，水多皃。"又："汪，深廣也。"又："滂，沛也。"徐鍇繫傳："水廣及皃。"《玉篇·水部》："濊，於衞、於外二切，多水皃。"又："滂，滂沱也。"《廣韻·泰韻》："濊，《説文》曰：'水多皃。'"又："濊，汪濊深廣。""汪濊"同義連文。故"江"當校爲"汪"而非"汙"，"滂"當校爲"滂"。

（三）不明音讀為誤例

1. 浙，止世反匕設反江、源、（頁185下）

《校釋》：浙，止世反，匕設反。江也，源也。

"匕"當作"止"。《玉篇》作"發源東陽，至錢塘入海"。《名義》"源也"似爲誤訓。（頁301左）

按"浙"《説文》大徐本、《廣韻·薛韻》旨熱切，《玉篇·水部》之列切，未聞有"匕設反"一音，故"匕"當爲"旨"字殘脱，校作“止”未是。又，“源”疑爲“發源東陽，至錢塘入海”之省，恐非“誤訓”。

2. 渭，雨貴反謂、(頁 186 上)

《校釋》：渭，雨貴反。謂也。(頁 301 左)

按“謂”爲“渭”反切後再注直音，非“渭”之釋義。

3. 滻，疏[illegible]反 (頁 186 上)

《校釋》：滻，疏賤反。

“賤”字原訛。(頁 301 右)

按《説文·水部》：“滻，水。出京兆藍田谷，入霸。从水，產聲。”《玉篇·水部》：“滻，所簡切，水出京兆。”“滻”《廣韻·產韻》所簡切；“賤”《廣韻·線韻》才線切，兩字不同韻。“[illegible]”當爲“眼”，“眼”《廣韻·產韻》五限切。

4. 潍，以隹反遹隹反 (頁 187 下)

《校釋》：潍，以隹反，�反。

“匲侯反”當作“匲隹反”。(頁 303 左)

按《玉篇·水部》：“潍，夷隹切，水名。”遹”原寫“[illegible]”，兩語下字原寫“[illegible]”、“[illegible]”，即“隹”，《校釋》第二切語誤錄作“匲侯”，並誤校爲“匲隹”。“遹”《廣韻·術韻》餘律切，與“以隹反”同爲以母字。“匲”《廣韻·仙韻》似宣切，爲邪母字，與“以”、“遹”不同聲。

5. 澥，霚灑反谿、(頁 188 上)

《校釋》：澥，霚灑反。谿也。(頁 304 右)

按《玉篇·水部》：“澥，户買切，渤澥，海之別名。又澥谷。”又《阜部》：“𨺚，胡買切，小溪也。亦作澥。”《廣韻·蟹韻》“澥”音胡買切，爲匣母字；《集韻·遇韻》謨蓬切：“霚，或作霧。”“霚”《廣韻·遇韻》亡遇切，爲明（微）母字，兩字不同聲。故“[illegible]”當錄作“覈”，《廣韻·麥韻》下革切，《屑韻》胡結切，爲匣母字。

6. 湟，又井反渠通（頁196下）

《校釋》：當作"叉井反"。（頁318右）

按《玉篇·土部》："湟，丈井切，通也。"《正字通·土部》："湟，舊註音證，《玉篇》：'通也。'一説六書無。"爲澄母字。"又"《廣韻·宥韻》于救切，爲云母字。"叉"《廣韻·麻韻》初牙切，爲初母字。"又"實爲"丈"形譌，校作"叉"未是。

三　誤録例

1. 溺，奴灼反沇（頁186上）

《校釋》：溺，奴灼反。没。（頁301左）

按"沇"與"没"右下形不近，當録作"沉"。《玉篇·水部》："休，奴的切，沉没於水。今作溺。"《龍龕手鏡·水部》："溺，埿的反。沉也。"

2. 澺，桒計反（頁187上）

《校釋》：澺，桑計反。（頁302右）

按《玉篇·水部》："澺，於力切，水出汝南。""澺"《廣韻·職韻》亦於力切；"計"《廣韻·霽韻》古詣切，兩字不同韻。"桒計反"疑蒙"澺"下一字條"泅，桒計反"切語而誤寫，當據《玉篇》及《廣韻》校爲"於力反"。又，"桑"原寫"桒"，爲"桑"俗字，仍當從俗録作"桒"。

3. 潣，莫罪反眉殯反水浼、（頁189下）

《校釋》：莫罪反，眉殯反。水浼也。（頁306右）

按《玉篇·水部》："潣，莫殞切，《説文》：'流皃。'又音浼。"《廣韻·軫隕》眉殞切："潣，水流浼浼皃。"又《賄韻》武罪切，中古爲軫、賄兩讀；"殯"《廣韻·震韻》必刃切，兩字不同韻。故録作"眉殯反"未是。

4. 満，莫誕反盈、充、實、（頁190上）

《校釋》：滿，莫迗反。（頁 307 左）

按《玉篇·水部》："滿，莫卵切，實也，盈也，溢也。"《廣韻·緩韻》莫旱切："滿，盈也，充也。"切下字原寫"𧨿"，實爲"誕"字省筆。《廣韻·旱韻》"誕"音徒旱切，旱、緩同用。"迗"《集韻·凡韻》甫凡切，與"滿"不同韻，故切下字錄作"迗"與原寫右半字形不符，未是。

5. 淜，俻𥚃反河徒涉、（頁 191 上）

《校釋》：淜，俻衿反。河徒涉也。（頁 309 左）

按《玉篇·水部》："淜，備矜切，徒涉也。"《廣韻·蒸韻》扶冰切："淜，《説文》曰：'無舟渡河也。'""衿"《廣韻·静韻》良郢切，《集韻·青韻》郎丁切，有静韻、青韻兩讀，與"淜"不同韻。"𥚃"實爲"矜"字形譌，錄作"衿"非是。

6. 淡，徒敢反薄味、（頁 193 上）

《校釋》：淡，徒感反。（頁 313 左）

按《玉篇·水部》："淡，徒敢切，薄味也。"又，"淡"《廣韻·敢韻》徒敢切、《闞韻》徒濫切，《集韻·艷韻》以贍切，並無感韻又讀音，此誤錄，非是。

7. 澣，胡管反濯、浣同上、浣上文（頁 193 下）

《校釋》：澣，胡管反。濯也。浣，同上。浣，上文。

"浣，同上"與"浣，上文"同意。（頁 314 左）

按《龍龕手鏡·水部》："浣，俗；澣，正；浣，通。""浣上文"不誤，《校釋》誤錄"浣"爲"浣"，並曲爲之説，非是。

8. 漙，徒桓反露（頁 196 上）

《校釋》：漙，徒垣反。露。

此字頭原誤。《説文新附》作"露皃"。（頁 318 左）

按《玉篇·水部》："漙，徒桓切，《詩》'零露漙兮'。"《廣韻·桓韻》度官切："漙，《詩》云'零露漙兮'。""垣"《集韻·仙韻》朱遄切，《廣韻·元韻》雨元切，兩字不同韻。切下字

"桓"誤錄作"垣"。

四 未忠實原文例

1. 漣，力纏反泣血（頁 189 上）

《校釋》：漣，力纏反。泣血。（頁 305 右）

《易·屯》："乘馬班如，泣血漣如。"《名義》爲引證之誤省。（頁 305 右）

按《廣韻·仙韻》指出："纒"爲"纏"的俗字，應據錄。又，當爲引《易·屯·上六》："泣血漣如"之省，體例如此，恐非"誤省"。

2. 波，愽何反浪、瀾、頗、華、（頁 189 上）

《校釋》：波，博何反。（頁 305 右）

按《正字通·心部》："愽，俗博字。"故仍當從俗錄作"愽"。

3. 渕，於玄反深或渊囦古文（頁 189 下）

《校釋》：淵，於玄反。（頁 306 右）

按《龍龕手鏡·水部》："渊，正，烏玄反，深也。又泉水不流者曰。"《名義》作"渕"，形近，《手鏡》視爲正字，不當錄作"淵"。

4. 澼，直赤反水得土阻（頁 189 下）

《校釋》：湒，直赤反。水得土阻。（頁 307 左）

按《說文·水部》："澼，土得水沮也。"王筠句讀："'沮'似衍文。又似卽沮洳之謂，謂水土相和而成泥也。惟《集韻》二十二昔竹益切內收'澼'字，引如今本；其直炙切內收'澼'字，云'土得水謂之澼'；二十三錫'澼'亭歷切，'水土和也'。《玉篇》、《廣韻》皆曰'土得水也'。"《玉篇·水部》："湒，直赤、直讁二切，土得水也。澼，同上，見《說文》。"《集韻·麥韻》："澼，土得水也。或省。""湒"爲"澼"或體，未據實過錄。又，《説文》等作“土得水沮”或“土得水”，似是。

〔主要參考文獻〕

（日）釋空海．篆隸萬象名義．北京：中華書局，1995.

（梁）顧野王．原本玉篇殘卷．北京：中華書局，1985.

（梁）顧野王．大廣益會玉篇．陳彭年，丘雍等重修．張氏澤存堂本影印．北京：中華書局，1987.

宋本廣韻．北京：中國書店影印澤存堂本，1982.

集韻．上海：上海古籍出版社影印述古堂本，1985.

（漢）許慎．説文解字．北京：中華書局，1963.

（清）段玉裁．説文解字注．上海：上海古籍出版社，1988.

龍宇純．唐寫全本王仁昫刊謬補缺切韻校箋．香港中文大學發行，1968.

（清）張玉書．康熙字典．上海：上海書店，1985.

（遼）釋行均．龍龕手鏡．北京：中華書局，1985.

漢語大詞典編纂處．漢語大詞典．上海：上海辭書出版社，2007.

呂浩．《篆隸萬象名義》校釋．上海：學林出版社，2007.

周祖謨．論篆隸萬象名義．問學集（下）．北京：中華書局，1966.

Supplements and corrects 90 examples on Lvhao's collation of *Zhuanli Wanxiang Mingyi's section-water*

Guo Ping

(Literature and Journal College of Sichuan University Chengdu 610064)

Abstract: *Zhuanli wanxiang mingyi*（篆隸萬象名義），written by a Japanese monk，is one of the most significant materials in the research on the history of Chinese language. Because of too many faults in the manuscript, Lv Hao gives it a complete correction，but there are still some mistakes.

Key words: *Mingyi*（名義）；section-water；Lv collation

（郭萍，四川大學文學與新聞學院，郵編 610064）

上古聯綿詞爲遠古複輔音之遺存*

——《詩經》聯綿詞前字影母奇高的渾沌語言學解釋

肖婭曼

内容摘要:《詩經》聯綿詞聲母結構十分特殊，前字喉音多，後字喉音少，尤其影母高居前字，無1例居後字。這是因爲《詩經》聯綿詞是遠古漢語複輔音之遺迹，"影母"是最原始的渾喉音，是複輔音之母。

關鍵詞:《詩經》 聯綿詞 聲母結構 複輔音遺迹

漢語曾有複輔音聲母的觀點，是英國漢學家 Joseph Edkins 於 1874 年在第二屆遠東會議論文《文字産生之初的漢語狀況》中首次提出。20 世紀 20 年代起，我國學者對此展開了論證①。從那時起，因複輔音説可以解釋音韻學史上的不少疑團，爲越來越多的學者所接受。我們認爲，複輔音是人類語言發展進程的必經階段，《詩經》中的聯綿詞是華夏民族遠古複輔音之遺迹，並且透露着遠古漢語複輔音形成之初的信息。

衆所周知，《詩經》中有不少聯綿詞。對《詩經》中的聯綿詞，還没有人從語言的歷史層次角度關注過。我們發現，《詩經》聯綿詞的聲母結構十分特殊，喉音（影曉匣）聲母在聯綿詞前後

---

* 本文爲 2013 年中央高校基本科研業務費項目"漢語'複輔音'聲母問題的渾沌語言觀解釋"的階段性成果，項目編號：skqy201336。

① 林語堂 1924 年發表《古有複輔音説》。見趙秉璇、竺家寧編《古漢語複聲母論文集》第 14—24 頁，北京語言文化大學出版社，1998 年。

二字裏出現率是前高後低，尤其是影母在前字有很高的比例，却無 1 例居後字。這種奇特現象需要得到合理解釋。

聯綿詞是流傳下來的語言材料，這是古今漢語言學的共識。《詩經》不僅是最早的傳世文獻，也是最可靠的文獻，《詩經》中的聯綿詞不僅是最可靠的聯綿詞材料，也是《詩經》時代之前流傳下來的語言材料。任何共時語言都具有歷史層次，每一時期的共時語言都是歷時語言的共時表現。那麼，《詩經》中的聯綿詞在《詩經》時代的語言中處於什麼歷史層次，這些聯綿詞自身又有無歷史層次呢？

清人採用繫聯法，大體弄清了《詩經》時代的韻部。苦於没有恰當的方法，直至今日，《詩經》時代聲母的研究始終祇能間接進行，例如根據諧聲偏旁和其他方式類推。由於一字多諧等原因，《詩經》時代輔音之間究竟是什麼關係，與《切韻》時代的語音系統又是什麼關係，這些問題始終疑雲難消。祇有弄清了《詩經》時代的聲母系統，纔能弄清它與《切韻》的關係。如果對《詩經》時代之前的語音系統毫無瞭解，也就很難弄清《詩經》時代的語音系統。《詩經》聯綿詞的聲母結構就是打開《詩經》時代聲母系統秘密的鑰匙。

本文将在前人聲類劃分的基礎上，根據筆者提出的渾沌語言學理論的渾沌一分化觀①，調查《詩經》聯綿詞的聲母結構，運用生物人類學的人的個體發展史是人類系統進化發展史之縮影的原理，将調查結果與心理語言學對嬰兒自然發音的研究成果進行比對和分析研究，由此得出我們的結論。

---

① 参見肖娅曼《渾沌語言學綱要——現代語言學危機及其解決方案》，《社會科學》2014 年第 4 期。

一

根據語音結構，聯綿詞分爲雙聲、叠韻、非雙聲叠韻三種類型。《詩經》中，無論雙聲、叠韻，還是非雙聲叠韻聯綿詞，喉音的比例都相當高，尤其體現在聯綿詞前字的聲母上。爲了探討喉音與其他部位聲母的發生學關係，這裏不討論雙聲聯綿詞，只討論《詩經》中的叠韻聯綿詞和非雙聲叠韻聯綿詞，以下統稱這兩類爲非雙聲聯綿詞。

根據向熹的《詩經詞典》和他對《詩經》聯綿詞的研究，《詩經》共有非雙聲聯綿詞 71 個[①]。根據它們的聲母結構，這 71 個聯綿詞可以分爲三類，第一類：後前結構（前字發音部位在後，後字發音部位在前，如“窈窕”聲母：影定），此類共 42 例，佔全部非雙聲聯綿詞的 59.16％。第二類（含 2 小類）：1. 唇前結構；2. 來後結構（1. 前字唇音，後字其他部位音，如“螟蛉”聲母：明來。2. 後字來母，前字其他部位音，如“螟蛉”聲母：明來），唇前結構共 13 例，佔全部非雙聲聯綿詞的 18.31％。“來後結構”8 例，因也屬其他幾類，這裏不計入百分比。第三類：前後結構（前字發音部位在前，後字發音部位在後，如：“倉庚”聲母：清見），此類共 16 例，佔全部非雙聲聯綿詞的 22.54％[②]。後前結構 42 個聯綿詞佔到《詩經》全部 71 個非雙聲聯綿詞的近 60％，是一個相當高的比例。

聲母爲後前結構的 42 例《詩經》聯綿詞中，又可分成三種

---

① 向熹：《詩經詞典》（修訂本），商務印書館，2014 年。向熹《〈詩經〉裏的複音詞》，載《詩經語言研究》，四川人民出版社，1987 年。

② 有 4 例跨兩類，本文統計時，總數不重複統計，分類數則計入統計。例如“芄蘭”（匣寒，來寒）既屬後前結構，又屬來後結構。本文統計总数時，“芄蘭”只算一個联绵词，但分別計入後前結構和來後結構。

情況：前喉＋喉前、前牙＋牙前、前舌＋舌前（“前喉”指前字聲母爲喉音，“喉前”指後字發音部位在喉音之前。其餘類推）。這裏，我們衹討論第一種“前喉＋喉前”結構。

“前喉＋喉前”結構的聯綿詞共 22 例，佔全部 42 個後前聲母結構聯綿詞的 52.38%。爲觀察這 22 例“前喉＋喉前”結構聯綿詞的内部情況，将它們全部列出。爲便於觀察這些聯綿詞前後字聲母的關係，把國際音標表順序顛倒一下（後字斜體）：

	喉	牙	舌	齒	脣
於乎	影 *匣*				
於呼	影 *曉*				
噫嘻	影 *曉*				
窈纠	影	*見*			
窈窕	影		*定*		
倭迟	影		*定*		
猗傩	影		*泥*		
委蛇	影		*余*		
猗與	影		*余*		
鞅掌	影		*章*		
懮受	影		*禅*		
夭紹	影		*禅*		
猗嗟	影			*精*	
于嗟	影			*精*	
歇骄	曉	*見*			
歆羡	曉			*邪*	
虺隤	曉			*定*	
玁狁	曉		*余*		
夸毗*	曉		*並*		
菡萏	匣		*定*		
芄蘭	匣		*來*		

混夷　　匣　　　　余

（*説明：上列中“夸毗”之“夸”，《廣韻》：溪母，魚部。《集韻》：曉母，魚部。《説文》：“夸，从大，于聲。”“于”，《廣韻》：云母，中古云母上古屬匣母。匣曉上古均喉音，故“夸”古音爲喉音，這裏從《集韻》之曉母。）

從上表可以看出，全部22個前字爲喉音聲母的聯綿詞中，前字爲影母的有14例，前字爲曉母的5例，前字爲匣母的3例。影母數量遠超曉匣二母之合，佔22例“前喉＋喉前”聲母結構聯綿詞的63.64％。也就是説，在《詩經》聯綿詞三類聲母結構中，後前結構比例最高，後前結構中“前喉＋喉前”結構比例最高，而“前喉＋喉前”結構中，影母居前字的比例尤高。

從上表還可以觀察到一點，這22例“前喉＋喉前”結構的聯綿詞中，有3例前後两字均爲喉音，但3例毫無例外都是前字爲影母，後字爲曉母或匣母，亦即：在喉音内部，似乎也有某種規律性順序：影曉匣。即“影曉匣”這個順序可能不是隨意的，而是有着發聲學關係。

《詩經》聯綿詞前字影母居高的現象，如果放在聲母系統中看，更加引人注意。對上古漢語的聲母系統，各家所擬聲母數從20個左右到30多個，看法很不同。如果没有某種特殊原因，如果上古聲母數爲20個，按照概率論，這20個聲母居前字的比例應該相差不太遠。亦即：作爲20個左右聲母之一的影母，以它始發的聯綿詞在42個後前聲母結構的聯綿詞中，應該佔二十分之一左右，即2.1個左右，但它却有14個，幾乎是應有比值的7倍。如果上古聲母系統有30個聲母，那麽42個後前結構的聯綿詞中，以影母始發的聯綿詞大致應該是1.4個，而影母實際始發數却高達應有比值的10倍。

雖然聯綿詞前字喉音比例很高，但後字喉音的比例却很低，尤爲引人注意的是，《詩經》全部71個非雙聲聯綿詞中，無1例影母居後字，却有 14 例影母居前字。曉匣各有 5 例居後字，但其中有 3 例是居影母後，即：於乎（影匣）、於呼（影曉）、噫嘻（影曉）。也就是説，雖然同爲喉音，但曉不居匣後，匣也不居曉後，曉匣都居影母後，而影母却不居曉匣後。

再來看曉匣居影母外其他發音部位之後的情況。先列出全部 7 例曉匣居後字的聯綿詞："舌喉"結構 1 例：鴟鴞（昌雲）；"齒喉"結構 3 例：焦獲（精匣）、倉兄（清曉）、桑扈（心匣）；"脣喉"結構 3 例：伴奐（並曉）、炰烋（並曉）、畔援（並匣）。再按國際音標常規順序依次列出：

	脣	齒	舌	牙	喉
炰烋	並				曉
伴奐	並				曉
畔援	並				匣
焦獲		精			匣
倉兄		清			曉
桑扈		心			匣
鴟鴞			昌		云

由上表可以直觀地看到，喉音曉匣居後字時，與前字聲母的發音部位距離大都很遠。唯一發音部位靠得比較近的"鴟鴞"，其聲母出現的時間涉晚。"鴟鴞"之"鴟"的昌母雖屬靠得較近的舌音，但舌音的三組中，第一組端透定泥是古本聲（黄侃），第二組知徹澄娘源自第一組，第三組章昌船書更是晚出。"鴟鴞"之"鴞"，《廣韻》爲雲母，中古云母上古屬匣母。從"鴞"中古讀雲母看，可能是源自匣母（黄侃"古本聲"）的後起音（黄侃"變聲"）。總之，"鴟鴞"二母都透露出的個"晚"意。也就是説，7 例曉匣居後字的聯綿詞，前後聲母要麼發音部位空間距離遠，要麼出現的時間晚。

爲什麽《詩經》聯綿詞，前字喉音多，影母尤多，而喉音後字少，並且無影母？爲什麽喉音曉匣居後字的條件是遠離喉部？或者出現時間晚？

二

《詩經》聯綿詞前後字喉音前高後低、影母高居前字、後字不見蹤影的現象，可以從嬰兒的自然發音順序得到合理解釋。

人類語音需要生理基礎，人的語音能力是按照生物的某種發展規律趨向成熟的。受人的發音器官這一生理條件制約，人類從最初只能像動物那樣嚎叫，到能“發出一個個清晰的音節”，是長期進化的結果①。這已是生物人類學和心理語言學的常識。這就是説，我們今天能發出的輔音元音，人類最初還不能發。這些輔音、元音，是在我們先祖漫長的進化過程中，有先有後逐步發出的。生物人類學認爲，人的胚胎歷經十月到發育成熟，再到出生後的個體發展史，是人類系統進化發展史的縮影。根據這一生物人類學原理，人類語音的起源、形成和發展，可以根據嬰兒的語音發展進程來進行研究。

近幾十年來，各國心理語言學展開了對嬰兒語音的研究。研究發現，嬰兒的發音分兩個階段，第一是自然發音階段，第二是習得語音階段。與我們想象的完全不同，嬰兒不是随着出生一天天長大逐步由易到難、一個一個地學會聽辨聲音，而是最初能識别聽辨成人未必會説的許多語音，並且能發出他們長大後根本不會用的、今天看來難度很高的語音。這就是嬰兒的自然語音階段。嬰兒的自然語音發展歷程，也就是人類語音早期發展史的縮影。在嬰兒的自然語音階段，世界各地的嬰兒發出的各種各樣的

---

① 桂詩春《新編心理語言學》第45—46、67頁。上海外語教育出版社，2000年。

“音素”是相同的，並且發出這些“音素”的次序也是相同的。我國心理語言學的研究也發現：“嬰兒從初生到一周歲時所經歷的語音發展階段和順序與國外的同類研究結果基本一致”，“這是因爲語音的發展順序是受發音器官各部位的生理成熟程度所決定的。”①

我國的心理語言學起步晚，但我國學者在20世紀70年代末開始了對嬰兒發音的初步研究，他們採用自然觀察法，記錄下了嬰兒自然發音的發展順序。已經發表有吴天敏、許政援《初生到三歲兒童言語發展記錄的初步分析》(1979)；張仁俊、朱曼殊《嬰兒的語音發展—— 一例個案的分析》(1987)；李宇明《1－120天嬰兒發音研究》(1991)、李宇明《兒童語言的發展》(2004)；徐山《0至1歲半的兒童語言》(1995)②。這些研究有的採用嚴格的自然觀察法，從嬰兒呱呱墜地起，每天24小時不間斷的觀察記錄；有的採用不嚴格的自然觀察法，随機獲得嬰兒的發音材料。無論採用自然觀察法嚴格程度如何，在嬰兒的發音始於喉音這一點上，各家觀察結果没有差異。李宇明的《1－120天嬰兒發音研究》，因採用的自然觀察方法最嚴格、觀察最完整細緻，材料最具體充分，最具説服力。120天之前的嬰兒處於自然發音階段，由於尚未受到成人語音的干扰，嬰兒的自然發音次序決定於嬰兒發音器官生理發展的程度。即使是已經會説話的兒童，也仍然受着生理條件的制约，這一點很容易證實。音韻學所

① 張仁俊、朱曼殊《嬰兒的語音發展——一例個案的分析》，《心理科學》1987年第5期，第11頁。

② 吴天敏、許政援《初生到三歲兒童言語發展記录的初步分析》，《心理學報》1979年第2期。張仁俊、朱曼殊《嬰兒的語音發展——一例個案的分析》，《心理科學》1987年第5期。李宇明《1－120天嬰兒發音研究》，《心理科學》1991年第5期。李宇明《兒童語言的發展》，華中師範大學出版社，2004年。徐山《0至1歲半的兒童語言》，《蘇州大學學報》1995第4期。

説的古無之音，往往就是對發音器官成熟度要求高的語音，也是嬰幼兒必定晚發的音。筆者的兒子小時把“樂山大佛”説成“樂山大鉢”，唇齒音比雙唇音發音難度大，這正是“古無轻唇音”的原因。因此，四個月内嬰兒的自然發音，能够反映我們先祖早期語音的發展歷程。

李宇明的觀察表明，嬰兒的自然發音不是如一般想象的那樣先發元音，而是先發輔音。他對1—120天嬰兒的輔音發展總結到："開始輔音集中在小舌、咽腔等發音器官後部，後來跳出雙唇輔音，接着後部音推向舌根，雙唇音後展到唇齒；再後便是舌輔音的發展階段。”他還指出，嬰兒語音剛開始是“濁輔音多而清輔音少”①。從李宇明記錄的嬰兒1—20天發音順序的材料看，嬰兒最先發的是喉音。到120天時，（按自然發音順序）嬰兒已經會發喉音、鼻音、牙音、唇音、舌頭（舌尖中、舌尖後），但還不會發舌面音和齒頭音（舌尖前）。曠日持久地對嬰兒語音一天24小時不間斷的觀察記錄，想必讓人精疲力竭。李宇明的研究止於嬰兒4個月内，吴天敏、許政援和張仁俊、朱曼殊的嬰兒語音研究止於嬰兒13個月内，13個月的嬰兒也還没發齒頭音。

我們没有找到公開發表的嬰幼兒何時能發齒頭音的研究材料，但筆者自已有充分的第一手材料證明，齒頭音是最晚出現的。筆者的兒子小時語言能力早於一般孩子，口齒比一般孩子清楚，因此清楚記得他齒頭音發不準的可爱情形。他一歲多時，見到成都郊區屋頂上的煙囱十分興奮地叫起來，教他説“煙囱”（“囱”成都話讀齒頭音tsʻaŋ），他衹能發成“煙湯”（iantʻaŋ）。筆者的另一位親人，小時二三歲把“樓上”説成“狼蕩”（“上”成都話讀齒頭音saŋ）。筆者寫此文章時，專門調查了筆者差1月滿4周歲的一個小侄孫，他也還不能發齒頭音。“子彈”的“子”

① 李宇明《1—120天嬰兒發音研究》，《心理科學》1991年第5期，第24頁。

發成 tɪ，“吃飯”發成 tɪfan。美國心理語言學工作者也有同樣有趣的例子：“最近一個三歲兒童告訴我她的名字是 Litha。我回答説‘Litha?’‘No，LITHA.’，‘Oh，Lisa.’‘Yes，Litha.’”①從此例中我們看到，這個 3 歲美國兒童能聽辨出齒頭音，但却不會發齒頭音。這四個例子説明：孩子發齒頭音相當晚。心理語言學研究發現，全世界的兒童到 5 歲左右就基本掌握了語言系統（語音、語法）。距離語言發展成熟期已近的兒童還不能發齒頭音，可見齒頭音是在人類語言系統已經發展到相當成熟以後纔出現的。

齒頭音在人類語音發展史上最後發，不難找到生理學依據。動物的口腔衹能進食，吼叫聲是通過喉部發出。人類最初也如動物，口腔不能發音。後來口腔的發音順序，是按發音部位和方法的可控度、精準度的要求由低到高發展的。在喉、牙、舌、齒、唇五音裏，齒頭音的發音部位在舌尖，舌尖是所有發音部位裏最靈活、接觸面最小的器官，舌尖前音（齒頭音）也是對發音器官靈敏度、精確度要求最高的音，因而這個音必定是在人類進化到最後階段，大腦也高度發達後才能發出的音。舌尖所發的齒頭音接觸面小，發音省力、清晰，也符合語言學的經济原則或説是省力原則。已經很清楚，我們先祖的語音始於喉部，成熟於舌尖的齒頭音。

嬰兒的自然發音順序，正好可以解釋《詩經》聯綿詞的聲母結構前字喉音數據高，後字喉音少，尤其影母衹居前字，不居後字的原因。原因是：前字是我們先祖的始發音，後字則是後起音。在影曉匣三個喉音中，所謂影母是最原始的喉音。也可以解釋爲什麽喉音曉匣雖然可以居後字，但要麽居影母後，要麽距前

① 卡羅爾《語言心理學》（第 4 版）第 245 頁，繆小春譯，華東師範大學出版社，2007 年。

字發音部位遠，要麽前字是齒頭音。原因是：曉匣二母是晚起於渾喉音影母的“淺喉音”，當曉匣二母成熟時，我們先祖口腔的各發音部位已經相當靈活，可以前後自如的滑動了。（詳後）

對古影母的音值，今天漢語史學界的主流觀點認爲是零聲母。我們認爲，影母不是没有輔音的零聲母（元音），而是聲韻未分的渾喉音。説影母不是零聲母，理由如下：

第一，影母歷來屬喉音聲母。從守溫創字母起，影母就與曉匣同屬喉音聲母，並被注明是濁音。敦煌残卷“伯二〇一二”中記“南梁漢比丘守溫述”中，影母列在聲母的喉音一類，並注明“是喉中音濁”①。

第二，今天漢語方言中不少影母字有聲母，例如老成都話至少下列影母字讀舌根鼻音聲母 ŋ：沃恶渥遏厄扼軛齷軋哀埃藹靄挨矮爱暧隘熬坳襖奥懊澳歐鷗甌毆嘔庵暗諳鹌安按鞍案闇晏晚淹閹腌恩肮盎櫻鸚。上述這些影母字，在四川多數方言裏也讀ŋ。四川有些方言影母字讀聲母 ŋ 的更多，例如四川境内的湘方言安仁“長沙話”，影母開口一二等字均讀聲母 ŋ，開口三等也有讀聲母 ŋ 的，如：握、牙、啞、鴨、壓。也是四川湘方言的長樂“靖州腔”，除開口外，合口一等字也有讀聲母 ŋ 的，如：窩。如果這些影母字不是原本有輔音聲母，就不可能讀輔音聲母，因爲漢語史上找不到成系統的從零聲母變爲輔音聲母的例證。而從嬰兒發音看，元音（零聲母）是後起的。李宇明就 20 天内嬰兒的自然發音指出：一般認爲兒童語音始於單元音，“這與我們的觀察不符。從發音的生理上看，單獨發出元音需要口腔保持均勻緊張、氣流不能在口腔受到阻礙，發音難度較高。所以在此階

① 参見劉复《敦煌掇鎖》下輯第 422 頁，轉引自赵振鐸《音韻學綱要》第 30 頁，巴蜀書社，1999 年。

段，音節類型以單獨的濁輔音爲主，是較爲可信的。”① 所以，零聲母一定不是影母的初讀。

第三，普通話讀零聲母的不少影母字，在與漢語同源的少數民族語言（如藏緬語）中讀 ʔ-、q 等聲母。潘悟雲在《喉音考》中，專門列舉了今天漢語讀零聲母的“烏”“鷹”“壓”“惡”“啞”等影母字，在漢藏語系各少數民族語中讀喉音 q-、ʔ-的例子②。蔣冀騁研究《回回藥方》的阿漢對音材料，發現元代時北方話影母字“安、靄、窪、烏、温、穩、唵”等字的阿拉伯對音多爲喉擦音 ɦ③。

鉴於這些事實，晚清以來不少著名學者認爲影母爲喉音（潘悟雲認爲是小舌音）。黄侃認爲影曉匣爲“古本聲”④，並認爲曉匣是淺喉音，影母是深喉音。我們認爲，影母是喉音，但却不是單純的喉輔音，也不是單純的喉元音，而是整個喉部甚至连同整個口腔都緊張的渾喉音。

影母的“零聲母説”是今天的主流觀點，一般以王力爲代表。但似乎無人注意，王力的影母“零聲母説”也可以叫做喉音説，其説來自黄侃。王力説：“黄侃把見溪羣曉匣疑認爲是淺喉音，影母認爲是深喉音，他是對的。”他還説：“影母自古自今都是零聲母，所謂零聲母，包括喉塞音和韻頭 [i]] [u]。”⑤ 也就是説，王力認爲：(1) 影母從古至今没有變化；(2) 他的“零聲母説”與一般所説的“零聲母”不同。一般所説的零聲母是指没有輔音，衹有元音，而王力認爲影母包含喉塞音和元音韻頭。關

① 李宇明《兒童語言的發展》，第 59 頁。

② 潘悟雲《喉音考》，《民族語文》1997 年第 5 期。

③ 蔣冀騁《〈回回药方〉阿漢對音与元代漢語北方話“影、雲、以”三母的讀音》，《湖南師範大學社會科學學報》，2007 年第 1 期。

④ 黄侃《黄侃論學雜著》，中華书局，1964 年，第 69、155 頁。

⑤ 王力《漢語語音史》，中國社會科學出版社，1985 年，第 23 頁。

於聲韻，黄侃早有“凡音歸本於喉”[①] 之説，看來王力贊成黄侃的看法，並把影母的音值具體化爲喉塞音＋韻頭［i］［u］。

無獨有偶，李宇明所記初生嬰兒的第一個發音不是純粹的輔音，也不是純粹的元音，而是喉音［ʔe̱[②]（e下“一”表略後）。我們認爲，雖然李宇明記作ʔe̱，但實際發音未必真是ʔ＋e̱這樣的聲韻結構。正如他所説，嬰兒發音實際是“含糊不穩”，審音有困難[③]。李宇明還説；“從發生學的角度考察”，ɤ̱“向後下方移動爲a̱”。也就是説，衹能算是勉强記作ɤ̱。根據對嬰兒發音的觀察，我們認爲，嬰兒的發音很難用今天精準的國際音標來描寫，它不是國際音標中的任何一個音，也不是這些音（輔音與輔音、輔音與元音、元音與元音）的組合。

黄侃説影母是深喉音，其他喉音是淺喉音。我們認爲，黄侃“深”“淺”之説如果是指曉匣二母“所從發”（起點）比影母靠前，影母“所從發”[④] 比曉匣二母靠後，是正確的。但如果指的是遠古人分上喉、中喉、下喉三個發音部位，“深喉”爲衹在下喉部發聲，那就是錯誤的。因爲這種看法實際是認爲，我們先祖的喉部極其靈活可控，以至於可以用喉的下部、中部、上部發不同的喉音。從生物進化和神經考古學角度看，這是十分荒謬的。我們認爲，影母如果是我們先祖的初始音，就不可能是用喉的下部發出“深喉音”，而是含混不清的渾喉音。

近年在研究嬰兒發音的過程中，筆者注意到，嬰兒的發音實

---

① 黄侃的完整説法：“凡音歸本於喉謂之韻。”“凡音所從發謂之聲。有聲無韻，不能成音。”“凡韻皆以純喉音爲韻母。”見黄侃《黄侃論學雜著》，中華书局，1964年，第138頁。

② 李宇明《1－120天嬰兒發音研究》，《心理科學》1991年第5期，第21頁。

③ 李宇明《1－120天嬰兒發音研究》，《心理科學》1991年第5期，第25頁。

④ 黄侃：“凡音所從發謂之聲。有聲無韻，不能成音。”見黄侃《黄侃論學雜著》第138頁。

際不是某個發音部位緊張，而是整個發音部位都緊張。2012 年四川電視臺第七套播放的治療不孕不育的廣告顯示，一個會爬的嬰兒發音時，發音器官從雙唇到喉部都處於緊張狀態。嬰兒的這種發音無法用國際音標標出，因爲它不是國際音標内某一發音部位的音，還既非元音也非輔音。已經會爬的嬰兒發音器官尚且如此不靈活，初生嬰兒自不用説，我們的人猿之交的先祖就更不用説。鑒於初生嬰兒發音器官整體僵硬不靈活，發音聲韻未分，但發音最緊張的部位在整個喉部，這與動物的發音類似（動物衹能在咽喉發聲——吼叫，口腔衹能進食）。20 世紀 70 年代，美國心理學家 Lieberman 研究發現："嬰孩的發音和非人的靈長目動物相近，而與成人的却不同。……因爲嬰孩的發音器官和非人的靈長目動物很相似"①。嬰兒的咽腔體積很小，"聲帶的位置都比較高"，舌頭很不靈活，不能發出今天人類舌頭各部位發出的語音，人類是在不斷進化中逐步獲得這些能力的②。所以，人類的初始音必定不會是喉的某個部位，而衹能是整個喉部發出的音，並且必定是像動物那樣難以區分輔音元音的渾喉音。我們認爲，《詩經》中的影母就是這種聲韻未分的渾喉音。

三

爲什麼我們認爲影母是我們先祖最初所發的渾喉音？因爲：(1) 從影母自身看，人由動物進化而來，人最初的語音必定與動物的聲音有着必然聯繫，用喉部發聲且聲音含混不清是動物的聲

① Dingwall, W. 1979. The evolution of human communication systems. In Whitaker. H. & Whitaker, H. (eds.) Studies in Neurolinguistics. Vol. 4 (46—49) NY: Academic.

② 桂詩春《新編心理語言學》第 49 頁。

音特徵，而影母字正符合這一特徵。(2) 從影母與其他聲母的關係看：語音的發展受生理條件限制，後起音必定以原始音爲基礎（以原始音爲起點）向前發展。《詩經》聯綿詞的影母與其他聲母的位置關係，正反映了其他聲母立足於影母的向前發展。

(一) 先從影母自身討論

我們知道，人的本能是人的動物性的遺傳。人在一般情況下是用口腔發音，即使有喉部音也衹是"淺喉音"，並且發音部位只適度緊張。但當受到某種强烈刺激時，會即刻作出本能的反映，這種本能反應的語音表現是：從喉部到整個口腔都高度緊張、口腔完全打開，氣流强烈地一呼而出。大哭和大笑是人受到强烈刺激時的本能反映，也是人的動物性的體現。大哭大笑時，整個喉部都高度緊張。影母第一字"啊"就是人的本能之聲，這表現在：(1)"啊!"是人在受到强烈刺激時的本能反應。當人悲喜交加、百感交集、無以言表時，一個"啊!"字可以表達一切。(2) 人們無論悲喜驚恐，所發出的"啊!"不是四聲中任何一聲，而是人的本然之聲。雖然這本能性反應的"啊"似乎與普通話去聲全降调（51 调）類似，但它却不是去聲调。因爲去聲在不同方言裏调值千姿百態，例如成都話去聲调爲降升调（213 调），但人本能反應發出的"啊!"無論何種方言、甚至任何語言，語音上却没有不同。由此可知，這種本能性反應的"啊!"没有聲调。(3) 元音衹在聲帶部位受阻，發音器官的各部分保持均衡緊張狀態，呼出氣流弱，而人受到强烈刺激發出的"啊"，是整個喉部甚至整個口腔都高度緊張，氣流猛烈地從整個喉部冲出，受阻面大，因而這種"啊"不是元音 a。輔音衹在某一部位受阻，衹在某一特定部位特别緊張，例如咽喉部就至少有 ʔ、h、ɦ、ħ、ʕ、q、G、N、R、χ、ʁ 等發音部位，但"啊!"的受阻面不是其中任何一個部位，而是整個喉部，甚至整個口腔（上下顎、舌）都緊張，因而也不是語音學意義上的輔音。這種音氣流强，受阻面大，音色含混濁重，囫圇一團，根本無法區分元音、輔音，無法用國際音標描寫，故而稱之爲渾喉音。嬰兒呱呱墜地時所發的“哭聲”（没有眼泪）和稍後發出的聲音，雖然不一定與“啊”的音色完全相同，但都不能區分聲韻，都没有聲调，都屬於本能之聲，都是整個喉部甚至口腔都高度緊張而發出的渾喉音。

（二）再從影母與其他聲母的關係討論

《詩經》全部71例非雙聲聯綿詞中，共有曉母字10個，匣母字8個。這10個曉母字中，有5個居後字，其中2個居影母後。8個匣母字中，也有5個居後字，其中1個居影母後。曉匣二母總數分别都比影母少，但却都有半數甚至更多居後字，而影母總數遠高於曉匣二母，却無1例居後字，可見絕非偶然，而是《詩經》聯綿詞時代即華夏遠古語音的實際。

我們也考察了《詩經》中全部複合詞的聲母情况，複合詞前後字聲母的結構符合概率論，不存在聯綿詞聲母結構這種特殊的規律（另文專門討論）。這説明聯綿詞與複合詞的前後字音性质不同，聯綿詞的前後字音具有發生學關係，而複合詞的前後字音則没有發生學關係。《詩經》中保存下來的聯綿詞也具有歷史層次，最早出現的聯綿詞，從發生學上説，其前字音比後字音出現早，後字音是在前字音基礎上產生的新音。根據影母衹居聯綿詞前字，不居聯綿詞後字看，影母必定是《詩經》聯綿詞所有聲母之母。

黄侃以他的古本聲説著稱，但没有人注意過他就聯綿詞的雙聲、疊韻現象論及古本聲變爲變聲的方式。他説：“凡聲變必須疊韻，韻變必須雙聲。”“雙聲字，下字或變入他紐；仍有本音，上字必與本音同紐”① 意思是，聲母發生變化的方式是借助疊韻

① 黄侃《聲韻通例》，見《黄侃論學雜著》，中華书局，1964年，第141、144頁。

搭橋，在疊韻搭橋的同時，上字聲母保持古本聲不變，下字聲母變化爲變聲。雖然黄侃不是在談語音發展規律，更不是在談漢語的複輔音的出現，但他的“前本聲後變聲”説却抓住了人類早期語音發展的一個重要規律——子音（後起音）借助母音（基礎音）成長。而李宇明的嬰兒語音研究讓我們具體瞭解到我們先祖早期是怎麽借助母音發展子音的。

李宇明的研究有一個語言學從未注意過的重要發現，聲韻的變化發展不是A陡然變B，而是經歷了由A滑動到B這樣一個滑動階段。他觀察到：嬰兒自然發音的第一階段（1—20天）就開始出現雙音滑動，這一階段的“滑動較慢，第一音後有一明顯的拖音。”第二階段（21—40天）雙音滑動量急劇增加。“滑動都是口腔由較開向較閉乃至閉合的方向運動。”① 原本極爲僵硬的喉部和口腔，通過生硬笨拙的緩慢滑動，可以使滑動範圍所及的發音器官慢慢變得靈活，滑動音的始發點是嬰兒最初能够發音的部位。嬰兒的喉部動作雖然觀察不到，但可以聽到。視覺可以觀察到的，是嬰兒口腔滑動的動程：“由較開向較閉乃至閉合的方向運動”，這正是從類似動物嚎叫的發音狀態（從喉部到口腔高度緊張，口腔完全打開）向人類語音的發音方向的滑動。滑動一開始，發音器官就由猿向人進化，人猿相交的初始音就開始了向人的語音系統方向發展。李宇明觀察了120天内嬰兒發音器官通過滑動變化的全過程。他記錄到：第三階段（41—69天）滑動很常見，出現了多音滑動，並且有了“紛繁多彩”的各種“滑動模式”。第四階段（70—120天），“滑動音流成爲主要發音現象，出現了較多複雜音節的滑動。”②由此我們看到，滑動不僅在慢慢擴展範圍，而且在增加滑動的頻率，整個發音器官由此變得

---

① 李宇明《1—120天嬰兒發音研究》，《心理科學》1991年第5期，第25頁。

② 同上，第24頁。

靈活自如可控，人就是這樣，逐步具備了使用發音器官的任何局部發音的生理條件。嬰兒本能的借助滑音使發音器官和發音成長的方式，是理解神秘的聯綿詞的一把鑰匙。我們認爲，這種生硬笨拙滑動音的出現，也就是複輔音的出現。

還没有人專門討論過聯綿詞的形成問題，也没有人問過聯綿詞的雙聲、疊韻以及準雙聲、準疊韻是怎麽形成的問題。因爲按迄今爲止唯一的"詞源"語源觀①（表現在漢語上即單音節詞初始觀），這種兩個音節的單純詞的形成問題衹能令我們一頭霧水。衹要拋棄這種錯誤的"詞源"語源觀預設（從未被討論，遑論被證明），視人的語音是由動物語音進化而來，一切就都順理成章。人原本只能向動物一樣直着喉嚨吼叫——渾喉音，這種最初的"語音"還没有聲韻可言。當我們先祖開始笨拙缓慢地由喉部向口腔滑動，開始出現滑動音，渾喉音就開始進入所謂複輔音階段了。随着滑動的靈活，出現了"多音滑動"，直至"紛繁多彩"的各種"滑動模式"時，口腔的各部位就變得高度靈活了。原始複輔音和原始元音就可借助相互搭橋逐步形成原始複輔音系統和原始元音系統。當複輔音系統和元音系統成熟、口腔的滑動更加自如時，就既可從古音（本聲）部位滑向新音（變聲）部位，也可以由新音部位滑向古音部位，喉音曉匣就可以居其他音後了。當複輔音聲母與韻母建立起穩定的聯系，它分解爲單輔音音節的歷程也就開始了。複輔音聲母借助韻母搭橋，就可分解爲韻母相同的兩個單輔音音節了。《詩經》中的全部聯綿詞（包括雙聲聯綿詞）就是遠古複輔音時期遺留下來的珍貴語料，其中最珍貴的，就是原始的渾喉音——影母的材料。《詩經》中的不少叠韻聯綿詞，就是複輔音音節借助韻母分解爲單輔音音節之前的語音

① 参見肖娅曼《語言何以是一個"純粹的價值系統"？——21世紀的語言學必須回答的一個重大問題》，《華南師範大學學報》2009年第5期。

遺存。(該文完成數月後，筆者見到任繼昉在《漢語語源學》中説："聯綿詞大多來源於早期複輔音聲母單音詞的分化，有的並且還可以再繼续分化爲單輔音聲母的單音詞……聯綿詞與相應的單音詞之間，並没有不可逾越的鴻溝，而是同一個詞的不同表現形式。"①雖然説法不盡準確，但注意到聯綿詞與複輔音聲母、以及聯綿詞與單音節詞的分化關係。)

影母是漢語的聲韻之母。説它是漢語的聲母之母，可以從它在《詩經》聯綿詞中衹居前不居後得到證明。曉匣二母借助口腔的滑動，已由"渾喉音"影母分解爲局部喉音（淺喉音）。《詩經》聯綿詞有"影+牙"（窈糾影見）、"影+舌"（窈窕影定）、"影+齒"（猗嗟影精）結構，可以推知牙音、舌音、齒頭音可能最初也是渾喉音影母分化出來的輔音。也就是，除唇音外，口音各部位聲母（指聲紐）都由渾喉音影母通過滑動分解而來。從這個意義上讲，影母是漢語的輔音之母。

之所以説影母也是漢語的韻母之母，是因爲漢語零聲母絕大部分來自影母字②，少數來自云母（匣）字，即漢語的零聲母與影母關係密切。從嬰兒的自然發音已知，人類最初不具備發元音的生理條件，亦即這些零聲母不是從來如此，而是來自聲母的脱落。其實，零聲母主要來自影母本身就説明了影母之古老，對今人來説之難發。省力是語言發展的重要原則，當人的發音器官已經高度靈活可控，發整個喉部甚至口腔都高度緊張的喉音就太費力。因此，逐步丢掉費力的輔音，留下省力的元音，就是影母發展的必然趨势。當然，有的方言採用把渾喉音向前局部化爲淺喉音，或者移至舌根（例如像成都話那樣），也是遵循省力原則的

---

① 任繼昉《漢語語源學》，重慶出版社，1992年，第191頁。

② 普通話來自影母的零聲母有：a、ia、ua、e、uo、ie、yue、i、u、y、ai、uei、ao、iao、ou、iou、an、uen。

結果。

《詩經》聯綿詞是遠古複輔音之遺存，影母是遠古漢語初始語音的發現，不是一個單純的語音問題。主要是個語言觀問題。以錯誤的“詞源”語源觀來看待語言現象，常常就會本末倒置。我們不假思索地把詞視作語言的起始點，這種“詞源”語源觀背後又是不假思索的一整套初始語言觀：語法上，初始詞是單性的（名詞或動詞等）；語義上，初始詞是單義的；語音上，初始詞必定是簡單的元音。我們認爲整個語言系統就是這樣由單純向複雜發展起來的。以這種錯誤語源觀爲指導，我們就不能讀懂《詩經》聯綿詞中隐藏的信息。

渾沌語言學認爲，語言起源於原始渾沌語。渾沌語源理論的基本觀點是：語言的初始樣態是原始渾沌語，語言起於原始渾沌語的分化。“原始渾沌語”是一種離不開當下語境的、前結構性、前層級性语言，是認知、情感渾然一體的“渾語”，即詞（概念）尚未從背景（語境）、事情（語句）、情感渾然一體中分解出来，尚無詞/句、指稱/陳述、語言/語用之分，起於喉部的語音受制於發音器官的極不靈活因而聲韻（輔音、元音）尚未分化，更談不上輔音系统與元音系统。語言系統的形成發展不是由簡單而複雜，而是由渾沌而分化，而複雜，而精密。語言的語音系統、語法系統、語義系統都起於渾沌語的分化①。漢語史上的許多謎團，不少是錯誤的“詞源”語源觀預設導致的。關於漢語是否曾有過複輔音的爭論，也源於“詞源”語源觀。正是這種錯誤的單純詞起源觀，使我們認識不到複輔音是人類語音發展的必經階段。採用渾沌－分化觀，上古聯綿詞的許多疑團已開始消散。《詩經》聯綿詞是我們窺探遠古漢語面貌的一把鑰匙，是研究遠

① 肖娅曼《渾沌語言學綱要——現代語言學危機及其解決方案》，《社會科學》2014年第4期。

古漢語語音系統形成與發展的珍貴資料。影母爲漢語的聲韻之母，如能以它爲基點，上推漢語聲韻系統的形成，下達《切韻》《廣韻》系統，在漢語語音的形成發展史上，就會有比過去更加清晰的軌迹呈現。我們的漢語語音系統形成與發展史的研究也將因此而取得突破。

Ancient Lianmian Words are Remains of Ancient Consonant Clusters

——The Hundun Linguistics Explanation of High Frequency of Yingmu in the First Character in Lianmian Words

Xiao Yaman

(College of Literature and Journalism, Sichuan University, Chengdu 610064, China)

Abstract: The structure of initials in Lianmian words is very special, guttural sounds are more in the former character than in the latter, especially Yingmu is topped in the former character, none in the latter. This is because Lianmian words in *The Book of Songs* are remains of ancient consonant clusters. Yingmu is the most original muddy guttural, it is the mother of consonant clusters.

Key words: *The Book of Songs*: *Lianmian words*; structure of initials; remains of consonant clusters

（肖婭曼，四川大學文學與新聞學院，郵編 610064）

漢字俗寫規律在古籍整理中的利用*

曾　良

内容摘要：中國古籍中有大量俗寫，俗寫也是有一定的規律性的。利用俗寫規律可以減少古籍整理中的錯誤；利用俗寫規律可以正確解讀古籍語義。俗寫條例在整理古籍方面有廣泛應用價值。

關鍵詞：古籍整理　俗寫　規律　應用

隨着漢字俗寫的研究越來越深入，歸納和總結出來的俗寫規律值得我們在古籍整理中借鑒和利用，更好地理解古籍的語義，減少古籍點校中出現的錯誤，提高古籍整理的質量。譬如：俗寫中“舀”“臽”相混，“瓜”、“爪”相混等。中華書局標點本《客座贅語》卷一：“所經國曰占城，曰瓜哇，曰舊港，曰暹羅，……”（31頁）“瓜”當作“爪”，《龍龕手鏡·瓜部》云：“瓜部與爪部相濫。”因此，古籍中所揭示的俗寫規律，還有很廣泛的利用價值①。以下我們通過一些實例（引文中保留一些簡體俗寫），具體闡釋運用俗寫規則的作用。

---

* 國家社科基金重大項目“漢字發展通史”（11&ZD126）、教育部人文社科規劃基金項目“敦煌佛經義疏研究”（14YJA730002）階段性成果。

① 曾良《古籍及古籍文字通例研究》中也有一些總結，可參看。百花洲文藝出版社，2006年，第52－166頁。

畀

中华書局標點本《客座贅語》卷五《葛雲蒸》：“後徙於上瓦官寺之北山麓，甫搆架，掘地得一巨石，數人畀起之，而泉泓然出其下。”（166 頁）“畀”當是“舁”之俗訛。卷六《好石》：“嘗過北門橋訪上舍嘉定李生，見其几上英石欝然森秀，先生數目屬之。李生曰：‘公得毋愛此石乎？當畀以送公。’公欣然曰：‘果見詒，何待送！’即命皂隸以手巾絡之，繫於轎杠，乘而歸。”（196 頁）按：這兩例“畀”，據明萬曆刊本《客座贅語》均作“舁”，是“舁”的俗寫。因“舁”字的“臼”旁俗寫或作“田”，如“揑”俗寫或作“捚”，《古本小説集成》（下簡稱《集成》）本《海公大紅袍全傳》第十二回：“徐公道：‘爾説來雖則如此，但是爾現有借券在此，怎麽説是浮捚？’”（213 頁）同前：“須臾張老兒到堂，徐公問道：‘爾的話有無捚騙？今日對着本司質證。’”（223 頁）“捚騙”二字，書業堂本作“揑騙”。《集成》本《海公大紅袍全傳》第二十一回：“每逢參謁者，必要千金爲壽，否則故捚以他事，名挂劾章。”（389 頁）“捚”即“揑”字。“毀”的俗寫或作“毁”，《集成》清刊本《海公大紅袍全傳》第四十三回：“海瑞遂將到粵西與指揮如何商議，復如何定計燒毁番人糧草，致彼糧盡遁去；……逐一奏知。”（811 頁）可見“毀”字的左旁，俗寫也作“里”。“兒”俗或作“児”，是其例。《集成》明刊本《南海觀世音菩薩出身修行傳》卷二《妙善雲陽赴死》：“莊王曰：‘我児這等愚痴，招婚是人之大礼，何故不從？’”（60 頁）《集成》清刊本《增補紅樓夢》第九回：“你們都交了卷了，單剩下我一個児了。”（240 頁）《集成》清刊本《人間樂》第三回：“今日小児，年纔十二，齒髮未

齊。”(55 頁)

鍜、緞

中華書局標點本《客座贅語》卷五:“保大中賜〔馮〕權銀三十斤,以代銀靴。權遂命工鍜靴穿焉。”(147 頁)俗寫中“叚”或作“段”字用,這是常見的現象。“鍜”明顯就是“鍛”字。中華書局標點本《粵劍編》卷二:“閩商黄敬市緞疋數百,將鬻之廣州。”(67 頁)“緞”字,據底本《玄覽堂叢書》作“叚”,當錄爲“段”。“緞”是後起俗字。《續修四庫全書》本翟灝《通俗編》卷二十五“緞”字條云:“《康熙字典》緞音遐,履跟之帖也。又音斷,義同。今以爲紬緞字,非是。按:今所呼緞者,宋時謂之紵絲,《咸淳臨安志》染絲所織,是也。《三朝北盟會編》雖有索猪肉、段子之文,所云乃段疋之段,《說文》帛分而未麗曰疋,既麗曰段,並非其一種名也。此字之誤用,似直起于明季。”陸費墀《四庫全書辨正通俗文字》云:“段,徒玩切,體段、片段。凡錦段,旁从糸者俗字。”中華書局標點本《清嘉錄》卷六《虎丘燈船》:“世間那有此奇景,得毋海上來仙槎?又豈巧工類丁緩,創製妥貼精無瑕。”(139 頁)“瑕”當作“瑕”,“槎”“瑕”押韻。

躁

《山左戲曲集成》岳伯川《羅公遠夢斷楊貴妃》:“見娘娘聖主行忙哀告,見陛下磨拳擦掌心焦惶,見踏霧騰雲那馬兒越咆哮,可惜將一個嬌滴滴楊妃馬踐了。”(263 頁)“惶”是“懆”的俗寫,《北詞廣正譜》此字作“躁”。我們何以知道呢?可以根據俗寫規律來推斷。《集成》明代世德堂本《西遊記》第七十一回："却又把身子扭扭捏捏的，抖了一抖，將那虱子、臭虫、蛇蟝，收了歸在身上，把假金鈴兒遞與那怪。"（1805 頁）第七十一回："那啐毫毛卽变做三樣惡物，乃虱子、蛇蟪、臭虫，拱入〔妖王〕身内，挨著皮膚亂咬。"（1805 頁）世德堂本中"跳蚤"的"蚤"，或作"蟝"2次，或作"蟪"1次，説明"枈"、"皂"二旁可互換。

乂、叉、又

《山左戲曲集成》馮惟敏《梁狀元不伏老》第四折："（淨）你若是真的，他見你這模樣，先考試你，對答不來呵，追你白麵一百斤，菉豆五斗，送供給所公用，才乂出你去。"（499 頁）同前："小生積學有待，壯志未酹，如不見信，請老先生面試經史，過目成誦；口占詞賦，乂手成章。"（500 頁）上揭二例"乂"字，均當釋讀爲"叉"。《集成》本《唐三藏出身全傳》卷一《真君收捉猴王》："説未了，又聽得大聖引猴兵來戰。木乂云：'父王在上，男領菩薩分付，云：遇戰可助一陣。今男愿往。'"（47 頁）"乂"即"叉"字。

《漢書·項籍傳》："今日固決死，願爲諸軍快戰，必三勝，斬將，艾旗，乃後死，使諸君知我非用兵罪，天亡我也。"（1818 頁）顔師古注："艾音刈。"此"艾"實通"刈"。

《高麗藏》本可洪《新集藏經音義隨函錄》卷二十一"刈項（頃）"條："上魚吠反，下苦穎反。"（63/337/c）"刈"即"刈"的俗寫。我們看原經，《大正藏》本《修行道地經》卷五："譬如田家耕種五穀，子實茂盛，臨當刈頃，卒有雹霜，傷殺穀實，唯有遺草，其人憂愁。"（15/217/c）

古籍俗寫中也有"叉"、"又"相混的，敦煌卷子中有"叉"

俗作"又"者，伯 2198《楞伽阿跋多羅寶經疏》卷第一："又至周朝實又難陀，譯成七卷。""實又難陀"即實叉難陀。《高麗藏》本可洪《新集藏經音義隨函錄》卷二十七《續高僧傳》"方冊"條："又責反。"（63/581/c）"又"當釋讀爲"叉"字。如"扠"作"扠"，《集成》清刊四雪草堂本《隋唐演義》第九回："那些走堂的人，見叔寶將兩匹潞紬打了捲，夾在衣服底下，認了他是打漁鼓唱道情的，把門扠住道：'纔開生的酒店，不知趣，亂往裏走！'"（193 頁）"扠"字，今江蘇古籍出版社標點本是依四雪草堂本爲底本的，却改作"攔"，非。蓋不知"扠"爲何字，故妄改。《集成》明刊本《隋史遺文》第八回也作"扠"（198 頁），《隋唐演義》是據《隋史遺文》改編。"扠"實即"扠"的俗寫。"扠住"就是攔住、阻住的意思。《集成》清刊本《大清全傳》第七十二回："内有漏同（網）之賊，是青毛獅子吴太山、金眼駱駝唐治古、火眼狻猊楊治明、雙麒麟吴鐸、並獬豸武峰、紅眼狼楊春、黄毛吼李吉、金鞭將杜瑞、花扠將杜茂。"（970 頁）"扠"字，今文化藝術出版社標點本《彭公案》作"叉"。《集成》清刊本《大清全傳》第七十二回："花扠將杜茂擺三股鋼扠，分心就刺高源。"（973 頁）"扠"、"扠"均是"扠"的俗寫。同前："杜茂説：'高通海！你不必造作謠言，我今一扠要結果你的性命。'擺鋼扠分心就刺。"（974 頁）"鋼扠"即鋼叉義。同前第五十三回："母夜扠賽無鹽説：'我幫助你去。'"（727 頁）"母夜扠"即母夜叉義。高麗本《龍龕手鏡·草部》："芰：俗。艾：正。五盖反，歷也，老也，長養也。又草名。又姓。"（261 頁）按："芰"、"艾"當是今"艾"字。而臺灣新文豐出版公司《叢書集成新編》本《龍龕手鏡》的俗和正字都寫作"艾"了（32 頁）。《高麗藏》本《續高僧傳》卷二十五"唐雍州梁山沙門釋乂德傳三十一"（59/426/c），"乂德"，《高麗藏》本可洪《音義》卷二十八釋《續高僧傳》作"又德：上魚吠反。"（63/610/b）《高麗藏》本《續高僧傳》卷二十七“釋大志”條：“布⿱丷⿱乂乂麄素，自此爲常。”(59/465/c)“⿱丷⿱乂乂”即“艾”之俗，《大正藏》本作“艾”(50/682/c)。

從上可知，古籍中“乂”、“又”、“义”、“叉”旁俗寫往往相混，必須依上下文靈活處理。《磧砂藏》本《續高僧傳》卷十七“釋慧思”條：“故其徒屬服章，率加以布。寒則⿱十乂納，用犯風霜。”(99/478/b)“⿱十乂”字，《大正藏》本作“艾”，《高麗藏》本作“⿱丷⿱乂乂”(59/333/b)。《高麗藏》本《續高僧傳》卷十八“釋曇遷”條：“會備練六經，偏究易道。剖卦析⿱乂叉，妙窮象繫。”(59/343/c)“⿱乂叉”即“爻”之俗，《磧砂藏》本、《大正藏》本作“爻”。蔣禮鴻先生在《説博與精》中説道：“我寫《敦煌變文字義通釋》，在‘芆火’一條上犯了一個錯誤。敦煌《燕子賦》説雀兒‘口銜芆火，送着上風’。我説芆字應該是從艸叉聲，是‘柴’的俗體，芆火就是柴火，其實這個説法是錯的。這個芆字是艾字的俗誤。慧琳《一切經音義》卷二十九，金光明最勝王經卷第七音義：‘艾納：上我蓋反，亦香草也。’宋刊藏經本《大唐西域記》卷二，三國序説：‘禁咒閑邪，藥石針苂。’‘艾’、‘苂’都是艾字，與‘芆’形體相近。《三希堂法帖》第十五册，宋米芾書，戲成呈司諫詩：‘客時效我病欲死，一夜轉筋著苂燃。’更足爲‘芆’即艾字之證。……這一例子，又一次説明了多看一些書的好處。”中華書局標點本《客座贅語》卷十《寺院》：“惟承恩寺踞舊内之右，最爲城南囂華之地，游客販賈，蜂屯蟻聚於其中，而佛教之木义剎竿，蕩然盡矣。”（312 頁）此“义”是“叉”之俗。

《集成》本《珍珠舶》卷一第一回：“王氏喜道：‘既獲好友提挈，不須疑慮，即應相約起程，我亦收拾些叙環典押，與汝凑作本資，多糴得幾担也好。’”（23 頁）“叙”字，中國話本小説大系標點本同（7頁，江蘇古籍出版社1993）。按：當是“叙”的俗訛。蓋“叙”俗寫作“釵”，與“叙”形近。

鬼

《集成》本《唐三藏出身全傳》卷一《真君收捉猴王》：“說未了，又聽得大聖引猴兵來戰。木叉云：‘父王在上，男領菩薩分付，云：遇戰可助一陣。今男愿往。’李天王道：‘那廝也有神通，鬼去須要着意。’”（47頁）“鬼”一般情況下是“鬼”的俗寫，這裏顯然當作“兒”。按照俗寫規律，也是可以解釋的。蓋“兒”俗寫或作“児”、“兒”，《集成》本《唐三藏出身全傳》卷二《劉全進瓜還魂》：“自幼持齋把素，因此號爲江流児。”（86頁）另外，“鬼”的俗寫亦或作“児”、“兒”，《集成》本《唐三藏出身全傳》卷一《唐太宗陰司脫罪》：“太宗道：‘朕寢門外，入夜就有児魅呼號，朕甚恐懼。’”（73頁）

《集成》本《唐三藏出身全傳》卷一《真君收捉猴王》：“天王唬得心下驚慌，即時寫表，差大力児王同木叉上天奏帝求救。”（47頁）“児”當釋讀爲“鬼”字。《集成》本《唐三藏出身全傳》卷一《观音路降衆妖》：“一藏談天，一藏說地，一藏度児。”（58頁）“児”當釋讀爲“鬼”。

拡

中華書局標點本《客座贅語》卷十《文士》：“黃伯子祖儒，才藻溢發，世拡雕龍，所著《嚶覺稿》，出入古今，故非恒士。”（313頁）按：“拡”是“擅”的俗寫。《集成》清刊本《後宋慈雲走國全傳》第五回：“今拡离重地，律有明條，祇一出関时，已撘着一死，不望生还。”（93 頁）“拡”即“擅”之俗。同前：“旡旨奉宣，拡自回朝。算來藐視王法，罪應賜死。”（94 頁）第十八回：“孫玉大怒曰：‘石俊！汝非現爲命官，惟汝父身居侯爵，汝今世祿加恩，朝廷待汝不薄，拡敢作惡，不守君臣之礼，暗保太子謀叛！’”（340 頁）“拡”字是“擅”的俗字，今標點本訛作“膾”（劉樂泉，2002：428），非。《集成》清刊本《後宋慈雲走國全傳》第十九回：“傳令各營兵丁另開水道，汲引食〔用〕，不許拡汲山水悮飲，有傷性命。”（356 頁）“擅”的俗寫今標點本誤錄爲“拉”（劉樂泉，2002：434），非。

“擅”俗或作“抎”。《集成》清抄本《筆花閙》：“敢问二位娘子，更深夜静，何故抎出闺门，遊嬉月下？”（6 頁）《集成》清抄本《忠烈俠義傳》第一百回：“因知銅網陣的利害，不敢抎入。”（3135 頁）“抎”就是“擅”之俗，可比較“壇”俗寫作“坛”。《集成》清刊本《綠牡丹全傳》第三十四回：“小的不敢抎自叫他進來，特禀老爹知道。”（335 頁）同前第五十四回：“便大駡道：‘狗强盜，抎自捉朝廷命官，該當何罪？’”（521 頁）《集成》清刊本《走馬春秋》第一回：“孫賓沉吟一会，把杯羮酒高高舉起，尊一声：‘皇天在上，臣蒙国母所賜，不敢抎用，理當先祭天地，方显国母隆重之恩。’”（7 頁）《集成》清刊本《雲鍾雁三闖太平莊全傳》第十回：“臣今家宅落鄉，凡一切家事求聖恩禁止，無許一切朝臣抎入臣莊。倘有小事，亦須俟臣回來發放。”（203 頁）《集成》清刊本《前明正德白牡丹傳》第三十二回：“今日一失势，一個外鎮提督，如此抎作威權，弄得我無处栖身。”（409 頁）

颶

中華書局標點本《庚巳編》卷七《海島馬人》：“七人云：

‘吾等廣中海商，舟入西洋，爲颶風飄至此耳，非盜也。’”（84頁）“颶”當是“颶”的俗字。古籍中“貝”、“具”二旁往往相混。中華書局標點本《雲麓漫鈔》卷二：“又賜佛牙一，具葉一，今並存。”（27頁）“具葉”明顯當作“貝葉”，指貝葉經。《玄覽堂叢書》續集本《粵劒編》卷二《志土風》：“沿海多颶風無霜雪。”“颶”字，中華書局標點本《粵劍編》錄正爲“颶”（79頁），是。《玉篇·土部》：“垻，必駕切，蜀人謂平川曰垻。”“垻”字或有作“埧”者，《吉昌契約文書彙編》sls－7《光緒十四年買賣契約》：“立賣明科田文契人桂錦培，爲因移置，親請憑中上門，將自己祖父置明科田一份，大小叁坵，坐落地名芦柴埧，三處四至零星，仍照古埁爲界，并無越佔冒認等弊。”（45頁）同前sls－10《光緒十四年買賣契約》：“立賣明科田文契人桂錦培，爲因移置，親請憑中出賣上門，將祖父遺留分授自己名下科田弍塊，坐落地名芦柴埧，東至溝，南、西至賣主田，北至路，……憑中出賣與石維閣門下爲業。”（47頁）“埧”、“埧”均是“垻”字。古籍俗寫中，“具”字往往裏面只有兩横。敦煌卷子斯4458《社邑印沙佛文》：“伏惟諸社衆，乃英靈俊傑，應間超輪，忠孝兩全，文武雙具。”（册六，83頁）“具”即“具”之俗。這樣造成“具”、“貝”相混。《集成》清刊本《飛龍全傳》第五十一回：“待等雨甚，水發之時，放開閘埧，其水冲下，周兵盡爲魚鱉矣。”（1236頁）《集成》清刊本《忠烈全傳》第十三回：“船家同家人説道：‘稟老爺，船到杭州了，今夕衹好在江頭，明早盤埧呢！’”（206頁）“埧”是“垻”的異體。“埧”或誤還原爲“垻”，《集成》清刊本《紅樓復夢》第五回：“這條道兒，小的也曾走過，盤山過埧，還要過梅嶺。”（177頁）“垻”即“垻”字。《續修四庫全書》本明陳士元《古俗字略》二十二禡：“壩：土障水。㶚、埧：並同上。”《集成》清抄本《忠烈俠義傳》第八十六回：“不多几日，圣旨已下，急刻動工，按着圖樣，当洩当埧，果無差謬。”（2701頁）“埧”即“垻”的俗寫。我們再看寫作“垻”者，《集成》清抄本《忠烈俠義傳》第八十四回：“包公说了些治水之法，雖有成章，務必随地勢的高低，総要洩垻合宜，方可成功。”（2637頁）

环 珓

中華書局標點本《庚巳編》卷九《尤弘遠》：“謀建法事，擇主行者，禱於所事真武，以環珓卜之，連舉數人名流，不許，最後舉玄妙觀沈道士，乃得之。”（106頁）“環珓”不辭。“環”當作“环”，是“杯”的俗寫。蓋杯珓或从玉，故作“环”，或寫“坏”，同。可比較同書卷十《楊少卿》：“（楊復）爲士子時，迎提學於關外，未至，伺於土地堂中。戲取坏珓祝曰：‘提學即至，當賜勝兆。’一擲而珓落於梁上，不可取。”（122頁）方以智《通雅》卷三十四《器用》：“卜筊當作卜教，或作盃筊。《演繁露》言：‘盃珓，用兩蚌殼，或以竹根。’《義山雜纂》曰：‘殢神擲校’是也。各書無珓字，《荊楚歲時記》曰‘秋社擬教于神’。《石林燕語》：高辛廟有竹桮筊，以一俯一仰爲聖筊。《說文》：‘筊，竹索也。’故程大昌作筊。”葉夢得《石林燕語》卷一：“太祖皇帝微時，嘗被酒入南京高辛廟，香案有竹杯筊，人取以占己之名位，俗以一俯一仰爲聖筊。”

《蘇州文獻叢鈔初編》本龔明之《中吴紀聞》卷四《黄姑織女》：“禱祈之間，靈迹甚著。每遇七夕，人皆合錢爲青苗會，所收之多寡，持環珓問之，無毫釐不驗，一方甚敬之。”（82頁）“環珓”不辭，據《四庫全書》本《中吴紀聞》作“环珓”，是。“环”即“杯”之俗。《諸蕃志校釋》卷下《海南》：“海口有漢兩伏波廟，路博德、馬援祠也，過海者必禱於是，得杯珓之吉而後敢濟。”（217頁）校釋曰：“杯珓：各刊本‘杯’字皆訛作

‘环’，字書無‘环’，顯係形似而譌，並祇‘杯珓’之名，更無‘环珓’之稱。杯珓或作栖珓、柸珓、盃珓，‘珓’又作‘筊’。”(223頁)按：“环珓”非譌誤，就是“杯珓”的俗寫，蓋杯筊或從玉製，故或作“环珓”。《四庫全書》本宋代朱鑑《文公易説》卷二十一《卜筮》：“初但有占而無文，往往如今之环珓相似耳。”《四庫全書》本《明會典》卷八十八《祭祀九·品官享家廟儀·時日》：“主祭盛服，率兄弟子孫立於祠堂階下，北面置卓子，於主祭之前，設香爐、香合、环珓於其上。”

眈

中華書局標點本《客座贅語》卷六《多宿山寺》：“性嗜文學，眈詩，尤愛佳山水，多宿山寺，蓋清逸之士也。”(204頁)“眈”當作“耽”，古籍中“目”、“耳”二旁相近易訛。中華書局標點本《粵劍編》卷四《紀行二》：“簷端石乳覆之，修短參差，耖然雲漢。”(97頁)底本《玄覽堂叢書》續集亦作“耖”。按：當錄作“眇”。例如“瞓”字古籍或作“聦”，《集成》清刊本《野叟曝言》第五回：“石氏道：‘敢怕倒是文相公不從。’大郎道：‘一夜同睡，決無此理！況且夜裏，依稀聽得妹子微有泣聲，後來兩人還唧唧噥濃的説話，我纔放心落聦的。你休要胡猜，快取起火來，先燒臉水，再把罐裏雞蛋，多拏幾個來，打與文相公喫，也打兩個與妹子，他兩人昨日都是没喫夜飯的哩。’”(110頁)同前第十三回：“素臣笑道：“老客們都是睡得驚醒的麽？人睡如小死，衹怕落了聦時，就有人上船，也未必知道哩。”(354頁)同前第三十四回：“漸漸鼻息有聲，沉沉睡去，洪年歡喜異常，蹲在艙中屏息而待。長卿一聦醒轉，還要稀飯。”(995頁)“瞓”字，《漢語大字典》已收，劉半農《車車夜水也風涼》：“我明朝情願登勒家裏糊塗一大瞓，再勿上當來車夜水勒乘風涼。”

自注："𥇖，睡之單位名，自入睡以至於醒，每一次曰一𥇖。時間長曰大𥇖，時間短曰小𥇖。"《漢語大字典》的語例偏後。"𥇖"字，《說文》作"㝛"，《說文》："㝛，臥驚也。"段注："《廣雅》：'㝛，覺也。'義相近。今江蘇俗語曰睡一㝛。"

陀

中華書局標點本《雲麓漫鈔》卷三："追念亂世，分土建邦，以開爭理。功戰日作，流血於野，自泰古始。世無萬數，陀及五帝，莫能禁之。"（43頁）此"陀"字爲延續、綿延的意思。或作"陁"、"迤"，古籍中作"施"字爲多。《大正藏》本《佛祖歷代通載》卷十九："源派廣迤，枝葉扶疎，而雲門、臨濟二宗，遂獨盛於天下。"（49/678/c）《詩·小雅·頍弁》："蔦與女蘿，施于松柏。"李斯《諫逐客書》："使西事秦，功施到今。"蓋"迤"或作"迱"，"陁"或作"陀"，"駝"或作"駞"，聲旁可互換。

動詞往往換旁為"扌"

因爲漢字體系中"扌"旁字往往表示動作，故俗寫往往是增旁或換旁爲"扌"。例如：《集成》清刊本《飛龍全傳》第五十六回："重進見張萬來得較近，按住了刀，摩弓搭箭，背放一矢。"（1378頁）按："弯"本是"彎"的俗字，因上文是動作，故增"扌"旁爲"摩"。《集成》清刊本《後宋慈雲走國全傳》第四回："身爲国家重望大臣，还不出力抿救君上過失，衹由国家顛倒，尸位素飧（餐），岂是忠良之輩?"（70頁）蓋"匡救"是個動詞，所以俗寫將"匡"字增加"扌"旁爲"抿"。《集成》清刊本《飛龍全傳》第十三回："當下小二請了來家，延進客房，來至柴榮炕前坐下，舉着三个指頭，將兩手六脉細細的抮了一翻，已自明白。”（316 頁）“抮”不能按正規字書去解釋，它是“診”的俗寫，蓋診斷是動作，故改旁作“抮”。《集成》清刊本《飛龍全傳》第十四回：“若你不給出錢來，把你的臭黑皮剝將下來搒鼓，才知我們的利害。”（342 頁）“搒”明顯是“繃”的俗字，從手、彭聲。

動詞“輪”或作“掄”。《集成》明刊本《南北宋志傳》卷十一：“〔呼延〕贊大怒，挺鎗躍馬，直取張吉。張吉輪刀來迎。”（504 頁）《集成》清刊本《北宋金鎗全傳》第二回：“〔呼延〕贊大怒，挺鎗直取張吉。張吉輪刀來迎。”（33 頁）同前第八回：“郭進揮兵衝入，敵烈輪刀迎之，兩馬相交，戰上二十餘合。”（131 頁）同様的文字，“輪”字，《楊家將》第九回作“掄”。《集成》清刊本《北宋金鎗全傳》第十二回：“呼延贊挺槍直取耶律沙，耶律沙輪刀來迎。”（185 頁）“輪”字，《楊家將》第十二回作“掄”。《集成》清刊本《北宋金鎗全傳》第二十五回：“蕭天佑大怒，挺鎗直奔岳勝，岳勝輪刀迎戰。”（396 頁）《北宋金鎗全傳》也見寫“掄”的，第四十七回：“右邊張達奮勇掄鎗救護，却被百花公主放起流星鎚，打中張達胸臆，一命須臾。”（748 頁）《龍龕手鏡・手部》：“掄：音輪，手轉也。又力昆反，擇也，一曰貫也。”（210 頁）可見“輪”字作動詞時，俗寫往往寫作“掄”。

《集成》清刊本《昇仙傳》第五十一回：“老道説：‘我的爷，你可屈死人了，我抵盜的東西已竟全承認了，难道还会昧下这宗銀子不成。老爷不信衹管播。’管家的果然叫小廝把老道的衣服剝去，播了一会，並皆没有。”（378 頁）這兩個“播”就是“翻”的俗字，蓋此“翻”是動詞，故改旁爲“扌”而作“播”。《集成》戚序本《紅樓夢》第六十一回：“小丫頭子們巴不得一聲，七手八脚搶上去，一頓亂播亂擲的。”（2313 頁）“播”即

“翻”的俗寫，今標點本《紅樓夢》作“翻”。

“毆”或作“摳”。《集成》清刊本《後宋慈雲走國全傳》第二回：“況及汝與龐家均屬御王親，怎能要他下馬回避，至相摳打死此奸权之子？是下官所欠解，請道其詳。”（30頁）同前：“生員即追赶上攔截，却被他家丁人衆摳打在地，幾乎性命不保。”（34頁）同前第四回：“于今陸國舅須（雖）然逃脫，陸丞相当殿摳奸，被執身亡，陸后幽禁外宮。”（61頁）“摳”字，即“毆”的俗寫，因毆打是動作，所以改旁爲“扌”作“摳”，上揭諸例，今標點本《後宋慈雲走國全傳》均作“毆”（劉樂泉，2002：320，321，331）。《集成》清刊本《後宋慈雲走國全傳》第五回：“致陸雲忠当殿摳君，大属不敬，有何可赦之例？”（92頁）同前：“賊臣胆大無礼！君前摳打国丈。且陸后父女有罪，当得処决。”（94頁）第二十二回：“今天倘两不倒相摳一場，那得結交爲異姓手足。”（419頁）“毆”或作“歐”，俗寫爲“摳”并不始於明清時代。可洪《新集藏經音義隨函錄》卷二十二音義《阿育王傳》卷一“摳我”條云：“上烏口反，擊也，正作毆。”“攴”與“扌”旁換用，來源甚早，戰國文字就有二者通用的，如“搏”或作“敷”，“揚”或作“敭”（何琳儀：1998）。《説文》：“揚，飛舉也。从手，昜聲。敭，古文揚，从攴。”秦漢文字中，“攴”、“手”換用有大量的例子（黃文傑：2008），説明一些俗寫也是具有非常久遠的歷史承傳，不可等閑視之。

《集成》明刊本《隋唐兩朝史傳》第六回：“是日，宰牛殺羊，插血同盟，痛飲一醉。”（67頁）同前第八回：“告于天地，刑牲插血，改元永平元年，自稱行軍元帥魏公府。”（90頁）“插”就是“歃”的俗寫。蓋歃血是個動作，在漢字體系的字形表達中，“扌”旁一般就是動詞，故“歃”換旁俗寫爲“插”。《集成》清刊本《二奇合刊》第十一回：“當天排下連房德共是十八個好漢，一齊跪下，拈香設誓，插血爲盟。”（335頁）《集成》

明刊本《隋唐兩朝史傳》第七十八回："是日又遣人來請和，帝許之，乃斬白馬，與頡利揷血誓盟於便橋之上，突厥遂引兵退。"（902頁）同前第八十四回："太子欣然從之，遂將金寶厚賂中郎將李安儼，使爲内應，邀同洋州刺史趙節、駙馬都尉杜荷數人，取酒揷血，割臂爲誓。"（928頁）同前第九十五回："即取白絹一幅，四人書名押字，揷血爲盟，死生不負所約。"（1109頁）"揷"當作"歃"字解，同書還有不少語例，不畢舉。

"戳"或俗作"擢"，《集成》明刊本《警世通言》卷三十七《王嬌鸞百年長恨》："方纔待行，則見黑地裏把一條筆頭槍，看得清，喝聲道：'着！'向尹宗前心便擢將來，扢折地一聲響。這漢是園牆外面巡邏底，見一個大漢，把條朴刀，跳過牆來，背着一箇婦女，一筆頭鎗擢將來。黑地裏尹宗側身躲過，一槍擢在牆上，正搖索那鎗頭不出。"（1522頁）"擢"字不能按正字去解釋，此是"戳"的俗字，蓋"戳"是動作，故俗寫從扌作"擢"。

〔主要參考文獻〕

（宋）趙彦衛．雲麓漫鈔．北京：中華書局，1996．
（遼）行均．龍龕手鏡．北京：中華書局，1985．
（明）顧起元．客座贅語．北京：中華書局，1987．
（明）王臨亨．粵劍編．北京：中華書局，1987．
（明）陸粲．庚巳編．北京：中華書局，1987．
（清）顧祿．清嘉錄．北京：中華書局，1983．
古本小説集成．上海：上海古籍出版社，1990—1995．
磧砂大藏經．北京：綫裝書局，2005．
高麗大藏經．河北省佛教協會影印．
中華大藏經．北京：中華書局，1984－1997．
續修四庫全書．上海：上海古籍出版社，2002．
何琳儀．戰國古文字典．北京：中華書局，1998．
黄文傑．秦至漢初簡帛文字研究．北京：商務印書館，2008．

蔣禮鴻. 蔣禮鴻集. 第六卷. 杭州：浙江教育出版社，2001.

劉樂泉主編. 中國古典名著——後宋慈雲走國全傳. 北京：京華出版社，2002.

孫兆霞等. 吉昌契約文書彙編. 北京：社會科學文獻出版社，2010.

王稼句. 蘇州文獻叢鈔初編. 蘇州：古吳軒出版社，2005.

王紹曾，宮慶山. 山左戲曲集成. 上海：上海古籍出版社，2007.

楊博文. 諸蕃志校釋. 北京：中華書局，1996.

曾　良. 俗字及古籍文字通例研究. 南昌：百花洲文藝出版社，2006.

The application of Chinese characters popular form pattern in the study of ancient documents

Zeng Liang

(College of Liberal Arts, Anhui University)

Abstract: There are a lot of popular forms in China ancient literature, these forms have a certain regularity. Take advantage of these laws, we can not only reduce the chance of errors in the study of ancient documents, but also can properly explain the meaning of these documents. Therefore, the Chinese characters popular form regular pattern have extensive application value in the study of ancient documents.

Key words: The study of ancient documents; popular form regular; application

（曾良，安徽大學文學院，郵編 230601）

高麗本《龍龕手鏡》疑難注音釋義劄考*

鄭賢章

内容摘要：論文對高麗本《龍龕手鏡》中存有的疑難注音釋義進行了研究，考證了35條疑難注音釋義。

關鍵詞：《龍龕手鏡》　字書　注音　釋義

遼代僧人行均所撰寫的《龍龕手鏡》是我國字書發展史上極爲重要、極具特色的一部字書。我們（2004）曾指出《龍龕手鏡》是一部以收集寫本佛經用字爲主，兼收一些字韻書及其他文獻中的字的字典。它不僅對漢語俗字的研究、佛經語言文字的研究、敦煌文獻的整理具有重要的價值，對漢語音韻研究、訓詁研究、辭書編撰也具有重要的參考價值。《龍龕手鏡》不僅收錄了大量罕見的疑難俗字，而且也收錄了大量疑難的注音與釋義。《龍龕手鏡》的注音釋義來源非常廣泛，疑難的注音釋義較多。以前我們比較多地研究了它的編撰方式、體例、引書及疑難俗字，對於其存有的疑難注音釋義研究不夠。本文想就這方面的問題展開探討，祈請方家指正。

1. 懲，直陵反。懲，盛也，又苦也，又心也。

按："懲"即"懲"字。《列子·湯問》："北山愚公者，年且

* 基金項目：國家社科基金項目"漢文佛典與歷代字韻書疑難字研究"(12BYY081)、湖南省社科基金項目"漢文佛典與中近古字韻書疑難字研究"(11JL05)。

九十，面山而居。懲山北之塞，出入之迂也。”殷敬順釋文引《韓詩外傳》云：“懲，苦也。”《廣韻·蒸韻》直陵切：“懲，戒也，止也。”《龍龕》“又心”二字應爲“忞”字誤拆。《説文·心部》：“懲，忞也。”“忞”可作“㤈”。《新集藏經音義隨函錄》卷六：“懲㤈，上直陵反，下魚吠反。”（K34，p833b）《新集藏經音義隨函錄》卷二十六：“用懲，直陵反，戒也，《新韻》云：盛也。非也。”（K35，p538a）《龍龕》“懲”訓“盛也”，見於《新集藏經音義隨函錄》所引《新韻》，不過，“懲”爲“盛也”，其他字韻未見，《新韻》訓“懲”爲“盛”，恐即“戒”之訛，可洪之説是。《龍龕》未辨，直接轉抄於此。當然，還有一種可能，“又心”乃“又止”之訛，“止”與“心”草寫近似易混。如“蕊”作“蓫”，可資比勘。

2. 憥，俗；憥，正，音勞，共心也。二。

按：《廣韻·豪韻》魯刀切：“憥，苦心皃。”《龍龕》“憥”訓“共心”，費解，疑爲“苦心”之訛。“苦”草寫可作“苦”，“共”草寫可作“共”。“苦”與“共”形體近似。此外，《重訂直音篇·心部》：“憥，音勞，惹也。”“惹”當爲“苦心”之誤合。

3. 莣，音亡，草名，似芋，皮可爲索也。

按：《廣韻·陽韻》武方切：“莣，《爾雅》曰：莣，杜榮。郭璞云：今莣草似茅，可以爲繩索履屩。”慧琳《一切經音義》卷十：“莣衣，無方反，莣草也。《爾雅》：莣，杜榮。注云：似茅，皮可以爲繩索履屩等。”（T54，p363b）《四分律名義標釋》卷二十六：“芒草：芒，應作莣，武方切，音忘，杜榮也，一名莣蔓。西域既有其草，江東亦多此類，形頗似荻，皮重若筍，體質柔弱，不堪勁用。郭璞曰：芒草似茅，皮可爲繩索。”（X44，p604b）《龍龕》“莣”言“似芋”，恐有誤，應爲“似茅”，茅”與“芋”形體近似。

4. 懇，可很反，懇惻，至誠也，又信也。又莫角反，美也。

按：《廣韻·很韻》康很切："懇，懇惻，至誠也，又信也。""懇"《龍龕》又"莫角反"，乃"懇"字，《新集藏經音義隨函錄》卷二十一："形懇，音皃，又莫角反，美也。"（K35, p314b)《廣韻·覺韻》莫角切："懇，《説文》：美也。"《説文·心部》："懇（懇），美也，从心，貇聲，莫角切。"

5. 憊，通；憊，正，蒲拜反，痼也。二。

按：《廣韻·怪韻》蒲拜切："㣬，病也，《説文》：㦤也。憊，同上。"《龍龕》"㣬"訓"痼也"。《廣韻·尤韻》："痼，病也，又息惡肉。""痼"所訓的"病"的意義與"㣬"訓"病"的意義不同。今疑《龍龕》"㣬"訓"痼也"有誤，應爲"病也"。"痼"爲"病"之誤。日本活字本《龍龕》作"病也"，是，

6. 慤，之芮反，卜問吉凶也。

按：《説文·心部》："慤，謹也，从心，㱿聲，讀若毳。"此"慤"本有的音義，《龍龕》"慤"訓"之芮反，卜問吉凶也"，乃"𣪠"字。《説文·心部》："𣪠，楚人謂卜問吉凶曰𣪠，从又持祟，祟亦聲，讀若贅，之芮切。"我們懷疑《龍龕》誤將"𣪠"的音義抄於"慤"下了。

7. 𢙣，俗；㤅，正，音愛，惠也，又香嚴俗音氣，

按：《説文·心部》："㤅，惠也，从心，旡聲。"《廣韻·志韻》烏代切："㤅，惠也。""㤅"《龍龕》引香嚴音氣，乃"炁（氣）"字，《廣韻·未韻》去既切："炁，同氣，出道書。"

8. 㤂，今邑反。

按："㤂"音"今邑反"，乃"急"字，《廣韻·緝韻》居立切："急，急疾，《説文》作㤂，褊也。""㤂"音"今邑反"，乃入聲，《龍龕》放置去聲區，有誤。

9. 耑，音端，末也，卜也，亦正也。

按：《廣韻·桓韻》多官切："耑，《説文》曰：物初生之題也，上象生形，下象其根也。"《玉篇·山部》："耑，丁丸切，《説

文》云：物初生之題也，上象生形，下象生根也。《廣雅》云：耑，末也，小也。今爲端。”《龍龕》“耑”訓“卜”，“卜”，四庫本作“十”，根據《玉篇》所引《廣雅》，疑爲“小”字之訛，《龍龕》“耑”訓“正”，與“端”同。

10. 𡼭，徒朗反。

按：“𡼭”即“蕩”字，構件“艸”與“屾”近似易訛。如“莫”作“𡺸”，可資比勘。《四聲篇海・山部》：“𡼭，徒朗切，山名。”《字彙補・山部》：“𡼭，徒朗切，音蕩，山名。”《四聲篇海》、《字彙補》以“𡼭”從“屾”，故望形生訓釋義爲“山名”，不知“𡼭”即“蕩”字之訛也。

11. 㠳、𡻝，音煮，二同。

按：“㠳”可見於佛典。《新集藏經音義隨函錄》卷二十九：“崤縣，上戶交、戶高二反，山名，在弘農。或作嶆，音豪，山名，在黽池，正作崤也。詳文意，崤縣在甘棠左側，但今改名耳。《川音》作㠳，音煑，非也。據此字，即是崤字悮矣。”(K35，p686c)《新集藏經音義隨函錄》引《川音》“㠳”音“煑”，與《龍龕》所論同，根據《新集藏經音義隨函錄》，“㠳”本爲“崤”字之訛，“㠳”讀“煑”，乃俗讀。《海篇・山部》：“㠳，山名。”未指出“㠳”訓“山名”，乃“崤”之訛。

12. 嶲，俗；𡿜，通；巂，正，息委反，越巂，郡名。下一又戸圭反，獸名，似馬一角。三。

按：《廣韻・紙韻》息委切：“巂，越巂郡。”“巂”《龍龕》又音“戸圭反”，訓“獸名，似馬一角”，此乃“驨”字，《廣韻・齊韻》戶圭切：“驨，似馬一角。”

13. 𡶛，洗、里二音。

按：“𡶛”即“葈”。《紹興重雕大藏音》卷二：“葈，息里反。”(C059，p522c)《新集藏經音義隨函錄》卷十八：“麻葈，心里反。”（K35，p219a）“𡷨”即“菒”之訛，構件“艸”與“山”近似易訛。“𡷨”《龍龕》讀“洗、里二音”，疑有誤。“洗、里二音”應爲“洗里反”誤拆，“洗里反”與“息里反”同。

14. 𣱲，古文，普拜反。

按：“𣱲”音“普拜反”，疑即“𠂢（派）”字。《説文·𠂢部》：“𠂢（𠂢），水之衺流別也，从反永。”《龍龕·雜部》：“𣱲，古拜反，分流也。”從意義上看，“𣱲”訓“分流也”，與“𠂢（派）”同。《龍龕·山部》“𣱲”音“普拜反”，與“𠂢（派）”音同。《龍龕·雜部》“𣱲”音“古拜反”，費解，疑有誤，蓋爲“古文，普拜反”之脱訛。

15. 韜、韜，二俗，他刀反，正作韜，藏也。

按：“韜”、“韜”即“韜”字。《廣韻·豪韻》土刀切：“韜，藏也，寬也，《説文》曰：劒衣也。”“韜”與“韜”音義皆同。《新集藏經音義隨函録》卷26：“豈韜，他刀反，藏也，正作韜也，又苦感反，悮。”（K35，p556a）《新集藏經音義隨函録》“韜”作“韜”，此爲明證。《龍龕》“韜”不能言“正作韜”。“正作韜”乃“正作韜”之訛，“韜”應爲“韜”。

16. 軝，巨支反，藥草。

按：“軝”即“軝”字。《廣韻·支韻》巨支切：“軝，《説文》曰：長轂之軝以朱約之，《詩》曰：約軝錯衡。”《龍龕》“軝”訓“藥草”，有誤。“軝”從“車”不當有此訓。《廣韻·支韻》巨支切：“芪，藥草。”由於“軝（軝）”與“芪”音同，在韻書中常緊挨排列。《龍龕》誤將“芪”的意義抄至“軝”字下了。

17. 𨏔、䡨，二或作；𨏔，今，音柴，連車，一曰却連柩堂也。又七移反。三。

按：“𨏔”即“䡨”。《説文·車部》：“䡨（䡨），連車也，一曰却車抵堂爲⿱𦍌車。”《廣韻·佳韻》士佳切：“⿱𦍌車，連車也，一曰却車抵堂也。”《廣韻·脂韻》疾資切：“⿱𦍌車，連車，又七茨切，又士佳切。”《龍龕》“却連柩堂”一語不通，乃“却車抵堂”之訛。“⿱𦍌車”《龍龕》音“七移反”，《廣韻》音“七茨切”，一屬於支韻，一屬於脂韻。

18. 轒，《經音義》作轒，扶分反，兵車名，經文是比丘名，在《七女經》中，郭氏又俗胡罪反。

按：慧琳《一切經音義》卷五十五所收玄應《七女經》音義：“羅轒，（轒）扶分反，字比丘羅轒，經文從貴作⿰車貴，非也。”（T54，p0674a）此即《龍龕》所本。不過，《經音義》所見經文作“⿰車貴”，《龍龕》作“轒”，形體稍微不同。吴月支國居士支謙譯《佛説七女經》：“第一女字羞耽，第二女字須耽摩，第三女字比丘尼，第四女字比丘羅輜，第五女字沙門尼，第六女字沙門密，第七女字僧大薩耽，常以佛正法齋戒布施。”（T14，p0908a）“比丘羅輜”，宋、元、明、宮本作“比丘羅轒”。《龍龕·車部》“轒”言“經文是比丘名”，其實“比丘羅⿰車貴（轒）”並非比丘名，根據佛經，“比丘羅⿰車貴（轒）”乃國王機惟尼的第四個女兒的字，《龍龕》誤解了玄應《七女經》音義“字比丘羅轒”一語。“轒”，《龍龕》引郭氏音“胡罪反”，疑爲“輠”字，《廣韻·賄韻》：“輠，車轉之貌，胡罪反。”“轒”讀“胡罪反”，與“輠”音同。

19. 軳，薄毛反，戾也，又車軩也。

按：《廣韻·豪韻》薄褒切：“軳，戾也，又車軫也。”《集韻·豪韻》蒲褒切：“軳，車軫，一曰戾也。”《龍龕》“車軩”乃“車軫”之訛。

20. ⿰車丑，俗，女之反。

按：“⿰車丑”在《龍龕》上聲區，音“女之反”有誤，四庫本作“女久反”，是。在佛經中，“⿰車丑”乃“軸”，《蓮邦詩選》卷一："好將金字寄金蓮，一句彌陀猛著鞭，從頭颺下閒傢俱，車⿰車丑花中占一單。"（X62，p. 804a）"車⿰車丑"即"車軸"。《西舫彙征》卷二："畫西方變相一⿰車丑。"（X78，p377a）《佛祖統紀》卷二十八："畫西方變相一軸。"（T49，p282b）"⿰車丑"即"軸"之訛。《龍龕》"⿰車丑"音"女久反"，與"軸"音不同，蓋另有所指。

21. ⿰車區，舊藏作轉。

按："⿰車區"即"⿰車區"，"⿰車區"，見於《新集藏經音義隨函錄》，即"驅"字之俗，《新集藏經音義隨函錄》卷二十八、《續高僧傳》卷三十："驅轉革，上丘禹反，中知兗反，下古厄反，改也，驅屬上句，《川音》作⿰車區，彼悮。"（60/499c）《新集藏經音義隨函錄》引《川音》"驅"作"⿰車區"。"驅"蓋收下字"轉"的影響類化换旁從"車"而寫成了"⿰車區"。唐·釋道宣撰《續高僧傳》卷30："唄匿之作，沿世相驅，轉革舊章，多弘新勢，討覈原始，共委漁山。"（T50，p0706a）根據經文，"驅轉革"的確應如可洪所説應該屬於上句。據此，我們懷疑《龍龕》所言"⿰車區，舊藏作轉"有誤，應該是"⿰車區，舊藏作驅"，再者"轉"如作"⿰車區"的話，形體上也不好解釋，應該根據《新集藏經音義隨函錄》所引《川音》加以校正。

22. 軓，音犯，車軾前也，一曰車當前軓也。

按：《廣韻·梵韻》防錽切："軓，《説文》云：車軾前也。《周禮》曰：立當前軓。"《龍龕》"軓"訓"車當前軓"，誤。《廣韻》引《周禮》作"立當前軓"，乃爲"軓"訓"車軾前"所舉的例子。《龍龕》將"立當前軓"抄錯，並誤爲一個義項。

23. 輟，知劣反，止也，謂止己惠他也。又陟税反，小車缺也。

按：《廣韻·錫韻》郎擊切："輟，車小缺也。"《廣韻·薛韻》陟劣切："輟，止也，已也。"慧琳《一切經音義》卷六十：

“輟已，上轉劣反，鄭注《論語》云：輟，止也，止已所用惠施他人。從車、發聲，叕音同上。”（T54，p710b）《龍龕》“止已惠他”，即《一切經音義》“止已所用惠施他人”。

24. ⿰镸母，蕃、母二音。

按：“⿰镸母”疑即“髯”字之訛。《新集藏經音義隨函錄》卷二十一：“多⿰镸冄，如瞻、如焰二反，頷毛也，正作⿰镸冄（髯）也。《川音》作⿰镸母，母、蕃二音，並非也。”（K35，p333c）“⿰镸母”，《新集藏經音義隨函錄》引《川音》讀“母、蕃二音”，與《龍龕》所注同。“⿰镸母”當即“⿰镸冄（髯）”字之訛。由於“⿰镸冄（髯）”訛作成“⿰镸母”，而“⿰镸母”在形體上從“母”得聲，故俗音隨形變讀爲“母”。

25. ⿰镸甘，俗，鉗、紺二音。

按：《新集藏經音義隨函録》卷七《大佛名經》卷六：“⿱髟甘求，上祁閻反，⿱髟犬美也，持也，辟支佛名也，今宜作⿰镸爭、⿱髟曰二形，莫顔反。又郭氏作紺、鉗二音。又《玉篇》音紺。”（59/839c）根據《新集藏經音義隨函録》，“⿱髟甘求”之“⿱髟甘”本爲“鬘”字。“⿱髟甘”，《新集藏經音義隨函録》又引郭氏音“鉗”、“紺”。很顯然，“⿱髟甘”郭氏讀“鉗”、“紺”，與《龍龕》“⿰镸甘”讀“鉗”、“紺”同。《玉篇·髟部》：“⿱髟今，古暗切，青⿱髟今。”《集韻·鹽韻》其淹切：“⿱髟今，去髮著鉗之刑。”《集韻·勘韻》古暗切：“⿱髟今，髮青紺色。”“⿰镸甘”、“⿱髟甘”與《集韻》“⿱髟今”的兩音正同，“⿰镸甘”、“⿱髟甘”即《集韻》“⿱髟今”字。

不過，“⿱髟今”不見於《説文》。《玉篇》衹有一音一義，唐代的郭迻有兩音，《集韻》有兩音兩義，我們認爲“⿱髟今”音“其淹切”時實際上即“鉗”的後起俗字，而“⿱髟今”音“古暗切”時實際上即“紺”的後起俗字。《新集藏經音義隨函錄》卷二十五：“作⿱髟甘，與鉗同也。”（K35，p490a）慧琳《一切經音義》卷五十五：“髡鉗，口昆反，下巨炎反，《説文》：髡，剃也，鉗，束鐵在頸者也，經文作⿱髟甘，非也。”（T54，p675a）《生經》卷五：“爾時梵志草驢駝者，今此比丘授新學比丘猗籌者是；髡鉗惡奴，新比丘心懷惡依猗籌緣是劫盜者是也。”（T03，p104b）“髡⿱髟甘”即“髡鉗”，“⿱髟甘”即“鉗”字。“鉗”蓋受上字“髡”的影響類化換旁從“髟”而作“⿱髟甘（⿱髟甘）”。“⿱髟甘（⿱髟甘）”音“鉗”即“鉗”在表示“去髮著鉗”時的後起俗字。佛經中有“紺髮”一詞。“紺”蓋受下字“髮”的影響類化換旁從“髟”而作“（⿱髟甘）”。《福蓋正行所集經》卷十二：“美妙分明，圓滿無減，紺髮右旋，如蜂黑潤。”（T32，p745a）“⿱髟甘（⿱髟甘）”即“紺”在表示“髮青紺色”時的後起俗字。

26. ⿰镸攴，《江西隨函》音以長反，⿰镸攴舉。郭氏又俗音徒亂反。

按：“⿰镸攴”音“以長反”，訓“舉”，即“揚”字，《重訂直音篇·髟部》：“⿰镸攴，揚同，⿰镸攴舉也。”《廣韻·陽韻》與章切：“揚，舉也，説也，導也，明也。”“⿰镸攴”，《龍龕》又引郭氏音“徒亂反”，即“段”字。《新集藏經音義隨函録》卷十三《佛説苦陰因事經》：“⿰𠂤殳、段，二同，徒亂反，悞。”（59/1035b）《佛説苦陰因事經》：“或著鐵釜中，或段段割之，或利叉手刺之。”（T01，p0850b）《新集藏經音義隨函録》“⿰𠂤殳段”即經文中的“段段”，其中“⿰𠂤殳”即“段”字之訛。“⿰镸攴”，音“徒亂反”，與“段”的俗字“⿰𠂤殳”形體近似。詳細考證可参拙著《〈郭迻經音〉研究》。

27. ⿰镸𡿺，音惱，長軟也。

按：“⿰镸𡿺”即“⿱髟𡿺”。“⿰镸𡿺（⿱髟𡿺）”不見於《龍龕》之前的字韻書，疑爲“⿰镸兆”字。《龍龕·長部》：“⿰镸兆，惱、道二音，髮長皃。”《廣韻·皓韻》奴晧切：“⿰镸兆，⿰镸夭⿰镸兆，長皃。”“⿰镸𡿺（⿱髟𡿺）”與“⿰镸兆”音同，意義也相近。“⿰镸𡿺（⿱髟𡿺）”又作“⿱髟𡿺”。《集韻·晧韻》乃老切：“⿱髟𡿺，髮皃。”“⿰镸𡿺（⿱髟𡿺）”所謂“長軟”，疑指頭發長軟，即《集韻》“髪皃”之義。

28. [illegible]，補救反，忽見也。

按：“[illegible]”即“鬏”字。《説文·髟部》：“[illegible]，髲也，忽見也。”《玉篇·髟部》：“鬏，補牧切，忽見也。”《龍龕》“[illegible]”音“補救反”，不詳，疑即《玉篇》“補牧切”之訛。“[illegible]”，《集韻》音“博木切”、“芳未切”，“補牧切”與“博木切”同。反切下字“牧”草寫可作“[illegible]”，“救”草寫可作“[illegible]”。“[illegible]”與“[illegible]”近似。

29. 閑，音閑，習也，法也。

按：“閑”即“閑”字之俗。《廣韻·山韻》戶間切：“閑，闌也，防也，禦也，大也，法也，習也，暇也。”“閑”與“閑”音義同。《異體字字典》引《重訂直音篇·門部》：“閑，暇也，散也，遮攔也，閑，同上。”不過，《漢語大字典》、《異體字字典》均未將訓“習也，法也”的“閑”當作“閑”，不妥，其實訓“習也，法也”的“閑”也是“閑”字。

30. 閶，俗，田、塞二音。

按：“閶”疑即“闐”字之訛。慧琳《一切經音義》卷三十四：“闐闐，又作填，同，徒堅反，《詩》云：振旅闐闐，言盛皃也，亦群行聲也。”（T54，p534a）“閶”音“田”，與“闐”音同形近。“閶”《龍龕》又音“塞”，來源不詳。我們懷疑“塞”應是“閶”的意義，非讀音。“閶”同“闐”，而“闐”可訓“塞也”。慧琳《一切經音義》卷六十三：“闐噎，上音田，《毛詩》云：振旅闐闐也。《文字典説》云：塞也，從門，真聲。”（T54，p728b）《龍龕》誤將“閶（闐）”的意義“塞”當作了注音。

31. 閜，烏可反，閜砢，欲傾皃。又許賈反，大笑也。

按：《廣韻·哿韻》烏可切：“閜，閜砢，欲傾皃，烏可切。”《龍龕》“閜砢”即《廣韻》“閜砢”。“閜”《龍龕》訓爲“閜砢，欲傾皃”，與“閜”字同。《文選·司馬相如〈上林賦〉》：“崔錯登骫，坑衡閜砢。”李善注引郭璞曰：“閜砢，相扶持也。”此“閜砢”别爲一義。《廣韻·馬韻》許下切：“閜，大裂。”“閜”《龍龕》何以訓爲“大笑也”呢？此時的“閜”同“啁”。《廣韻·馬韻》許下切：“啁，大笑。”“閜”《龍龕》音“許賈反”，訓“大笑也”，與“啁”音義皆同，

32. 闟，許及反，戟多也。又俗音闒。

按：《廣韻·緝韻》許及切：“闟，戟名曰闟。”《龍龕》“闟”訓“戟多”，疑有誤。根據《廣韻》，應爲“戟名”。“多”爲“名”字之訛。“闟”又音“闒”，即“闒”字之俗。《紹興重雕大藏音》卷三：“闒、闟，上一正，並託合、徒盍二反。”（C059，p539c）

33. 剾剅，上烏侯、苦侯二反，下音頭，剾剅，刀開物剜裹也。又足筋也。

按：《廣韻·侯韻》度侯切：“剅，剾剅，足節，又刀剜物。”《廣韻·侯韻》恪侯切：“剾，宛裹也，又乙侯切。”《宗鑑法林》卷三十五：“分明剾却世人眼，更問世人乞眼睛。”（X66，p494b）P2011《王仁昫刋謬補缺切韻·侯韻》：“剅，剾剅，足筋，又剜刻。”《龍龕》“剾剅”訓“足筋”，與寫本《切韻》同。《廣韻》“足節”或爲“足筋”之訛。日本活字本、四庫本《龍龕手鑑》作“足封”。

34. 剎，剎，舊藏作郗，音丑脂反。

按：“剎”音“丑脂反”，即“郗”字之訛，《廣韻·脂韻》丑飢切：“郗，邑名，又姓。”慧琳《一切經音義》卷八十八：“郗超，上恥尼反，人姓名也，傳作剎，誤也。”（T54，p869c）《一切經音義》“郗”作“剎”，“剎”蓋即“剎”字，《紹興重雕大藏音》卷1：“刜，郙正。”（C059，p515a）“郙”作“刜”，可資比勘。中國臺灣《異體字字典》將《龍龕》“剎”當作“刼”，有誤。“剎”音“丑脂反”，與“刼”音不同。

35. 刘，音離。

按：慧琳《一切經音義》卷八十二："剞劂，上音奇，下音厥。"（T54，p840a）《紹興重雕大藏音》卷一："剞，居綺反，又羈音。"（C059，p515a）《正字通・刀部》："剞，古兮切，音雞，《説文》：剞劂，曲刀。"《集韻・紙韻》舉綺切："剞，《説文》：剞劂，曲刀也，或作刘。""剞"作"曲刀"時，《一切經音義》讀爲"奇"，《正字通》音"雞"，《集韻》讀爲"舉綺切"。"剞"作"曲刀"時，《集韻》言或作"刘"。"刘"同"剞"作"曲刀"時，也應可讀"雞"，《龍龕》"刘"音"離"，來源不明。"音離"恐即"音雞"字之訛。

從上述可知，加强字書中的疑難注音釋義研究是十分必要的。限於篇幅，論文衹考證了35條《龍龕手鏡》中的疑難注音釋義，意在抛磚引玉。

〔主要參考文獻〕

可洪．新集藏經音義隨函錄．中華大藏經．第59、60册．北京：中華書局，1984—1996.

行均．龍龕手鏡．北京：中華書局，1985.

（日）大正藏刊行會．大正新修大藏經．臺北：新文豐出版公司，1996.

漢語大字典編輯委員會．漢語大字典．第二版．珍藏本．成都/武漢：四川辭書出版社/崇文書局，2010.

鄭賢章．龍龕手鏡研究．長沙：湖南師範大學出版社，2004.

鄭賢章．新集藏經音義隨函錄研究．長沙：湖南師範大學出版社，2007.

Textually Researching on Debatable and Difficult Phonetic Notations and Interpretations of Longkan Shoujing (《龍龕手鏡》) of the Korea version

Zheng Xianzhang
(School of Chinese Language and Literature, Hunan Normal University, Changsha 410006, China)

Abstract: This paper studied on debatable and difficult phonetic notations and interpretations of Longkan Shoujing (《龍龕手鏡》) of the Korea version, and researched on 35 difficult phonetic notations and interpretations.

Key words: Longkan Shoujing (《龍龕手鏡》); Wordbook; Phonetic notations; Interpretations

(鄭賢章，湖南師範大學文學院，郵編 410081)

陸德明《禮記音義》校注拾遺*

沈紅宇　葉桂郴

内容摘要：今本陸德明《釋文》之《禮記音義》第十一卷和第十四卷，有迄今所見最早的敦煌寫本殘卷 BD.09523 和藏於日本興福寺的寫本殘卷可相對照。前賢曾據此二種作過校勘，但仍有進一步研究之必要。本文中“蚩”、“朓”、“緦”和“錮”諸字音注的校勘，其意義在於竭力恢復曾經後人改動的《釋文》原貌，從而更深刻地認識陸德明著書的體例和意圖，對《釋文》的音韻研究有一定的意義。

關鍵詞：陸德明　經典釋文　禮記音義　音義匹配　校注

一　材料與範圍

（一）BD.09523《禮記音義》殘卷

敦煌寫卷，原編號爲殷 44，今已統編爲 BD.09523，藏於國家圖書館而未公佈。陸志韋①認爲是陸德明《經典釋文·禮記音義》之殘片。内容爲《釋文》卷第十一之《禮記音義》之一，包

* 本文是國家社科基金重大項目“《經典釋文》文獻語言研究”（編號 14ZDB097）、湖南省社科基金青年項目“陸德明《禮記音義》研究”（編號 13YBA254）、國家社科基金青年項目“陸德明《周易》、《詩經》二書釋文音韻比較研究”（編號 10CYY025）和安徽大學研究生學術創新研究項目的成果。

① 陸志韋．古反切是怎樣構造的．中國語文，1963（5）：349—385.

括《檀弓第三》之“玉從”條注“又如字”之“又”，至《檀弓下第四》“入見”條。許國霖《敦煌石室寫經題記與敦煌雜錄》有排印本書影，張金泉、許建平據此作过校記①。後許建平見到藏於國家圖書館内之原寫卷，發現排印本錄文有一些訛誤，故又作跋補正②。

（二）日本奈良興福寺藏古鈔本《禮記音義》殘卷

藏於日本奈良興福寺之卷子裝古鈔本，内容爲《釋文》卷第十四之《禮記音義》之四，起自《中庸》至《昏義》的内容，存14紙。根據日本學者的研究，此本抄寫于太平勝寶年間（749—757年），一般認爲“反映了唐代初期的《經典釋文》原貌”③。故黄華珍説：“本殘卷即便不是唐鈔本，也當是模仿唐鈔本且模仿得相當巧妙的奈良鈔本”④。狩野直喜作過校勘，黄焯參考並吸收了部分校勘成果。但因狩野没有見到宋本《釋文》，其校勘仍有不足之處，後黄華珍又重新校勘。但黄華珍的校勘僅僅限於記錄異文，校訂誤字，没有對音韻地位相同的的異文作出是非判定。

以上兩種爲迄今所見《禮記音義》的最早本子，存在錯字、漏字、重複、串列等問題，但錯字大多涉及形訛。如BD.09523“弔”誤作“予”，“巳”誤作“己”，“于”誤作“子”等；興福寺鈔本徐邈之“徐”誤作“除”，“中庸”誤作“中康”，“庶”誤作“度”等。雖有如此明顯的錯誤，但並不説明此本没有價值，

① 張金泉，許建平. 敦煌音義匯考. 杭州：杭州大學出版社. 1996：99—111.

② 許建平. BD.09523禮記音義殘卷跋. 敦煌研究，2003（2）：74—78.

③（日）河野貴美子. 關於興福寺本《經典釋文》以及《講周易疏論家義記》. 首屆南京大學域外漢籍研究國際學術研討會論文集. 北京：中華書局，2009：533.

④ 黄華珍. 日本奈良興福寺藏兩種古鈔本研究. 北京：中華書局，2011：304.

反而可知古人對它們校勘不多，因而刻意改動的成分較少，正可據以推測《釋文》原貌，故有較高的文獻價值。今以兩種殘卷内容，對照今本《釋文》第十一卷和第十四卷（若無特殊説明，文中所稱今本指當今所常見的通志堂本和宋元遞修本。宋元遞修本簡稱宋本。後括弧内數字爲該書頁碼。），並參照前賢校記，拾遺補缺，爲作是篇。

二 校正

（一）蚩

《禮記·檀弓》“子遊曰：知禮。”《注》：“嗤之”。通志堂本《釋文》（169）“嗤：昌之反”。宋本《釋文》（664）“蚩：昌之反”。BD.09523：“蚩：尺之”。

首先，是字頭作“蚩”還是作“嗤”的問題。黄焯校云：“段（玉裁）云：‘作蚩是也。下蚩兄死者音正無口傍。撫本作嗤，非。今各本注亦誤’”①。所云“下蚩兄死者”，指的是《禮記·檀弓下》“成人有其兄死而不爲衰者，聞子皋將爲成宰，遂爲衰。成人曰：‘蠶則績而蟹有匡，範則冠而蟬有緌，兄則死而子皋爲之衰。’”鄭《注》：“蚩兄死者……”古“蚩”常被假借爲“嗤”，指嘲笑，譏笑。如《後漢書·明帝紀》：“自今若有過稱虚譽，尚書皆宜抑而不省，示不爲諂子蚩也”。晉葛洪《抱朴子·刺驕》：“而茅蓬不能動萬鈞之鏗鏘，侏儒不能看重仞之弘麗，因而蚩之，謂爲凡憒”。《禮記》此二“蚩”皆爲此用。則《檀弓上》之鄭《注》及《釋文》音義可能本都作“蚩”字。不然，宋本、BD.09523及《檀弓下》不會這麼一致。

---

① 黄焯. 經典釋文匯校. 北京：中華書局，1980：125.

其次，是“蚩”之音注問題。許國霖刻錄爲“人之”[1]。張金泉等校曰：“‘蚩’爲穿紐字，‘人’則日紐字，不合。徐本（筆者按，即徐乾學通志堂本）作‘昌之’，‘昌’亦穿紐字”[2]。後許建平見到原寫卷，才知許國霖誤錄，寫卷並不作“人之”，而爲“尺之”。筆者認爲，今本與寫卷“昌之反”與“尺之”反之異，於理皆通，但必有其一非陸德明原本。王三（北京故宫博物院藏宋跋本《王仁昫刊謬補缺切韻》）“蚩”作小韻字，音“尺之反”，用字與 BD. 09523 同。其餘可校對的唐五代韻書，如王一（伯 2011）、切二（斯 2055）、切三（斯 2071）等亦作小韻字，皆音“赤之反”。尺、赤爲同音字。因此，可推斷，隋唐時“蚩”作爲小韻字，其反切是以“尺”音（赤同音）爲切上字的。《釋文》原本亦當作“尺之反”，“尺”形訛爲“人”，“人”與“蚩”之聲母不合，故後人改爲以“昌”作切上字。許國霖刻錄出現的錯誤，或許是陸德明之後的中古時代同樣錯誤的重現。

今通志堂本《釋文》“蚩”凡四見，其中指蚩尤者二處，注“尺之反”；用於“蚩蚩”指敦厚貌者一處，亦注“尺之反”；另一處亦指嘲笑，即“蚩兄死者”，注“昌之反”（通志堂本 173）。“嗤”凡二見，皆指嘲笑，除此《檀弓上》注“昌之反”外，《左傳·文公二年》“晉人謂秦拜賜之師”，《注》“以孟明言‘三年將拜君賜’，故嗤之”音“尺之反”。黄焯[3]校云：“宋本及北宋本作蚩。阮云，案杜氏所用古字也”。此通志堂本之二“嗤”，宋本皆作“蚩”，而無“嗤”。通志堂本“蚩”“嗤”的“昌之反”都是出現在《釋文》第十一卷中。故其訛誤線索可推斷爲：先是

① 許國霖．敦煌石室寫經題記與敦煌雜錄（《敦煌叢刊初集十》）．臺北：新文豐出版公司，1985：251.

② 張金泉，許建平．敦煌音義匯考．杭州：杭州大學出版社．1996：103.

③ 黄焯．經典釋文匯校．北京：中華書局，1980：160.

《禮記音義》中二處音注“尺之”誤爲“人之”，後校改爲“昌之”，而字作“蚩”不誤。後又改“蚩”爲“嗤”而未盡，故致字形、反切參差。音義匹配當爲蚩（嗤），尺之反，嗤笑。

（二）肫

《禮記·中庸》“肫肫其仁”。《注》：“肫肫，讀如誨爾忳忳之忳。忳忳，懇誠貌也。”通志堂本（209）、宋本（824）《釋文》“肫肫：依注音之淳反，懇誠貌。”興福寺本作：“依注音忳，之淳反，懇誠貌”。

考《釋文》全書，通志堂本“依注音”共110次，有四種情況形式：“（某）依注音某，某某反”，直音“音某”後的反切爲不主名格式，共64次；“（某）依注音某”格式，直音後無反切，共44次；“依注音某某之某”形式，1次；“依注音某某反”1次。可以看出，前兩種格式處於絕對優勢，尤其是第一種。而此處討論的“肫”字注音屬於孤見的第四種形式，可疑。該字的音義注，興福寺本於“之淳反”前有“忳”字。黃焯[1]、黃華珍[2]皆已校出而未辨明是非。《釋文·序》“今三《禮》俱以鄭爲主”，則這裏的“依注音”即依鄭《注》作音。鄭《注》已明確讀此“肫”爲“忳”之假借，則陸氏原書當出本字“忳”。又《集韻》忳，朱倫切，有懇誠貌一義，字又通作肫。《集韻》或源於此。

故綜合考察“依注音”在《釋文》全書中的體例及其釋義，陸氏原本當以直音“忳”出本字以明假借，依興福寺本爲上。音義匹配爲忳，之淳反，懇誠貌，並非肫字本有此義。

（三）緦

《禮記·問喪》：“《禮》曰：‘童子不緦，唯當室緦。’緦者其

---

① 黃焯. 經典釋文匯校. 北京：中華書局，1980：143.

② 黃華珍. 日本奈良興福寺藏兩種古鈔本研究. 北京：中華書局，2011：315.

免也，當室則免而杖矣”。《注》：“……緦者其免也，言免乃有緦服也”。通志堂本（213）、宋本（839）《釋文》：“不緦：音思，謂緦服也”。興福寺本作“不緦：音絲，謂緦服也”。

黄焯[①]、黄華珍[②]於此條目及注皆只校版本差異，未定正訛。思、絲皆心母之韻字，音同。從音理上講，此二直音皆不誤。然孰爲陸氏原意？筆者認爲，興福寺本“音絲”者爲上。陸德明所釋“緦”爲“謂緦服也”取意于鄭《注》，其音切亦與鄭《注》相關。

“緦”在三《禮》中出現多次，然鄭玄特爲其作注者並不多，陸氏注音亦僅三處。下面是本文所討論之外的兩條注音及相關材料。

(1)《儀禮·喪服》“緦麻三月者”。《注》：“緦麻，緦布衰裳而麻絰帶也……”[③] 通志堂（154）、宋本（604）《釋文》：“緦麻：音絲”。

《儀禮·喪服》：“傳曰：緦者，十五升抽其半，有事其縷，無事其布，曰緦”。《注》：“謂之緦者，治其縷，細如絲也。或曰有絲。朝服用布，何衰用絲乎？”[④]

(2)《禮記·檀弓上》：“從母之夫，舅之妻，二夫人相爲服，君子未之言也。或曰：同爨緦”。《注》：“……以同居生緦之親，可”。孔穎達《疏》：“…既而同爨而食，合有緦麻之親。此皆據緦麻正衰，非弔服也，故云相爲服”。通志堂本（169）、宋本（664）《釋文》：“爨緦：上七亂反，下音絲”。

---

① 黄焯. 經典釋文匯校. 北京：中華書局，1980：146.

② 黄華珍. 日本奈良興福寺藏兩種古鈔本研究. 北京：中華書局，2011：337.

③ 今本注内删下緦字，據段玉裁《説文解字注》正。

④ 此二條爲不間斷上下文，陸德明衹以首次出現該字的“緦麻”爲條目注音，故合併爲一條。

緦指細麻布，多用來製作喪服；也是古喪服名，爲五種喪服之最輕者，由親緣較疏遠者服之，服喪三個月；故又指較疏遠的親屬關係。上文之“緦”，分別爲這幾個意思，陸德明皆注“音絲”。鄭注《喪服》时还强調“緦”之得名源于“細如絲”，故陸氏以“絲”爲“緦”注音，以音明義。

《釋文》全書“緦”另有注“音絲”、“音思”、“息詞反”各一處，音同形異。“音思”、“息詞反”皆爲《春秋谷梁傳音義》音注，當與《釋文》始單刊單行，後合訂行世，各經音義曾有不同的刊定相關。

(四) 錮

《禮記·問喪》“然則禿者不免，傴者不袒，跛者不踴，非不悲也，身有錮疾，不可以備禮也”。通志堂本（213）、宋本（838）《釋文》：“有錮：音故”。興福寺本作“音固”，“錮”“固”二字口的末筆未封口。

從音理上來講，故、固二字音同。然陸氏作書，必爲其一，此是則彼非。筆者以興福寺本爲陸氏原意。原因如下：

1. 固、錮爲同音同源詞，錮源於固，錮疾即固疾、頑疾

固、錮爲同源詞①。固，《説文》四塞也。引申出堅固之義。《詩經·小雅·天保》“亦孔之固”，《傳》：“固，堅也”。亦有久義。《國語·晉語》“臣固聞之”，《注》：“固，久也”。

錮，《説文》鑄塞也。《急就篇》顔師古《注》：“錮者，鑄而補塞之，令其堅固也”。《資治通鑒》卷十四“釋之曰：使其中有可欲者，雖錮南山猶有隙”，《注》“錮音固，冶銅鑄塞以爲固”。冶金使堅固而持久，爲之錮，錮源於固。錮字之聲符兼表義，聲符顯示詞的源義素“堅久”。則錮疾即固疾、堅久之疾。《漢書·賈誼傳》：“失今不治，必爲錮疾。”顔師古《注》：“錮疾，堅久

---

① 王力．同源字典．北京：商務印書館．1982：128.

之疾”。

禿者、傴者、跛者所患，皆難以治癒之堅久之疾，以“固疾”解“錮疾”，切乎文意。

2. 三《禮》音義甚至《釋文》全書中“錮”字注音趨於一致，爲直音“音固”

“錮”在《釋文》中，共五處，三處在三《禮》中，二處在《左傳》中。陸德明作音義，同一詞在一經内各處的注音理應趨於一致。《禮記》内，此《問喪》與《檀弓下》“錮”皆指頑疾。而今本於《問喪》下作“音故”，《檀弓下》却作“音固”。然興福寺本《問喪》不注“音故”而注“音固”，則與今本《檀弓下》音注一致。因此，筆者斷定，陸氏原本當作“音固”，興福寺本是也。何況今本除此處作“音故”外，其餘 4 處無一例外皆作“音固”呢？

3. 陸氏以音明義，後人不明就裏，改“固”爲“故”

由上文論述可知，《釋文》注“錮”音“固”，標音並明其堅久、頑固之義，以音明義。然固之久義來源於古，古故又同源①，那麽能否説今本之“音故”也是以音明義呢？筆者以爲，雖然故固錮三字皆聲符兼義，源於古，却分屬不同的層次。固與故皆直接源於古，有“久”義，而固在古的意義上增加了“堅”的意義，這是“故”所不具備的。錮直接源於固，重“堅”義，因此“故”與之關係稍遠。以表久之“故”解“錮”，則不甚切文意。今本之作“音故”者，蓋爲後世刊定者不明陸氏深意，妄改音注所致。

① 王力. 同源字典. 北京：商務印書館. 1982：27.

三 餘 論

以上數條校正關乎兩個問題，一爲音義匹配，一爲以音明義。

關於音義匹配問題，岳利民曾對《經典釋文》的引音進行過系統的研究。他説，“據音切材料歸納語音特點，建構音系，音義匹配是最基礎、最重要、必不可少的工作”①，可見其重要性。岳利民關於引音的音義匹配研究，對於我們充分認識和正確對待《釋文》傳世版本的音義材料，深入全面研究《釋文》音系作了很好的鋪墊。深入研究之前，做好文獻材料的處理，恢復文獻原貌，理解原著意圖，是非常重要且必不可少的。

關於以音明義，張世祿説：“最初的注音，和解釋字義、義訓没有完全分離開來”②。陸宗達、王寧也認爲，“許慎作‘讀若’主要是爲明音。但在選擇讀若字時，他盡可能考慮到經傳用字的情況，想用注音來爲人們閱讀理解經典指明線索”③。也就是説，以音明義是較早的直音的一個特點。至於《釋文》，蔣希文④舉例分析了《釋文》中“音義並釋”的現象，並指出：“《經典釋文》主要興趣在於明訓詁，破假借，遵師説，存異文，是一部關於訓詁方面的書”。蔣文所説的“音義並釋”亦即“以音明義”。時建國⑤指出，陸氏的“某音某”，除了純粹的注音外，多

---

① 岳利民.《經典釋文》引音的音義匹配和六朝音. 武漢：華中科技大學博士論文，2008：30.

② 張世祿. 中國音韻學史. 上海：上海書店，1984：20.

③ 陸宗達，王寧. 訓詁與訓詁學. 太原：山西教育出版社，1994：443.

④ 蔣希文. 經典釋文音切的性質. 中國語文，1989 (3)：216－219.

⑤ 時建國. 經典釋文直音的性質. 古漢語研究，2005 (1)：24－28.

數具有以音明義，標出異文誤字等作用。萬獻初①也歸納了“標注單字音有示源作用”一類。鑒於時文、萬文其例皆未舉《禮記音義》，茲補充宋本《禮記音義》若干例，同源詞聲符相同和不同者各一組：

第一組（聲符相同）：

牷，音全。（曲禮下 654） 忘，音亡。（檀弓 664）

隧，音遂。（曲禮 646） 頖，音判。（王制 681）

煇，音暉。（禮運 716） 詁，音古。（郊特牲 729）

髦，音毛。（内則 730） 楣，音眉。（内則 740）

槨，音郭。（檀弓 657）

第二組（聲符不同）：

函，音含。（曲禮下 652） 薌，音香。（曲禮下 654）

韭，音久。（曲禮下 654） 聯，音連。（檀弓下 670）

與，音預。（檀弓下 673） 掖，音亦。（檀弓下 674）

覬，音冀。（檀弓下 679） 帥，音率。（王制 684）

娠，音身。（月令 690） 頒，音班。（文王世子 710）

循，音巡。（王制 684） 趣，音促。（月令 699）

佚，音逸。（月令 690）

可見，《釋文》之直音字，並非就選用易識字或被注字的聲符字那麽簡單。認識這一點，對於理解爲何陸氏“緦”音“絲”而不音“思”，“錮”音“固”而不音“故”非常重要。

“直接標‘音’往往暗示詞源，幫助讀者產生聯想，使之更好地體悟句中的詞義，所以《釋文》在能夠繫連詞源處往往注‘音’而不注反切。音義書是管詞義的準確理解的，這是不同於韻書的根本所在。”據萬獻初研究，同源通用的直音有 360 次之

① 萬獻初. 經典釋文音切類目研究. 北京：商務印書館，2004：158.

多①。本文緦、錮的校正與“以音明義”的觀點相印證。我們也是基於對《釋文》以音明義的體例的高度重視，並利用它來作校正的。

〔主要參考文獻〕

陸志韋．古反切是怎樣構造的．中國語文，1963（5）.

（唐）陸德明．經典釋文．徐乾學通志堂經解本．北京：中華書局，1980.

（唐）陸德明．經典釋文．宋元遞修本．上海：上海古籍出版社，1985.

許國霖．敦煌石室寫經題記與敦煌雜錄//敦煌叢刊初集十．臺北：新文豐出版公司，1985.

張金泉，許建平．敦煌音義匯考．杭州：杭州大學出版社．1996.

許建平．BD. 09523禮記音義殘卷跋．敦煌研究，2003（2）.

（日）河野貴美子．關於興福寺本《經典釋文》以及《講周易疏論家義記》//首屆南京大學域外漢籍研究國際學術研討會論文集．北京：中華書局，2009.

黃華珍．日本奈良興福寺藏兩種古鈔本研究．北京：中華書局，2011.

黃焯．經典釋文匯校．北京：中華書局，1980.

（漢）鄭玄注，（唐）孔穎達正義．禮記正義．上海：上海古籍出版社，2008.

周祖謨．唐五代韻書集存．北京：中華書局，1983.

王力．同源字典．北京：商務印書館．1982.

岳利民．《經典釋文》引音的音義匹配和六朝音．武漢：華中科技大學博士論文，2008.

張世祿．中國音韻學史．上海：上海書店，1984.

陸宗達，王寧．訓詁與訓詁學．太原：山西教育出版社，1994.

蔣希文．經典釋文音切的性質．中國語文，1989（3）.

---

① 萬獻初．經典釋文音切類目研究．北京：商務印書館，2004：59、93.

時建國. 經典釋文直音的性質. 古漢語研究，2005 (1).
萬獻初. 經典釋文音切類目研究. 北京：商務印書館，2004.

The supplementary collations on *Liji Yinyi* (《禮記音義》) of *Jingdian Shiwen* (《經典釋文》)

Shen Hongyu[1]　Ye Guichen[2]

(1. Liberal Arts College of Anhui University, Hefei, Anhui, 230039. Literature and History Institute, Hunan University of Arts and Science, Changde, Hunan, 415000; 2. Technology Department, Guilin University of Aerospace Technology, Guilin, Guangxi, 541004)

Abstract: There are two the earliest manuscript fragments discovered in Duhuang Grotto and Xingfu Temple of Japan about *Liji Yinyi* (《禮記音義》) Vol. 11 and Vol. 14 of *Jingdian Shiwen* (《經典釋文》) so far. Some scholars made detailed collations with them, but it remains further study. The meaning of the collations about phonetic notations of *Chi* (蚩), *Zhun* (肫), *Si* (緦) *and Gu* (錮) is to try our best to restore the original appearance of *Jingdian Shiwen* (《經典釋文》), which has been amended in its spread, and to further understand the style and intent of it, and to help for further study on the phonology of *Jingdian Shiwen* (《經典釋文》).

Key words: Lu Deming, *Jingdian Shiwen* (經典釋文), *Liji Yinyi* (《禮記音義》), the matching between the phonetics and semantics, collation and annotation.

(沈紅宇，安徽大學文學院，郵編 230039，湖南文理學院文史學院，郵編 415000；葉桂郴，桂林航天工業學院科技處，郵編 541004)

反切引發今音誤注的有關問題*

范新幹　韓曉雲

内容摘要：古代文獻中的反切，本有一些字誤問題存在，流傳到現代則又增添了一些不誤而被抄錯的新問題，這兩類錯誤常在現代字詞典中導致今音誤注，引發種種今音歧異。

關鍵詞：反切　今音　誤注　歧異

一

古代流傳至今的反切材料大都可靠，但也存在一些“問題”反切。審注今音時疏於考校而沿襲其誤，必然導致連鎖性的今音誤注。例如：

竡［集韻］傍丁切 píng（中文 7—32①）

表面上看，傍丁切和 píng 音，二者對應吻合，似乎並不存

---

* 本文是國家社科基金項目“書卷字今音歧異問題調查研究”（05BYY025）的系列論文之一。承蒙《漢語史研究集刊》編輯部和匿名審稿專家審閲初稿賜示修改意見，謹致以謝忱。

① 本文的今者考述涉及三部辭書：《中文大辭典》（十册本），《漢語大字典》（合訂本），《漢語大詞典》（十二册本）；括注中交代出處時，三部辭書分别簡稱爲“中文、大字典、大詞典”；括注内的數目，指所引之書的册數及頁碼（或合訂本頁碼）；《漢語大字典》有幾種版本，本文對《漢語大字典》古今音注的引述，選取的是合訂本、八卷本、九卷本（第二版）三者並同的例子；《中文大辭典》的今音標注用的是注音字母和國語羅馬字母，本文引用時已轉换爲漢語拼音字母。

在什麽錯誤。實際上切上字存在誤“滂”爲“傍”的問題[①]。該音項的今音，應依滂丁切而折合爲 pīng[②]，作 píng 則是沿用誤切而導致的誤注。

反切問題的深度考察，有時還需要從横向方面入手。例如：

䚍 shǎng《字彙補》少榜切（大字典 1528）

孤立地看，少榜切和 shǎng 音，二者對應吻合，看不出反切有問題。比照相關的辭書注音則可發現異常現象：

䚍［字彙補］少榜切 shuǎng（中文 8—806）

少榜切的反切結構較爲平易，本乎這個反切不至於歧成 shǎng、shuǎng 兩個今音，可見這種既成狀況的形成必有特殊成因，應該就此進一步展開考察。查《字彙補·見部》：

“䚍，少榜切，音爽。”

少榜切和“音爽”，二者的聲韻地位並不相同[③]，這種音切雜糅現象是怎樣形成的？查《改併四聲篇海·見部》：

“䚍，音爽。”

至此而知，“音爽”之注於古有徵，少榜切則是《字彙補》所擬制的注音形式，“少榜切”與“音爽”的不相合，錯誤的一方不在直音而在反切—— 一個因錯誤解讀“音爽”之注而産生的誤切，显然，“䚍”字條的今音，應依“音爽”之注折合爲 shuǎng。《中文大辭典》正是本乎“音爽”而得出了正確的今音——雖然没有明引“音爽”之注，但在審音過程中實已採用這一直音[④]，至於 shǎng 音之注，則是沿用誤切而導致的失誤。

此外還有因抄錯（看錯）反切而致今音誤注的情況。例如：

---

① 參看趙振鐸《集韻校本》（上册），上海辭書出版社，2012 年，第 513 頁。

② 《漢語大字典》“竮”字條正是注作滂丁切－pīng 音。

③ 參看王力《康熙字典音讀訂誤》，中華書局，1988 年，第 396 頁。

④ 現代字詞典中常有這種“没有明引”而“實已採用”的作法，參看范新幹《論僻音字的今音誤注現象》，《國學研究》第 18 卷，北京大學出版社，2006 年。

椵 丙.［集韻］何加切 xiá　囚械也。(中文 5—363)

事實上,《集韻》何加切小韻,壓根就没有"椵"字;在其他有關古代文獻中,"椵"字也没有匣母麻韻這一地位的音切存在。這裹却誤引作何加切,由此而引發連鎖性誤音 xiá 的産生。

在切語訛誤的同時再加上其他失誤,這種情况之下往往導致誤上加誤的今音。例如:

笉 甲.［廣韻］士忍切 zhěn(中文 6—1836)

該被注字的切上字,《廣韻》傳本或作"士"、或作"七",前者誤後者是[①]——該字條的音項應注作七忍切一 qǐn 音[②]。即以士忍切而論,今音也應爲 zhèn,作上聲是昧於濁上變去規律而誤。"笉"字條涉切語錯訛,誤中而又加誤,以致形成 zhěn 音。

二

上述反切問題所導致的今音誤注,常在辭書中引發今音歧異。

下面先看發生在一書之内的情况。

溾［āi《廣韻》乙皆切］(大詞典 5—1492)

瀤$_2$［wāi《集韻》烏乖切］(大詞典 6—208)

前一例,被注字"溾"在《廣韻》裹實應爲乙乖切,但傳本却都已誤作乙皆切[③];後一例,《集韻》烏乖切與《廣韻》乙乖切相應,不誤。乙(烏)乖切爲影母皆韻合口,wāi 音合於反切;āi 音則不合於乙(烏)乖切而合於乙皆切,顯然是切語誤

① 參看周祖謨《廣韻校本》(上册),中華書局,1960 年,第 278 頁。

② 《漢語大字典》"笉"字條正是注作七忍切一 qǐn 音。

③ 參看周祖謨《廣韻校本》(上册),中華書局,1960 年,第 97 頁。

字導致的誤注。

反切問題在一書之内所引發的今音歧異，大都發生在同音源諸字之間，上面論列的就是這類代表，另外則還有一字之音而在一書之内産生歧異的情況。例如：

屺甲.［廣韻］虚里切 xǐ（中文 3—867）

屺乙.［集韻］口己切 qǐ（中文 3—867）

前一例的音源，《廣韻》作墟里切不誤，屬於溪母止韻，與《集韻》口己切内涵實同，但在音項中則是引作“虚里切”，切上字由溪母的“墟”字而訛作曉母的“虚”字。就因“墟里一虚里”一字之誤，以致錯誤地與口己切駢列爲兩個音項。依虚里切而産生的是連鎖性誤音 xǐ，本乎口己切而産生的是正確的 qǐ 音，音源相同的一字之音就這樣在一書之内歧成了正一誤二音。

書内歧異之外，還有此書與彼書之間的歧異。這種外亂常常是跟内亂交織在一起的。例如：

1. 徒〈先〉了切的 xiǎo—diào 歧異

敹甲.［集韻］先了切 xiǎo　❶揲也。（中文 4—943）

敹（一）diào《集韻》徒了切　揲。（大字典 615）

“敹”字《廣韻》無《集韻》有，其“揲”義之音，隸屬徒了切小韻，先了切小韻中根本没有“敹”字（《類篇》裏情況亦同）。

前一例却誤成了先了切，因而導致連鎖性的今音誤注，引發先了切—xiǎo 和徒了切—diào 的歧異。

2. 于〈於〉倫切/于貧切的 yūn—yún 歧異

筍乙.［類篇］於倫切 yūn　❶蒻竹也。❷竹青皮也。❸亦作“筠”。（中文 7—21）

筍（二）yún《經典釋文》于貧切　竹青皮。俗稱篾青。後作“筠”。（大字典 1238）

"蒻竹、竹青皮"之類意義的"筍"字，《類篇》(《集韻》)作于倫切——切上字"于"不誤，《經典釋文》作于貧切，二切的地位相當，今音都爲 yún。前一例却引作於倫切，把雲母的"于"字誤成了影母的"於"字，因而産生連鎖性的今音誤注，引發於倫切—yūn 與于貧切—yún 的歧異。

3. 椿〈椿〉皆切/卓皆切的 chāi—zhāi 歧異

A.《中文大辭典》的 chāi—zhāi 歧異

齺甲.［集韻］椿皆切 chāi (10—1125)

榸［廣韻］卓皆切 zhāi (5—387)

B.《中文大辭典》與《漢語大字典》的 chāi—zhāi 歧異

牴 丙.［集韻］椿皆切 chāi（中文 6—118)

牴（三）zhāi《集韻》椿皆切，平皆知（大字典 759)

該組被注字，《集韻》本爲椿皆切（與《廣韻》卓皆切相應)，但切上字"椿"，傳世諸本都誤成了"椿"①。A、B 兩小組都有沿襲誤切而産生連鎖性誤音 chāi 的問題。正確的今音之注 zhāi，尤以 B 小組的後一例富有啟發性：切語雖然引的是錯誤字"椿"，却又依正確的"椿"字而標示作"知"母，顯然已經認識到了切上字的正一誤問題。在這種認識的支配下，折合出了正確的 zhāi 音。或沿用誤切，或辨正舊切而行其是，因此形成正一誤對立的今音歧異。

當取證疏失問題與其他致誤因素交織在一起的時候，往往導致一音而多歧的現象，由此引發的自然是一種亂上加亂的多重歧異局面。例如：

乎刮切/下刮〈利〉切的 xì—huà—huá 歧異

A.《中文大辭典》與《漢語大字典》的 xì—huá 歧異

髺［字彙補］下利切 xì（中文 3—1158)

---

① 參看黄侃《集韻聲類表》(卷二)，上海開明書店，1936 年。

䯏　huá《廣韻》下刮切（大字典 1228）

B.《中文大辭典》與《漢語大字典》的 huà—huá 歧異

䶪 乙.［集韻］乎刮切 huà（中文 10—1121）

䶪（二）huá《集韻》乎刮切（大字典 1989）

下（乎）刮切爲匣母鎋（轄）韻合口，huá 音合於反切，其他二音則都不合。xì 音是抄錯（看錯）切下字所致：該被注字"帛舌"，《廣韻》《集韻》和《字彙補》作下（乎）刮切不誤，《中文大辭典》誤切下字"刮"为"利"，依此而折合，因此導致誤音 xì 的產生。至於 huà 音則是昧於全濁入聲演變規律而導致的失誤。兩類致誤因素交織於該組注音，以致形成多重歧異。

Issues on the incorrect phonetic notation of contemporary pronunciation caused by *fanqie*

Fan Xingan and Han Xiaoyun

(School of Chinese Language and Literature, Central China Normal University, Wuhan 430079, China)

Abstract: There is a problem of using the erroneous characters in *fanqie* in ancient documents. Now there have been some new transcription errors. These two types of errors often lead to incorrect phonetic notation of contemporary pronunciation in modern dictionaries and bring about all sorts of contemporary sound annotation discrepancies.

Key words: *fanqie*; contemporary pronunciation; incorrect phonetic notation; discrepancies

（范新幹，華中師範大學文學院/語言與語言教育研究中心，郵編 430079；韓曉雲，華中師範大學文學院，郵編 430079）

《廣韻》與實際收字處音切不一致之又音釋疑*

趙　庸

内容摘要：《廣韻》一書有44條字例，所注又音本身符合《廣韻》音系，但在對應之處找不到該字，這些字幾乎均在另處見收。這些又音有的切語用字或直音字有誤，有的混切、混韻、混開合、混等，還有的屬於異源音切。這些又音並非摘自古籍舊音，它們來源於當時的實際語音。又音互見是《廣韻》編撰者謹守的工作原則。

關鍵詞：《廣韻》　又音　音系　音變　又音互見

異讀是中古韻書反映的重要的語音現象。從字書編纂角度來說，字音異讀關係的建立最直觀的方法即是在字條後出注又音，我們檢查異讀關係首先想到的也是根據出注的又音按圖索驥。如《廣韻》之韻居之切“萁”字條注：“菜，似蕨。又音期。”據此可知“萁”字另有一讀與“期”字同音，即音群母之韻，《廣韻》渠之切正又見“萁”字。同樣，禡韻胡駕切“夏”字條注：“春夏。又胡雅切。”馬韻胡雅切亦有“夏”字。

又音的這種出注方式在《廣韻》中大量使用。《廣韻》字頭

---

* 本研究得到教育部人文社會科學研究項目（11YJC740156）、上海市哲學社會科學規劃項目（2011EYY003）、中國博士後科學基金項目（2012M511119）資助。感謝《漢語史研究集刊》編輯部和匿名審稿專家提出的寶貴意見。文中謬誤概由作者負責。

共出現 25335 次，3848 次字頭下出注又音，其中 2529 次字頭下以“又某某切”、“本某某切”、“本又某某切”的形式關聯又音，1295 次用了“又音某”、“本音某”、“本又音某”的形式，20 次用“又音平聲”之類四聲相承的方法，4 次如“龍”字注“又音寵㧜”指出該字在特定詞語中的讀音。普遍的用例，簡潔高效的方法，再加上衆多可以印證的互見事實，使得我們對又音的這種出注方式在認知上很容易陷入思維定勢，我們往往認爲此既言又有某音，則在對應之處應能找到該字，如不能找到，很可能是《廣韻》對應之處失收了，或是所注又音的正確性值得懷疑。

不過，對又音出注的上述理解似乎從未見有窮盡性的實例論證，所謂的常識是否可靠。我們在梳理《廣韻》澤存堂本音注時發現，3848 條又音記録中，大部分又音與實際收字處的音切對應，值得注意的是有 44 條又音本身符合《廣韻》音系，但在對應之處找不到該字，如果擴大檢索範圍，這些字幾乎均在另處見收。那麽，這些與實際收字處音切不一致的又音是否有誤，對應之處是否失收，實際收字處的音切是否是第三音，又音互見是否存在諸多例外，又音與實際收字的不一致是如何引起的？我們對 44 條又音進行逐一分析，試就上述疑問作一解答，姑陳固陋，願請方家教正。

一　又音實例分析

（一）又音切語用字或直音字有誤例

此類 5 條。韻書傳佈過程中雜入誤作誤抄誤刻成分在所難免。此類屬校勘學範疇，校正誤字後又音與實際收字處音切即見關聯。

東韻　驩，薄紅切。充塞皃。又音龍(瀧)。

按：又音龍，《廣韻》東韻力鍾切無“驩”字，字見江韻吕江切，同紐有“瀧”字。《龍龕手鏡》：“朧，薄江、呂江二反，充塞之皃。”《廣韻》“龍”爲“瀧”字之誤。

支韻　媊，即移切。《説文》云：“《甘氏星經》曰：‘太白上公妻曰女媊，居南斗，食厲，天下祭之，曰明星。’”又音前（翦）。

按：又音前，《廣韻》先韻昨先切無“媊”字，字見獮韻即淺切，同紐有“翦”字。此條《王一》《王三》《王二》作“又子踐反”，是。《廣韻》更以直音，然“翦”字脱筆訛作“前”。

山韻　獜，直閑切。獸走皃。又丑（力）連切。

按：又丑連切，《廣韻》仙韻丑延切無“獜”字，字見仙韻力延切。“獜”依聲符當有來母音，疑“丑”爲“力”之誤。或“丑”後奪“人力”字，“連”後奪“二”字，《廣韻》“獜”字又見真韻丑人切。

唐韻　盪，吐郎切。盪突。又徒郎（朗）切。

按：又徒郎切，《廣韻》唐韻徒郎切無“盪”字，字見蕩韻徒朗切，合《切三》《王三》《王二》之收字蕩韻堂朗反。“盪”字《釋文》有“徒黨反”、“唐黨反”、“音蕩”之注，無徒郎之音。《萬象名義》但音“堂朗反”。《廣韻》“郎”爲“朗”字之誤。

姥韻　駔，徂古切。駿馬。又徂（祖）朗切。

按：又徂朗切，《廣韻》蕩韻徂朗切無“駔”字，字見蕩韻子朗切，《切三》《王三》《王二》同。《爾雅·釋言》：“奘，駔也。”《釋文》：“在魯反，又子朗反。”子朗反即祖朗反。澤存堂本“徂”字誤，元至正本、元泰定本、明本作“祖”，當據正。

（二）又音混切例

此類5條。又音與實際收字處之音切在聲紐上存在從邪、船禪、云以的區别，實是混切。

1. 從邪相混

麻韻　祖，子邪切。縣名。又似與切。

按：又似與切，《廣韻》語韻徐吕切無“祖”字，字見語韻慈吕切。《王三》《王二》又音切語及見字處均與《廣韻》同。“徐”邪母字，“慈”從母字，又似與切從邪相混。

2. 船禪相混

支韻 示，巨支切。上同（衹）。見《周禮》。本又時至切。

按：此處P.3695、《切三》《切二》《王一》《王三》《王二》未見“示”字，《廣韻》新收。本又時至切，《廣韻》至韻常利切無此字，字見至韻神至切。“時”禪母字，“神”船母字，本又時至切禪船相混。

歌韻 蛇，託何切。《説文》同上（它）。今市遮切。

按：《切三》《王一》《王三》《王二》歌韻無“蛇”字，《廣韻》新收。今市遮切，《廣韻》麻韻視遮切無此字，字見麻韻食遮切。“市”禪母字，“食”船母字，今市遮切禪船相混。

禡韻 射，神夜切。射弓也。《周禮》有五射：白匀、參逺、剡注、讓尺、井儀。又姓，《三輔決録》云：“漢末有大鴻臚射咸，本姓謝名服。天子以爲將軍出征，姓謝名服不祥，改之爲射氏名咸。”又音石。又音夜，僕射也。

按：又音石，《廣韻》昔韻禪母無“射”字，字見昔韻船母食亦切。《王一》“又神石反”，《王二》“又神亦反”，是。《廣韻》更作直音，然誤以禪母“石”字注船母又音。

3. 云以相混

有韻 盍，云久切。器也。又余救切。

按：又余救切，《王三》同。《廣韻》宥韻余救切無“盍”字，字見宥韻于救切。“余”以母字，“于”云母字，又余救切以云相混。《廣韻》元本、明本作“又于救切”，是，澤存堂本混切。

(三) 又音混韻例

此類27條。涉及止攝15條、蟹攝2條、山攝3條、效攝1條、流攝2條、梗攝1條、咸攝3條。

1. 止攝

(1) 支脂韻系混

支韻 詖，彼爲切。辯辭。又音祕。

按：此處P.3696、《王三》無又反，《廣韻》首見。又音祕，《廣韻》至韻兵媚切無“詖”字，字見寘韻彼義切，《王三》同。皮聲上古屬歌1部，中古三等去聲入寘韻而非至韻。又音祕以至混寘。

支韻 骴，疾移切。殘骨。又音自。

按：是條《切二》無又音，《廣韻》新見。又音自，至韻疾二切無“骴”字，字見寘韻疾智切。此聲上古入佳部，中古三等去聲入寘韻，入至韻失。又音自以至混寘。

支韻 衰，楚危切。小也。減也。殺也。又所危切。

按：此條《切三》《切二》《王二》無又反，“又所危切”爲《廣韻》新加，然《廣韻》支韻山垂切無“衰”字，字見脂韻所追切，《切三》《王二》同。又所危切支脂混韻。

魂韻 賁，博昆切。勇也。《周禮》有虎賁氏，掌先後王而趨以卒伍，軍旅會同亦如之，舍則守王閑。閑，梐枑也。《書》云：“武王伐紂，戎車三百兩，虎賁三百人。”亦姓，古有勇士賁育。又肥、祕、墳三音。

按：又音祕，《廣韻》至韻兵媚切無“賁”字，字見寘韻彼義切，《王三》《王二》同。《切三》注“又方寄反”，亦寘韻音。卉聲上古屬微1部，中古三等鈍音去聲入至韻而非寘韻。又音祕不誤，《切韻》系書去聲收字可榷，似應依“又音祕”移至至韻兵媚切下。

尤韻 龜，居求切。又居危切。

按：又居危切，《廣韻》支韻居爲切無“龜”字，字見脂韻居追切，《切三》《王三》《王二》同。“龜”字上古在之部，中古入尤、脂二韻。《切韻》系前書尤韻無“龜”字，《廣韻》增收，然所出又音未經斟酌，以支混脂。

有韻 否，方久切。《説文》：“不也。”又房彼切。

按：P.3693、《王二》無又反，《切三》作“又符鄙反”，《切三》《王一》《王三》《王二》旨韻符鄙反下正收“否”字。《廣韻》未抄前書又音切語，改注“又房彼切”，然紙韻皮彼切下無“否”字，仍前書收字於符鄙切。不聲上古入之部，中古三等上聲當在旨韻而非紙韻。又房彼切既不得互見，又不合音理，乃以紙混旨之切。

至韻 視，常利切。看視。又音是。

按：《王一》《王三》注“又神至反”，與正切存船、禪之别，實爲一音。《廣韻》以上聲更作之，是，然“又音是”亦未安。“又音是”即紙韻禪母，《廣韻》承紙切無“視”字，與《切三》《王一》《王三》《王二》並收字於旨韻承矢切。示聲上古隸脂1部，中古三等上聲入旨韻而非紙韻。又音是以紙混旨。

昔韻 刺，七迹切。穿也。又七四切。

按：又七四切，《切三》《王一》同，《廣韻》至韻七四切無“刺”字，並《切三》《王一》《王三》字見寘韻七賜一紐。朿聲上古屬錫部，其陰聲韻中古三等去聲應入寘韻。《王三》“又七誓反”，《王二》“又七賜反”，是，惜乎《廣韻》未取，誤從《切三》《王一》，遂以至混寘。

(2) 脂之韻系混

之韻 蒔，市之切。蒔蘿子。又音示。

按：《切韻》系書之韻未收“蒔”字，《廣韻》新收。又音示，《廣韻》至韻神至切無“蒔”字，字見志韻時吏切，《王一》《王三》《王二》同。寺聲上古在之部，中古三等鋭音入之韻系，市之切、時吏切正合之韻系之平去相承，又音示以至混志。

真韻　寅，翼真切。辰名。《説文》作寅。又以之切。

按：又以之切，《切三》同，《廣韻》之韻與之切無“寅”字，字見脂韻以脂切，並以“又引人切”與真韻音互注。此條《王三》注“又以脂反”，《切三》《切二》《王三》《王二》字見以脂反，俱是。又以之切之脂混韻。

志韻　孖，疾置切。雙生子。又音咨。

按：此字《王二》始見收於志韻，無又反，《廣韻》新加。又音咨，《廣韻》脂韻即夷切無“孖”字，字見之韻子之切。子聲上古入之部，中古三等銳音入之韻系而非脂韻系。子之切、疾置切正之韻系平、去相承之音。又音咨以脂混之。

屑韻　茎，徒結切。刺榆。又音治。

按：又音治，《廣韻》之韻直之切無“茎”字，字見脂韻直尼切，《王三》《王二》同。至聲上古入質2部，中古陰聲韻平聲宜入脂韻。《切三》《王一》《王三》《王二》《唐韻》屑韻無“茎”字，《廣韻》新收且注又音，然又音治以之混脂。

(3) 支之韻系混

哈韻　㴝，落哀切。鄉名，在扶風。又力知切。

按：又力知切，《廣韻》支韻吕支切無“㴝”字，字見之韻里之切。來聲上古屬之部，中古三等銳音平聲入之韻。P.3696、《切三》《王一》《王三》並作“又力之反”，是。《廣韻》改又音下字，以支混之，蓋時音流露。

紙韻　媧，於詭切。《説文》曰：“鷙鳥食已，吐其文皮毛如丸。”又許以切。

按：《切三》《王三》《王二》無又反，《廣韻》新見。又許以切，《廣韻》止韻虚里切無“媧”字，字見紙韻許委切，《王三》《王二》同。丸聲上古屬元三部，陰聲韻中古三等上聲入紙韻。此條《廣韻》鉅宋本、覆元泰定本、明經廠本皆作“又許委切”，是，澤存堂本"又許以切"以止混紙。

（4）之微韻系混

職韻　亟，紀力切。急也。疾也。趣也。又音氣。

按："亟"字入職韻首見於《唐韻》，云："急也，又音氣，數也。加。"《廣韻》承之。亟聲上古在職部，陰聲韻中古三等開口牙喉音去聲入志韻或至韻。又音氣，《廣韻》未韻去旣切無"亟"字，字見志韻去吏切，《王一》《王三》《王二》同，《唐韻》《廣韻》職韻注"又音氣"以求互見去吏切，然審音未密，以未混志。

2. 蟹攝

佳韻　棑，薄佳切。排筏。又音敗。

按：佳韻"棑"字《廣韻》新收，《切韻》系前書無。又音敗，《廣韻》夬韻薄邁切無"棑"字，字見怪韻蒲拜切。《王一》《王三》均見怪韻蒲界反。非聲上古入微1部，中古二等去聲應入怪韻。又音敗爲以夬混怪之切語。

禡韻　嗄，所嫁切。《老子》曰："終日號而不嗄。"注云："聲不變也。"又於介切。

按："嗄"字禡韻《唐韻》始見收，正切切語及"又"字脱，存"於介反"三字。又於介切，《廣韻》怪韻烏界切無"嗄"字，字見夬韻於犗切。上古夏聲入魚部，夬韻入月一部，怪韻入物二部，魚、月一二部元音爲a①，物2元音爲u，中古"嗄"字宜入夬韻。又於介切以怪混夬。

3. 山攝

山韻　閒，古閑切。隙也。近也。又中閒。亦姓，出何

---

① 本文上古音擬音據潘悟雲著《漢語歷史音韻學》（上海教育出版社，2000年），中古音擬音據黄笑山著《〈切韻〉和中唐五代音位系統》（文津出版社，1995年）。

氏《姓苑》。又閑、澗二音。

按：又音澗，《切三》《王三》無，《廣韻》始見。然《廣韻》諫韻古宴切無“閒”字，字見襇韻古莧切，《王三》亦然。“閒”字上古在元二部，中古二等當入山韻系。襇韻處《王三》注“又古閑反”，《廣韻》注“又音平聲”，均與山韻音互見，“閒”字正山、襇二韻平、去相承。又音澗以諫混襇。

仙韻　褰，去乾切。齊魯言袴。又已偃切。

按：又已偃切，《切三》《王三》同。《廣韻》阮韻居偃切無“褰”字，字見獮韻九輦切，仙、獮正平、上相承。又已偃切獮阮混韻。

屑韻　臤，胡結切。牛很。又口殄切。

按：又口殄切，《王一》《王三》注“又丘殄反”，同。《廣韻》銑韻牽繭切無“臤”字，字見獮韻去演切，《王三》同。臣聲上古入真一部，中古入先韻系，不入仙韻系，“又口殄切”是。去演切收字以獮混銑。

4. 效攝

有韻　湫，在九切。洩水瀆也。又子由、子小切。

按：是條《王三》《王二》注“又子小反”，二書於尤韻即由反處亦並云“又子小反”。《王二》卷殘，《王三》並《廣韻》於小韻子小一紐無字，收字於篠韻子了反。秋聲上古入幽二部，中古宜入蕭韻系，不入宵韻系。“子”精母字，《切韻》後期宵蕭韻系精組漸趨合流，又子小反爲以小混篠之切。

5. 流攝

東韻　颫，薄紅切。風皃。又步留切。

按：此字衆籍音義及《切韻》系書東、幽二韻均未見字，《廣韻》新收。《龍龕手鏡》：“颫，正音篷。風皃。又步留反。”音蓬即音薄紅切，《龍龕》所注與《廣韻》若合符契，《廣韻》二音足信。又步留切，《廣韻》尤韻縛謀切無“颫”字，字見幽韻皮彪切，《集韻》同。尤、幽二韻上古有共同來源幽部，魏晉亦有方言音系混而不分，如《字林》音注 6 處尤、幽混同，簡啓賢（2003：123）云："齊魯方言没有尤、幽的差別。"《廣韻》"又步留切"爲尤幽混韻之例。

脂韻 黝，於脂切。縣名，屬歙州。又於九切。

按：脂韻"黝"字《王三》《王二》作"黟"，無又反，《廣韻》更改字頭且增注"又於九切"以與黝韻互見。然"又於九切"小失，《廣韻》有韻於柳切無"黝"字，字見黝韻於糾切，爲有黝混韻。

6. 梗攝

覺韻 搦，女角切。持也。又女戹切。

按：又女戹切，《切三》《王一》《王三》《王二》《唐韻》無，《廣韻》加。然《廣韻》麥韻尼戹切無"搦"字，字見陌韻女白切，《切三》《王三》《王二》《唐韻》俱在陌韻①。此陌二、麥混韻。

7. 咸攝

豏韻 嶃，士減切。高峻。又士咸切。

按：《切三》《王一》《王三》《王二》士減反無此字，《廣韻》新收，且注又音。又士咸切，《廣韻》並《切三》《王三》《王二》咸韻士咸切無"嶃"字，字見銜韻鋤銜切。斬聲上古屬談 2 部，中古二等當入咸韻系，"又士咸切"是，鋤銜切收字爲以銜混咸。

鑑韻 讒，士懺切。譖也。又士衫切。

按：P.3694、《王一》《王三》鑑韻無"讒"字，《唐韻》首見，又注"又士衫反"，《廣韻》承之，然銜韻鋤銜切未收字，字見咸韻士咸切。毚聲上古入談一部，中古二等當在銜韻系，"讒"字平、去入銜、鑑韻最宜。然《切韻》系書多有糾葛，平聲當入

① 陌韻於《王二》名隔韻。

銜韻而時入咸韻，如《切三》《王一》《王三》《王二》字俱在士咸反，《王二》鑱銜反注“又士咸反”，《王一》陷韻注“又仕咸反”；去聲當入鑑韻而時入陷韻，如《王一》音仕陷反，《王三》音士陷反。“又士衫切”是，收字士咸切下爲以咸混銜之例。

合韻　罯，烏合切。覆蓋也。又烏敢切。

按：又烏敢切，《切三》《王三》《王二》無，《唐韻》始見。《廣韻》敢韻烏敢切無“罯”字，字見感韻烏感切，《切三》《王一》《王三》《王二》同。音聲上古隸侵1部，中古一等上聲應入感韻。此又音切語以敢混感。

(四) 又音開合相混例

此類3條。涉及寒桓韻系2條、痕魂韻系1條。

1. 寒桓韻系開合相混

桓韻　婠，一丸切。德好皃。又古旦切。

按：此處“婠”字首見於《王三》，無又反，《廣韻》加。又古旦切，翰韻古案切無“婠”字，字見換韻古玩切。官聲字中古當爲合口。又古旦切翰換混韻，蓋因“古”字合口，又音開合憑切。

屑韻　巀，昨結切。巀嶭，山名。又藏活切。

按：《王三》無又反，《唐韻》“又藏曷切”，《廣韻》改下字，然末韻藏活切無“巀”字，字見曷韻才割切。才割切即藏曷切。巀聲中古當讀開口，又藏活切未審下字開合。

2. 痕魂韻系開合相混

先韻　呑，他前切。姓也，漢有呑景雲。又湯門切。

按：此條《王三》作“又吐根反”，《廣韻》改以“又湯門切”，然《廣韻》魂韻他昆切無“呑”字，並《切三》《王三》字見痕韻吐根一紐。痕、魂二韻但存開、合之別。又湯門切因下字“門”爲唇音字而不辨開合。

（五）又音混等例

此類1條。爲東韻三等明母混入東韻一等。

遇韻 鶩，亡遇切。鳥名。又音目。

按：遇韻《唐韻》始收"鶩"字，注："鳥名，又音目，加。"《廣韻》襲其又音。然《廣韻》屋韻莫六切無此字，字見屋韻莫卜切，《切三》《王三》《王二》《唐韻》同。又音目爲屋韻明母三等，莫卜切爲屋韻明母一等。敄聲上古在屋部，中古一等入屋韻、三等入燭韻，《切韻》系書莫卜切收字是。《釋文》注"鶩"音7處，"音木"6處，"亡卜切"1處，皆屋韻一等。《唐韻》《廣韻》"又音目"似無出處，蓋韻書自作。"目"字原音miuk，i居m、u之間易因同化漸被融合，即東三韻系明母變入一等韻之類，"又音目"遂猶莫卜切muk。"又音目"蓋由《唐韻》抄者信手增注，原求互注，不意露其唇吻。《廣韻》未加更變，則"目"字音變可坐實。

（六）又音爲異源音切例

此類2條。又音若是異源音切，便未必能盡合《切韻》音系，不與收字處音切相一致也在情理之中。

鐸韻 瘵，盧各切。治病。又音料。

按：此字《王三》《王二》《唐韻》無，《廣韻》新收。又音料，《廣韻》嘯韻力弔切未收字，字見笑韻力照切。《詩經·陳風·衡門》："泌之洋洋，可以樂飢。"《釋文》："本又作瘵，毛音洛，鄭力召反。"力召反即力照切。樂聲上古隸藥一部，中古去聲入笑韻不入嘯韻。又音料以嘯混笑。然此非《切韻》音系混韻之例。中古後期笑韻漸混入嘯韻，僅限幫系、見系、以母、精組。"瘵"字另讀來母，亦笑嘯相混，則"又音料"當出異源，蓋爲某笑嘯合韻方言之音注。

薛韻 𡺸，魚列切。山高皃。《説文》作㞷，危高也。又藝哲切。

按：又藝哲切，《切三》《王二》《唐韻》同，然《切韻》系書另無以“藝”爲上字或“哲”爲下字者，“又藝哲切”當爲異源音切，源出不詳，檢衆籍未得。“藝”疑母字，“哲”薛韻開口字，又藝哲切似與正切魚列切同音異切，重出而已矣，然諦審之，非然也。中古重紐反切，若上字爲重紐韻字，則上字定被切字類別；若上字爲非重紐韻字，則下字定被切字類別：如下字爲B類、云母、知莊組、來母，則被切字爲B類，如下字爲A類、以母、精莊組，則被切字爲A類。“藝”屬祭韻A類，故“藝哲切”爲疑母薛韻開口A類。“魚”非重紐韻字，而“列”爲來母字，故“魚列切”爲疑母薛韻開口B類。簡言之，藝哲、魚列二切存A、B類之別，乃異音異切。“㠯”字《説文》“讀若臬”，音“臬”即音屑韻疑母，《王一》①《王三》《廣韻》“㠯”字正又見屑韻五結一紐，“又藝哲切”所指當即此音。薛韻A類與屑韻最近，《切韻》時代之後，薛、屑韻腭化且屑韻主元音ε之前舌位致介音i產生，薛韻A類音變作iεt>jiεt，屑韻音變作εt>jεt>jiεt②，薛韻A類與屑韻遂至合併。然則，“又藝哲切”《切三》已見，若斷爲薛韻A類與屑韻混併之迹，於《切韻》音系似嫌過早。“又藝哲切”既出異源，蓋此切取某家音注，是家音系薛韻A類與屑韻合併早於《切韻》。

（七）又音與實際收字處音切無關聯例

此類1條。此條又音與實際收字處音切二音。此條是44條又音中唯一一條檢索不到相對應音切的又音記録。

錫韻　繴，北激切。《爾雅》："繴謂之罿。"今覆車鳥網也。又轂核切。

---

① 《王一》卷殘，是紐但存“結反”二字，上字不可見，參《切韻》系他書及該紐收字可斷是紐爲五結反。

② 薛、屑音變均舉開賅合。

按：此處《切韻》系前書無“檗”字，《廣韻》新收。又敕核切，《廣韻》麥韻普麥切無“檗”字，字見麥韻蒲革切。《爾雅·釋器》：“檗謂之罿。”《釋文》：“檗，郭卑覓反，孫芳麥反或彼麥反。”《原本玉篇》、《萬象名義》：“檗，補戟反。”或幫母或滂母，無音並母者，《廣韻》蒲革切出處不詳。“又敕核切”雖未得互見，然不誤，即孫炎芳麥反，二反皆以敷母字切滂母音，乃早期滂敷類隔之切語①。

二 問題討論

（一）與實際收字處音切不一致之又音來源於當時的真實語音

《切韻》的性質，目前大部分學者將其視作單一音系，認爲它有真實的音系基礎。如周祖謨（1966：473）指出：“這個音系可以説就是六世紀文學語言的語音系統。所以研究漢語語音的發展，以《切韻》作爲六世紀音的代表，是完全可以的。”那麽，相對邊緣的又音又是什麽情況，是否參雜了不少脱離時音的書音摘録。

自《切韻》成書（601）至《廣韻》刊行（1008），歷時四百餘年，其間層累式地增注了不少又音。今見《廣韻》一書的又

① 敕核切與蒲革切可排除清濁相混的可能，因爲中古音切清濁相混主要起因於聲母的濁音清化，而二切關聯於濁音清化的因果假設較難成立。首先，標準語全濁聲母清化大致發生於唐五代，敕核切即孫炎芳麥反，孫炎三國時人，是時濁音清化尚未進入主流音變，敕核切/芳麥反所記當是“檗”字原有的清音一讀，而不太可能是濁音清化後的讀音。其次，中古後期全濁塞音、塞擦音聲母清化的主流是據平仄的不同發生條件音變，即在平聲音節裏發展成送氣清音，在仄聲音節裏發展成不送氣清音，蒲革切屬仄聲音節，聲母如經清化當混入幫母，而非滂母，故而敕核切應該不是蒲革切濁音清化的結果。再次，《切韻》音系聲母全濁、全清、次清對立儼然，《廣韻》“檗”字新見之蒲革切，切上字“蒲”爲《廣韻》使用次數最多的並母用字，《廣韻》受濁音清化影響而誤用“蒲”字切清音“檗”字的可能性極小。

音，既有從《切韻》系前書繼承下來的，也有《廣韻》新作的。如果同時承認《切韻》語音的真實性和四百餘年間音變發生的可能性，那麼《切韻》系前書直至《廣韻》載録的又音就應該能夠反映出相應的音變細節，衆多音變細節聚合在一起也應該可以呈現出中古音演變的動態局面。特別是與實際收字處音切不一致的又音，很可能在這方面有突出表現。如果這些又音的實際情況和上述假設吻合，那麼這些又音就不會是簡單的書音摘録，而是來源於當時的實際語音。

除去 5 條用字有誤例、2 條異源音切例和 1 條與實際收字處音切無關聯例，餘下 36 條又音的"不一致"可歸結爲混韻、混切、混開合、混等，其中混韻的例子最多，下面就先試著排列混韻的又音來檢驗它們的來源究竟是文獻還是唇吻。

混韻共 27 條，佔所有又音的六成多，分佈於止、蟹、山、效、流、梗、咸七攝。涉及相混的韻有支脂、紙旨、寘至、脂之、至志、支之、紙止、志未、怪夬、裥諫、獮阮、獮銑、小篠、尤幽、有黝、陌二與麥、咸銜、感敢。這些相混與後世的語音演變相吻合。中古音變趨勢中，感敢合一屬一等重韻合併，怪夬合一、裥諫合一、陌二與麥合一、咸銜合一屬二等重韻合併，獮阮合一屬三等重韻合併，支脂合一、紙旨合一、寘至合一、脂之合一、至志合一、支之合一、紙止合一、志未合一屬止攝的合流，尤幽合一、有黝合一屬尤幽韻系的合韻，獮銑合一、小篠合一屬外轉韻中純四等韻與三等韻的合流。

這些韻的合併或合流是在中古音系元音前移、腭化的總體趨勢下發生的。一等重韻的合併中感敢合一屬覃談韻系合流（"罯"字），談、覃韻系主元音分別先後發生音變 ɒ>ɑ、ə>ɑ，於是合流。二等重韻的合併主要是皆、山、耕、咸等韻系的主元音 ɐ 前化爲 a，遂併入主元音爲 a 的夬韻及刪、庚二、銜等韻系，上文討論的又音混韻涉及到怪併入夬（"排"、"嗄"字），裥併入諫

（“閒”字）、麥併入陌二（“搦”字）、咸併入銜（“嶄”、“讒”字）。三等重韻的合併包括元仙韻系的合流，元韻系的主元音 ɐ 在介音 ɨ 前移的帶動下高化、前化變作 ɛ，遂與主元音爲 ɛ 的仙韻系發生合併，阮、獮二韻的相混反映的就是這一情況（“褼”字）。止攝的合流上文涉及的支脂合一（“衰”、“軀”字）、紙旨合一（“否”、“視”字）、寘至合一（“誠”、“骴”、“萯”、“刺”字）屬支脂韻系的合流，脂之合一（“寅”、“孖”、“莖”字）、至志合一（“蒔”字）屬脂之韻系的合流，支之合一（“虆”字）、紙止合一（“媯”字）屬支之韻系的合流，志未合一（“亟”字）屬之微韻系的合流。四類合流大致分兩個階段，前三類其實是一回事，即支、之韻系先併入脂韻，即支韻系主元音 ɛ 高化爲 i，之韻系韻母前化 ɨ>ɨi，遂支、之二韻系併入主元音爲 i 的脂韻系；微韻系併入脂支之韻系稍晚，發生的原因是受介音 ɨ>i 音變及前舌位韻尾 i 的影響，主元音 ə 前移升化作 i。引起尤幽韻系合韻的是三等韻介音的前移，尤 ɨu>iu，幽 iu>jiu，這樣就有了尤幽合一（“颩”字）、有黝合一（“黝”字）的可能。外轉韻中純四等韻與三等韻的合流，肇始之因是四等韻介音的產生，《切韻》稍後時期，先、蕭等韻系主元音 ɛ 前 i 介音的產生，使它們與原先主元音同爲 ɛ 的仙、宵等韻系（限於幫系、見系、以母、精組）擁有了相同的韻母 iɛ，即實現了合流（“掔”、“湫”字）。

反映上述音變的又音音切，如果追溯它們進入《切韻》系書的源頭，就會發現與中古音演變的進程相一致。止攝支、脂、之三韻合併得較早，《切韻》時代脂之無別、支脂無別的現象就已出現在標準語的南、北方變體中。相應地，涉及止攝混韻的 15 條又音中有 7 個字（“虆”、“寅”、“萯”、“否”、“視”、“刺”、“亟”）的又音在《切韻》系前書中就已出現，其中有 5 個字（“虆”、“寅”、“萯”、“否”、“刺”）的又音出現於 P.3696、《切三》這樣的早期傳本中。微韻併入支、脂、之韻稍晚，相應地，反映之微韻系合流的"亟"字又音首見於晚出的《唐韻》。再來看其他韻攝的情況。其他攝中韻的合併總體上要晚於止攝，因此又音在《切韻》系書中首見的時間也較晚。12 條又音中，5 個字（"襬"、"湫"、"嗄"、"犂"、"罯"）的又音在《廣韻》前已出現，其中僅 1 字（"襬"）又音首見於《切三》，其他均首見於《王韻》、《唐韻》這樣的後期傳本。另外，總共 27 條又音，止攝 15 條，佔去大半，其他各攝僅佔小半，也可見止攝合併的發生要早於其他各攝，因此音變擴散的程度也更深一點。上述混韻又音的分析結果與音史發展情況高度契合，説明這些又音的來源主要不是文獻舊音，而是有其真實的語音來源的。

混切、混開合、混等的情況相對較少，不易做排比工作，不過就語音真實性來説也是十分明顯的。混切的 5 例，分別是從邪、船禪、云以相混。從邪、船禪不分是當時標準音南方變體的特點，所以顏之推會有"以錢爲涎，以石爲射，以賤爲羨，以是爲船"的指摘。云以相混是後來二者歸爲同一個喻母的前奏，特別是這一相混發生在"盉"字 wriu 上，在 r 和 u 自有圓唇成分的影響下，云母 w 的又音用了以母 j 的上字，並不奇怪。混開合的 3 例分別混了韻基相同僅開合不同的寒桓、痕魂兩組韻系。"婠"字"又古旦切"以翰韻下字切换韻音，當是憑了切；"巀"字"又藏活切"以末韻下字切曷韻音，當是拼讀時上字去韻下字去聲，語流中"藏"字的後舌位韻 ɒŋ 自然地把"活"字 ɦuɒt 前部的 ɦu 帶掉了；"吞"字"又湯門切"以魂韻下字切痕韻音，下字"門"爲唇音字，可不計較開合。這樣看來，混開合的 3 例也是韻書的遞修者因時音而起的大意。混等的 1 例爲東韻三等明母讀入東韻一等，這一音變發生得很早，與《切韻》差不多時期的顧野王《玉篇》、陸德明《經典釋文》、曹憲《博雅音》、顏師古《漢書注》、玄應《一切經音義》等都有不少類似的證據。所以，混切、混開合、混等的例子也都是時音在韻書中的反映。

總而言之，上舉又音之所以與實際收字處音切不一致，不是因爲摘了古籍舊音，舊音與《廣韻》有牴牾，而是因爲這些又音來自於生動的真實語音。

（二）又音互見是《廣韻》編撰者謹守的工作原則

《廣韻》的又音記録可分兩類，一類與實際收字處音切對應，一類不一致。第一類佔絕大多數，3848 條又音記録中除去第二類 87 條[①]，剩下的都是第一類，所以相信又音互見是編撰者傾向的音注方法。衹是這一用心是編撰者有意爲之的隨意之舉，還是絕對的工作原則？這一問題搞不清楚，將影響我們對韻書音注的理解及又音材料的利用。

問題主要是第二類。第二類又分兩種，一種是上文討論的本身符合《廣韻》音系的又音，另一種是本身不符合《廣韻》音系的又音，如慈染切“嚵”字注“又初咸切”，《廣韻》咸韻無初母，字見銜韻鷐銜切。第二種情況，我們已做專文討論（趙庸 2014），共 43 條字例，僅 13 個字的又音在正切裏完全找不到落腳之處，其餘 30 字實際上也都做到了又音互見。又音音節本身不合《廣韻》音系，説明這些又音未必是《廣韻》編撰者真正認可的，可能只是廣見聞的，再者，13 個字例數量也不多，所以對我們判斷《廣韻》又音互見的嚴謹度没有太大影響。這樣，第二類的第一種情況，即上文討論的本身符合《廣韻》音系、却又與實際收字處音切不對應的又音，它們到底有没有做到互見，對我們評價又音互見就顯得十分重要。

分析結果顯示，除了“縈”字，本身符合《廣韻》音系的這些又音，雖然與實際收字處音切有參差，但是如果認識到參差起因於音變，那就會發現又音對應之處並没有失收，實際收字處的

① 87＝44＋43。44 條爲本文討論的例子，43 條爲不合《廣韻》音系的又音。

音切也不是第三音，這些又音和實際收字處的音切都是可以關聯的，即都做到了又音互見。這樣，如果把第二類的第一種情況與第一類情況合併言之，即凡是符合《廣韻》音系的又音記録，幾乎全都做到了又音互見（僅“縶”字例外），因此，我們可以説，又音互見是《廣韻》編撰者謹守的工作原則。

〔主要參考文獻〕

丁度．宋刻集韻．北京：中華書局，1989.

顧野王．原本玉篇殘卷．北京：中華書局，1985.

黄笑山．《切韻》和中唐五代音位系統．臺北：文津出版社，1995.

簡啓賢．《字林》音注研究．成都：巴蜀書社，2003.

陸德明．經典釋文．北京：中華書局，1983.

潘悟雲．漢語歷史音韻學．上海：上海教育出版社，2000.

邵榮芬．切韻研究．北京：中國社會科學出版社，1982.

邵榮芬．《切韻》尤韻和東三等唇音聲母字的演變．//邵榮芬音韻學論集．北京：首都師範大學出版社，1997.

釋空海．篆隸萬象名義．北京：中華書局，1995.

釋行均．龍龕手鏡．北京：中華書局，1985.

王先謙、吴格．詩三家義集疏．北京：中華書局，1987.

許慎．説文解字．北京：中華書局，1963.

余迺永．新校互注宋本廣韻．定稿本．上海：上海人民出版社，2008.

趙庸．《廣韻》不入正切音系之又音釋疑．語言科學，2014，(3).

鄭張尚芳．上古音系．上海：上海教育出版社，2003.

周祖謨．切韻的性質和它的音系基礎．//問學集．北京：中華書局，1966.

周祖謨．唐五代韻書集存．北京：中華書局，1983.

周祖謨．爾雅校箋．昆明：雲南人民出版社，2004.

The Reason Why Some Characters cannot be Find According to the Alternative Pronunciation notes in *Guangyun* (廣韻)

Zhao Yong

(International College of Chinese Studies, East China Normal University, Shanghai 200062)

Abstract: There are 44 characters in *Guangyun* (廣韻), although the alternative pronunciations of the them are in accord with the phonetics system of *Guangyun* (廣韻), but we can't find these characters in the corresponding locations, and almost all of them can be found somewhere else. Some fanqie (反切) make mistakes in characters, some mix up initials, some finals, some kai (開) and he (合), some grades, and some are diverse-sourced. These alternative pronunciations dose not come from old notations in ancient books, but from the real phonetics. Youyin-hujian (又音互見) is a rule during the compiling work.

Key words: *Guangyun* (廣韻); alternative pronunciations; phonetic system; sound change; Youyin-hujian (又音互見)

(趙庸，華東師範大學對外漢語學院，郵編 200062)

廣西社坪客家話音韻變異探源

李　玉

内容摘要：本文對廣西粵方言區的客家方言島社坪話音韻變異進行了調查研究。在對音變的歷時考察中發現了一些難得的語音現象。如泥、娘有别，照二歸精，照三歸知，喻四歸定，元音低化，韻母簡化，介音失落等等。這些古音的"活化石"，既檢驗了前人對上古音的認識，也爲古音的構擬和方音史的研究提供了相當寶貴的材料。

關鍵詞：音韻變異　方音的融合　歷史音變　古音殘留　方音史

社坪是廣西平南縣思旺鎮的一個村。周邊是平南粵方言（平南鎮粵方言①除外）。思旺鎮有七萬多人，其中五萬多人講平南粵方言，兩萬多人講客家話②。社坪客家話（下簡稱"社坪話"）是與周邊的客家話有所不同的方言島。社坪村有三千多人，自稱爲"客家人"，講"麻介話"（即"客家話"）。在村内講客家話，到平南粵方言區則用平南粵方言交流。據族譜載，社坪村這些范姓的人其先祖於近五百年前居住在福建省西南客家話區域的連城縣（以四保客家話爲代表）。二百多年後又遷廣東省加應州（即今梅縣地區）。雍正年間又由梅縣地區遷到廣西平南縣思旺鎮社

---

① 其音系見劉村漢、肖偉良 1988（2）第 139 頁："本文記音以平南城區（即平南鎮）爲準。"

② 見《平南縣誌》第 66 頁："思旺鎮人均爲漢族，講客家話、白話。以客家話爲主，思旺圩（思旺鎮政府所在地）也講客家話。"

坪村，至今已有兩百七十多年。在幾百年的遷徙過程中，社坪話發生了不少變異和音變。本文從方音的融合特別是古音痕迹、歷史音變兩方面對社坪話獨特的音韻特徵和變異作些探源性的研究。發音合作人范棟成，73 歲，高中文化，曾在思旺小學做語文老師，現退休在家。范延樑，56 歲，高中文化，現在家開小雜貨店。

一　語音系統

(一) 社坪話的音系

1. 聲母 22 個：

p　ph　m　f　t (ȶ)　th (ȶh)　n　l　ɬ　tʃ (tʂ)
tʃh (tʂh)　ʃ (ʂ)　ʐ　k　kh　Kw　kwh　h　ŋ　j　w　Ø

(1) [ȶ-　ȶh-] 分別是 [t-、th-] 的自由變體。

(2) [tʂ-、tʂh-、ʂ-] 是 [tʃ-、tʃh-、ʃ-] 的條件變體，它們與 ʐ-一樣，衹出現在 [ʅ] 元音之前。

2. 韻母 55 個：

a:		ɛ	ɔ	i	u	ɿ	ʅ	y
a:i	ai		ɔi	iu	ui	m̩	ŋ̩	
a:u	au	ɛu	ɔu					
a:m	am	ɛm		im	ãĩ	ĩãĩ	ũãi	
a:n	an	ɛn	ɔn	in	un	un	uŋ	
a:ŋ	aŋ	ɛŋ	ɔŋ	iŋ	uŋ	uŋ		
a:p	ap	ɛp		ip				
a:t	at	ɛt	ɔt	it	ut	ut		
a:k	ak	ɛk	ɔk	ik	uk	uk		

3. 聲調 7 個：

[1] 陰平 11　[2] 陽平 31　[3] 上聲 13　[4] 陰去 55

［5］陽去 33　［6］陰入 5　［7］陽入 3

（二）平南粵方言的音系

1. 聲母 22 個：

p　ph　m　f　t　th　ɬ　n　l　tʃ　tʃh　ʃ　ȵ　k　kh　h　ŋ　kw　khw　w　j　Ø

2. 韻母 54 個：

aː	aːi	aːu	aːm	aːn	aːŋ	aːp	aːt	aːk
ɿ	ai	au	am	an	aŋ	ap	at	ak
ɛ		ɛu	ɛm	ɛn	ɛŋ	ɛp	ɛt	ek
i		iu	im	in	iŋ	ip	it	ik
ɔ	ɔi			ɔn	ɔŋ		ŋt	ŋk
u	ui			un	uŋ		ut	uk
y				yn			yt	
œ	m̩	ŋ̍			œŋ			œk

3. 聲調 10 個：

［1］上陰平 55　［2］下陰平 33　［3］陽平 31　［4］陰上 35［5］陽上 24　［6］陰去 53　［7］陽去 11　［8］上陰入 5　［9］下陰入 3　［10］陽入 1

（三）梅縣話的音系見黄雪貞《梅縣方言詞典》①。

（四）福建閩西四保客家話（簡稱"四保話"）的音系見李玉《連城四保客家話的語音系統及歷史音變》②。

二　方音間融合的變異

（一）聲母方面融合的變異

梅縣話祇有 17 個聲母，社坪話則多達 22 個聲母，其中多出

① 江蘇教育出版社，1995 年，第 4—5 頁。

② 載《語言研究》1998 年增刊。

的 5 個聲母中，有些是社坪話的祖語——連城四保客家話保留下來的，其餘大多是粵方言的影響而產生的。

1. 梅縣話沒有 tʃ-、tʃh-、ʃ-三母，但是社坪的祖語——四保話有 tɕ-、tɕh-、ɕ-。社坪話的 tʃ-、tʃh-、ʃ-在幾百年的演變過程中，經歷了 * tɕ->tʃ-、* tɕh->tʃh-、* ɕ->ʃ-的音變。這些音變的發生，大多是二百多年前遷到廣西平南縣之後，受平南粵方言的影響而產生的。因爲平南粵方言有 tʃ-、tʃh-、ʃ-三母（下文社坪話的例證音讀衹標調類）。例如：tʃi 支肢^{1} 止^{3}　tʃa：抓渣^{1} 乍榨^{4}　tʃha：1 差叉杈　tʃhɔ 初^{1} 鋤^{2}　tʃha：i^{2} 柴豺　ʃi 屍詩^{1} 屎^{3} 市是^{5}　ʃɔ 梳疏^{1} 所^{3}　ʃa：沙紗^{1} 耍^{3}……

2. 梅縣話沒有 kw-、khw-、w-三聲母，社坪話原來也沒有這三聲母，這三聲母當是在平南粵方言的影響後產生的，例如：kwa：i 乖^{1} 拐^{3} 怪^{4}　kwai 龜圭^{1} 鬼詭^{3} 貴^{4}　khwa：^{1} 夸　wa：娃蛙^{1} 華^{2}　wɔ^{1} 窩撾　wɛŋ 榮^{2} 永泳^{3}　wa：k^{7} 劃畫惑……

3. 社坪話沒有 ts-、tsh-兩聲母。但其祖語四保話和梅縣話都有 ts-、tsh-兩母。在早期社坪話（四保話）中，來自中古精組的 ts-、tsh-兩聲母在平南粵方言（其音系也沒有 ts-、tsh-兩聲母）的影響下，ts-、tsh-兩聲母失落了，發生了兩個音變：(1) * ts-、* tsh->t-、th-。(2) * ts-、* tsh->ɬ-。如：精 tiŋ^{1}　清 thiɬ^{1}　浸 ɬam^{5}　尋 ɬa：m^{2}　thiŋ 情^{2} 請^{3}　thap^{7} 輯　thɔk^{7} 錯……

4. 四保話、梅縣話心母字的聲母，發生了 * s->ɬ-的音變。社坪話的 ɬ -聲母當是受粵方言的 ɬ -影響後來產生的。例如：ɬi 死^{3} 四肆^{4}　ɬɔ 梭^{1} 鎖^{3}　ɬik^{7} 息熄悉　ɬa：k^{6} 殺薩　ɬuk^{7} 粟肅夙宿……

（二）韻母方面融合的變異

1. 梅縣話韻母多達 73 個，到了社坪話裏，衹剩下 55 個韻母，少了 18 個韻母。王力（1981：207）認爲："漢語語音簡單化是語音發展的一般趨勢。"這一方面是社坪話自身順應這一語音發展的一般趨勢，發生了韻母簡化的音變。但另一方面也是受到平南粵方言韻母體系的簡化而發生的簡化過程。廣州話現有韻母多達 94 個之多①。講平南粵方言的人口沿西江、潯江遷到廣西平南縣的近三百五十多年裏②，韻母也發生了驚人的簡化，韻母衹有 54 個，比廣州話少了 40 個。

2. 長短音 a:-a 的對立是平南粵方言的特點。廣州話没有梅縣話也没有，但社坪話却有長短音 a:-a 的對立系統（社坪話的祖語——四保話也没有 a:-a 對立系統）。這顯然是粵人遷到平南後形成的，社坪話長短音 a:-a 的產生應該是從梅縣遷到平南後受平南粵方言的影響在二百多年中逐漸形成的。社坪話長短音 a:-a 對立系統中，短音 ai、au、aŋ、ak 四韻是新產生的。而 am、an、ap、at 四韻所管的字則分别與梅縣話 əm、ən、əp、ət 四韻所管的字相當。前者由後者變化而來的，即發生了（梅縣話）*ə>（社坪話）a 的音變。與這四韻字相應的字平南粵方言把元音讀爲 a，社保話受其影響，四韻字的元音（ə）開口度變大，最後大到了（a）元音的舌位。長短音對立的系統中的短韻母是 am、an、ap、at 加上新產生的 ai、au、aŋ、ak 就產生了與長元音韻母 a:、a:i、a:u、a:m、a:n、a:ŋ、a:p、a:t、a:k 九個長音韻母成爲對立的長短音系統。長音 a:的形成（包括平南粵方言）主要是受“元音低化”的元音發展規律（見下文）形成的。例如：na:i^{2} 乃奶—nai^{2} 泥　la:i^{1} 拉—lai^{1} 禮裏理　pa:u 包^{1} 飽^{3}—pau^{1} 保寶^{3}　sa:m^{1} 三叁—saim^{1} 森參　ka:n^{1} 艱間—kan^{1} 跟根　ka:ŋ^{1} 更—kaŋ^{1} 庚耕羹　tha:p^{6} 塔榻—thap^{7}□$_{\text{套人}}$　ma:t^{7} 襪—mat^{7} 物沫　tʃha:k^{7} 拆—tʃhak^{7} 測尺　kha:k^{7} 客喀—khak^{7}

① 見白宛如《廣州方言詞典》，江蘇教育出版社，1998 年，第 4—5 頁。

② 《平南縣誌》第 822 頁：“清康熙年間，曾實行獎勵墾耕的辦法，招集粵地漢人入桂務農。”

□卡住 wa:k^{6} 畫劃—wak^{6}□搖動……

三 古音痕迹與歷史音變

(一)聲母方面的古音痕迹與歷史音變

1.(上古漢語)“古無輕唇音”。例如:敷 phu^{1} 輔婦斧 pu^{3} 扶 phu^{2} 符 phu^{3} 飛 phui^{1} 肥 phui^{2} 吠 phɔi^{3} 飯 pha:n^{3} 墳 phun^{2} 放 phɔŋ^{3} 縫馮 phuŋ^{2} 腹 phuk^{6} 縛 pok^{6}……

2.(上古漢語)“古無舌上音”、“古人多舌音”。上古音裏,中古知章兩組字的聲母讀如端組字的聲母(t-、th-)。社坪話仍有這一方面的古音痕迹。例如:“知”ti^{1},“猪”tu^{1},“丈”ta:ŋ^{5},春 thun^{1},装 tɔŋ^{1},专砖 tua:n^{1},捉 tok^{6},讀 tuk^{7},轴 tuk^{7}……

在福建中保客家話裏①,中古知章兩組字的聲母大多數讀舌尖塞音 t-,th-,更多地保留上古音“古無舌上音”、“古人多舌音”的狀態。現將這些字例摘列如下:知 ti^{1} 茶搽 tha:^{2} 蔗 ta:^{4} 朱誅猪 ty^{1} 苧柱 thy^{1} 除 thy^{2} 主煮 ty^{3} 著駐蛀鑄 ty^{4} 追錐 tui^{1} 墜 tui^{3} 招昭朝 tau^{1} 超 thau^{1} 潮沼 thau^{2} 趙兆召 thau^{3} 罩照 tau^{4} 周舟州洲 tiu^{1} 抽 thiu^{1} 綢稠籌仇酬 thiu^{2} 肘醜帚宙 thiu^{3} 晝咒 tiu^{4} 瞻 taŋ^{3} 站賺 thaŋ^{3} 占佔 taŋ^{4} 摺 tak^{5} 針斟 tiŋ^{1} 沉 thiŋ^{2} 枕 tiŋ^{3} 執汁 tik^{5} 蟄 tik^{6} 纏 thien^{2} 展 tien^{3} 戰顫 tien^{4} 浙哲 tiet^{5} 徹撤 thiet^{5} 專磚 tan^{1} 川穿 than^{1} 傳船 than^{2} 轉喘篆 than^{3} 串 than^{4} 拙 tat^{5} 鄭 thin^{3} 震证症政 tin^{4} 稱 thin^{4} 質織職 tit^{5} 姪直值殖植 thit^{6} 肫春椿 thun^{1} 唇 thun^{2} 準 tun^{3} 盾 thun^{3} 出 thut^{5} 張章樟 toŋ^{1} 昌菖 thoŋ^{1} 長腸場常嘗償 thoŋ^{2} 漲掌 toŋ^{3} 丈杖撞

---

① 其音系和例證詳見李玉 1986(1)。

thoŋ^{3} 壯障瘴帳賬脹 toŋ^{4} 唱倡 thoŋ^{4} 着綽卓桌琢 tok^{5} 濁 tok^{6} 呈程 thaŋ^{2} 只摘 tak^{5} 赤尺斥 thak^{5} 中鐘忠終 tuŋ^{1} 冲充 thuŋ^{1} 重蟲 thuŋ^{2} 仲寵 thuŋ^{3} 衆 tuŋ^{4} 竹燭觸祝粥 tuk^{5} 築畜 thuk^{5} 逐軸 thuk^{6}……

在漢藏語系的親屬語言裏，也還能找到中古知章兩組字的聲母讀 t-、th-的佐证。在藏緬語族彝語支碧江白語的漢語借詞裏，中古知、莊、章三組字的聲母讀如端組：t-，th-、d-，例如："知"母：知 ti^{55} 猪 te^{55} 中 tuŋ^{55}，"徹"母：撑 thŋ^{55}，"澄"母：茶 da^{13} 蟲 diŋ^{13} 柱 de^{23} 箸 te^{43}，"莊"母：裝 to^{55} 捉 to^{13}，"初"母：瘡 tho^{55} 炒 thuo^{33} 鏟 thæ^{33}，"崇"母：床 do^{13}，"章"母：磚 tœ^{55} 鑄 tu^{44}，"昌"母：穿 thæ^{55} 春 thuŋ^{55}……上述例证對上古音"知"、"章"兩組字的聲母的構擬有重要的參考價值。

3. 早期社坪話（四保話）裏："照二歸精"，"照三歸知"，"莊（ts-）章（tʃ-）分立"。在社坪話的方音史裏，發生了*ts->t-、*tsh>th-及*ts-、*tsh->ɬ-两个音變。音變之後社坪話的讀音如：初 tɔ^{1} 糟 tau^{1} 焦 ɬiu^{1} 債 ta:i^{4} 抄 tha:u^{1} 炒 tha:u^{3} 饞 ɬa:m^{2} 插 tha:p^{7} 産鏟 tha:n^{3} 察擦 ɬa:t^{7} 莊裝 tɔŋ^{1} 窗 thɔŋ^{1} 創 thɔŋ^{4} 捉 tɔk^{7}……"章"母讀作"知"組，讀作 tʃ-、tʃh-。"照三（tʃ-）歸知（tʃ-）"的例子如：朱珠蛛諸 ʃy^{1} 處 tʃhy^{4} 支枝肢之芝 tʃi^{1} 制 tʃai^{4} 昭招 tʃa:u^{1} 枕 tʃim^{3} 執 tʃip^{6} 唱唱 tʃha:ŋ^{4} 綽酌 tʃɔk^{7}……

4. 在客家話裏，中古"知"、"莊"、"章"三組字的聲母經歷了兩次音變。

第一個音變發生於東晉的原始客家話①。上古音裏，"知"組、"章"組、"端"組不分，均讀舌尖塞音*t-（*th-、*d-），福

① 關於原始客家話聲調的情況見李玉 1985（4），聲母的情況見李玉 1986（1）。

建中保話就是如此。到了東晉形成的原始客家話，“知”、“章”從“端”組中分化出來，發生*t-（*th-、*d-）＞tʃ-（tʃh-、dʑ-）的歷史音變。同時，“莊”組仍有别於“章”組，讀如“精”組，讀爲ts-（tsh-、dz-），早期社坪話（四保話）就是這樣。“莊”組（照二）讀如“精”組是上古音的特徵。*t-（*th-、*d-）＞tʃ-（tʃh-、dʑ-）這一歷史音變可在現代客家話裏找到痕迹。在社坪話中可見，社坪話的音系不僅有舌尖塞音t-、th-，還有舌面塞音ȶ-、ȶh-這樣的聲母。ȶ-（ȶh-、ȡ-）是*t-（*th-、*d-）＞tʃ-（tʃh-、dʑ-）這一音變過程的中間形式，完整的歷史音變是：*t-（*th-、*d-）＞*ȶ-（*ȶh-、*ȡ-）＞tʃ-（tʃh-、dʑ-）。

到了清代道光年間，“知”“章”兩組字的聲母在早期梅縣話發生第二次歷史音變：*tʃ-（*tʃh-、*dʑ-）＞ts-（tsh-、dz-）。這一音變使“知”“莊”“章”三組字的聲母合流，均讀如“精”組，讀爲ts-、tsh-，如現代梅縣話所示。例如：“知”組：沉 tshəm^{2}　陳 tshən^{2}　猪 tsu^{1}　車 tsha^{1}　耻 tshɿ^{3}　程 tshin^{2}……“莊”組：阻 tsɿ^{3}　灾 tsoi^{1}　初 tshɿ^{1}　楚 tshu^{3}　炒 tshau^{3}　柴 tshai^{2}……“章”組：諸 tsu^{1}　真 tsin^{1}……可見：着（知）＝酌（章）……梅縣話裏，中古陽韻中，“知章”與“精”組字之别不在聲母而在韻母。例如，將（精）≠張（知），“將”與“張”的聲母都是ts-，韻母則有所不同：“將”的韻母是ioŋ，“張”的韻母是oŋ。這一差異也暗示：“知”、“章”兩組字的聲母與“精”組字的聲母在原始客家話應該是有區别的。

4. 三十六字母裏，“泥”“娘”是否有别，一直未能統一認識。王力（1985：173）認爲：“在隋—中唐音系裏，娘母實際上是不存在的。”但是，在社坪話裏，“泥”“娘”兩母是有音位區别的。這可能是“隋—中唐”時期“泥”“娘”有别留下的痕迹。中古的“泥”母字社坪話的聲母都讀爲n-，而“娘”母除少數例外字外，聲母大都讀ȵ-，如（前面的爲“泥”母字，後面的爲“娘”母字)：寧 nin^{2}—紉 ȵin^{2}　納 na：p^{6}—聶 ȵa：p^{6}　撵 nɛn^{3}—輾 ȵɛn^{3}　農 nuŋ^{2}—濃 ȵuŋ^{2}　惱 na：u^{2}—撓鐃 ȵa：u^{2}　囊 nɔŋ^{2}—娘 ȵɔŋ^{2}……

從《廣韻》反切上字看，“隋—中唐”時期“泥”“娘”兩母也有對立的現象，是兩個音位。如：深開三侵韻：誑、女心切，拰、尼甚切，屬“娘”母；而賃、乃禁切，則屬“泥”母。通攝合一等中，既有“泥”母：農、奴冬初，也有“娘”母：醲、女容切。蟹開二皆韻：搱、諾旨切，屬“泥”母；女界切，屬“娘”母。山攝二等删韻：赧、奴赧切，嘫、奴閑切，屬“泥”母；奻、女患切，屬“娘”母。效攝二等韻：鐃、女交切，屬“娘”母；奴巧切，橈、奴效切，屬“泥”母。假攝二等麻韻：拿，女加切，屬“娘”母。絮、奴下切，屬“泥”母。可見同韻或同等裏的“泥”“娘”對立現象還是不少的。那麽，社坪話中古“泥”“娘”有别就應該不是偶然的現象，它是中古“泥”“娘”對立在社坪話留下的活證據。

5. “喻四歸定”。“鋭”字在社坪話有兩個音讀。一般讀爲 jui^{3}，用作姓氏時讀爲 tui^{3}，與“端”母同。這可能是曾運乾所説的上古音“喻四歸定”留下的痕迹。

6. 社坪話與其祖語四保話都有捲舌音聲母：tʂ-、tʂh-、ʂ-、ʐ-，這在客家方言幾乎是没有的（興寧客家話除外），尤其是存在濁音聲母 ʐ -，目前尚未見到其他客家話存在。ʐ -聲母是原始客家話聲母系統留下的古音痕迹。tʂ-、tʂh-、ʂ-、ʐ -四聲母只出現在卷舌元音 ʅ 之前。從漢語語音史上看，王力（1985：130）認爲，tʂ-、tʂh-、ʂ-是元代産生的聲母。社坪話及其祖語——閩西四保話這幾個捲舌音聲母，當是元代古音的活證據。例如：tʂʅ 支^{1} 旨指^{3}　tʂhʅ 痴^{1} 雉徐池^{2}　ʂʅ 屍^{1} 時殊^{2} 矢^{3}　ʐʅ 如餘^{2} 禹而雨宇羽^{3} 俞譽豫^{5}……

7. 原始客家話曾發生 *kh-、*h-＞f-的音變。例如：苦：社坪 khu^3，梅縣 fu^3；褲：社坪 khu^4，梅縣 fu^4；闊：社坪 kha:t^6，梅縣 far^6；賀：社坪 hau^3，梅縣 fo^3……上述字例裏，*kh-、*h-是較早的形式，f-是後起形式。

8. 早期社坪話裏，曉、匣兩母開口三四等字以及合口三等的魚、文、鐘、屋四韻字的聲母發生了*x-、*γ->*h->*ɕ$_2$->ʃ$_2$-的音變。例如（頭一音是梅縣話的，後一音是社坪話的）：開口三四等字，例如：希 hi^1-ʃi^1　曉 hiau^3—ʃɛu^3　協 hiap^6—ʃɛp^7……合口三等字，例如：虛 hi^1—ʃy^1　訓 hiun^4—ʃun^5　畜 hiuk^6—ʃuk^7……

社坪話的 ʃ-母有兩個來源。第一個來源是"船"（*dʑ-）、"書"（*ɕ-）、"禪"（*ʑ-）。上古晚期之後發生了*dʑ-、*ɕ-、*ʑ->*ɕ->ʃ-的音變。我們把經歷了這一音變的 ʃ-母稱爲 ʃ$_1$-。另一部分 ʃ-母來源於早期社坪話的 h-母，這部分 ʃ-母我們稱之爲 ʃ$_2$-。h-母也是一個後起的形式，它來源於曉（*x-）、匣（*γ-）兩母。如上文所述，曉、匣兩母在早期社坪話之前經歷了*x-、*γ->h-的音變。h-母是個比 ʃ$_2$-更早的聲母形式。社坪話舌面前擦音 ʃ$_2$-（<*ɕ$_2$-）是喉擦音 h-受舌面前元音-i-的影響才形成的。在北方方言裏，"ɕ-"母産生於十五世紀的《早梅詩》之後，十八世紀的《圓音正考》之前。王力（1980：124）認爲："在十八世紀以前，不但齊撮呼的見溪群曉匣已經變了 tɕ-，tɕh-，ɕ-，連精清從心邪也變爲 tɕ-，tɕh-，ɕ-了。"因此，早期社坪話*h->*ɕ$_2$->ʃ$_2$-的音變發生的時間當與北方話"ɕ-"産生的時間相當，即十七世紀社坪人從廣東梅縣遷到廣西平南之後、早期社坪話形成之初。*h->*ɕ$_2$->ʃ$_2$-的音變當是社坪話自身發生的變異。

（二）韻母方面的古音痕迹與歷史音變

1. 元音低化。王力（1980：83）認爲："在漢語語發展過程中……元音高化可以説是漢語語音發展的規律之一"。但這一"高化現象"並不完全是漢語各方言音變的普遍規律，起碼客方言、粵方言就發生過“元音低化”而不是“元音高化”的歷史音變。社坪話就是一個典型的反证。

長音 a：與短音 a 的對立就是“元音低化”的產物。社坪話的 a：是由梅縣話的 a 變來的，a：的舌位比 a 低。例見上文“（二）韻母方面的融合　2. 長短音 a：-a 的對立。”由梅縣話到社坪話這兩百多年裏，發生了＊a＞a：，＊ə＞a，＊e＞ε，＊o＞ɔ 四個元音低化的歷史音變。

例如（音變的前一元音是梅縣話的，後一元音是社坪話的，例證是社坪話的）：

＊a＞a：　ŋa:i 倠^{1} 哪^{3}　ha:i 鞋^{2} 駭^{3}　a:i 挨^{1} 矮^{3}……

＊ə＞a　pai 閉^{4} 幣^{5}　tsau^{3} 左佐　tʃham 深^{1} 沉^{2}……

＊e＜ε　sε 些^{1} 邪^{2} 寫^{3}　tεu^{1} 鳥　tεm^{5} 店……

＊o＞ɔ　pɔ^{1} 波玻　kwɔ^{1} 戈鍋　tɔi 胎^{1} 臺^{2}……

2. 撮口呼 y 的產生。梅縣話缺乏撮口呼 y，四保話也沒有 y 韻（包括 yn、yt 兩韻）。社坪話裏中古遇攝合口三等魚韻（除莊組）和虞韻（除幫組）字韻母是 y。這當是原始客家話留下的古音痕迹。王力（1985：499－500）認爲，從漢語語音史上看，y 母是元代產生的。社坪話有 y、yn、yt 三韻母，在客家話裏很罕見，也可能印證了王力先生（1985：499－500）關於 y 韻產生於元代的結論。例如：ly^{2} 吕旅　tshy 趨^{1} 徐^{2}　ȵy^{3} 語　ky 舉^{3} 句^{4}……ʃyn^{4} 訓　kyn^{1} 軍君　khyn^{2} 群裙……lyt^{6} 律率　ʃyt^{7} 戌恤　kyt^{7} 桔……

3. 介音的脫落。梅縣話有完整的-i-、-u-兩個介音系統。社坪人從梅縣遷到平南兩百多年後，經自身音變，介音失落了。

（1）-i-介音的脫落

梅縣	社坪	例　字	條　件
ia	ε	瀉借斜且謝卸	（麻開三精組）

續上表

梅縣	社坪	例 字	條 件
iai	a:i	街皆階解	(皆開三見母)
iau	ɛu	表標描掉叫笑了	(宵、蕭韻)
iam	em im	廉鑲簽漸潛檢欠 謙嫌炎鹽掩艷厭	(鹽、嚴、添韻)
ian	ɛn	邊編便面田填電	(仙、元、先韻)
ioŋ	ɛŋ	凉糧將槍相	(陽開三來母、精組、見組)
	ɔŋ	鄉香讓	(陽開三曉母，日母)
iaŋ	ɛŋ	並領青井頸鏡	(庚清青開口部分字)
iap	ɛp	夾狹治聶猫帖	(葉業開三、帖開四)
	a:p	業脅協葉	(葉業開三疑曉母)
iat	ɛt	别泄撤節杰月	(薛、月、屑韻)
iak	ɛk	壁甥霹錫屐	(錫韻)
	a:k	額逆	(鐸韻疑母)

(2) -u-介音的脱落

梅縣	社坪	例 字	條 件
uon	a:n	官觀寇管貫慣罐	(删韻見組)
uai	a:i	乖拐怪塊快筷	(皆佳合二見組)
ua	a:ŋ	礦	(庚合二見母)
uen	aŋ	耿亘	(耕、登合口)
uo	ɔŋ	光胱廣	(唐合一見組)
uat	a:t	括闊	(末韻見組)
uet	ɔt	國	(德韻合一)

(3) 韻尾*-n、*-t＞-ŋ、-k 的音變

中古曾攝合口登韻，梗攝開口各韻及少數合口韻的字，在梅縣話收-ŋ、-k 尾，而社坪話則有兩種情況。一是兩讀，既可跟梅縣話和平南粵方言一樣收-ŋ、-k 尾，也可以收-n、-t 尾，例如：丙 pɛŋ^{3}—pin^{3}　柄 pɛŋ^{5}—pin^{5}　領 lɛŋ^{1}—lin^{1}　迹 ɬɛk^{7}—ɬit^{7}　净 tiŋ^{5}—tin^{5}　碧 pɛk^{7}—pit^{7}　席 tik^{7}—tit^{7}……

另一種情況是，梅縣話收-n、-t 尾的字，今天社坪話收-ŋ、-k 尾。也就是説，從梅縣話到社坪話，發生了*-n＞-ŋ、*-t＞-k 的音變。例如：鏡 kɛŋ^{4}　迎 ȵa：ŋ　映 ja：ŋ^{3}　名 mɛŋ^{2}　晴 ɬiŋ^{2}　聽 thiŋ^{1}……織 tʃɛk^{6}　侄 tʃhɛk^{7}　筆 pɛk^{6}　八扒 pa：k^{7}……

通過由*-n、*-t＞-ŋ、-k 的音變我們可以看到，方音的演變是漸變的。由舌尖韻尾轉化喉音韻尾並非一次完成，先是一字兩讀，然後再放棄客家話-n、-t 韻尾的音讀，均變爲收-ŋ、-k 的讀法。

(4) 卷舌元音韻母 ʅ 的存在

社坪話 ʅ 韻母的存在當是古音痕迹的保留。客家方言幾乎没有 ʅ 韻母。（王力 1985：503）認爲，在漢語語音的發展史中，卷舌元音 ʅ 產生宋代脂部開口三等字。社坪話的 ʅ 韻母當是繼宋代古音而來。例見上文“一、聲母方面的古音痕迹及歷史音變六）捲舌音聲母 tʂ-、tʂh-、ʂ-、ʐ-的出現。”

(三) 聲調方面的古音痕迹及歷史音變

七個聲調的存在。社坪話有七個聲調。其祖語四保話也有七個聲調：“平、去、入”各分陰陽。有七個聲調，去聲分陰陽，在客家方言裏是十分罕見的。這是原始客家話“平、上、去、入”各分陰陽的直接證據，詳見李玉 1985 (4)，這一現象也是社坪話的主要標誌之一。它不是受平南粵方言的影響而發生的變化，而是原始客家話八聲調演變的結果。第 4 調是陰去，第 5 調是陽去。例如：phi 胚披婢^{1} 皮枇^{2} 坯^{3} 屁^{4} 備鼻^{5}　pha：ŋ 番蕃

潘[1] 盤[2] 蚌彭伴[3] 盼 判胖[4]辦[5] pɔk 博剥駁[6] 薄[7]……

〔主要參考文獻〕

李玉. 原始客家話的聲調發展史. 廣西師院學報，1985 (5).
李玉. 原始客家話的聲母系統. 語言研究，1986 (1).
劉村漢，肖偉良. 廣西平南白話形容詞的重叠方式. 方言，1988 (2).
平南縣誌. 南寧：廣西人民出版社，2013.
王力. 漢語史稿. 上册. 北京：中華書局，1980.
王力. 漢語音韻學. 北京：中華書局，1981.
王力. 漢語語音史. 北京：中國社會科學出版社，1985.

Origins of phonological variations in Hakka dialect of *Guangxi Sheping*（社坪）

Li Yu
(Institute of Linguistics, Chinese Academy of Social Sciences, Beijing, 100732)

Abstract: This paper studies the phonological variations in Hakka dialect island of Cantonese Dialect in Guangxi Autonomous Region. Some rare phonological phenomena are revealed by diachronic investigation of phonetic changes, for example, (1) initial consonant *ni*（泥）is different from *niang*（娘）, (2) second class of initial consonant *zhao*（照）is grouped into *jing*（精）, (3) third class of *zhao*（照）is grouped into *zhi*（知）, (4) four class of *yu*（喻）is grouped into *ding*（定）, (5) certain vowels are lowered, (6) rhyme system is simplified, and (7) certain medials are dropped, etc. These phonetic living fossils could both verify the understanding of previous phonology research of ancient Chinese, and provide valuable data for reconstruction of ancient phonology and for research of dialectal history.

Key words: Phonological variations; Blend of dialectal phonology; Historical sound change; Ancient phonetic remain; Dialectal phonetic history

（李玉，中國社會科學院語言研究所，郵編 100732）

略論《太玄》的押韻

伍宗文

内容摘要：《太玄》本爲摹擬《周易》而作，它大量使用韻語，却又非同詩賦箴銘，没有大體一致的韻例。本文仔細討論了該書各篇的用韻情況，其中對《玄測》一篇押韻的抉發，爲學者迄今所未及；從整理出的全書韻譜出發，又分門别類，統計分析，證明了《太玄》的押韻對於研究西漢陰聲、陽聲與入聲各類韻部以及西蜀方音的重要價值。

關鍵詞：太玄　押韵　西漢韻部　西蜀方音

1.1　《太玄》歷來被認爲是漢代揚雄模仿《周易》而作的一部卜筮之書，而當今學者則多認爲它實質上“是一部含有深刻内容的學術著作”①。“玄”是揚雄哲學體系的最高範疇，它代表着天地的本原或整個世界的根本性規律。其書的主旨，就在於探討這一規律以及個人如何順應這一規律以立身處世、趨利避禍。

1.2　從著述的體制來看，《太玄》摹擬《周易》無庸置疑。據《漢書》本傳，揚雄年輕時曾仰慕屈原、司馬相如，喜好辭賦，後來發現“賦勸而不止”，不過雕蟲小技，“於是輟不復爲”。晚年校書天禄閣，不預朝政，“實好古而樂道，其意欲求文章成名於後世，以爲經莫大於《易》，故作《太玄》”。司馬光指“《易》與《太玄》大抵道同而法異，《易》畫有二，曰陽曰陰；

---

①　張岱年．太玄校釋·序．//太玄校釋．北京：北京師範大學出版社，1989：1.

《玄》畫有三，曰一曰二曰三；《易》有六位，《玄》有四重"，從上到下，依次爲方、州、部、家。"《易》以八卦相重爲六十四卦，《玄》以一二三錯於方、州、部、家爲八十一首"；"《易》每卦六爻，合爲三百六十四爻，《玄》每首九贊，合爲七百二十九贊"①。《漢書》謂其書"有《首》《衝》《錯》《測》《攡》《瑩》《數》《文》《掜》《圖》《告》十一篇，皆以解剥《玄》體"。這些篇目在全書中的地位及彼此的關係，也正如《四庫全書總目提要》所説，"以家準卦，以《首》準《彖》，以贊準爻，以《測》準《象》，以《文》準《文言》，以《攡》《瑩》《掜》《圖》《告》準《繫辭》，以《數》準《説卦》，以《衝》準《序卦》，以《錯》準《雜卦》，全仿《周易》"。

1.3 最早爲《太玄》作注的是三國時代宋衷和陸績，他們的注賴晉代范望注本得以保存。范望《太玄解贊序》："今更通率爲注，因陸君爲本，錄宋所長，捐除其短，昇《首》一卷本經之上，散《測》一卷注文之中，訓理其義，以《測》爲據，合爲十卷。"其中前六卷即所謂"本經"，依次列出"八十一家"，各家之下先列首辭，再以初一、次二……次八、上九爲序列出九贊的贊辭；《玄測》一篇全被拆散，以"測曰"二字引出，分置各贊贊辭之後。其餘自《玄衝》至《玄告》共九篇，爲後四卷。今所見宋司馬光《太玄集注》、明葉子奇《太玄本旨》等，並皆如此。

2.1 跟《周易》一樣，《太玄》一書也多韻語，而且數量更大，使用更普遍，加之出自揚雄一人之手，成書於一個時代，因而該書對於研究漢代民族共同語的韻部系統，考察周秦至漢代韻部系統的歷史演變，以及了解漢代西蜀方音的真實面貌，都具有不可取代的重要價值。

《太玄》前六卷與後四卷風格迥異，韻語的使用也不相同。司

① 太玄集注・説玄. 北京：中華書局，1989. 下引其説同.

馬光謂首辭"統論一首之義"，贊辭以明其象，測辭"所以解贊"。它們構成全書的主體，其文句一般短小精悍，語意則大多朦朧晦澀；它們又各自獨立，互不連屬，缺少上下文的聯繫和其他背景。這些因素都增强了該書的神秘色彩，加大了解讀剖析的難度。

2.2 就押韻而言，首辭、贊辭屬於同一種類型。它們一律衹在一辭之内押句尾韻，因而韻字不多，一般爲两個，少數有三個，四個的較少。例如：

《法首》：陽高縣厥法，物仰其墨，莫不被則。

《養初一》：藏心于淵，美厥靈根。

《飾首》：陰白陽黑，分行其職，出入有飾。

《夷次三》：柔，嬰兒于號，三日不嚘。

《守次八》：臼無杵，其碓舉，天陰不雨，白日毀暑。

《爽次三》：爽其𨚖，守其節，雖勿肆，終無拂。

《夷次三》"柔、嚘"與"號"爲幽、宵合韻①。其餘各例，分别以"墨、則"，"淵、根"，"黑、職、飾"，"杵、舉、雨、暑"，"𨚖、節、肆、拂"爲韻。儘管韻字不多，一辭之内换韻的情况仍然可以見到，例如：

《增次六》：朱車燭分，一日增我三千，君子慶，小人傷。

《迎次二》：蛟潛於淵，陵卵化之；人或陰言，百姓和之。

---

① 此例宋衷、宋惟幹、陸績、王涯本均作"嚘"，唯范望本作"嗄"。《玉篇·口部》："嚘，气逆也。"於求切。俞樾《諸子平議》卷三十三認爲"實以作嚘爲長。蓋此贊三句，'柔'一字爲句，'嚘'與'柔'韻。若作'嗄'，失其韻矣"。《老子》五十五章"含德之厚，比於赤子……終日號而不嗄，和之至也"，傅奕本作"歔"；馬王堆帛书甲本"嗄"字作"心"下"攵"，当为"憂"之省形；乙本正作"嚘"。本文韻部劃分、韻字歸部，悉從羅常培、周祖謨：《漢魏晉南北朝韻部演變研究》（第一分册），科学出版社，1958年。

前者“分、千”真部，“慶、傷”陽部；後者“淵、言”真元合韻，“化、和”歌部。交叉爲韻，僅此一例。如果句尾是語氣詞、代詞等“虚字”，則上承《詩經》韻例，韻字必然出現在它們的前面，即所謂“韻在詞上”：

《竈首》：陰雖沃而灑之，陽猶熱而穌之。

《礥上九》：崇崇高山，下有川波其；人有輯航，可與過其。

《閑次五》：礥而閑而，拔我姦而，非石如石，厲。

《飾次六》：言無追如，抑亦飛如，大人震風。

《務初六》：華實芳若，用則臧若。

以上各例中的韻字，分别爲“之”前的“灑、穌”，“其”前的“波、過”，“而”前的“閑、姦”，“如”前的“追、飛”和“若”前的“芳、臧”。

不過，《太玄》一書的特殊性質，决定了它的首辭、贊辭無論如何不同於一般的詩賦箴銘之類。即便是有韻者，一辭之中也可能帶有並不押韻的分句，如上述例句中的“陽高縣厥法”、“非石如石，厲”、“大人震風”等等。

還有一部分首辭、贊辭則全然無韻，如《格首》“陽氣内壯，能格乎羣陰，攘而却之”，《翕首》“陰來逆變，陽往順化，物退降集”。而贊辭有的少到三五字，如《晦次二》“盲征否”，《失初一》“刺虚滅刃”，《閑上九》“閑門以終虚”等，斷句且難，遑論押韻？有的斷句不難，但絶不押韻，如《少初一》“冥自少，眇于謙”，《堅初一》“磐石固内，不化貞”，《争上九》“兩虎相牙，知掣者全”之類。另有七贊的贊辭，相鄰兩句末尾爲同一字，如《事初一》“事無事，至無不事”，無所謂韻不韻。不過，這幾類加起來也只有一百九十六則。全書八十一家、七百二十九贊，外加二“踦贊”，首辭、贊辭合共八百一十二則，無韻者不足總數的四分之一。

2.3 “測曰”以下文字的押韻屬於另一種類型。《玄測》一篇，爲范望拆散分繫於各贊贊辭之下，各"家"之"測"遂全被一一孤立；各贊的"測曰"又一律衹有两個小句，而且前一小句總是復述其上贊辭的第一句，或綜述贊辭之意，於是其押韻的真相被長期掩蔽，無人揭示。于安瀾《漢魏六朝韻譜》（以下簡稱《韻譜》）[1] 不著一例，大半個世纪過去了，後來的學者也未置一詞。其實，衹要以"家"爲單位，把各贊"測曰"以下的文字集中起來考察，作者的良苦用心、押韻的本来面目便立即呈現。例如第一家《中》下九測：

昆侖旁薄，思之貞也；神戰于玄，善惡并也；龍出于中，見其造也；庳虚之否，不能大受也；日正于天，貴當位也；月闕其摶，賤始退也；酋酋之包，任臣則也；黄不黄，失中德也；顛靈之反，時不克也。

"貞、并"耕部，"造、受"幽部上聲，"位、退"脂部去聲，"則、德、克"職部，非常整齊，絶非偶然。有的"家"下九測的文字，其韻脚或不緊鄰，而是彼此交錯混雜，但這並不足以否認其押韻的事實。例如《疑》下九測：

不正之疑，何可定也；疑自反，反清静也；疑强昭，中心冥也；疑考舊，先問也；�黄疑中，邪奪正也；誓貞可聽，明王命也；鬼魂之疑，誠不可信也；顛疑遇客，甚足敬也；疑無信，終無所名也。

以上"定、静、正、命、敬"耕部去聲，"冥、名"耕部平聲，"問、信"真部去聲。據筆者考察，八十一家的"測曰"文字盡皆如此，概無例外。它們所含韻段多則三、四個，少則两個，個别的甚至一個。《更》下九測便衹韻陽部：

冥化否貞，少更方也；時七時九，不失當也；化白于泥，變不明也；更之小得，民所望也；童牛角馬，變天常

① 于安瀾著，暴拯群校改．漢魏六朝韻譜．鄭州：河南人民出版社，1989．

也；車杭出入，其道更也；更不更，不能自臧也；駟馬跙跙，更御乃良也；不終之代，不可久長也。

極少數贊後"測曰"的文句，的確不與其上句或下句押韻。有的可能是測内两句自韻，如《差上九》測曰"過其枯城，改過更生也"，"城、生"耕部；又《視次六》測曰"素車翠蓋，徒好外也"，"蓋、外"祭部。這可算一種特例。有的或因異文影響，如《失次四》測曰"信過不食，失禄正也"，范望本作"失正禄也"；又《勤次六》測曰"勤有成功，天所來輔也"，宋衷、陸績、王涯本均作"天夾也"。還有數測不韻，原因未明。不過即使把這三類加起来也僅僅十七例，不到總數的百分之三，而其餘七百一十四贊的"測曰"所包含的韻段却多達二百五十五個。

2.4　後四卷九篇，都是解析"本經"之作，韻語的使用參差不齊。其中《玄衝》《玄錯》與《玄數》代表了两個極端：司馬光謂"《衝》者序八十一首，陰陽相對而解之"，"《錯》者雜八十一首而説之"，幾乎全爲韻語，衹是换韻自由，幾句一韻，並無規律；"《數》者論九贊所象"，全篇不韻。試比較：

《玄衝》：《中》則陽始，《應》則陰生。《周》復乎德，《迎》逆乎刑。

《玄錯》：《中》始《周》旋，《羡》曲《毅》端。《睟》《文》之道，或淳或班。

《玄數》：［五五］類爲其祼，……爲輿，爲轂，爲稼，爲嗇，爲食，爲宎，爲棺，爲犢，爲衢，爲會，爲都，爲度，爲量，爲土工，爲弓矢，爲黄怪，爲愚，爲牟。

前者"生、刑"耕部，次者"旋、端、班"元部，它們分别爲其所在篇目的第一韻段。《玄數》的文句與之形成鮮明的對比，其論"三八爲木，爲東方，爲春"，"四九爲金，爲西方，爲秋"，"二七爲火，爲南方，爲夏"，"一六爲水，爲北方，爲冬"，"五五爲土，爲中央，爲四維"之類，連續的"爲×"句各達數十個，“五五”一段更多達四十三個；其中“×”之所指，遍及動物、植物、器物、職官等等，哪裏談得上什麽“韻”呢？有學者偏偏截取上文中的“輿轂稼畜食宊棺櫝衢都度量弓矢”，指爲“魚脂鐸屋陽東”合韻，還説“也可以看成是‘魚鐸陽’三部同時通押”①，實在不足憑信。

其餘《玄攡》《玄瑩》《玄文》《玄挩》《玄圖》《玄告》六篇，雖然韻語也多，但是用韻同樣漫無規律，而且往往有散句夾雜其間，韻字的識别，韻部的歸屬，韻段的劃分，都必須分析句式，斟酌文意，謹慎從事。例如：

《玄瑩》：立天之經曰陰與陽，形地之緯曰從與横，表人之行曰晦與明。

《玄挩》：剸割匏竹革木土金，擊石彈絲，以和天下，挩擬之八風。

《韻譜》以“陽、横、行、明”爲韻，但是在《玄瑩》的三個分句中，“行”顯然跟上兩個分句的“經、緯”相對，實不当韵；而以《玄挩》的“土、下”爲“語麌姥厚”與“哿果馬”（相當於魚、歌两部的上聲）合韻，更令人殊不可解。又如《玄挩》中以下文字：

垂褕爲衣，襞幅爲裳，衣裳之制，以示天下，挩擬之三八。比札爲甲，冠矜爲戟，被甲何戟，以威不恪，挩擬之四九。尊尊爲君，卑卑爲臣，君臣之制，上下以際，挩擬之二七。鬼神耗荒，想之無方，無冬無夏，祭之無度，故聖人著之以祀典，挩擬之一六。時天時，力地力，維酒維食，爰作稼穡，挩擬之五五。

有人認爲其中“夏度六”韻“魚鐸覺”，“也可以看成是魚鐸

① 劉冠才．两漢韻部與聲調研究．成都：巴蜀書社；2007：183.

通押的韻段”①。仔細琢磨這一組排比句式，其中的三八、四九、二七、一六、五五，從前面《玄數》一篇可知，揚雄不過用它們分别代表五行木、金、火、水、土，五方東、西、南、北、中等，並以此“擬”及各種自然現象、社會人事，其第二個數目字根本不入韻。“度”字《廣韻·暮韻》徒故切，又《鐸韻》徒落切。揚雄《青州箴》“馬殆其銜，御失其度。周室荒亂，小白以霸”，羅常培、周祖謨《漢魏晉南北朝韻部演變研究》(以下簡稱《研究》)歸“度、霸”爲魚部去聲，“祭之無度”之“度”正同。因此“一六”所在句，當由陽部“荒、方”轉魚部“夏、度”，“魚鐸覺”合韻説令人難以信從。

2.5 迄今爲止，輯錄《太玄》押韻資料最全者仍然非《韻譜》莫屬。不過，正如《研究》所説，其“搜罗之富，可以説前所未有。但是全書的缺點還很多。在摘舉韻字一方面，有的讀破句，有的不合韻例”②。事屬草創，實所難免。另據筆者逐句斟酌還發現，《太玄》的韻段韻字爲《韻譜》所漏列者，數量也很可觀。例如：

《格次六》：息金消石，往小來弈。

《務次五》：蜘蛛之務，不如蠶之綸。

《遇次六》：俾蛛罔，罔遇蠡，利雖大，不得從。

《窮次七》：正其足，蹐于狴獄，三歲見錄。

《將次五》：大爵將飛，拔其翮；毛羽雖衆，不得適。

《玄攡》：高者下之，卑者舉之，饒者取之，罄者與之。

《玄文》：故君子得位則昌，失位則良；小人得位則横，失位則喪。

---

① 劉冠才．两漢韻部與聲調研究．成都：巴蜀書社，2007：184.

② 羅常培，周祖謨．漢魏晉南北朝韻部演變研究（第一分册）．北京：科学出版社，1958：4.

《玄捝》：棘木爲杼，削木爲軸。杼軸既施，民得以燠。

以上各句，句式整齊，韻脚顯明，從“石、弈”至“軸、燠”，依次押鐸部、魚部、東部、屋部、錫部、魚部上聲、陽部和沃部，《韻譜》竟然一概付諸闕如。

3.1 《研究》第九爲《〈淮南子〉韻譜》和《〈易林〉韻譜》，前者共有一千零三十五個韻段，後者共有三千四百八十四個韻段。而據筆者整理統計，《太玄》一書共有一千零九十三個韻段①，其押韻材料之豐富，僅次於《淮南子》，其在漢語語音史上的重要地位，由此可見一斑。

3.2 《太玄》的押韻材料中獨立的陰聲韻共三百二十八個韻段。其中魚部最爲强勢，有一百零九個韻段，佔總數的三分之一；宵部數量最少，衹有八個韻段。

合韻的材料最能反映韻部之間的關係。從這一特定的角度審視，根據《太玄》合韻的情况，之幽宵魚歌支脂祭八部明顯可以分爲兩組：之幽宵魚爲一組，歌支脂祭爲一組。前一組中之、幽合韻二十一段，幽、宵合韻六段，而魚部跟之部（八段）、幽部（六段）和宵部（一段）都有合韻；後一組中歌、支合韻五段，而脂部跟歌部（十四段）、支部（二段）和祭部（二十四段）也都有合韻，另有三段爲歌支脂三部合韻。两組組内韻部之間的合韻數均接近該組陰聲韻部合韻總數的九成。

前一組中，之、幽合韻的例子最多，它們是：

平聲：《格次八》時憂，《積測》来收，《中次七》酋頤，《翕次八》罘殆，《養次三》丘荄

上聲：《童測》晦道，《裝次八》軌道，《止初一》止咎，《闞次五》齒缶，《鋭次六》醜軌，《樂測》保悔，《盛測》道有，《守初一》牖有，《守次二》守有，《守上九》守首殆，《視測》

①《太玄韻譜》另附。

咎始，《内次七》莠有，《踦嬴測》首已，《玄圖》友道守

去聲：《事次六》事救，《少次七》究富

以上含之部字共十五個，其中《廣韻》之韻（舉平以賅上去，下同）字七個：時、頤、止、齒、始、已、事；尤韻字两個：有、友。下有横綫的幽部字共十六個，其中《廣韻》尤韻字十四個：憂、收、酋、罦、丘、咎、缶、醜、牖、守、首、莠、救、究。這足以證明之、尤两韻的字讀音非常相近。另外，之、魚合韻八段，含六個之部字，一半是《廣韻》之韻字：蒔、止、事；幽、魚合韻六段，含六個幽部字，也有一半是《廣韻》尤韻字：久、咎、醜。這説明之、幽（尤）、魚的元音可能比較接近。這一組裏，宵、幽合韻共六段，含七個宵部字，六個是《廣韻》宵韻字：昭、嬌、表、笑、要、照。但是没有宵、之两部合韻的例子，宵、魚两部合韻也僅一例。《研究》還據司馬相如、王褒的作品以及揚雄《太玄》以外的作品中魚部的麻韻字有跟歌部字合韻的例子，推定魚部麻韻字讀音與歌部接近，《太玄》中魚、歌合韻雖有三段，其中的魚部字却没有《廣韻》麻韻字。

後一組中，歌、支合韻衹有五段，其中的傾向尚不明顯。但歌、脂合韻有十四段，仔細分析，頗有啟示。它們是：

平聲：《周次三》我魁，《上次八》危梯，《禮次四》儀階，《度次三》差階，《減次三》儀階，《減測》危毁爲，《戾首》微離，《羡次二》微儀，《童測》爲衰累，《衆次五》喈螭，《廓次五》開階差，《疑首》磓離非

上聲：《積次八》禍罪

去聲：《晦測》挫昧

另有三個韻段爲支、歌、脂三部平聲合韻，它們是：

《閑初一》泥雌施，《戾上九》雌離乖，《玄圖》繫繼義

下有横綫的歌部字共十一個：我、危、儀、差、爲、離、螭、施、禍、挫、義，除了“我、禍、挫”三字以外，全是《廣

韻》的支韻字（“差”亦有支韻一讀）。這一點非常突出，可以證明歌（支）、支（支）、脂的元音比接近。

脂部去聲字跟祭部合韻的例子在這一組中最多，它們是：

《達測》廢内退，《交測》費廢遂，《進測》退外，《格次七》類厲，《睟初一》内穢，《迎測》類衛内，《唐初一》内厲，《翕測》害遂類，《視次二》内外，《内首》外内既，《勤次七》鼻弊，《玄錯》外内退，《玄文》廢退貴位，《玄告》對劇，《增測》内外蓋敗大，《奭初一》銳退，《樂測》内歲廢快，《務上九》敗隊，《斂首》外内，《斂測》大退，《大首》内外蓋，《廓次八》外内，《成測》敗遂，《勤首》外内

下有横綫的脂部字共十一個：内、退、費、遂、類、既、鼻、貴、位、對、隊，它們無一例外都屬於《詩經》音微部的字，大部分（内、退、費、既、貴、對、隊）又是《廣韻》未韻或隊韻的字。這些字的讀音一定跟祭部字比較接近，脂部的微韻一類字跟脂韻一類字的元音應當有别：脂韻一類跟支部近，微韻一類跟祭部近。

3.3　獨立的陽聲韻九部共有三百三十四個韻段。其中陽部最多，達一百零九個，跟陰聲韻魚部强勢相應；其次爲耕部，有七十七個韻段；陽、耕、真、元四部的韻段數佔了陽聲韻部總數的百分之八十五；談部没有獨立韻段。

《太玄》中没有陰、陽合韻或陽、入合韻的例子。陽聲韻之間合韻共一百零八段，其中有以下幾方面的關係值得注意：

東與冬。《研究》因爲王褒、揚雄的韻文裏這两部“通押的比單獨應用的多”，“揚雄的《太玄經》裏也有七八處東冬合用的例子”，加上東漢“李尤所作的韻文裏東冬也合用不分”，儘管“司馬相如的韻文裏不見有東冬合用的例子”，仍然判斷“這两部可能就是一部”，這“可能是蜀方言的一般現象”。

現在看來，這種可能性是否符合歷史的實際，值得再探討。《太

玄》中，東部獨用二十五個韻段。冬部獨用十五個韻段，它們是：

《中首》宫中，《周測》中窮，《上測》中衆，《進測》中隆宗，《爭測》中隆躬，《彊次三》中隆，《減測》沖中，《晦次五》隆窮，《窮初一》窮中，《窮次二》窮中，《窮測》中隆，《止測》窮中，《玄文》終中沖窮，《玄告》中窮、宗沖

冬、東合韻六段，蒸、冬、東三部合韻一段，即：

《中次三》中庸，《逃測》降凶功，《逃次四》摐降，《玄瑩》重中，《玄文》動衆，《玄告》窮從忠

《玄測序》升降通東逢雍

《研究》在論及《淮南子》"東冬爲一部"時，列舉的數據是：冬部字在其中押韻的例子有十九處，獨用四處，與東部字合用十二處，與侵、蒸合用分别爲两處、一處，是冬、東合韻數佔到冬部字使用總數的百分之六十三。而在《太玄》中，即使把三部合韻的一段也算在内，合韻的數量也不足以上两項總數的三分之一；全書另有冬、蒸合韻六段，冬侵合韻四段，冬、耕合韻四段，冬、陽合韻两段，冬部字總共三十八用，跟東部的合韻數衹佔其中的百分之十八。如果把範圍擴大到其他蜀人和揚雄的其他作品，據筆者調查，冬部獨用還有九個韻段，而與東合韻還有十四個韻段①。冬部字在两漢蜀人作品中作韻字凡六十七用，獨用

---

① 冬部獨用的九個韻段是：

司馬相如：《美人賦》忠宫、中宫，《封禪文》戎隆終

揚雄：《蜀都賦》中窮，《甘泉賦》中宫，《羽獵賦》宫崇，《兗州箴》忠宗，《法言·學行》崇終

李尤：《平城門銘》中宫融

與東合韻的十四個韻段是：

王褒：《九懷·匡機》中窮從酆宫，《四子講德論》從同聰衆，《聖主得賢臣頌》隆功

揚雄：《甘泉賦》鍾窮，《羽獵賦》窮雄溶中，《河東賦》降隆東雙功龍融頌雝蹤從《宗正卿箴》恭降，《元后誄》中衆公，崇庸從（另與東冬蒸通押《博士箴》雍宫陵）

李尤：《函谷關賦》中崇通，重崇從聰忡，《辟雍賦》隆中豐《七款》封充窮

總共二十四段；與東合韻總共二十一段，可見並非“通押的比單獨應用的多”；與東合韻數只佔總數的百分之三十一，這一比例不足《淮南子》的一半，可見二者相去甚遠。再從這两部跟陽、蒸、侵諸部的關係看，它們分別合韻的數據如下表：

	東陽合韻	冬蒸合韻	冬侵合韻	東蒸合韻	東侵合韻	冬陽合韻
淮南子	24	1	2	6	0	1
蜀人作品	15	8	7	0	2	2

江有誥在《音學十書》卷首《復王石臞先生書》中说：“東每與陽通，冬每與蒸侵合，此東冬之界限也。”以此衡量，《淮南子》東部跟陽部合韻多而跟蒸、侵两部合韻少，两漢蜀人作品中冬部跟蒸、侵两部合韻多而很少跟陽部通押。這種明顯的區別説明，漢代西蜀方言中東、冬之間界限分明，跟《淮南子》所代表的陳楚江淮方言並不一致。

冬、蒸與侵。這三部除以上冬、蒸，冬侵合韻之外，《太玄》還有侵、蒸通押三例：《周次七》“淫朋”，《裝次二》“冰風乘”，《應次八》“陰應”。揚雄的韻文中也有三例，即：《甘泉賦》“乘風澄兢”，《解難》“風升閎紘蒸”，《元后誄》“崩心音勝”。從冬、蒸、侵两两合韻判斷，這三部的讀音應該比較接近；“風”字還在司馬相如《子虛賦》中與“蔘音宮窮”韻，王褒《洞簫賦》中與“淫摻音窮”韻，因而在西蜀方言中它的韻尾-m 可能已經變成-ŋ。

真與元。《研究》認爲“真元两部彼此通押的例子极多，这是汉代韵文中极普遍的现象”。《太玄》自不例外，真部獨用六十四段，元部獨用三十四段，真元合韻三十八段，两部合用與獨用之比接近五比二。與真部通押的元部字二十九個，大部分是《廣韻》元（元、言、蕃、園、反、偃、遠、願）、山（山、間）、仙

（然、漣、愆、船、泉、還、衍、善、轉）、先（前、縣）四韻的字，這幾韻的字一定跟真部字的讀音比較接近。

-n 與-ŋ。《太玄》真部和耕部通押有十個韻段，即：《周次六》“誠天”，《交初一》“神貞”，《爭次六》“脛瞋”，《迎次八》“門庭”，《飾測》“信貞人”，《馴次三》“貞根”，《馴次七》“順貞”，《玄攡》“吝形”、“新成”，《玄瑩》“經分形”。此外，揚雄《法言·重黎》韻“因成”，又《孝至》“臣蕃神靈”真元耕合韻，《元后誄》“生經顛盈傾衡”耕真陽合韻。以上的真部字主要是《詩經》音的真部字（天、神、瞋、信、新、人、因、臣、顛），少數是《詩經》音的文部字（門、根、順、吝、分）。由此可見，跟後一類即《廣韻》痕、魂、文等韻字比起來，前一類字與耕部字的元音更爲相近。聯繫到司馬相如、王褒和李尤的韻文中也有真、耕通押的事實，至少無法排除漢代西蜀方言中將耕部韻尾-ŋ 讀成-n 的可能性。

-m 與-n。收-m 尾的侵、談部和收-n 尾的真、元部在《太玄》中都有合韻。《鋭次五》“西心”，《文次六》“范川”，《禮測》“親心真”，《逃次五》“林淵”，《昆測》“人心親貧旬倫均仁身”，《窮測》“心民”侵、真通押，其中“心、范、林”爲侵部字；《少首》“淵戩”《交測》“慙人”談、真通押，其中“戩、慙”爲談部字；《視測》“全瞻”元、談通押，《礥初一》“潛畛泉”談與真、元通押。揚雄同類的例子還有《法言·序》“親神心”，又《寡見》“觀兼”、《君子》“堅廉”，“兼、廉”都是談部字。这樣的例子在司馬相如、王褒和李尤的韻文中也有①，因此不能排除

① 司馬相如《長門賦》韻“心音宫臨風淫陰音襜闓吟南中宫崇窮音”，“心、音、臨、淫、陰、吟、南”爲侵部字，“襜”爲談部字；王褒《洞簫賦》韻“耽還”，“耽”亦侵部字，《四子講德論》韻“聞音心”，又“陳賢廉”，李尤《函谷關賦》韻“咽年君文勳循門琛奔論坤”，“琛”爲侵部字。

两漢西蜀方言中侵、談两部的韻尾-m 混同於-n 的可能性。

3.4 獨立的入聲韻部共一百三十五個韻段，其中職部最多，有四十三個韻段，盍部、緝部最少，都衹有一個韻段。

入聲韻部之間合韻共四十二個韻段，總體上韻尾的分辨比較嚴格，同收-k、-t 或-p 的通押爲三十六段，占了大多數。收-k 的六部之間，两两通押的例子幾乎都有；而職、沃、藥、屋、鐸五部之間的通押二十二段，又跟陰聲韻之、幽、宵、魚四部的通押相應。收-t 的質、月两部合韻，也跟脂、祭合韻在陰聲韻部中合韻數量最多一樣，共十段：

《羡上九》折抈括血，《鋭次二》一達，《達首》出達，《達初一》達屈，《衆上九》缺折伐血，《文上九》密黻，《度次八》奪必，《飾次三》舌聿，《窮次八》雪郄，《割次七》日割

下有横綫的字（血、一、密、必、郄、日）主要是《詩經》音的質部字，由此可以推知它與月部的元音一定很相近。

此外，《太玄》還有四十三個韻段是入聲韻和陰聲韻通押，其中三十八段又是"之"與"職"、"支"與"錫"等同一類的陰聲與入聲合韻。《詩經》音魚、鐸相承，侯、屋相承，漢代魚、侯合用不分，魚部去聲字也就可以跟鐸部字和屋部字相押。主要元音的相同或相近，應該是對它們所以能够通押的最爲合理的解釋。两類韻部中，衹有藥、盍、緝，宵四部與此没有關涉。

Thoughts on Rhymes in TAI XUAN

Wu Zongwen
(College of Literature and Journalism, Sichuan University, Chengdu 610064, China)

Abstract: TAI XUAN was written to imitate YI JING. It

contains a lot of rhyming words but differentiates itself from general poems because it does not follow any specific rhyming rules. We discussed the rhymes in each chapter of TAI XUAN in great details, among which the interpretation and derivation of rhymes in XUAN CE was the first time in the research of this field. Studying the rhyming patterns of TAI XUAN, we also summarized and categorized the rhyming words throughout this book, which demonstrated the great value of TAI XUAN in the research of the phonetics system of Pre-Han Dynasty as well as the evolvement of dialect of Western SHU.

Key words: TAI XUAN; rhymes; rhyming categorization; Dialect of western SHU

（伍宗文，四川大學文學與新聞學院，郵編 610064）

《文選》李善注“協韻”研究

賀菊玲

内容摘要：本文對《文選》李善注中的25例“協韻”注音進行了分析，其中有9例注音《廣韻》未收，均有客觀語言事實依據；有7例是爲兩讀或者兩讀以上讀音標出了文中正确的讀音，並間接反映了當時的一些語音事實；還有9例注音與我們從現有語言材料得出的結論有所出入。李善所注“協韻”，基本上是從語音的客觀事實出發對詩文中押韻情況進行説明，結論較爲客觀科學。其中多數注音，爲我們研究上古到中古語音的演變提供了客觀依據，是漢語音韻學的寶貴資料。

關鍵詞：《文選》　李善注　協韻

《文選》李善注集隋唐文選學之大成，是後世學習研究《文選》的必備之書。對於李善注中的注音，學術界已做過不少研究工作。然而，李善注中的“協韻”並未引起足夠的重視。“協韻”，又稱“叶韻”、“合韻”，意思是“押韻”、“入韻”。關於“協韻”，前人多有議論。錢大昕在《六書音均表序》中説：“而昧者乃執隋唐之韻以讀古經，有所齟齬，屢變其音以相從，謂之叶韻。不惟無當於今音，而古音亦滋茫昧矣。”今人也多持此觀點，如岑麒祥先生説：“我國學者，本來自漢朝開始就有了古音的觀念……但是後代的人不明白這個道理，凡遇有古音和今音不相符的，往往用什麼‘協句’、‘合韻’、‘取韻’等來解釋。”[①]類似這樣的説法很多。張文軒曾經對陸德明的“協韻”做過專門分析，並指出了“協韻”和“讀破”的關係。其文中涉及到了李善所注的“協韻”，但是不大全面。李善使用“協韻”這一注釋術語的時候，有時採取了直音法，如“震，協韻音真”、“半，平聲，協韻”；有時採取了反切法，如“索，協韻，所各切”；有時將字的本音和協韻音都注出，如“錯，七故反，今協韻七各反”；有時只注出協韻音，如“行，戶剛切，協韻也”。那麽，李善注的“協韻”是否也是“隨意轉讀”，並且如《韻學源流注評》中所説，“模糊了古音真面目，也擾亂了隋唐音系統”呢？

本文對《文選》李善注中的25例“協韻”注音，逐一進行了分析。在分析這些術語時，除了依據《説文》《廣韻》《集韻》的讀音注釋，還參考了《漢魏晉南北朝韻部演變研究》（第一分册）、《魏晉南北朝韻部之演變》等書籍作爲用韻的憑證。通過分析，筆者發現李善注的“協韻”可分爲三種情況。

一 注出了《廣韻》未收的正確注音，9例

(1) 班固《東都賦》：“山靈護野，屬御方神。雨師汎灑，風伯清塵。千乘雷起，萬騎紛紜。元戎竟野，戈鋋彗雲。羽旄掃霓，旌旗拂天。焱焱炎炎，揚光飛文，吐爓生風，欱野歕山。日月爲之奪明，丘陵爲之搖震。遂集乎中囿，陳師按屯。”李善注：“震，協韵音真。”

句中的“震”字，與“神”、“塵”、“紜”、“雲”、“天”、“文”、“山”、“屯”相協。“震”，《廣韻》注爲“章刃切”，屬章母去聲震韻。《説文·雨部》：“劈厲振物者，从雨，辰聲。”辰是

---

① 岑麒祥. 語言史概要. 北京：科學出版社，1964.

平聲，這説明在漢代“震”字有平聲讀音。因而在詩文中，“震”可與平聲字相押。如揚雄《趙沖國贊》中“臣君震”協，《兖州箴》中“震晨殷”協，曹植《武帝誄》中“神民濱陳震辰賓”協，因而段玉裁《説文解字注》説“震，古多讀平聲”是有根據的。《晉書·衛桓傳》載衛桓《四體書勢》引蔡邕《篆勢》“楊波振擎，鷹跱鳥震”。何超《晉書音義》注：“震，葉韻音真。”道理相同。因此李善所注，是有語言事實依據的。

(2) 張衡《東京賦》：“敬慎威儀，示民不偷。我有嘉賓，其樂愉愉。聲教布濩，盈溢天區。”李善注：“以朱反，協韵。”

句中的“偷”，與“愉”、“區”相協。“偷”《廣韻》注爲“託侯切”，屬平聲侯韻，而“愉”、“區”則是平聲虞韻，無法相協。但是，依據羅常培、周祖謨《漢魏晉南北朝韻部演變研究》(第一分册)，“‘偷’在漢代屬魚部字，與“愉”、“區”同屬一部，故可相協。”①《易林·鼎之震》中“偷珠”相協，即可説明這一點。李善此處的注釋“以朱反”，説明“偷”字有魚部讀音，是符合語音事實的。

(3) 陸機《文賦》：“或苕發穎豎，離衆絶致。形不可逐，響難爲係。塊孤立而特峙，非常音之所緯。心牢落而無偶，意徘徊而不能揥。石韞玉而山輝，水懷珠而川媚。彼榛楛之勿翦，亦蒙榮於集翠。綴下里於白雪，吾亦濟夫所偉。”李善注：“《説文》曰：‘揥，取也。’佗狄切，協韵，佗帝切。或爲禘。禘，猶去也。”

句中的“揥”，在文中與“致”、“係”、“緯”、“媚”、“翠”、“偉”相協。其中“致媚翠”是去聲至韻，而“緯”屬去聲未韻，

① 羅常培、周祖謨. 漢魏晉南北朝韻部演變研究（第一分册）. 北京：科學出版社，1958.

同屬脂部字。“係”是去聲霽韻，屬之部字。李善注：“揥，或爲禘”。“禘”《廣韻》注爲“特技切”，屬去聲霽韻，韻部同“佗帝切”。那麽，“係”、“揥”均爲之部字。此例中的押韻屬於“脂之”合韻的用例，這種情況在陸機的其他作品中也可看到，如《百年歌》中“暉飛隧歸違”協，《贈馮文羆》中“違暉陲悲”協。同時代的作家作品也有脂之合韻的，如石崇《楚妃歎》中“幾闈威規歸飛”協，陸雲《夏府軍誄》中“微猗輝違悲”協，傅咸《叩首蟲賦》中“譬示畏利”協等。李善注“揥，它狄切，協韻，它帝切”，説明那時“揥”很有可能有兩個讀音，《集韻·錫韻》就有“他狄切”，衹是《廣韻》未收“它狄切”這個入聲錫韻讀音。因此李善此處的注音，不僅標明了“揥”字在句中的讀音，還給出了《廣韻》未收的讀音，是很有價值的。

(4) 陸機《文賦》：“綴下里於白雪，吾亦濟夫所偉。”李善注：“（偉）協韵，禹貴切。”

該例出現的韻文與例（3）相同，此處的“偉”，在文中與“致”、“系”、“緯”、“揥”、“媚”、“翠”相協。這些字均爲去聲，而“偉”《廣韻》注爲“于鬼切”，屬云母上聲尾韻，似上去不協。據推測，六朝晉宋時期，“偉”很可能有去聲讀音，如傅玄的《瓜賦》中，就有“氣黑會翠偉”相協的例證。而且，同樣由“韋”得聲的“緯”字，就讀爲“於貴切”，屬去聲未韻。李善所注，可能是依别本古字，或得於口授師承，有一定道理。

(5) 宋玉《高唐賦》：“礫碨磥而相摩兮，巆震天之磕磕。巨石溺溺之瀺灂兮，沫潼潼而高厲。水澹澹而盤紆兮，洪波淫淫之溶滴。奔揚踊而相擊兮，雲興聲之霈霈。猛獸驚而跳駭兮，妄奔走而馳邁。虎豹豺兕，失氣恐喙。雕鶚鷹鷂，飛揚伏竄。”李善注：“《字林》曰：‘竄，逃也，七外切。’非關協韵，一音七玩切。”

句中的“竄”，應與“磕”、“厲”、“滴”、“霈”、“邁”、“喙”

相協。"礚"屬去聲泰韻、"厲"屬去聲祭韻、"澮"屬去聲祭韻、"霈"屬去聲泰韻、"邁"屬去聲夬韻、"喙"屬去聲廢韻。"祭"、"泰"、"夬"、"廢"這四個韻部的字在上古可以統稱爲"祭"部，魏晉時期轉歸"泰"部，是可以互相押韻的。"《左傳·昭公二十六年》'竄在荊蠻'，《經典釋文》'七亂反'，《字林》'七外反'，七外反當爲古音。晉史援《後漢史君頌》以"憚叛漢竄亂"爲韻，則轉音寒部。"①關於此注，吴承仕云："此賦以礚、厲、澮、霈、邁、喙、竄爲訓，俱屬泰部。'竄'本音七外反，對轉寒則音七玩反，然六朝已還，本音久不行用，故《玉篇》、《切韻》'竄'字遂不收'七外'音。李《注》云'非關協韻'，正以時人不曉竄有七外反，故正言以明本音耳。"② 李善所注，專門指出了"竄"已不爲人知的古音，並且説明與協韻無關，非常難得。

(6) 韋孟《諷諫詩》："穆穆天子，照臨下土。明明群司，執憲靡顧。正瑕由近，殆其茲怙。"李善注："讀如古，協韵。"

句中的"顧"與"土"、"怙"相協。"土"、"怙"兩字均爲上聲姥韻，而"顧"《廣韻》注爲"古暮切"，屬見母去聲暮韻，則上去不協。然而，"顧"在東漢至魏晉宋時期很可能有上聲一讀，這從一些作家詩文的用韻情況可以得到證明。如蔡邕《吊屈原賦》中"顧補"協，曹植《文帝誄》中"舉五主父土顧務"協，繆襲《喜霽賦》中"土祐扈顧"協，潘嶽《西征賦》中"蠱虜顧補"協。如此多的例證不可能是偶然的巧合，由此推斷，"顧"可讀爲上聲。李善注"讀如古，協韻"，從當時用韻的情況來看，是遵從語言事實的。

(7) 陸機《答賈長淵》："分索則易，携手實難。念昔良

① 周祖謨．魏晉南北朝韻部之演變．臺北：臺灣東大圖書公司，1996.

② 吴承仕：經籍舊音序録·經籍舊音辨證．北京：中華書局，1986.

遊，茲焉永歎。公之云感，貽此音翰。蔚彼高藻，如玉之闌。”李善注：“闌，力旦切。協韵，力丹切。”

句中的“闌”，與“難”、“歎”、“翰”押韻。“難”是平聲寒韻。“翰”在《廣韻》有兩切，其中“胡安切”是平聲寒韻。“歎”也可寫作“嘆”，《廣韵》有兩個注音，一個是“他干切”，平聲寒韻。另一個是“又音炭”，去聲翰韻。查三國魏晉時期詩文，“歎”用作平聲押韻極爲常見，如劉楨《贈五官中郎將》中“歎翰寒闗殫難歡”協，曹植《九詠》中“蘭寒歎”協，《浮萍篇》中“蘭歎還”協，繆襲《魏鼓吹曲定武功詩》中“難歡”協，嵇康《贈秀才入軍詩》中“軒褰歡彈蘭歎”協等。“闌”在《廣韻》中爲“落干切”，屬來母平聲寒韵，如此則不存在失押的問題。而李善注“闌，力旦切。協韵，力丹切”，很可能在魏晉南北朝時期“闌”字有去聲讀音，衹是到《廣韻》時已無記載。晉宋時期，“闌”與平聲相協的例子非常多見，如潘岳《悼亡賦》中闌與“安顔”協，又《悼亡詩》中與“端單寒”協。因此，李善不僅注出了正確的讀音，還爲我們提供了可能是《廣韻》失收的讀音。

(8) 劉琨《答盧諶》：“咨余軟弱，弗克負荷。衍釁仍彰，榮寵屢加。威之不建，禍延凶播。忠隕于國，孝愆于家。斯罪之積，如彼山河。斯釁之深，終莫能磨。”李善注：“播，協韵，補何切。《聲類》曰：‘播，散也。’”

句中的“播”，與“荷”、“加”、“家”、“河”、“磨”相協。這些字中“荷”、“河”爲歌韻，“加”、“家”爲麻韻，“磨”爲戈韻，在魏晉南北朝時期同爲歌部平聲字。“播”《廣韻》注爲“補過切”，屬去聲過韻，與其他字平去不協。經查證，“過”在《廣韻》中有平聲“古禾切”和去聲“古臥切”兩讀，而“播”屬過韻，因此“播”可能有平聲讀音。李善注“播，補何切”爲平聲歌韻，與“過”讀平聲戈韻的“古禾切”同屬歌部，而且根據當時詩文押韻情況來看，“播”在魏晉南北朝時期當有平聲一讀。如郭璞《木禾贊》中“阿禾播”協，陸雲《贈鄭曼季四首》中“嘉阿播和沱華何”協，曹毗《歌顯宗成皇帝詩》中“播和過波柯河”協。因而，李善的注音，從當時用韵的情況來看，是有事實根據的。

(9) 袁淑《效曹子建樂府白馬篇》：“劔騎何翩翩，長安五陵間。秦地天下樞，八方湊才賢。荊魏多壯士，宛洛富少年。意氣深自負，肯事郡邑權。籍籍關外來，車徒傾國鄽。五候競書幣，群公亟爲言。義分明於霜，信行直如弦。交歡池陽下，留宴汾陰西。一朝許人諾，何能坐相捐。影節去函谷，投珮出甘泉。嗟此務遠圖，心爲四海懸。但營身意遂，豈校耳目前。俠烈良有聞，古來共知然。”李善注：“西音先，協韵也。”

句中的“西”，與“翩”、“間”、“賢”、“年”、“權”、“鄽”、“言”、“弦”、“捐”、“泉”、“懸”、“前”、“然”相協。除“西”字外，其他字都是平聲，分屬“山”、“先”、“元”、“仙”韻，這幾個韻的字在晉宋時候同屬先部，可以通押。“西”《廣韻》注爲“先稽切”，屬心母平聲齊韻，與其他字不合。周祖謨先生就專門討論過這個“先”字，他認爲：“西，古音先。漢代主要跟‘真部’字相押，三國時代屬‘寒部’。如曹丕《燕歌行》‘難漫言還顏歎寬肝眠西間憐存’爲韻；而嵇康《琴賦》‘西前巔間閑’爲韻，則與晉宋時代相同，歸屬‘先部’。晉潘岳《西征賦》‘天西淵’爲韻，左思《蜀都賦》‘西淵千繁’爲韻，晉孫綽《望海賦》中‘言西還懸鶱’爲韻，宋謝靈運《山居賦》‘存西源天阡’爲韻，袁淑《效子建白馬篇》‘翩間賢年權鄽言弦西捐泉懸前然’爲韻，‘西’並音先”①。“西”讀爲齊韻字始見於後漢王逸《九

① 周祖謨. 魏晉南北朝韻部之演變. 臺北：臺灣東大圖書公司，1996.

思》，李善注“西音先，協韻也”，指出“西”字已不爲人知的古音，不僅遵從語言事實，也爲音韻學提供了寶貴的資料。

以上 9 例注音，都是《廣韻》未收之音。其中例（5）和例（9）還注出了不爲時人所知的古音，極有價值。這些注音都是以客觀的語言事實爲根據的，并非主觀臆斷，因而爲音韻學的研究提供了寶貴的資料。

二　爲两讀或以上讀音標出了文中押韻的讀音，7 例

（10）潘岳《西征賦》：“越安陵而無譏，諒惠聲之寂寞。弔爰絲之正義，伏梁劍於東郭。訊景皇於陽丘，奚信譏而矜誰。隕吴嗣於局下，蓋發怒於一博。成七國之稱亂，飜助逆以誅錯。恨過聽而無討，茲沮善而勸惡。”李善注：“錯，七故切，今協韻七各切。”

句中的“錯”，與“寞”、“郭”、“誰”、“搏”、“惡”相協。“錯”在《廣韻》中有兩切，一是“倉故切”，去聲暮韻，意爲“金塗，又姓”；二是“千各切”，入聲鐸韻，意爲“雜也，摩也”。陸德明《經典釋文》：“錯，七洛反，雜也”，也是入聲鐸韻。“錯”在王粲《羽獵賦》中與“駱弱作澤”相協，丁儀《勵志賦》中“惡閣壑訛薄度作恪咋怍”協，曹丕《陌上桑》中“宅客陌苲索石柏席落惜”協，曹植《魏德論》中“薄骼寞”協，這些都是“錯”與入聲韻相押的用例。“錯”在用作人名時，應爲去聲韻，如《漢書·文帝紀》：“語在鼂錯傳。”顔師古注：“錯音千故反。”此例中“錯”指鼂錯，按顔注及《廣韵》注釋當讀爲去聲。但爲了與其他入聲字押韻，讀爲入聲。李善所注“錯，七故切，今協韵七各切”，既説明“錯”字本應的讀音，又説明了文中爲押韻而改變的讀音，是有一定道理的。

(11) 郭璞《江賦》:“呼吸萬里，吐納靈潮。自然往復，或夕或朝。激逸勢以前驅，乃鼓怒而作濤。峨嵋爲泉陽之揭，玉壘作東別之標。衡霍磊落以連鎮，巫廬嵬崫而比嶠。協靈通氣，濆薄相陶。流風蒸雷，滕虹揚霄。出信陽而長邁，淙大壑與沃焦。”李善注:“(嶠) 其廟切，協韵，音橋。”

句中的“嶠”，與“潮”、“朝”、“濤”、“標”、“陶”、“霄”、“焦”等平聲字相押。“嶠”在《廣韻》中有兩切，一是“巨嬌切”，平聲宵韻，二是“其廟切”，去聲笑韻。《廣韻》中，從“喬”得聲的除了“嶠”、“轎”二字外，其他都是平聲宵韻。而“嶠”、“轎”雖在去聲笑韻，均標有“又音喬”的讀音，説明儘管這兩個字已有去聲讀音，但是其平聲讀音依舊保持。觀察同時代作家的文章，也不乏“嶠”與平聲字相協的用例，如王彪之《等會稽刻石山》中“堯霄遼豪嶠”協，湛方生《七歡》中“嶠標條”協等。這説明魏晉南北朝時期，“嶠”雖已有了去聲笑韻的讀音，但是這個讀音還沒有完全從平聲中分離出來，故經常和平聲韻字相押。李善的注音間接反映了這一語音事實，同時爲“嶠”標明了文中的押韻讀音。

(12) 陸機《歎逝賦》:“年彌往而念廣，塗薄暮而意迮。親落落而日稀，友靡靡而愈索。顧舊要於遺存，得十一於千百。樂隤心其如忘，哀緣情而來宅。託末契於後生，余將老而爲客。”李善注:“索，協韻，所各切。”

句中的“索”，與“迮”、“百”、“宅”、“客”相協。“索”在《廣韻》中有兩切，一是“山戟切”，心母入聲陌韻，意爲“求也”;一是“蘇各切”，心母入聲鐸韻，意爲“盡也，散也。”“索”在這裏的意思是“盡”，應取後者即鐸韻讀音。其他幾個韻腳字均是入聲陌韻，因此從押韻的角度來講，“索”似乎應讀爲陌韻“山戟切”。事實上，“陌”、“鐸”這兩個入聲韻兩漢時屬鐸部，魏晉時期歸爲藥部，是同一韻部的兩個韻，可以互押。如郤正《釋譏》中“澤頜壑魄”協，左思《蜀都賦》中“博雒錯莫澤”協，張協《七命》中“壑澤薄”協、“作宅亳澤”協，張翰《贈張弋陽》中“昔薄夕索”協，陸機《感時賦》中“索幕落霍作漠涸廓”協。李善所注“索各切”，標出了“索”字依照句義應讀的音，也算合理。

(13) 陸機《文賦》:“然後選義按部，考辭就班。抱景者咸叩，懷響者畢彈。或因枝以振葉，或沿波而討源。或本隱以之顯，或求易而得難。或虎變而獸擾，或龍見而鳥瀾。或妥貼而易施，或岨峿而不安。罄澄心以凝思，眇衆慮而爲言。籠天地於形内，挫萬物於筆端。始躑躅於燥吻，終流離於濡翰。理扶質以立幹，文垂條而結繁。信情貌之不差，故每變而在顔。思涉樂其必笑，方言哀而已歎。或操觚以率爾，或含毫而邈然。”李善注:“《漢書音義》韋昭曰:‘翰，筆也。’協韵音寒。”

句中的“翰”，與“班”、“彈”、“源”、“難”、“瀾”、“安”、“言”、“端”、“繁”、“顔”、“歎”、“然”等字相押。這些字在上古都是元部字，中古有所分化。“翰”《廣韻》有兩切：一是“胡安切”，平聲寒韻，意爲“天雞羽有五色”；一是“侯旰切”，去聲翰韵，意爲“鳥羽毛也，高飛也，亦詞翰也”。在此應取後一音義，但平去不協。事實上，三國至晉宋常有以“翰”此義與平聲相押的用例：如劉楨《贈五官中郎將》中“歎翰寒闕殫難歡”協，曹植《孟冬篇》中“翰竿”協，劉劭《趙都賦》中“寒翰源旃”協。這也說明“翰”字的去聲讀音是從平聲讀音中分離出來的这一语言事实，而魏晉時期这种分離並未徹底，因而它經常和平聲韻的字相押。李注在此爲兩讀的字標出了押韻的讀音，比較可信。

(14) 盧諶《答魏子悌》:“崇臺非一幹，珍裘非一腋。

多士成大業，群賢濟弘績。遇蒙時來會，聊齊朝彥迹。顧此腹背羽，愧彼排虛翮。寄身陰四嶽，託好憑三益。傾蓋雖終朝，大分邁疇昔。在危每同險，處安不異易。俱涉晋昌艱，共更飛孤厄。恩由契闊生，義隨周旋積。豈謂鄉曲譽，謬充本州役。乖離令我感，悲欣使情惕。理以精神通，匪曰形骸隔。妙詩申篤好，清義貫幽蹟。恨無隨侯珠，以酬荊文璧。”李善注：“易，夷易也。協韻，以赤切。”

句中的“易”，與“腋”、“績”、“跡”、“翮”、“益”、“昔”、“厄”、“積”、“役”、“惕”、“隔”、“蹟”、“璧”相協。這些字在魏晉時期都是錫部字。“易”在《廣韻》中有兩切：一是“以鼓切”，去聲寘韻，意爲“難易也，簡易也”；一是“以益切”，入聲昔韻，意爲“變易也，改也，奪也，轉也”。魏晉南北朝時“易”常和入聲字相押，如傅咸《紙賦》中“易益策”協，張華《雜詩》中“易析迹壁積翮隔”協，束皙《補亡詩》中“易跡”協，張載《劍閣銘》中“易績壁迹益”協等。句中的“易”意爲“簡易”，應讀去聲“以鼓切”，但去入不協。李善注“協韻，以赤切”，“以赤切”同“以益切”，均爲入聲昔韵。李善此注，爲兩讀的字標出了文中押韻的讀音，可取。

(15) 江淹《雜體詩三十首·擬謝靈運〈遊山〉》：“江海經邅迴，山嶠備盈缺。靈境信淹留，賞心非徒設。平明登雲峰，杳與廬霍絕。碧鄣長周流，金潭恒澄澈。桐林帶晨霞，石壁映初晰。乳竇既滴瀝，丹井復寥泬。”李善注：“《説文》曰：‘昭晰，明也。’之逝切，今協韻以爲之舌切。”

句中的“晰”，在文中與“缺”、“設”、“絕”、“澈”、“泬”相協。其中，“缺”“泬”是入聲屑韻，“設”“絕”“澈”是入聲薛韻。在晉宋時期，屑薛月黠稱爲屑部，可通押。李善引《説文·日部》：“晢，昭，晰，明也。從日，折聲。”從折得聲的字多屬入聲薛韻，如“哲”“折”“蜇”，且都與屑部字相協。“晰”

在謝靈運的其他文章中，也都與屑部字同韻，如《孝感賦》中“晰徹”協，《慧遠法師誄》中“竭晰結滅”協。其他作家作品中，將“晰”用作屑部的現象也不乏見，如曹植《平原公主誄》中“歲滅晰”協。“晰”在《廣韻》中有兩切：一是“征例切”，去聲祭韻，“星光”之意；一是“旨熱切”，入聲薛韻，“光”義。此例根據文意應取去聲韻，但去入不協，故李善注“之逝切，今協韵以爲之舌切”，“之舌切”同“旨熱切”，都是入聲薛韻，則韵律相合。李善注既説明“晰”字依照句義應該的讀音，又説明了文中爲押韻而改變的讀音，可取。

(16) 枚乘《七發》：“顒顒卬卬，椐椐强强，莘莘將將。壁壘重堅，遝雜似軍行。訇隱匈磕，軋盤涌裔，原不可當。”李善注：“行，户剛切，協韻也。”

句中的“行”，與“卬”、“强”、“將”、“當”相協。這些字中，“卬”、“當”是唐韻，“强”、“將”是陽韻，上古唐陽同用。“行”在《廣韻》有四切：“户庚切”平聲庚韻，意爲“行走”；“下更切”，去聲映韻，意爲“行爲、品德”；“胡郎切”，平聲唐韻，意爲“行列，道路”；“下浪切”，去聲宕韻，意爲“次第”。此文中“行”應取“行走”義，但西漢時此義的“行”並不在庚韻，因爲它還没有從唐韵中分化出來。李善所注“户剛切”，爲平聲唐韻。觀察同時期其他詩文，“行”均用作唐韻的字，這説明庚韻的“行”可能是從唐韻中逐漸分離出去的。李善注“户剛切，協韵”，間接反映了這個語音事實，同時又爲多讀的“行”字標出在文中押韻的讀音，是可取的。

以上7例中，被注字有兩讀或兩讀以上讀音，李善爲這些字標出了文中押韵的讀音，如例（10），例（11），例（13），例（14），例（15），例（16）；或依照句義應讀的音，如例（12）。這些讀音，間接反映了當時的語音事實，爲我們瞭解古代詩文的韻律提供了很大幫助。

三　與現有語言材料得出的結論有出入的注音，9例

(17) 左思《魏都賦》:“鑿首之豪，鐻耳之傑，服其荒服，斂衽魏闕。置酒文昌，高張宿設。其夜未遽，庭燎晣晣。有客祁祁，載華載裔。岌岌冠縰，壘壘辮髮。”李注:“(裔)入聲，協韻。”

句中的“裔”，與“傑”、“闕”、“設”、“晣”、“發”相協。這些字在上古都是入聲月部字，中古時期一部分分化爲曷部，一部分分化爲屑部，仍是入聲字。“裔”《廣韵》注爲“餘制切”，屬去聲祭韻，似去入不協。然而，“祭部與入聲通押較廣，與月部、質部、緝部都有一些通押的例子。如揚雄《羽獵賦》‘輵磕岋外’協”①。事實上，祭部的“裔”字，在漢代就可以和月部字通押，如班固《封燕然山銘》中“裔外界蝎世”協，張衡《東京賦》中“莂製臬弊裔”協等。三國以後，祭部與月部分化出的屑部相押的情況較多，如王粲《遊海賦》中“厲裔逝憩勢際臯洩屆”協，左思《蜀都賦》中“發節厲裔罰月”協，郤正《解讖》中“節藝制逝裔世滯誓”協等。這些例子中，“裔”都是作爲陰聲韻與入聲相押。李善所注，或許是由于口授師承，或依靠别本古字，不得而知。

(18) 潘岳《西征賦》:“旋牧野而歷茲，愈守柔以執競。夜申旦而不寐，憂天保之未定。惟泰山其猶危，祀八百而餘慶。鑒亡王之驕淫，竄南巢以投命。坐積薪以待燃，方指日而比盛。人度量之乖舛，何相越之遼迥。”李善注:“《爾雅》

---

① 羅常培、周祖謨. 漢魏晉南北朝韻部演變研究（第一分册）. 北京：科學出版社，1958.

曰：'迥，遠也'。今協韻爲呼暝切。"

句中的"迥"，與"競"、"定"、"慶"、"命"、"盛"相協。依據《漢魏晉南北朝韻部演變研究》，這幾個字魏晋時期屬"庚"部去聲字。而"迥"《廣韻》注爲"戶頂切"，屬上聲迥韻，與這些字上去不合。但是觀察晉代作家詩文的押韻情況，發現上聲和去聲相押並不乏見。如傅玄《吏部尚書箴》中"命屏"協，郭璞《山海經圖畢方贊》中"炳景正"協。潘岳《南陽長公主誄》中"郢政敬廷命盛正"協，支遁《詠懷詩》中"穎騁領挺炳永正境靖"協等。這表明晉代一些作家在使用同一韵部的字做韻腳時，聲調要求並不是很嚴格。李善注"協韻爲呼暝切"，似非必要。究其原因，也許李善得於口授師承，或別本古字。

(19) 張衡《思玄賦》："愁鬱鬱以慕遠兮，越印州而遊遨。躋日中於昆吾兮，憩炎火之所陶。揚芒熛而絳天兮，水泫沄而涌濤。溫風翕其增熱兮，惄鬱悒其難聊。"李善注："賈逵曰：'聊，賴也。'協韻爲勞。"

句中的"聊"與"遨"、"陶"、"濤"相協。這些字在漢代分屬宵部和幽部，"遨"是宵部豪韻字，"聊"爲幽部蕭韻，"陶"、"濤"則爲幽部豪韻。可見，汉代"豪"韻字一部分在宵部，一部分在幽部。而幽部和宵部在漢代可以合韻，如班固《幽通賦》中"周幽軀謠條流"協，堂谿協《開母廟石闕銘》中"優搖休疇條朝"協，王逸《九思怨上》中"聱讙流"協，李尤《辟雍賦》中"要牢朝軀"協，這是平聲韵相協例證。還有幽部和宵部的上聲、去聲相協的例證，如班固《竹扇賦》中"妙條"協，崔駰《達旨》中"表寶道"協，傅毅《七激》中"妙好奥"協，闕銘《孔廟禮器碑》中"孝授教"協等。"勞"是宵部豪韻字，李善注"協韵爲勞"，是將"聊"由幽部蕭韻改讀爲宵部豪韻字，以取得與其他三個韻脚字的統一。也許是口授師承，故作此注。

(20) 陸機《歎逝賦》："傷懷悽其多念，戚貌瘁而尠歡。

幽情發而成緒，滯思叩而興端。慘此世之無樂，詠在昔而爲言。居充堂而衍宇，行連駕而比軒。彌年時其詎幾，夫何往而不殘。或冥邈而既盡，或寥廓而僅半。信松茂而栢悅，嗟芝焚而蕙歎。苟性命之弗殊，豈同波而异瀾。瞻前軌之既覆，知此路之良難。啓四體而深悼，懼茲形之將然。毒娛情而寡方，怨感目之多顔。"李善注："半，平聲，協韻。"

句中的"半"，與"歡"、"端"、"言"、"軒"、"殘"、"歎"、"瀾"、"難"、"然"、"顔"相協。這些字在上古都是元部字，中古有所分化。句中的"歎"也可寫作"嘆"，《廣韻》有兩個注音，一個是"他干切"，平聲寒韻。另一個是"又音炭"，去聲翰韵。魏晉時期它的去聲讀音還没有完全從平聲讀音中分離出來，故經常和平聲韻相押。如陸機《感丘賦》中"干歎端"協，陸雲《逸民賦》中"桓蘭顔端瀾粲歎"協。然而"半"《廣韻》注爲"博慢切"，屬幫母去聲換韻，與其他平聲韻脚字不合。查上古至魏晉時期其他作家的詩文，未見有"半"與平聲字相押的，因而"半"不大可能有平聲讀音，这或許是陸機偶然特殊用韻。李善注"半，平聲，協韻"，或許説明李善在注"協韻"時，偶爾也會有些隨意。

(21) 劉琨《答盧諶》："亭亭孤幹，獨生無伴。綠葉繁縟，柔條脩罕。朝採爾實，夕捋爾竿。竿翠豐尋，逸珠盈椀。寔消我憂，憂急用緩。逝將去乎，庭虛情滿。"李善注："《字林》曰：'竿，木梃也。'協韻，公旦切。"

(22) 謝靈運《道路憶山中》："得性非外求，自己爲誰纂。不怨秋夕長，常苦夏日短。濯流激浮湍，息陰倚密竿。懷故叵新歡，含悲忘春暖。悽悽明月吹，惻惻廣陵散。殷勤訴危柱，慷慨命促管。"李善注："《字林》曰：'竿，竹挺也。古寒切。'今協韻爲古旦切。"

例 (21) 中的"竿"，與"伴"、"罕"、"椀"、"緩"、"滿"

等字相協。這些字上古都是元部字，中古有所分化。其中“伴”、“椀”、“緩”、“滿”爲上聲緩韻，“罕”爲上聲旱韻，旱、緩两韻可同用。“竿”《廣韻》注“古寒切”，屬見母平聲寒韻，平上不諧。《爾雅·釋器》：“竿謂之箷”。“箷”意爲衣架，則“竿”讀去聲。陸德明《經典釋文》：“竿，乾幹二音。”説明“竿”有平聲和去聲讀音。李善注“公旦切”，標出了去聲讀音，却依然與其他上聲字不諧。事實上，“竿”還有一個上聲讀音，《集韻·旱韻》：“笴，《字林》：‘箭笴也。’或作幹，簳，亦省（作‘竿’）。古旱切。”《文選·鮑照〈出自薊北門行〉》：“嚴秋筋竿勁，虜陣精且强。”李善注：“竿，箭幹也。”句中“竿”應取“木挺”意，音“古寒切”，但平上不諧，可取上聲爲協韻。但李善注“公旦切”，就不大合理了。

例（22）道理相同，略有不同的是，注中標出了“竿”字的本義“竹挺也”和句中本應讀音“古寒切”。其協韻爲“古旦切”，與例（21）“公旦切”一樣，不可取。这两例或許同例（20）一樣，説明李善所注“協韻”，偶爾也會隨意。

（23）張協《七命八首》：“繁肴既闋，亦有寒羞。商山之果，漢皋之榛。析龍眼之房，剖椰子之殼。芳旨萬選，承意代奏。”李善注：“殼，苦角切。協韻，苦豆切。”

句中的“殼”，在文中與“羞”、“榛”、“奏”相協。這三個字都是去聲侯韻，“殼”《廣韻》注爲“苦角切”，屬屋部入聲覺韻。在魏晉宋時期的詩文中，“殼”都用作入聲韻，仲長統《述志詩》中“殼角俗足幄燭玉欲促”協，曹植《神龜賦》中“燭木縠殼”協，庾闡《楊都賦》中“族足殼琢曲”協等。此例中“殼”與陰聲韻相押，似去入不谐。但是三國晋宋時期這種現象並非没有，周祖謨先生説：“陰聲韻和入聲韻相押，除祭泰兩部外，脂、支、魚、候幾部去聲字都有少數與入聲字相押的例子。”① 他在舉例時，説到了侯沃相協的例子，如潘岳《西征賦》中“築蹊祐懋”爲韻，還説到了候屋相協的例子，就是本句中“羞椟殼奏”爲韻。究其原因，“這些陰聲韻跟入聲韻之間在韵母的元音上一定是相同或相近的。”② 李善可能得於口授師承，或别本古字，故出此注。

(24) 袁宏《三國名臣序贊》:“百六道喪，干戈迭用。苟非命世，孰掃雰霿。宗子思寧，薄言解控。釋褐中林，鬱爲時棟。”李善注:“孔安國《尚書傳》曰:‘霿，陰氣也。’武功切，今協韻音夢。”

句中的“霿”，與“用”、“控”、“棟”相協。“用”是去聲用韻，“控”、“棟”是去聲送韻，這兩韻在晉代同屬東部，可通押。“霿”《廣韻》注爲“莫紅切”，《集韻》爲“謨蓬切”，均屬明母平聲東韻，似平去不協。觀察同時期其他作品，不見“霿”用作去聲的例子，也未見東部平聲和去聲通押的用例，這或許是作者偶然特殊用韻。李善所注，也許説明他注音時偶爾的隨意性。

(25) 王僧達《祭顏光禄文》:“夫德以道樹，禮以仁清。惟君之懿，早歲飛聲。義窮機象，文蔽班楊。性婞則潔，志度淵英。”李善注:“郭璞《三蒼解詁》曰:‘楊音盈。’協韻。”

句中的“楊”，與“清”、“聲”、“英”相協。其中“清”、“聲”是平聲清韻，“英”是平聲庚韻，而“楊”字《廣韻》注“與章切”，屬平聲陽韻，這幾個韻在晉宋時期經常通押。如傅玄《圭賦》中“青名房靈瓊輕”相協，《大晉承運期》中“皇光衡明盧良康疆”相協，何劭《洛水阻王公應詔詩》中“湯鳴笙情”相

① 周祖謨．魏晉南北朝韻部之演變．臺北：臺灣東大圖書公司，1996.
② 同上。

協，成公綏《故筆賦》中“明性芒”相協，盧諶《菊花賦》中“傷芳莖”相協，顔延之《陽給事誄文》中“陽昌皇良霜衡”相協等。因此，李善所引郭璞注音“楊音盈”，似無必要。究其原因，或許得於口授師承，故作此注。

以上9例注音與我們從現有語言材料得出的結論有所出入。這可能是因爲李善未注意到作的特殊用韻，也可能可是他依師承古訓，或别本古字，因而所注之音不同尋常。個别注音，則反映出其所注“協韻”偶爾的隨意性。

四 結 語

以上我們對《文選》李善注中出現的25例“協韻”用語進行了分析，可以得出這樣的結論：李善所注協韻音有9例《廣韻》未收，其中2例還注出了不爲時人所知的古音，這些注音都是以客觀的語言事實爲根據的，並非主觀臆斷。有7例是被注字有兩讀或者兩讀以上讀音，李善爲這些字標出了文中押韻的正確讀音，或是依照句義本應的讀音。這些讀音，間接反映了當時的一些語音事實，并爲我們瞭解古代詩文的韻律提供了很大幫助。还有9例注音與我們從現有語言材料得出的結論有所出入。這些注音或许他依師承古訓，或依别本古字，或许是注音時偶爾的隨意性，因而所注之音不同尋常。

由此，我們可以這樣給李善的“協韻”音定性：它是用直音和反切的方法爲《文選》詩文中的常用字注音，來説明押韻情况的。李善在注“協韻”音的時候，注意到了語音的發展變化，基本上是從語言的客觀事實出發來對詩文中押韻情况進行説明的，因而得出了較爲客觀、科學的結論。李善所注的“協韻”，不同于後世朱熹等人的“叶（協）韻”。雖然所注之音未必全都正確無誤，但是並非像有些學者説的那樣是“隨意轉讀”，更没有

"模糊了古音真面目"。相反，其中的多數注音，爲我們研究上古到中古的語音演變提供了客觀依據，成爲漢語音韻學的寶貴資料。

〔主要參考文獻〕

岑麒祥．語言史概要．北京：科學出版社，1964.

羅常培，周祖謨．漢魏晉南北朝韻部演變研究．第一分册．北京：科學出版社，1958.

周祖謨．魏晉南北朝韻部之演變．臺北：臺灣東大圖書公司，1996.

吴承仕．經籍舊音序録·經籍舊音辨證．北京：中華書局，1986.

Research on the Rhyme of Li shan Annotation in *Wen Xuan*

He Juling

(1. School of Chinese Literature, Shaanxi Normal University;

2. School of Humanities, Xi'an Technological University,

Xi'an 710064, China)

Abstract: The essay analyses 25 rhymes of Li Shan annotation in *Wen Xuan*. Among them there are 9 phonetic notations which are not embodied by *Guang Yun*. There are 7 phonetic notations which section out correct rhyme in article. There are also 9 phonetic notations which are different from the existing language materials. The rhymes of Li Shan annotation are relatively objective and most of them provide an objective basis to study of phonetic shift from ancient to medieval. They are Valuable materials of phonology as well.

Key words: *Wen Xuan*; Li Shan annotation; rhyme

(賀菊玲，陝西師範大學文學院，郵編 710064；西安工業大學人文學院，郵編 710032)

《太上洞淵神咒經》的用韻和它的寫作年代*

夏先忠

内容摘要：《太上洞淵神咒經》是靈寶經中的一部重要經典，關於其成書年代，衆説不一。本文以《太上洞淵神咒經》中後十卷的韻文爲研究對象，將其用韻特徵與魏晉南北朝和唐代的文人詩歌用韻進行比較，發現其中的用韻跟唐代一致。

關鍵詞：《太上洞淵神咒經》　韻部　用韻　成書年代

《太上洞淵神咒經》，簡稱《神咒經》，全書二十卷，是靈寶經中的一部重要經典，學界對它的成書年代存在不同看法。比如，任繼愈（1991）認爲本書前十卷爲原始部分，於晉末至劉宋時寫成，後十卷蓋成立於中唐以後至唐末①；王卡（1995）認爲本書前十卷爲六朝古本，後十卷爲中晚唐道士增補②；朱越利（1996）在《道藏分類解題》中介紹了日本的吉岡義豐和大淵忍爾的觀點，其中吉岡義豐認爲本書一至十卷、第十九卷後半和第

* 本文爲國家社科基金項目“隋唐以前道經用韻與寫作年代研究”（項目批號：14BYY101）、教育部人文社會科學研究項目“中古道經的韻文和寫作年代研究”（項目批號：12YJA740080）、湖南省社科基金項目“隋唐以前道經用韻與成書年代研究”（項目批號 13YBA264）、湖南省教育廳重點項目“隋唐以前道經用韻與寫作年代研究”（項目編號：13A074）階段性研究成果；懷化學院重點學科建設項目。

① 任繼愈《道藏提要》，中國社會科學出版社，1991 年，第 152 頁。

② 胡孚琛等《中華道教大辭典》，中國社會科學出版社，1995 年，第 278 頁。

二十卷撰於東晉孫恩、盧循時至劉宋末（400—478 年間），其餘部分也許是杜光庭（850—933 年）時所增，而大淵忍爾認爲本書第 1 卷撰於東晉末劉宋初，卷五稍遲，梁末陳初增加二、三卷，並增擴第一卷、第五卷一部分，陳隋之際第四、六、七、八、九、十卷，後十卷爲唐末以後增加①；丁培仁（2007）認爲前十卷爲南朝時出，其中最早的部分系劉宋或晉宋之際寫成，後十卷爲唐中後期洞淵派道士所增補②；卿希泰（2008）認爲本書成書年代的上限爲西晉末，下限爲東晉末③。各家對此書成書年代認識上的差異，影響了研究對本書的利用，有必要對此作一分析。

我們注意到，《神咒經》二十卷前後文體不完全相同。其中，前十卷完全是散文，後十卷夾雜了大量的韻文，而韻文的寫作，直接受各時代或地域的語音影響，由於語音，特别是韻部的變化，我們可能從不同的押韻特點中，窺知韻文的寫作年代。因此，本文嘗試利用《神咒經》中的韻文，考察《神咒經》後十卷的寫作年代。

本文以北京文物出版社、上海古籍出版社和天津書社聯合影印出版的《道藏》（1988 年，第 6 册，第 1－80 頁）中的《太上洞淵神咒經》後十卷爲考察對象，通過全面搜尋，共獲得了 157 個韻段。其次，確定各韻段韻腳字的韻部，歸納各韻段的韻部，並分析其用韻特徵。在此基礎上，借鑒前賢意見，將《神咒經》的用韻特徵與魏晉南北朝、隋唐時期的文人詩歌用韻作比較，從而推測它們的寫作時間。

説明：本文採用《廣韻》韻目爲分組標題，多韻目標題表示合韻。韻

---

① 朱越利《道藏分類解題》，華夏出版社，1996 年，第 152－153 頁。

② 丁培仁《增注新修道藏目録》，巴蜀書社，2007 年，第 317 頁。

③ 卿希泰《試論〈太上洞淵神咒經〉的烏托邦思想及其年代問題》，《四川師範大學學報（社會科學版）》2008 年第 5 期，第 47 頁。

目後用數字表示該韻目的韻段數，韻段之間用“、”隔開。韻字按出現先後爲序，在右下角用小字標出該韻字的韻部，韻字右下角未標韻部的，表示與後一個韻字的韻部相同，如“知馳宜知$_{\text{支}}$”，表示“知馳宜”與“知”字同爲支韻。引例後括弧中的數字表示該韻例在《道藏》第 6 册中的頁碼，頁碼後的“上、中、下”，表示該頁的上、中、下欄，如“52 下”，即《道藏》第 6 册 52 頁下欄。下有横線的韻字爲古全濁上聲字。

一　陰聲韻

1. 止蟹二攝

(1) 止攝韻獨用或通押

支 1：馳兒儀垂馳離隨爲$_{\text{支}}$（46 上）

支微 1：知馳宜知$_{\text{支}}$違$_{\text{微}}$疵施$_{\text{支}}$（53 上）

之 1：芝基斯$_{\text{之}}$（58 下）

微脂 1：依飛$_{\text{微}}$衰$_{\text{脂}}$微威$_{\text{微}}$師$_{\text{脂}}$歸$_{\text{微}}$（52 中）

微脂之止 1：師$_{\text{脂}}$暉$_{\text{微}}$嬉$_{\text{之}}$紀$_{\text{止}}$私$_{\text{脂}}$歸巍$_{\text{微}}$衰資$_{\text{脂}}$（52 下）

旨止 3：裏起$_{\text{止}}$死$_{\text{旨}}$裏$_{\text{止}}$水$_{\text{旨}}$（64 中）、起$_{\text{止}}$死$_{\text{旨}}$喜$_{\text{止}}$美$_{\text{旨}}$（65 上）、紀裏$_{\text{止}}$死$_{\text{旨}}$（66 下）

紙旨止 1：祀$_{\text{止}}$死$_{\text{旨}}$是$_{\text{紙}}$裏擬$_{\text{止}}$（65 中）

旨止至 1：紀擬裏$_{\text{止}}$水$_{\text{旨}}$備$_{\text{至}}$（65 中）

(2) 蟹攝韻獨用或通押

哈皆 1：台來災$_{\text{哈}}$骸$_{\text{皆}}$（54 中）

灰哈 1：來災$_{\text{哈}}$摧$_{\text{灰}}$開$_{\text{哈}}$回$_{\text{灰}}$（66 下）

齊 1：齊攜迷泥$_{\text{齊}}$（45 上）

海 1：改在海$_{\text{海}}$（64 下）

蟹駭薺 1：解$_{\text{蟹}}$楷$_{\text{駭}}$禮$_{\text{薺}}$（58 下）

(3) 止蟹二攝韻通押

微脂哈灰皆 2：尼維$_{\text{脂}}$摧$_{\text{灰}}$儕$_{\text{皆}}$開$_{\text{哈}}$非幾$_{\text{微}}$槌$_{\text{脂}}$災$_{\text{哈}}$骸$_{\text{皆}}$違歸依

飛$_{\text{微}}$（56 中）、機輝$_{\text{微}}$開$_{\text{咍}}$依希巍$_{\text{微}}$遺$_{\text{脂}}$齋$_{\text{皆}}$摧$_{\text{灰}}$非$_{\text{微}}$遲$_{\text{脂}}$（56 中）

止海泰 1：害$_{\text{泰}}$載$_{\text{海}}$擬裏$_{\text{止}}$（66 上）

止至廢 1：至$_{\text{至}}$起$_{\text{止}}$地$_{\text{至}}$刈$_{\text{廢}}$利$_{\text{至}}$（66 上）

從上述各韻段用韻情況看：止攝韻共 10 個韻段，脂、之的上聲韻旨止通押達 4 次，佔止攝總韻段的 40%，顯然脂之同用，已合爲一部，爲齊梁陳以後的用韻①。支、之分別獨用 1 次，微韻與脂、支韻分別通押 2 次、1 次，没有明顯的時代特徵。

蟹攝韻共 5 個韻段，齊獨用、灰咍通押，從梁陳到隋唐都是如此②。海韻獨用，咍皆、蟹駭薺通押，無明顯時代特徵。另外，微脂咍灰皆通押 2 次、之咍的上聲韻止海通押 1 次，符合魏晉時期的用韻特點③。

2. 果假二攝

（1）果攝韻通押

歌戈 5：峨河羅多$_{\text{歌}}$波$_{\text{戈}}$嗟羅多$_{\text{歌}}$魔$_{\text{戈}}$蹉$_{\text{歌}}$磨過$_{\text{戈}}$（52 上）、羅$_{\text{歌}}$過波魔$_{\text{戈}}$羅$_{\text{歌}}$磨過科$_{\text{戈}}$（56 下）、阿$_{\text{歌}}$魔波$_{\text{戈}}$歌羅多峨$_{\text{歌}}$科$_{\text{戈}}$（58 上）、河多$_{\text{歌}}$窠禾$_{\text{戈}}$（64 下）、禾$_{\text{戈}}$多$_{\text{歌}}$波$_{\text{戈}}$（65 中）

歌戈果 1：坡$_{\text{戈}}$多$_{\text{歌}}$頗$_{\text{果}}$禾$_{\text{戈}}$（65 中）

（2）假攝韻獨用或通押

麻 1：霞車花邪芽叉華家$_{\text{麻}}$（58 上）　　馬禡 1：者$_{\text{馬}}$下$_{\text{禡}}$馬野$_{\text{馬}}$謝$_{\text{禡}}$（65 中）

（3）蟹假二攝韻通押

佳麻 1：涯$_{\text{佳}}$邪花家車賒遮華$_{\text{麻}}$（58 中）

果假二攝中，歌戈通押 6 次，麻韻獨用 1 次，未見兩攝韻通

① 周祖謨《魏晉南北朝韻部之演變》，臺灣東大圖書公司，1996 年，第 10 頁。
② 同上，第 718－719 頁。
③ 同上，第 10、40 頁。

押。果攝韻不與假攝韻通押，自齊梁陳時期就如此①。但假攝麻韻與蟹攝佳韻通押 1 次，爲唐代用韻。因爲自唐開始，“涯”字才屬於麻韻，“涯”大量押入麻韻的現象是中唐開始的，此後晚唐、五代直至宋代，“涯”字用韻都是以和麻韻字相押爲主，是自唐以下歷史語音的真實記錄②。由此可知，果假二攝用韻應爲唐代用韻。

3. 效攝

皓 4：寶道考惱$_{\text{皓}}$（42 上）、好浩造早$_{\text{皓}}$（64 下）、好道$_{\text{皓}}$（65 中）、道倒造栲惱考$_{\text{皓}}$（53 下）

宵 1：飆飄朝銷妖燒遙$_{\text{宵}}$（46 上）　蕭宵 1：苕$_{\text{蕭}}$朝謠$_{\text{宵}}$（52 中）

效攝用韻完全與齊梁以後的用韻相同③。

4. 遇流二攝

(1) 遇攝韻獨用或通押

魚 3：初渠居初居$_{\text{魚}}$（64 下）、余居廬虛初$_{\text{魚}}$（65 中）、於虛初$_{\text{魚}}$（66 上）

魚虞 2：初魚$_{\text{魚}}$衢$_{\text{無}}$虞居$_{\text{魚}}$（64 中）、初除居$_{\text{魚}}$無$_{\text{虞}}$鋤$_{\text{魚}}$（65 下）

虞 1：符愚無俱扶$_{\text{虞}}$（46 下）　魚模 1：餘$_{\text{魚}}$圖枯$_{\text{模}}$魚鋤$_{\text{魚}}$（66 上）

魚虞模麌 1：除$_{\text{魚}}$俱$_{\text{虞}}$屠$_{\text{模}}$雨$_{\text{麌}}$（51 下）　麌姥暮 1：兔$_{\text{暮}}$五苦$_{\text{姥}}$雨$_{\text{麌}}$（67 中）。

魚虞模 2：除余$_{\text{魚}}$夫衢廚$_{\text{虞}}$徒殂$_{\text{模}}$無$_{\text{虞}}$舒虛除$_{\text{魚}}$娛俱無$_{\text{虞}}$除餘$_{\text{魚}}$

---

① 周祖謨《魏晉南北朝韻部之演變》，臺灣東大圖書公司，1996 年，第 719 頁。

② 趙蓉、尉遲治平《晚唐詩韻係略說》，《語言研究》1999 年第 2 期。

③ 周祖謨《魏晉南北朝韻部之演變》，臺灣東大圖書公司，1996 年，第 721 頁。

（53 上）、於魚衢虞殂模魚虛魚（66 下）

麌遇模姥暮 1：府麌鼓模雨舞麌苦姥霧遇路暮戶姥（57 中） 語 1：舉楚語（66 下）

（2）流攝韻獨用或通押

尤 3：秋愁求收流尤（66 下）、周流游求愁尤（66 下）、周憂求求收尤（67 上）

尤幽 1：游瘳愁流尤幽幽流稠尤（53 中）

尤有宥 1：秋憂尤壽宥守有口走厚（64 上） 尤厚 1：牛尤後厚求憂尤（66 下）

有 2：有咎有（66 上）、首咎有有（42 上） 有宥 1：秀宥守有（64 上）

有宥厚 2：溜宥阜有後厚厚（65 上）、受有口厚右宥阜有（66 下）

有厚 7：首有阜有走厚（64 上）、有有走厚九首久有（64 中）、守有部門厚受有口厚（64 中）、久有口厚咎阜有（65 上）、口走厚手有有（66 下）、口厚咎有後厚守有（66 下）、後厚守有部口厚有有（67 上）

有厚候 2：首有口厚咎有湊候久有（65 下）、候候有有口厚阜有寇候（66 上）

（3）遇流二攝韻通押

尤幽侯虞 1：幽幽修游尤投侯留收尤臾虞求尤（51 下）

尤幽侯虞宵 1：浮游丘尤嶇虞休尤幽幽頭侯留尤軀虞留收尤妖宵憂尤（56 上）

尤幽虞有宥 1：幽幽游尤久有修尤救宥稠愁留休尤躕臾虞籌尤（51 中）

遇攝共 13 個韻段，其中魚韻（含語韻）、虞韻分別獨用 4 次、1 次，分別佔遇攝總韻段數的 30%、7%，虞模（含上聲麌姥）通押 5 次，佔遇攝總韻段數的 38%，說明魚、虞模可獨立成一部。另外，魚與虞、虞模、模分別通押 2 次、3 次、1 次，魚與虞、魚與模通押分别佔遇攝總韻段數的38%、7%，顯示魚與虞讀音接近，魚與模讀音相差較大。所以，遇攝用韻與齊梁以後用韻相同①。

流攝中，尤韻（含上聲有韻、上去聲有宥韻）獨用6次，尤幽通押1次，尤侯（含上聲有厚）通押13次，未見尤幽侯通押，其用韻與齊梁陳隋唐用韻相同②。

另外，遇攝虞韻與流攝尤韻通押3次，佔遇流二攝總韻段數的9%，與魏晉時期的用韻相近③。

二　陽聲韻

1. 梗攝

庚清青14：營$_{\text{清}}$兵$_{\text{庚}}$形$_{\text{青}}$精$_{\text{清}}$靈$_{\text{青}}$平兵$_{\text{庚}}$呈名精城征貞$_{\text{清}}$（43下）、生$_{\text{庚}}$鈴星瓶形鈴$_{\text{青}}$纓精名$_{\text{清}}$平$_{\text{庚}}$程$_{\text{清}}$（44下）、迎$_{\text{庚}}$名$_{\text{清}}$生$_{\text{庚}}$庭$_{\text{青}}$（45上）、行生$_{\text{庚}}$精$_{\text{清}}$兵$_{\text{庚}}$星$_{\text{青}}$精$_{\text{清}}$平$_{\text{庚}}$（46上）、盈名$_{\text{清}}$經形$_{\text{青}}$京生$_{\text{庚}}$（46下）、零庭停$_{\text{青}}$成$_{\text{清}}$聽形$_{\text{青}}$成$_{\text{清}}$迎生$_{\text{庚}}$（51下）、生$_{\text{庚}}$經丁$_{\text{青}}$輕$_{\text{清}}$生平$_{\text{庚}}$寧$_{\text{青}}$（53中）、形$_{\text{青}}$生$_{\text{庚}}$庭$_{\text{青}}$城正$_{\text{清}}$冥$_{\text{青}}$生$_{\text{庚}}$經$_{\text{青}}$（54中）、靈$_{\text{青}}$京兵迎明$_{\text{庚}}$精$_{\text{清}}$刑靈寧$_{\text{青}}$生$_{\text{庚}}$城$_{\text{清}}$（56上）、冥$_{\text{青}}$明$_{\text{庚}}$清$_{\text{清}}$生$_{\text{庚}}$丁形$_{\text{青}}$精$_{\text{清}}$停$_{\text{青}}$榮$_{\text{庚}}$形$_{\text{青}}$（56中）、精$_{\text{清}}$行$_{\text{庚}}$形$_{\text{青}}$生明$_{\text{庚}}$形星$_{\text{青}}$平兵$_{\text{庚}}$（57上）、泠經$_{\text{青}}$聲城$_{\text{清}}$兵$_{\text{庚}}$形丁寧$_{\text{青}}$（57下）、生$_{\text{庚}}$征$_{\text{清}}$生$_{\text{庚}}$冥$_{\text{青}}$清成$_{\text{清}}$（58下）、經$_{\text{青}}$迎$_{\text{庚}}$城$_{\text{清}}$聽$_{\text{青}}$（59上）

庚清青真1：真$_{\text{真}}$生$_{\text{庚}}$鈴$_{\text{青}}$盈$_{\text{清}}$形庭$_{\text{青}}$明$_{\text{庚}}$傾$_{\text{清}}$停齡$_{\text{青}}$平榮$_{\text{庚}}$名$_{\text{清}}$亨$_{\text{庚}}$（43下）

---

① 周祖謨《魏晉南北朝韻部之演變》，臺灣東大圖書公司，1996年，第720頁。

② 同上，第720頁。

③ 同上，第63頁。

庚青 5：靈$_{青}$生$_{庚}$寧停$_{青}$迎生$_{庚}$（52 上）、明迎生迎$_{庚}$冥$_{青}$生$_{庚}$刑$_{青}$生$_{庚}$（52 中）、形$_{青}$生$_{庚}$庭$_{青}$（58 下）、京生$_{庚}$經$_{青}$（59 上）、冥星$_{青}$兵$_{庚}$（59 上）

青庚陽 1：精靈$_{青}$迎$_{庚}$方$_{陽}$（51 中）　青 1：冥靈$_{青}$（54 中）

梗攝用韻，庚清青、庚青、清青通押從先秦到《中原音韻》時期都是如此，青韻獨用是齊梁以後的用韻①。

2. 通江宕三攝

(1) 通攝韻獨用或通押

東 5：中風洪功空$_{東}$（64 上）、中蟲洪蓬東$_{東}$（64 下）、中同洪東工$_{東}$（65 上）、中通功東風功蓬$_{東}$（66 下）、中同通功蓬東$_{東}$（67 上）

東鐘 4：風$_{東}$豐$_{鐘}$風終$_{東}$鐘$_{鐘}$公$_{東}$龍$_{鐘}$蒙風隆窮$_{東}$（44 上）、蒙翁$_{東}$重邕$_{鐘}$童$_{東}$凶$_{鐘}$洪$_{東}$容$_{鐘}$隆$_{東}$（52 中）、鋒$_{鐘}$空瓏功中$_{東}$逢蹤龍$_{鐘}$（57 中）、中功同$_{東}$豐$_{鐘}$通$_{東}$（65 中）

東鐘送 1：蹤$_{鐘}$洞$_{送}$功$_{東}$（58下）

(2) 宕攝韻獨用或通押

陽 2：王方良長$_{陽}$（42 中）、張殃$_{陽}$（64 上）

陽唐 8：蒼$_{唐}$芳$_{陽}$湯$_{唐}$望鴦$_{陽}$堂$_{唐}$方霜$_{陽}$茫$_{唐}$殃$_{陽}$當堂皇$_{唐}$章$_{陽}$光$_{唐}$漿王梁$_{陽}$藏蒼康$_{唐}$昌方$_{陽}$（51 上）、房相$_{陽}$朗$_{唐}$陽方$_{陽}$皇$_{唐}$翔陽$_{陽}$康$_{唐}$（51 下）、王$_{陽}$藏$_{唐}$亡方$_{陽}$（52 中）、殃$_{陽}$堂$_{唐}$殃詳章方$_{陽}$（53 下）、霜$_{陽}$茫$_{唐}$亡$_{陽}$堂皇$_{唐}$昌$_{陽}$（54 中）、光$_{唐}$傷方$_{陽}$藏湯$_{唐}$亡殃$_{陽}$康$_{唐}$亡昌$_{陽}$（57 上）、翔$_{陽}$皇$_{唐}$（58 下）、忙$_{唐}$場$_{陽}$（64 下）

(3) 江宕二攝韻通押

江陽唐 2：皇剛$_{唐}$昌王$_{陽}$藏$_{唐}$亡$_{陽}$邦$_{江}$霜$_{陽}$堂$_{唐}$長$_{陽}$（51 下）、陽$_{陽}$光$_{唐}$糧香王祥$_{陽}$湯$_{唐}$邦$_{江}$（57 中）

通攝東韻獨用 5 次，東鐘通押 5 次，分別佔通攝總韻段的

① 周祖謨《魏晉南北朝韻部之演變》，臺灣東大圖書公司，1996 年，第 709 頁。

50%，説明東韻可獨立成部，與齊梁以後用韻相同①。宕攝陽韻獨用2次，陽唐通押8次，很難判定時代特徵。江韻與宕攝陽唐通押2次，爲北周陳隋唐時期的用韻②。

3. 臻山二攝

(1) 臻攝韻獨用或通押

真2：真身神民真（42中）、民人真（64上）　真諄1：春均諄鱗頻真迍諄（65上）

真文1：人辰真文文（58下）　真欣1：真親人陳真殷欣身真（53下）

真文諄魂1：尊魂神真春諄群聞文魂昏坤門魂（57下）　魂1：尊魂奔門魂（42上）

文諄魂1：分文魂魂雲文淳諄焚氛君文（45下）　諄魂侵1：春諄論魂心侵（58下）

(2) 山攝韻通押

元仙先3：天千先鞭仙元元天玄前先泉全仙（44下）、天先仙旋翩祆煎仙言元遷仙（58上）、年邊先然纏仙源元遷仙（64中）

仙先11：天篇先筌仙玄先（45上）、篇先緣傳遷仙前先（46下）、田天先愆仙（53下）、年憐先連鮮仙年先（64中）、年田邊先連船仙（64下）、遷然連仙邊田先（65上）、年先泉然仙邊先纏仙（65上）、年先遷然錢仙憐先（65下）、憐先川仙年先煎仙（65下）、年田先痊錢仙憐先（66下）、年田先煎然仙憐先（67上）

(3) 臻山二攝韻通押

真文元痕魂仙1：身真聞文愆仙言元身真門魂恩痕（54上）

真文元魂痕仙先軫侵1：天賢先綿仙泯軫紜文專仙人真淫侵門孫魂恩痕纏綿仙人真言元恩痕（52下）

---

① 周祖謨《魏晉南北朝韻部之演變》，臺灣東大圖書公司，1996年，第707頁。

② 同上，第709頁。

真文元魂痕仙先軫 1：文$_{\text{文}}$門$_{\text{魂}}$根$_{\text{痕}}$泯$_{\text{軫}}$身陳$_{\text{真}}$緣$_{\text{仙}}$言$_{\text{元}}$恩$_{\text{痕}}$（53 中）。

文諄元痕魂 1：尊$_{\text{魂}}$侖$_{\text{諄}}$言$_{\text{元}}$門瘟$_{\text{魂}}$群$_{\text{文}}$魂$_{\text{魂}}$恩$_{\text{痕}}$（57 下）

文元魂痕仙先 1：紜聞$_{\text{文}}$存$_{\text{魂}}$纏$_{\text{仙}}$門$_{\text{魂}}$恩$_{\text{痕}}$原$_{\text{元}}$天$_{\text{先}}$遷$_{\text{仙}}$（52 下）

真元仙侵 1：真身$_{\text{真}}$心$_{\text{侵}}$身$_{\text{真}}$怨$_{\text{元}}$仙$_{\text{仙}}$（53 下）　真元侵 1：人真$_{\text{真}}$心$_{\text{侵}}$津$_{\text{真}}$源$_{\text{元}}$（54 上）

諄仙先山侵 1：遵$_{\text{諄}}$心$_{\text{侵}}$天$_{\text{先}}$吟$_{\text{侵}}$玄$_{\text{先}}$遷$_{\text{仙}}$間$_{\text{山}}$仙$_{\text{仙}}$（58 下）

文仙先 1：分雲$_{\text{文}}$煙$_{\text{先}}$群$_{\text{文}}$然$_{\text{仙}}$（46 上）

文痕諄仙先山 1：紜聞$_{\text{文}}$緣纏$_{\text{仙}}$間$_{\text{山}}$天$_{\text{先}}$恩$_{\text{痕}}$春$_{\text{諄}}$（54 上）

真魂仙先 1：門存$_{\text{魂}}$民$_{\text{真}}$天$_{\text{先}}$瘟門$_{\text{魂}}$全$_{\text{仙}}$（57 上）

臻山二攝共 34 個韻段，其中臻攝内部韻獨用或通押 9 個韻段，佔臻山兩攝總韻段的 26%；山攝内部韻通押 14 個韻段，佔臻山兩攝總韻段的 41%；臻山二攝韻通押 11 個韻段，佔臻山兩攝總韻段的 32%。臻攝内部獨用或通押用韻時代特徵不明顯，判斷不出具體時代。但山攝内部用韻，仙先單獨通押 11 次，佔山攝總韻段的 44%。另外，在臻山二攝韻通押韻段中，仙先一起與臻攝、臻山二攝韻通押達 7 次，佔臻山二攝韻通押總次數的 64%，説明仙先兩韻已獨立城部，爲齊梁以後的用韻①。臻山二攝通押 13 次，以元魂痕或元韻爲中介的兩攝通押的韻段有 7 次，佔臻山二攝通押總韻段的 64%，與唐代用韻相同。因爲唐代詩文用韻，山攝（除元韻）與臻攝韻不直接通押，即使兩攝相押，一般要以元魂痕或元韻爲中介②③。臻山兩攝韻相押，未出現元韻的韻段衹有 4 個，佔臻山二攝總韻段的 12%，同于魏晉時期

① 周祖謨《魏晉南北朝韻部之演變》，臺灣東大圖書公司，1996 年，第 15 頁。

② 鮑明煒《唐代詩文韻部研究》，江蘇古籍出版社，1990 年，第 191 頁。

③ 姚穎《〈全唐文〉用韻研究》，華中科技大學碩士學位論文，2006 年，第 267—273 頁。

的用韻①。

4. 曾、深二攝

侵 1：深沉心音侵吟襟林$_{\text{侵}}$（58 上）　侵真青 1：金侵尋$_{\text{侵}}$秦$_{\text{真}}$溟$_{\text{青}}$（66 上）

登庚青 1：弘$_{\text{登}}$靈$_{\text{青}}$登$_{\text{登}}$京$_{\text{庚}}$（58 下）

深攝侵韻共 7 見，獨用 1 次，從先秦到元代都是這樣，不能説明時代性。另外，侵韻與真攝、真梗二攝、真山二攝分別通押 1 次、1 次、4 次（見臻山二攝），侵韻與臻山梗攝韻通押，從晉代到《中原音韻》時期都有，無明顯時代特徵②。

曾攝所見韻例僅 1 例，不加討論。

三　入聲韻

職 2：側植棘食息$_{\text{職}}$（65 下）、直食息棘植$_{\text{職}}$（66 下）　末 1：末活奪活$_{\text{末}}$（66 上）

屋 2：木穀屋哭逐$_{\text{屋}}$（65 下）、哭屋$_{\text{屋}}$（66 上）　末薛 1：末活$_{\text{末}}$滅悦徹$_{\text{薛}}$（66 下）

月末薛屑黠德 1：節$_{\text{屑}}$別$_{\text{薛}}$殺$_{\text{黠}}$罰$_{\text{月}}$切$_{\text{屑}}$滅絕$_{\text{薛}}$發$_{\text{月}}$默$_{\text{德}}$脫$_{\text{末}}$（56 下）

屋沃燭覺職 1：域$_{\text{職}}$嶽$_{\text{覺}}$毒$_{\text{沃}}$敕$_{\text{職}}$獄足$_{\text{燭}}$族哭睦$_{\text{屋}}$毒$_{\text{沃}}$（57 上）

《神咒經》中，入聲韻共 9 個韻段，屋、職韻分別獨用 2 次，應爲齊梁以後的用韻③④。末薛、陌麥昔分別通押 1 次，末韻獨用 1 次，看不出用韻時代特徵。月末薛屑黠德、屋沃燭覺職分別

① 周祖謨《魏晉南北朝韻部之演變》，臺灣東大圖書公司，1996 年，第 53 頁。

② 同上，第 52、734 頁。

③ 同上，第 721－722 頁。

④ 何大安《南北朝韻部研究》，臺灣大學博士論文，1981 年，第 164 頁。

通押1次，像是魏晉時期的用韻①。

四 《太上洞淵神咒經》成書年代

通過對《神咒經》後十卷的用韻分析，我們發現其用韻特徵基本上是齊梁（陳）以後或齊梁陳隋唐時期的，有些明顯是唐代的，有個別用韻特徵爲魏晉時期，可能是仿古或方音現象。具體情況如下：

（1）止果假效遇梗六攝用韻、臻攝中的仙先通押、入聲韻中的屋職韻獨用，均爲齊梁（陳）以後的用韻特徵。

（2）蟹流二攝用韻與齊梁陳隋唐時代相同。

（3）江陽唐通押爲北周陳隋唐用韻。

（4）佳麻通押以及以元魂痕或元韻爲中介的臻山兩攝韻通押爲唐代用韻。

（5）效遇流三攝中有18個全濁上聲字（道浩戶阜部受壽後厚咎）仍歸上聲的韻段，應爲宋代或唐五代以前的用韻。②

（6）微脂咍灰皆、虞尤、月末薛屑黠德、屋沃燭覺職通押以及未用元魂痕或元韻作爲中介的臻山兩攝韻通押爲魏晉時期的用韻，但總韻例衹有10次，僅占《神咒經》總韻段（157）的6%，可能是仿古或方音現象。

綜合以上各韻段的押韻特點，可以大體確定，《神咒經》後十卷的成書年代應爲唐代，與任繼愈、王卡、丁培仁及大淵忍爾的觀點相同。

---

① 周祖謨《魏晉南北朝韻部之演變》，臺灣東大圖書公司，1996年，第2頁。

② 丁治民《濁上變去見於北宋考》，《中國語文》2005年第2期，第172頁。

〔主要參考文獻〕

周祖譔．魏晉南北朝韻部之演變．臺北：臺灣東大圖書公司，1996.

鮑明煒．唐代詩文韻部研究．南京：江蘇古籍出版社，1990.

姚穎．《全唐文》用韻研究．華中科技大學碩士學位論文，2006.

卿希泰．試論《太上洞淵神咒經》的烏托邦思想及其年代問題．四川師範大學學報（社會科學版），2008（5）.

任繼愈．道藏提要．北京：中國社會科學出版社，1991.

胡孚琛等．中華道教大辭典．北京：中國社會科學出版社，1995.

朱越利．道藏分類解題．北京：華夏出版社，1996.

丁培仁．增注新修道藏目錄．成都：巴蜀書社，2007.

丁治民：濁上變去見於北宋考．中國語文，2005（2）

陳國符．道藏源流考．北京：中華書局，1962.

赤松佑子．《真誥》詩文押韻中所見的吳語現象．吳語研究．香港中文大學新亞書院，1995.

The Study of the Rhyme and the Publication Date of *Tai Shang Dong Yuan Shen Zhou Scripture*

Xia Xianzhong

(department of Chinese, Huai HUa College)

Abstract: The publication date of *Tai Shang Dong Yuan Shen Zhou Scripture*, one of the most important parts of Bao Lings scriptures, has not been identified. Taking the late ten-volume verses into study, this paper compares its rhyming characteristics with those in the poems by the letters in Tang Dynasty, finding that its rhyme is same as in Tang Dynasty.

Key words: Tai Shang Dong Yuan Shen Zhou Scripture; Rhythm; Rhyme; the Publication Date

（夏先忠，懷化學院中文系，郵編 418008）

禪籍疑難詞語考（下）*

詹緒左

內容摘要：本文比較集中地考釋了禪籍中的一些疑難詞語，這些疑難詞語大多是見於《俗語言研究》《禪籍方俗詞研究》中的“待質”詞語。

關鍵詞：禪籍　疑難詞語　考釋

刮篤

(1) 舉，僧問風穴：“語默涉離微，如何通不犯？”穴云：“長憶江南三月裏，鷓鴣啼處百花香。”雪竇云：“劈腹剜心。”師云：“露倮倮，圓陀陀，直是無稜縫。且道風穴無稜縫，何似雪竇無稜縫？還會麽？和光惹事，刮篤成家。”（《宏智禪師廣錄》卷三）

“刮篤”，“待質錄”列爲“待質”詞語（640頁）。

今按：在禪典籍中，“刮篤”常與“和光”（謂才華内蘊，不露鋒芒）對舉使用，例見《宏智禪師廣錄》卷五、《虚空集》卷六第八十二則、《請益錄》卷上第八則、《虚堂集》卷一第十四則、《空谷集》卷五第七十一則、《從容庵録》卷六第九十八則、

* 本文爲2014年度教育部人文社會科學重點研究基地重大項目“禪宗文獻語辭彙釋”（14JJD740001）的階段性成果。

《宗門拈古彙集》卷三十七、《宗鑑法林》卷二十八、《禪林類聚》卷十九等，其義當指狠毒。鄙處蕪湖方言屬江淮官話，也有“刮篤無情”或“這個女人真刮篤”的說法，其義正指狠毒。“刮篤”，又可寫作“刮毒”，義較顯豁。如《西遊記》第八十五回：“大王喫了他不打緊，猪八戒也做得人情，沙和尚也做得人情，但恐孫行者那主子刮毒。”此“刮毒”亦指狠毒。

“刮篤成家”，《佛光大辭典》有釋：“禪林用語。謂以嚴謹篤實之精神爲家風。即以篤實之態度處理日常諸事，行住坐臥亦中規中矩者，必能有所證悟而自成一家。於禪林中，轉指學人雖處於穢濁之世俗間，却能潛心精進不爲所染，卓然自成一格。”（3089 頁）這一解釋恐難成立。如上所說，“刮篤成家”常與“和光惹事”連言，最早就出自宏智禪師之口。據《宏智禪師廣錄》卷五載：

僧云：“只如和尚道和光惹事，刮篤成家，又作麽生？”師云：“怕爾入思惟，斷人作伎倆。”僧云：“還當得者僧問處也無？”師云：“似則便相似，依俙千萬里。”

可見“和光惹事，刮篤成家”是禪家的奇特句，就是“怕”人“入思惟”、“作伎倆”，按常情常理予以揆度。所以《佛學大詞典》上的解釋本身就是“依俙千萬里”。至於用“嚴謹篤實”來理解“刮篤”，顯然也是誤解。

好采

(3) 僧問：“學人不負師機，還免披毛帶角也無？”師曰：“闍黎何得對面不相識？”曰：“恁麽則吞盡百川水，方明一點心。”師曰：“雖脱毛衣，猶披鱗甲。”曰：“好采和尚具大慈悲。”師曰：“盡力道也出老僧格不得。”（《五燈會元》卷十三《隆珏和尚》）

（4）嵌枯石老，鬣瘦衣荒。死水垂釣，陸地乘航。當初好采見梁王。（《虚堂和尚語録》卷六《面壁》）

（5）上堂，舉，趙州問僧："甚處來？"僧云："雪峯。"州云："雪峯近日有何言句示徒？"僧云："大師道盡大地是沙門一隻眼，汝諸人向甚處屙？"州云："曾有人下語否？"僧云："未有。"州云："汝若過嶺，與我寄箇鍬子去。"師云："趙州將一顆甜桃，換得箇醋梨。若有人問淨慈有何言句示徒，只向他道：儞好采問著我。若問著别人，打教儞嘴喎。"（《虚堂和尚語録》卷八）

"好采"，"待質録"列爲"待質"詞語，云："據文義當是'幸虧、多虧'義。"（636頁）

今按：上引例須作具體分析。例（3）"好采"，清藏本、續藏本作"好來"，《景德傳燈録》卷二十、《五燈嚴統》卷十三、《五燈全書》卷二十八本傳亦作"好來"，故此例不典型。例（4）"好采"，無著道忠有精當的解釋："好采者，好風采也，好模樣也。言以今之面壁比當初對梁王却是好風采也。"（《虚堂録犁耕》，721頁）《宗門拈古彙集》卷二十五："東塔熹云：洞山老漢無大人相。若是山僧，見伊道'過在動用中'，只消云作家禪客宛爾不同，不惟使伊一時好采，且令人千古疑著。""好采"承"無大人相"而言，亦指好風采。例（5）"好采"，纔是"幸虧、多虧"義。此義亦作"好彩"。其例如：

（6）且道，什麽處是雪竇爲人處？揀擇明白君自看。既是打葛藤頌了，因何却道君自看？好彩教儞自看！（《碧巖録》卷一第二則）

（7）臨濟也麤心！好彩是這僧，若是今時衲僧，且作麽生出得？（《聯燈會要》卷九《臨濟義玄禪師》）

（8）怒具慈悲，喜懷慘酷。指方爲圓，拗曲作直。不特鑿石栽花，兼要堆雲種竹。五五合成三十六，好彩是汝不學

他。學他，和汝入地獄。(《斷橋和尚語錄》卷下《友方請》)

(9) 中鄭峰必死毒，用臨濟向上錯，六處賣狗懸羊，四海傾湫倒嶽。錯，錯，好彩無人相學。(《淮海和尚語錄·浙翁和尚》)

"好采(彩)"本指賭博手氣好，如唐李白《送外甥鄭灌從軍》詩之一："六博爭雄好彩來，全盤一擲萬人開。"亦指好運氣，幸運，如宋許棐《選官圖》詩："縱有黃金無好采，也難平白到公卿。"由此再引申一步，即有"幸虧、多虧"義。

和聲

(10) 師又曰："古今相承皆云：塵生井底，浪起山頭。結子空華，生兒石女。且作麼生會？莫是和聲送事，就物呈心，句裏藏鋒，聲前全露麼？莫是有名無體，異唱玄譚麼？"(《景德傳燈錄》卷二十六《遇安禪師》)

(11) 和聲送事，就句呈機。(《從容庵錄》卷六第九十九則)

(12) 上堂："當陽顯露，更不囊藏。就體知歸，和聲揭示。黃鶴樓中吹玉笛，不墮宮商；江城五月落梅花，豈同春色？到恁麼地，可謂知歸。若到青蓮門下，一點也用不著。且道用個甚麼？"(《五燈嚴統》卷二十四《浮石通賢禪師》)

(13) 上堂，舉，普化道："明頭來明頭打，暗頭來暗頭打，虛空裏來虛空裏打，四方八面來連枷打。"臨濟聞得，遣僧問云："總不恁麼來時如何？"化云："明日大悲院裏有齋。"若是五祖即不然。有人問："總不恁麼來時如何？"和聲便打。是他須道："五祖盲枷瞎棒。"我祇要倆恁麼道。何故？一任舉似諸方。(《法演禪師語錄》卷下)

"和聲"，"待質錄"列爲"待質"詞語(639—640頁)。

今按：“和聲”即隨聲。（10）—（12）例“和聲”的“和”分別與“就物”、“就句”、“就體”的“就”對舉，知“和”猶“就”也，亦即隨、循之義。例（13）“和聲便打”謂隨聲便打，亦即對方話音未止，便加責打。這是禪家示機、應機的作略，旨在截斷分別妄念、知解語路。類似的説法有“和聲打”、“便和聲打”、“和聲便掌”、“和聲便棒”、“和聲痛打”、“和聲打退”、“和聲打出”、“和聲連棒打”等等。另外，禪籍中習見的“和聲吐出”、“和聲嚼碎”、“和聲揭露”、“和聲揭示”、“和聲吐露”、“和聲截斷”、“和聲突出”、“和聲乃喝”、“和聲擲拄杖”的“和”，均隨、循之義。

伎死禪和

（14）時有澄一禪客問婆云：“南泉爲甚麽少機關在？”婆哭云：“可悲！可痛！”一罔措。婆云：“會麽？”一合掌而立。婆云：“伎死禪和，如麻似粟。”後澄一舉似趙州。州云：“我若見這臭老婆問，教他口啞。”一云：“和尚作麽生問他？”州便打。一云：“爲甚麽却打某甲？”州云：“倆這伎死禪和，不打更待何時？”（《聯燈會要》卷五《浮杯和尚》）

“伎死禪和”，“待質錄”列爲“待質”詞語（636—637頁）。

今按：無著道忠《葛藤語箋》中收有“伎死禪和”條：“一山曰：言無伎倆禪和也。又曰：不能通變之人，不識機要之人。”（160頁）“言無伎倆”云云屬望文生訓，而釋爲“不能通變”、“不識機要之人”則可以信從。但“伎死禪和”何以有此義，尚需證明。下面試作梳理。

首先，“伎死”的“伎”與“伎倆”無涉，而是“立”的意思。宋陸游《老學庵筆記》卷十：“今人謂卷荷爲伎荷。伎，立也。卷荷出水，面亭亭植立，故謂之伎荷。或作芰，非是。”知

“伎”有“立”義（此義大型語文辭書未收）。再看異文。大正藏本《景德傳燈錄》卷八本傳中錄作“徛死禪和”（明本作“伎”），大正藏本《大慧普覺禪師語錄》卷十中引此公案，錄作“猗死禪和”（宮本作“徛”）。“徛”也是“立”的意思。《廣韻·紙韻》：“徛，立也。”另外，還有錄作“距死禪和”者，《祖庭事苑》卷七“距死”條云：“當作倚死。倚，巨綺切，立也。距，音巨，雞距也。”也認爲是“立”的意思。如是，引例中“伎死禪和”的“伎”與上一句—禪客“合掌而立”的“立”就恰好對應起來了。

“伎（徛）”義既明，“伎（徛）死”也迎刃而解。引例中“儞這伎死禪和”，在大正藏本《景德傳燈錄》卷八本傳中錄作“似遮箇徛死漢”，而“徛死漢”在禪籍中的同義語正是“立死漢”。此舉一例：

(15) 問：“靈草未生時如何？”師曰：“齅著即腦裂。”曰：“不齅時如何？”師曰：“如同立死漢。”（《古尊宿語錄》卷十四《趙州真際禪師語錄之餘》）

另外，禪錄中更爲習見的説法是“立地死漢”或“立地死人”。其例如：

(16) 僧問：“進前三步時如何？”師曰：“撞頭磕額。”曰：“退後三步時如何？”師曰：“墮坑落塹。”曰：“不進不退時如何？”師曰：“立地死漢。”（《續傳燈錄》卷二十四《潭州嶽麓海禪師》）

(17) 上堂。問：“一爻未動時如何？”師云：“三爻四爻矣。”僧滯立。師云：“立地死漢。”（《黔南會燈錄》卷二《貴陽西山語嵩傳裔禪師》）

(18) 直下便透，猶是扶籬摸壁，立地死人。（《大慧普覺禪師雲居首座寮秉拂語錄》卷九）

對比可見，説“伎（徛）死”也好，言“立死”也罷，都不過是個比喻的説法，謂此類禪僧雖然站立着，却正如死人一般，“不能通變”、“不識機要”，用佛典中的話來説：“轉身不來，出身不得，亦禪家所謂立地死漢耳。”（《報恩論》卷下）

碣　斗

(19) 師因見聖僧，便問僧：“此箇聖僧年多少？”僧曰：“恰共和尚同年。”師喝之，曰：“遮竭斗不易道得。”（《景德傳燈錄》卷二十三《韶州大梵圓和尚》）

(20) 獨坐獨行真竭斗，無規無矩老禪和。四方八面難拘檢，天下誰能奈你何。（《禪宗頌古聯珠通集》卷二十保寧勇頌）

“碣斗”，“待質錄”列爲“待質”詞語（637 頁）。

今按：“碣斗”，《葛藤語箋》收。無著道忠引一山云：“碣斗：黠慧禪和子也。”又引古解云：“特立險絕曰碣斗。”接着下按語道：“碣斗者：俗語，已見於唐世（道宣）。蓋黠慧爭鬬如碣柱斗立也。黠慧禪和子也。”（36 頁）此則“語箋”頗有價值，既指出了“碣斗”是出現於唐世的俗語，也給出了前人的兩種解釋。在此基礎上，我們再做一些梳理。

唐道宣《淨心誡觀法》卷下《誡觀晚出家人心行法第二十五》：“夫晚出家者有十種罪過：一者健鬬，世言竭斗，俗氣成性，我心自在，意凌徒衆，不受呵責。”這是可以檢索到的“碣斗”一詞的始見例。從中可見，“碣斗”是作爲“健鬬”的同義語出現的。而“健鬬”，宋天台沙門釋允堪在《淨心誡觀發真鈔》卷下中有釋：“健鬬者，以出家既長，多事矗獷，健與人鬬也，不受呵責者。”“健與人鬬”，也就是勇於與人諍鬬（“健鬬”的這一義項大型語文辭書未收），所以《毘尼母經》卷二中又出現了“有人僧中健鬬强諍”的語例，知“健鬬”猶“强諍”也。再看下面一例。唐懷信《釋門自鏡錄》卷上《齊鄴下大覺寺僧範布薩見神責竪義事》：

(21) 釋僧範姓季氏，平鄉人。二十九出家。學行兼富，爲時所尚。甞講法華經，輒有一僧毁云："竭斗何所解?"當即有神，特加打楚，死而復穌。又經宿他寺，正逢布薩，有僧昇座將欲竪義。乃曰："竪論法相深會聖言，何勞説戒?僧常聞耳。"忽見一神，形長丈餘，貌甚雄峻，來到座前，問竪義者："今是何日?"答是布薩日。神即以手搭之，拽于座下，委頓垂死。次問上座，搭拽同前。範自是至終竟無説欲，乃至疾重輿而就僧。所以重兹戒日樂見法身也。

例中釋僧範倘未見"神責竪義事"，則終身難辭"碣斗"之咎。

"健與人鬭"者，其性必黠慧好諍，其行也多特立險絕。所以禪籍中"碣斗"一詞既可以指黠慧好諍，也可以指特立險絕。上揭《景燈》例，"碣斗"猶"健鬭"，謂黠慧好諍的禪僧，義同《釋門自鏡錄》中的"碣斗"。又《禪宗頌古聯珠通集》卷十八《祖師機緣》海印信頌："這老竭得恁饒舌，清淨伽藍一時漏泄。""老碣"即"老碣斗"，"得恁饒舌"，正謂其黠慧好諍也。再看例20，既云"獨坐獨行"、"無規無矩"，則"碣斗"顯然是指特立險絕。又《無門開和尚語錄》卷下《法孫天龍長老思賢請》："咄！這村僧，百拙千醜。用處顢頇，舉止磔斗。""磔斗"即"碣斗"之異構（禪籍中又寫作"傑斗"、"揭斗"等），"舉止磔斗"亦謂其舉止特立險絕也。

救手刀子

(22) 上堂，舉，南泉因趙州問："知有底人，向甚麽處去?"泉云："山前檀越家作一頭水牯牛去。"州云："謝師答

話。”泉云：“昨夜三更月到窗。”師云：“王老師救手刀子雖利，被趙州用減竈法，幾乎打破蔡州。”（《虚堂和尚語錄》卷一）

“救手刀子”，“待質錄”列爲“待質”詞語：“‘救手刀子’疑爲後代白話作品中用來防身或日常使用的‘解手刀’、‘解腕尖刀’之類。”（641頁）

今按：“救手刀子”，無著道忠有釋：“救急難也，山前檀越荅是也。被趙州問知有底人去處，急以此語救得其難也。”（《虚堂錄犁耕》，77頁）此釋有助於理解這一則公案，但“救手”一詞（大型語文辭書未見收列），仍須解釋。筆者在内典中檢得一例：

（23）慕闍等頂禮明使，長跪叉手，作如是言：“唯有大聖，三界獨尊，普是衆生慈悲父母，亦是三界大引道師，亦是含靈大醫療主，亦是妙空能容衆相，亦是上天包羅一切，亦是實地能生實果，亦是衆生甘露大海，亦是廣大衆寶香山，亦是任衆金剛寶柱，亦是巨海巧智船師，亦是火坑慈悲救手，亦是死中與常命者，亦是衆生明性中性，亦是三界諸牢固獄解脱明門諸慕闍等。”（《波斯教殘經》，敦煌莫高窟藏本）

例中“救手”指援救之手、援救之人。外籍中也有用例，如：

（24）叔寶用手一推，門還不曾拴，回頭對樊虎道：“樊建威，我兩個不要一齊進去。”樊虎道：“怎麽説？”寶道：“一齊進去，就撞住了，没有救手。我們雖説當不過日逐比並，未必就死；他這班人，却是亡命之徒，常言道，雙拳不敵四手。你在外面，我先進去。倘有風聲，我口裏打一個哨子，你就招呼吊橋和城門口那些人，攔住兩頭街道，把巷口栅欄栅住，幫扶我兩個動手。”（《隋唐演義》第二十三回）

(25) 我將槍頭拖拉點地，退走離開，即有救手。(清吴殳《手臂録》卷四《臨陣兵槍説》)

(26) (賊) 輪刀索金，李公復馳救手，三錢啗之。(明湯賓尹《睡庵稿》文集卷二十《南岡李氏兩世阡表》)

例中"救手"或指援救之手、援救之人，或指援救。《虛堂錄》中"救手"與"刀子"搏合在一起，便有了"救急難"的比喻義，與"解手刀"、"解腕尖刀"的來源是不一樣的。

賣峭

(27) 上堂："達磨不來東土，二祖不往西天。石室行者蹈碓，忘却移步；玄沙討魚賣峭，蹈翻釣船。且道遮一隊漢還有衲僧巴鼻也無?"(《密菴和尚語錄》)

(28) 佛涅槃上堂："今日則有，明日則無。釋迦老子，一生賣峭。臨死自納敗闕，致令後代兒孫，箇箇以蝦爲目。"(《虛堂和尚語錄》卷一)

"賣峭"，"待質錄"列爲"待質"詞語 (641—642頁)。

今按：該詞語無著道忠有釋："賣峭者，商買貴價無隱也。今言守向上不爲落草談也。"(《葛藤語箋》，64頁) 這一解釋似有可商之處。先看幾個例子：

(29) 師拈云："紫胡只知驚羣動衆，賣峭誇俊，不顧傍觀，自招其咎。"(《破菴和尚語錄》)

(30) 乘白象降王宫，十分賣峭；指天地行七步，徹骨風流。(《穆菴和尚語錄》)

(31) 保寧大似二八少年風流才子，一向賣峭，於唱教門中，足可觀光。(《了菴和尚語錄》卷一)

(32) 賣俏放憨，只遮箇是什麼? 放憨賣俏，大好燈籠，相隨來也。(大正藏本《雪巖和尚語錄》卷三)

(33) 佛鑑懃云："仰山放憨，中邑賣峭。峭措賣來憨癡，憨癡放來峭措。雖然獼猴睡著，其奈肚裏惺惺。直饒杜絕六牕，猩猩何處不見？諸人要見二老請訛麼？各各面皮厚三寸。"（《禪林類聚》卷二十）

(34) 師云："放憨賣竨，趙州慣得其便。"（《環溪和尚語錄》卷下）

例（29）"賣峭"與"誇俊"連言，衹能是指"賣俏"，亦即賣弄嬌媚的姿態。例（30）"賣峭"與"風流"對言，其義顯然。例（31）又見於《宗門拈古彙集》卷四十二、《宗鑑法林》卷三十一，均作"賣俏"。例（32）"賣俏"二見，一本均錄作"賣峭"，知二者義同。例（33）尤有啟發性。首先，"賣峭"、"峭措"，在《從容庵錄》卷五第七十二則中分別錄作"賣俏"和"俏措"，知其皆爲同詞異構。"賣峭（俏）"，還可寫作"賣竨"，如例（34）。其次，前言"賣峭"，後曰"峭措"（亦作"俏醋"，義指豔麗，美好），知"賣峭"斷非"商賈貴價無隱也"，而是賣弄嬌媚的姿態。至於"賣峭"一詞的行業語義，確實大都是指"守向上不爲落草談也"。

猷窰

(35) 猷窰人設齊且致，水中拈月致將一問來。（《明覺禪師語錄》卷三）

"猷窰"，"待質錄"列爲"待質"詞語（650頁）。

今按：引例錄自大正藏本《明覺禪師語錄》卷二，有誤字。核嘉兴藏本《明覺禪師語錄》卷二，"猷窰"實作"墣窰"，"設齊"作"設齋"。卷後附音義："墣，莫、模二音。窰，餘招切，與窯同。"《祖庭事苑》卷一："墣窰，本作莫傜。地名，今潙山塔莊是矣。古語云：不作潙山一頂笠，無由得到莫傜村。"亦即瑤族的古稱。《隋書·地理志下》:“長沙郡又雜有夷蜒,名曰莫徭,自云:‘其先祖有功,常免徭役,故以爲名。’”禪典籍中異形頗多,各示一例:

(36) 無底籃中提得起,莫窰村裏不須尋。(《聯燈會要》卷二十九《臨安府淨慈道昌禪師》)

(37) 僧問:“不作溈山一頂笠,無由得到莫窯村。如何是溈山一頂笠?”師喚曰:“近前來。”僧近前,師與一蹹。(《五家正宗贊》卷四《溈山大圓禪師》)

(38) 上堂云:“爍電之機罕遇,且向摸窰村裏作活計。”僧問:“如何是摸窰村裏作活計?”師云:“歸依佛法僧。”進云:“如何是爍電之機罕遇?”師云:“灼然。”(《古尊宿語錄》卷六《睦州和尚語錄》)

(39) 波斯讀梵字,寞窑人作詩。烏頭彷彿,附子依俙。竹密不妨流水過,山高豈礙白雲飛。(《禪宗頌古聯珠通集》卷十九湛堂準頌)

(40) 問:“如何是西來意?”師云:“童子莫傜兒。”(《景德傳燈錄》卷十一《靈樹如敏禪師》)

例(37)“無由得到莫窯村”,《溈山靈祐禪師語錄》作“無繇得到莫傜村”。例(39)“寞窑人作詩”,《宗鑑法林》卷十七作“莫窯人作詩”。

勤巴子

(41) (大慧杲禪師)初參湛堂,爲侍者。堂病革,師曰:“和尚此疾若不起,某甲去依附誰?”堂曰:“勤巴子甚好。我雖不識渠,子若見之,必能了大事。”(《五家正宗贊》卷二《大慧杲禪師》)

“勤巴子”,“待質錄”列爲“待質”詞語(645頁)。

今按：此例無著道忠於“勤巴子”條下引舊解云：“大椿和尚曰：義堂先師曰：《倫斷橋錄》曰：一箇跛脚子，一箇巴頭子。跛脚，雲門也。巴頭，圓悟也。圓悟頭形如巴字，故稱之。或曰：圓悟巴蜀人，故云勤巴子。此說非也。若稱巴勤者，是四川人故耳。”引舊解云：“圓悟頭上有創瘢，如巴字。”無著道忠云：“圓悟頭似巴字者，和俗謂長刀頭也。”（《助桀》，490頁）相比之下，“圓悟頭似巴字”說最可取。首先，“頭似巴字”，故云“巴頭”，以與“跛脚”對言，此《斷橋和尚語錄》卷上《斷橋和尚遷住台州瑞巖淨土禪寺語錄》中已明言。這就排除了“勤巴子”的“巴”指“巴蜀”。再説禪籍中並無“巴勤”之説，祇有“勤巴子”、“老勤巴”（見《重刊圜悟禪師碧巖集疏》）或“勤巴”（見《了菴和尚語錄》卷五《大慧禪師》）的説法，這也表明“勤巴子”的“巴”不可能指“巴蜀”。下面揭舉一例，也足可説明問題：

（42）妙喜老漢初發足游方時，先以四句偈辭之受業。其後句云：“且喜今朝離火坑。”前輩標格，打頭便有吞佛吞祖底氣槩。若不是川巴子，如何羅籠得住？自後花木瓜種族，罕有出乎其類拔乎其萃者焉。（《兀菴和尚語錄》卷下《跋敬侍者頌軸》）

例中“妙喜老漢”指大慧杲，是圓悟勤公之嗣。而“川巴子”即指圓悟禪師。“川巴子”的“川”纔真的是指“巴蜀”也。至於舊解云“圓悟頭上有創瘢，如巴字”，祇是臆測，不足爲據。

山巒杜拗子

（43）或菴既領住持，士庶翕然來歸。衲子傳至虎丘，瞎堂曰：“遮箇山巒杜拗子，放拍盲禪，治爾那一隊野狐精。”或菴聞之，以偈答曰：“山巒杜拗得能憎，領衆匡徒似

不曾。越格倒拈苕帚柄，拍盲禪治野狐僧。”瞎堂笑而已。(《禪林寶訓》卷四)

“山蠻杜拗子”，“待質録”列爲“待質”詞語（645－646頁）。

今按：《資治通鑒·晉孝武帝太元元年》“山蠻三萬戶降秦”胡三省注：“自春秋之時，伊洛以南，巴、巫、漢、沔以北，大山長谷，皆蠻居之……後漢祭遵攻新城蠻、柏華蠻，破霍陽聚，則春秋蠻氏之聚落也。其後又有巫蠻、南郡蠻、江夏蠻。襄陽以西，中廬、宜城之西山，皆蠻居之，所謂山蠻也。”知“山蠻”本指居住在山間的南方某些少數民族。或菴師體禪師，“台州羅氏子。初參此菴……後出住平江覺報，晚移焦山。”(《五燈全書》卷四十六本傳)，故被稱爲“山蠻”。“杜拗（抝）”，禪典中有釋。《禪林寶訓音義》：“不依軌轍曰杜，不順人情曰抝。”此釋又見於《禪林寶訓合註》卷四、《禪林寶訓順硃》卷四、《禪林重刻寶訓筆説》卷下等。再看下面一段更詳細的記載：

(44) 記或菴既領老壽住持，士庶兢進，翕然而來，歸依者衆。有人傳説到虎丘，瞎堂聞得，乃喜而戲言曰：“這個山蠻杜拗子，不通人情，不曉禮法，恁他放拍盲禪，只好治你們一夥野狐精耳，濟得甚事?”這樣説話，教做格外之談，全不在言句上。雖曰戲謔，其實乃稱贊羨美他的好處。(《禪林寶訓順硃》卷四)

從中可見，或菴師體禪師被稱爲“山蠻杜拗子”，就因其“不通人情，不曉禮法”。類似的説法還有：

(45) 繼席上堂：“山僧是個杜抝子，志煨折脚鐺於窮谷。今日大衆，以吾老人囑累爲口實，逼作者個蟲豸，不得已露個敗闕。非圖熱鬧門庭，要了大家公案。且道：大家公案，作麽生了？竹放雲邊浪，松收月下濤。”(《五燈全書》卷一百十三《湖州弁山龍華久默大音禪師》)

(46) 人定亥，山巒杜拗全不改。一拳打碎五須彌，信脚踏翻四大海。(《無見覩和尚語錄》卷下《十二時歌》)

(47) 拍盲何足道，杜拗實堪憐。(《布水臺集》卷十九《諸禪人請讚》)

例（45）中久默大音禪師“志煨折脚鐺於窮谷”，且說出“竹放雲邊浪，松收月下濤”這樣的奇特句，難怪自稱爲“山僧杜拗子”。例（46）云“一拳打碎五須彌，信脚踏翻四大海”，而且秉性全然“不改”，説明此山巒也確實夠“杜”夠“拗”。例(47)“杜拗”與“拍盲”對舉，亦指不依軌轍、不順人情。

生　案

(48) 師問曰：“維那，今日幾个新到?”對曰：“有八个。”師曰：“一時令来，生案過却。”僧問禾山：“‘一時令来，生案過却’，此意如何?”禾山云：“纔出門便知委下客。”僧曰：“如何免得此過?”禾山曰：“万里无来却肯伊。”(《祖堂集》卷五《德山和尚》)

“生案”，《俗語言研究》列爲“待質事項”(185頁)。

今按：“生案過却”，《景德傳燈錄》卷一五本傳作“生案著”，《五燈會元》卷七、《教外别傳》卷七、《指月錄》卷一五本傳等作“生按著”，《雲門廣錄》卷中、《正法眼藏》卷一之下等作“生按過”，《汾陽頌古代别》卷中作“生案過”。對讀可知，“生案過却”義同“生按（案）過”。“案”即“按”之異構；“過却”的“却”是助詞，表動作的完成或實現；“著”亦助詞，表動作之持續。其意謂考測對方（多指學人）悟道之深淺。下文僧問禾山：“此意如何?”禾山答曰：“纔出門便知委下客。”“知委下客”(“下客”指下等根器)，正是考測對方得出的結論。《汾陽頌古代别》引此公案後“代云：勘破了。”也可助參解。“生按過”，禪錄中習見，下面再揭舉幾例，以資比較：

(49) 豁達空，撥因果，拈來一一生按過。若更忘身與死心，這个難醫病轉大。(《證道歌注》)

(50) 一隊垛根漢，長年何所爲？神通雖變現，佛法欠傳持。我欲生按過，未免費鍼錐。捏怪有時盡，誰能説得伊？(《呆庵莊禪師語錄》卷八《應供羅漢》)

(51) 三要三玄俱擘破，臨濟德山生按過。(《南石和尚語錄》卷三《次蘧菴和尚韻示徐福遠》)

(52) 今日落在山僧手裏，不免一齊生按過。(《鼓山爲霖和尚餐香錄》卷下《安奉本山歷代祖師入列祖堂拈香》)

(53) 似這一隊掠虚漢，總只一期於無佛處稱尊。若是如今喚來一時與伊生按過，自餘之輩放過即不可。(《續傳燈錄》卷十五《真淨克文禪師》)

(54) 我若同時生按過，雖然針師有眼，能令鈍漢出血，乃舀第二杓惡水，悉變爲上藥醍醐，也祇當得死馬醫。(《優婆夷志·甘贄妻》)

禪錄中又有“按（桉）過”，亦指禪家考測對方悟道之深淺。也引幾例：

(55) 百則公案，從頭一串穿來。一隊老漢，次第總將按過。(《碧巖錄序》)

(56) 師至彼無所參問，唯嗜睡而已。執事白通曰：“堂中有僧日睡，當行規法。”通曰：“是誰？”曰：“青上座。”通曰：“未可。待與按過。”(《續傳燈錄》卷六《投子義青禪師》)

(57) 一日入室罷，祖謂曰：“子所下語已得十分，試更與我説看。”師即剖而陳之。祖曰：“説亦説得十分，更與我斷看。”師隨所問而判之。祖曰：“好即好，祇是未曾得老僧説話在。齋後可來祖師塔所，與汝一一按過始得。”(《續傳

燈錄》卷二十五《元静禪師》）

(58) 唯庵然禪師聖壽據室，拈拄杖云："縱也在我，奪也在我，鐵額銅頭，也須按過。"（《列祖提綱錄》卷二十二《據室炷香法語》）

(59) 一一與他桉過，慎勿檐草棄金。踏破草鞋赤脚走，相逢何處無知音？（《恕中和尚語錄》卷四《送乂侍者遊台鴈》）

例中"按過"，可比較《祖堂集》中"更須勘過始得"（卷四《藥山和尚》）、"四方来者，從頭勘過"（卷十三《報慈和尚》）的"勘過"，可知其義正同。

圍拷

(60) 師年三十五而止石霜，更不他遊，爲洞上指唱，避不獲，乃旌法寺。四海玄徒奔湊，日夜圍達。師走避深山而不能免。衆復尋出圍拷，近半載間師無異説。（《祖堂集》卷六《石霜和尚》）

"圍拷"，《俗語言研究》列爲"待質事項"（185頁）。臺藏本校記："拷，當作接。"（325頁）且斷句爲："師走避深山而不能免衆，復尋出圍，拷近半載間……"（324頁）。柳田聖山《祖堂集索引》則認爲當作"圍栲"。

今按：臺藏本校記、斷句均未確。《祖堂集索引》校作"圍栲"，亦未善。"拷"猶"考"，此指叩問、詰問，"圍拷"亦即"圍而叩之"。這段文字，又見於《宋高僧傳》卷一二本傳，原文如下：

(61) 時洞山新滅，俄爲遠方僧侶圍遶，因入深山無人之境，結茅宴坐，倏有見者，皆號哭交請"出爲吾曹，諸（即"慶諸"）將安往？"由是日晨夕被遊學者扣擊，可無希聲以應之乎?

比照這兩段文字，可以看出兩點：其一，“四海玄徒奔湊，日夜圍達”，與“遠方僧侶圍遶”意義相類，可見“圍達”的“達”乃“圍遶”的“遶”的誤字。其二，也是這裏所關注的，“衆復尋出圍拷，近半載間”，亦與“日晨夕被遊學者扣擊”意思相類，則“圍拷”的“拷”就衹能是表示“扣擊”、“叩問”的意思。

另外，在《趙州錄》卷上中，我們也檢得一例：

(62) 師上堂，云：“兄弟，你正在第三冤裏。所以道：但改舊時行履處，莫改舊時人。共你各自家出家，比来無事，更問禪問道，三十、二十人聚頭来問，恰似欠伊禪道相似。你喚作善知識，我是同受栲老僧。不是戲好，恐帶累他古人，所以東道西説。”

這段文字又見於《古尊宿語要》卷一《趙州語錄》、《古尊宿語錄》卷十三《趙州語錄并行狀》、《御選語錄》後集上《趙州禪師》。此例也頗有説服力。因爲既云弟子“聚頭來問”、“問禪問道”，趙州恐帶累古人而“東道西説”，則“受栲”的“栲”（即“拷”，俗書“木”、“扌”不分，《古尊宿語錄》即作“拷”）也應是“叩問”的意思。它和“圍拷”的“拷”可以互證。

帳 樣

(63) 噫！伎倆不如帳樣。是二老者，挾南宗而西泝底樣子也。其後蹈二老覆轍者，莫知幾何；或歸隱家山，不與世接，人莫得而淺深之，又不知其幾何。(《石溪和尚語錄》卷中《示深禪人》)

(64) 諺語云：伎倆不如帳樣。只如百丈大智創立規繩，千古撲它底不破。今時但謹遵守，自己率先不違他雅範，則

衆人無有不從去也。（《佛果圜悟真覺禪師心要》卷上《法王沖長老》）

（65）宜高出他一頭地，作將來帳樣。（《石溪和尚語錄》卷中《示海禪人》）

（66）所以從上古德大有道宗師與利根上智奇特之士，如陸亘大夫、王敬常侍、裴相國、甘贄道人、陳操尚書、崔群、李翱、杜鴻漸、龐老、李䚟、于頔，本朝楊内翰大年、李附馬諸人，莫不探賾體究，八面玲瓏，有脚蹋實地處，而能作人所難作，行人所難行，爲内外護於大法海中津濟帳樣，不虛出南閻浮提一遭。古人既爾，今豈只守尋常？（《佛果圜悟真覺禪師心要》卷下《示元賓》）

（67）千兵不若一將，伎俩何如帳樣。不識古佛定光，稽首猪頭和尚。（《松源和尚語錄》卷下《金華聖者》）

（68）公案現成，須至一決。大衆因行，不妨掉臂。伎俩不如帳樣。爲瑞爲祥，無邊無量。（《圓悟佛果禪師語錄》卷二十《爲智海法真和尚入龕》）

（69）師云："伎俩不如帳樣。且道本生拄杖，何似雪竇拄杖？若也辨得，天下橫行。其或未然，放在臥床頭，急要打老鼠。"（《了菴和尚語錄》卷四）

（70）是皆先德之風規，足爲後學之帳樣。（《大休壽福錄》卷四）

"帳樣"，"待質錄"列爲"待質"詞語（650頁）。

今按："帳樣"，無著道忠《葛藤語箋》收（84頁），但未加解釋。從上引例子看，其義當指樣子、榜樣。例（63）中的"樣子"，等於"帳樣"的解釋。例（64）引諺語"伎倆不如帳樣"，意在説明百丈大智創立的"規繩"、"雅範"當"謹守"而"不違"。例（65）中"作將來帳樣"，是説爲將來做個榜樣。例（66）是説"古人"在"内外護於大法海中"樹立了榜樣，今人又豈能“只守尋常”？言外之意就是要以“古人”爲楷模，向他們學習。最後一例“足爲後學之帳樣”，顯然也是説足爲後學之榜樣。

〔主要參考文獻〕

（五代）釋静，筠編．祖堂集．影印本．京都：日本花園大學禪文化研究所，1992.

（五代）釋静，筠編．祖堂集．影印本．全國圖書館文獻縮微複製中心，1993.

（五代）釋静，筠編．祖堂集．大韓民國海印寺版．京都：日本京都花園大學禪文化研究，1994.

（五代）釋静，筠編．祖堂集．吴福祥，顧之川點校．長沙：嶽麓書社，1996.

（五代）釋静，筠編．祖堂集．張華點校．鄭州：中州古籍出版社，2001.

（五代）釋静，筠編．祖堂集．孫昌武、（日）衣川賢次，西口芳男點校．北京：中華書局，2007.

（五代）釋静，筠編．《祖堂集》校注．張美蘭校注．北京：商務印書館，2009.

（日）無著道忠．五家正宗贊助桀．京都：日本花園大學禪文化研究所，1991.

（日）無著道忠．葛藤語箋．京都：日本花園大學禪文化研究所，1992.

（日）無著道忠．《虚堂錄》犂耕．京都：日本花園大學禪文化研究所，1990.

慈怡主編．佛光大辭典．北京：北京圖書館出版社，1989.

袁賓，康健主編．禪宗大詞典．武漢：崇文書局，2010.

秦公，劉大新編纂．廣碑別字．北京：國際文化出版公司，1995.

黄征．敦煌俗字典．上海：上海教育出版社，2005.

漢語大詞典編輯委員會編纂．漢語大詞典．上海：漢語大詞典出版社，

1986—1993.

徐中舒主編. 漢語大字典. 成都：四川辭書出版社/武漢：湖北辭書出版社，1992.

雷漢卿. 禪籍方俗詞研究. 成都：巴蜀書社，2009.

譚偉.《祖堂集》文獻語言研究. 成都：巴蜀書社，2005.

Textual Explanations of Difficult Words in Zen Books

Zhan Xuzuo

(College of Arts, Anhui Normal University, Wuhu 241003)

Abstract: This thesis focuses on explaining some difficult words in Zen literature. These questioning words are mostly founded in Vernacular Researches and Dialectal Words And Idioms Researches in Zen Literature.

Key words: Zen literature; difficult words; explanation

（詹續左，安徽師範大學文學院，郵編 241003）

以西北屯戍簡牘證揚雄《方言》中若干“關西”詞語*

魏德勝

内容摘要：西北屯戍簡牘可以印證西漢揚雄《方言》中“關西”地區使用的若干詞語，如“箭”、“棓”、“襌衣”、“襜褕”、“羊頭”等，都可在西北屯戍簡牘中找到相應的用例，印證了《方言》的説解。

關鍵詞：漢簡　《方言》　關西

揚雄《方言》，作於西漢末年。是中國最早的方言學著作。記錄了西漢及之前的方言詞及其使用區域，是中國語言學史上的重要成果。但由於材料匱乏，其中的一些内容無法得到文獻的證實。西北屯戍簡牘是指二十世紀以來在甘肅、内蒙古等地漢代古長城烽燧遺址出土的漢代戍守邊地的將士留下的文字材料。主要是木簡、木牘，有少量的竹簡、帛書等。我們使用的資料主要有：《居延漢簡釋文合校》《敦煌漢簡》《居延新簡——甲渠侯官》《額濟納漢簡》等，同時參考了《中國簡牘集成》（1—12）。據何雙全（2004），新舊居延簡的主體部分是西漢武帝至東漢光武帝時期的一百多年間。這批材料斷代清楚，口語性强，是研究漢代漢語的理想語料。從時間段來看，屯戍簡與《方言》寫作的時間

---

* 本文是國家社科基金項目《西北屯戍簡牘詞彙研究》（12BYY078）的階段性成果。

很接近，部分時段是重合的。從地域看，《方言》中“自關而西”的詞語不少，這也是我們關注的重點。漢代西北長城沿線的戍卒籍貫多是西北地方，雖也有來自其他地方的，應當不會改變當地的方言。初步調查的結果，屯戍簡的有些詞語與《方言》中“自關而西”地區使用的詞語是一致的。我們看幾個實例。

箭

《方言第九》：“箭，自關而東謂之矢，江淮之間謂之鍭，關西曰箭。”

漢代文獻中以用“矢”爲常，用“箭”者很少。但屯戍簡中有大量“箭”的用例，如：

(1) 河東彘第四車父直弩一，箭百（居延新簡 E.P.T8：9）

(2) 箭百，皆持去。（居延新簡 E.P.T20：24）

(3) 大煎都候長，效穀常利里，上造，張陽，年三十六。劍一。弓二，犢、丸各一，箭十二。馬一匹。鞍勒各一。（敦煌漢簡 279）

(4) 立等逐捕，到憲治所，不能及。驗問隧長，辭曰：憲帶劍，持官弩一，箭十一枚，大（居延新簡 E.P.T68：26A）

(5) 累虜候長弓箭四發。（居延漢簡釋文合校 83.3A）

屯戍簡是目前所見“箭”的用例最豐富的漢代文獻，計《敦煌漢簡》4 例，居延漢簡 24 例，居延新簡 12 例，共 40 例。史光輝（2004）從東漢時期的漢譯佛典中發現了 14 例，説明漢代“箭”在口語中用得逐漸多起來。西北簡中用例如此之多，也一定程度上印證了揚雄《方言》“關西曰箭”的説法。傳世中土文獻中，“箭”直到唐代纔完成全面取代“矢”的過程。天鎖(1957)：“可以説，唐代‘箭’已經代替了‘矢’，要是認爲

'矢'還没有完全消失，那恐怕只是書面語上保留古詞語的問題了。從一種植物的名稱到一種武器的名稱，從一個特稱到一個通稱，大約經歷了十個世紀。"佛典中的使用情況與傳世中土文獻的差異也反映了作者個人語言習慣的影響，除了佛典接近口語的因素外，可能與他們都是西來的也不無關係。

棓

《方言第五》："僉，宋魏之間謂之欇殳，或謂之度。自關而西謂之棓，或謂之柫。齊楚江淮之間謂之柍，或謂之桲。"

郭璞注："今連枷，所以打穀者。"屯戍簡中有作"連棓"者：

(6) □五斤。□□二石。□□四石。□□廿八束。長枓廿。連棓廿。長□□□。□□丈二尺。儲水□桐一，容十石。滅火斧二，有忍。□□□二，□□□二，槍百，大二韋，長八尺。(居延新簡 E. P. T48：18A)

也作"連梃"：

(7) ☐署□□□☐斗五，毋靡。狗少一。☐上桹，不蒙塗。兩行少廿。☐繩少十丈。連梃，繩解。☐(居延漢簡釋文合校 68. 105)

(8) 蘻不可上下，連梃庠解，斧多隨折，長斧梃皆䳺棓䟼呼，稗色不鮮明，奚索幣絕，弩長臂曲戾，不可(居延漢簡釋文合校 127. 24)

由漢簡及《墨子》、唐代《通典》等文獻，我們可以知道，連枷並非只是農具，還是重要的守御武器。《墨子·備城門》："城上二步一渠，渠立程，丈三尺，冠長十丈，辟長六尺。二步一苔，廣九尺，袤十一尺。二步置連梃。長斧長椎各一物。槍二十枚。"又《備蛾傅篇》："梃長二尺，大六寸，索長二尺。"孫詒讓《間詁》：“即《備城門》之連梃，凡連殳、連梃，蓋皆以索繫連之。”由上例（7）、（8）可知，漢代西北守御用的連棓、連梃也是用繩繫聯的。《通典·守據法》：“連梃如打禾連枷狀，打女牆外上城之敵。”初師賓（1984）：“連挺則直稱連枷，形制當相同，可繞擊攀城之敵。金關發掘時，曾發現一殘連枷，系革條編纂柳棍而成。”可見，自戰國至唐代，守城之具一脈相承。

屯戍簡中還有幾條“棓”的用例：

（9）蕖棓廿。小棓廿。（敦煌漢簡8）

（10）守御器簿。長斧卌，皆缺敝。長椎卌。長棓卌。長枓二。木面衣三。（居延漢簡釋文合校506.1）

這些例中的“棓”，是連枷，還是一般的木棒，存疑。

襌衣

《方言第四》：“襌衣，江淮南楚之間謂之褋，關之東西謂之襌衣。有褢者，趙魏之間謂之袏衣；無褢者謂之裎衣，古謂之深衣。”

“襌衣”，《説文》：“襌，衣不重。”應該是一種沒有裏子的外衣。漢代傳世文獻偶見用例，《漢書·蓋寬饒傳》：“寬饒初拜爲司馬，未出殿門，斷其襌衣，令短離地。”可見這是一種長可及地的外衣。屯戍簡中常見：

（11）☐布複絝一領。……布絲一兩。……絮巾一枚。黄布襌衣一領，毋。黄布絝一枚。毋。（居延新簡E.P.T51：66）

（12）縣官裘一領。過受都内皂布襌衣一領。（居延新簡E.P.T53：210）

（13）山陽親陽里魏偃，第廿三隧，爵複襦一，衣。皁複襜褕，閣。白練絝一，閣。布襌衣一，閣。劍一枚，閣。

韋舄一，閣。布襲一，衣。布帬一，衣。縑帬一，衣。布禪一，衣。(居延新簡 E.P.T56：86)

(14) □……□布複袍一領。皁布章禪衣一領。□複褻襲一領。皁布複絝一兩。犬絑二兩。常韋二兩。枲肥一兩。齎縣官裘一領……取。車第十。(居延新簡 E.P.F19：12)

(15) 魏華里大夫曹世。皁布複袍一領。皁布章禪衣一。□練複褎襲一領。皁布複絝一兩。▨(居延漢簡釋文合校 101.23)

(16) 梁●國。睢陽戍卒西尉里玉柱。□裏襲一領。皁布複袍一領。皁布禪衣一領。枲布複絝一兩。枲菲一兩。常韋二兩。(居延漢簡釋文合校 179.2A)

也作"單衣"。如：

(17) 罫門第一李外人，單衣一領。(敦煌漢簡 540)

(18) 護從者，敦煌對宛里韓寶，年十八。單襦、複襦，各二領。單衣、中衣，各二領。裘、裘絝▨韋絝、布絝，各二兩。絮巾、布巾，各三。□□(敦煌漢簡 1144)

(19) 卒趙襄，單衣一，見。○十月乙丑□(敦煌漢簡 1886)

(20) ▨□蓋官□□一兩。□□□□□□。官章單衣一領。官布絝一兩。□□□□一編，□□▨(居延漢簡釋文合校 210.19)

如此多的用例，説明這是當時人們普遍穿著的衣物。

襜 褕

《方言第四》："襜褕，江淮南楚謂之褈褣，自關而西謂之襜褕，其短者謂之裋褕。以布而無緣，敝而紩之，謂之襤褸。自關而西謂之䘿裾，其敝者謂之致。"

是一種類似襌衣的長外衣。《漢書 · 雋不疑傳》：“始元五年，有一男子乘黃犢車，建黃旐，衣黃襜褕，著黃冒，詣北闕，自謂衛太子。”顔師古注：“襜褕，直裾襌衣。”《漢書 · 何並傳》：“林卿迫窘，乃令奴冠其冠被其襜褕自代。”顔師古注：“襜褕，曲裾襌衣也。”顔注前後不一。《急就篇》：“襜褕袷複褶袴褌。”顔師古注：“襜褕，直裾襌衣也。謂之襜褕者，取其襜襜而寬裕也。”《説文》解“褕”字：“一曰：直裾謂之襜褕。”看來，應以直裾爲是。常見的“襜褕”是單衣，也有説“單襜褕”的；若是有裏的，則説“複襜褕”。也作“襌褕”。屯戍簡牘中用例不少，如：

(21) 修武縣寺廷里王平，皂複襲一領，封。錢百，封。韋絝一，封。布複襲一領，衣。布襜褕一領，衣。袜一兩，封。(居延新簡 E. P. T56：69)

(22) 山陽親陽里魏偃，第廿三隧，爵複襦一，衣。皁複襜褕，閣。白練絝一，閣。布襌衣一，閣。劍一枚，閣。韋舄一，閣。布襲一，衣。布帬一，衣。縑帬一，衣。布襌一，衣。(居延新簡 E. P. T56：86)

(23) 布襜褕一領。布絝一兩。十月乙巳，第十四卒蔡忠取。卩 (居延新簡 E. P. T52：186)

(24) ▨□皁襜褕一領，直千四百七十。· □複襦一領，直六百。絳單襦一領，直二百九十。收得。 (居延新簡 E. P. T52：188)

(25) 一。縑複襲、布複襦、布單襜褕各一領，韋單絝、布幝、革履、枲履各▨ (居延漢簡釋文合校 82. 34)

(26) □複袍一領。破蓋苑一。白布襜褕一領。白布單衣一領。白布巾一。皁複絝一兩。白革履一兩。●右在官。白布單絝一兩。右在橐中。(居延漢簡釋文合校 206. 23)

以上這些戍卒衣物清單中，“襜褕”多次與“襌衣（單衣）”同現，説明是兩種不同的衣服。

羊頭

《方言第九》："凡箭鏃胡合嬴者，四鐮，或曰拘腸，三鐮者謂之羊頭，其廣長而薄鐮謂之錍，或謂之鈀。"

"羊頭"作爲箭名，典籍中偶見。《廣雅》："平題、鈀、錍、鉤腸、羊頭、鉀𨯳、鏃、砮，鏑也。"《淮南子·修務訓》："苗山之鋋，羊頭之銷。雖水斷龍舟，陸剸兕甲，莫之服帶。"屯戍簡中的用例如：

(27) 廣地南部言永元五年六月官兵釜磑月言簿。承五月余官弩二張，箭八十八枚，釜一口，磑二合。今余官弩二張，箭八十八枚，釜一口，磑二合。赤弩一張，力四石，木關。陷堅羊頭銅鍭箭卅八枚。故釜一口，鍉有錮口呼長五寸。磑一合，上蓋缺二所，各大如疎。●右破胡隧兵物。(居延漢簡釋文合校 128.1)

此例出自居延漢簡中著名的"永元器物簿"，系 77 枚木簡由兩道細麻繩編聯的簡册，出土時裹成一卷，這是居延漢簡出土時唯一編聯完好的長篇册書。以上所引只是其中的一部分。這一簿册中"陷堅羊頭銅鍭箭"共出現 5 次，非常明確，"羊頭"正是指一種箭頭。印證了《方言》及《廣雅》的説法。除了這 5 例外，屯戍簡牘中還有"羊頭石"的用例：

(28) ●第十四隧長光。亭不塗。毋非常屋。羊頭石，少二百。毋深目。馬牛矢少十石。狗籠少一。表幣。積薪皆卑少。天田不畫，縣索緩。●第十五隧長得。(居延新簡 E. P. T57：108B)

(29) 弩十三。六百五十。千一百。羊頭石千五十。□廿七。承三石弩五。(居延新簡 E. P. T65：353)

(30) ▨羊頭石●二百五十。(居延漢簡釋文合校 495.25)

勞榦（1959）把“羊頭石”與三棱箭頭“羊頭”聯繫起來：“故破胡隧兵物簿羊頭箭爲其本訓，其稱爲羊頭石者，蓋三鐮有刃之石，象三廉矢鏃，故亦謂之羊頭矣。”但現在一般認爲“羊頭石”與作爲箭鏃名的“羊頭”没什麽關係，就是大小與羊頭類似的石塊。居延新簡的一個例子也可以證明這一點：“石大如羊頭以上，三百。射轉□十五，三西面，二北面，十南面。辟門疾犁一，大十韋，長丈三尺。關門壂，五百。治壂五百。”（居延新簡 E. P. T48：18A）李天虹（2003）認爲：“羊頭石，石大如羊頭者。1973 年在甲渠候官鄣門内東側發掘出土了一堆排列整齊的石塊，形狀不規則，無加工痕跡，當即簡文之‘羊頭石’。”《墨子》等典籍中也記載了守城時，需備石塊以投擲爬城的敵軍。“簡文之羊頭石，即文獻之礧石、藺石、雷石。”

此外，《方言》中還有些詞語見於屯戍簡牘，如《方言第二》：“自關而西曰快。”《方言第三》：“關西曰汁。”《方言第四》：“關西謂之袴。”《方言第五》：“自關而西或謂之釜。”《方言第五》：“自關東西謂之桮。”《方言第五》：“自關而西或謂之盆。”《方言第九》：“所以藏箭弩謂之箙。”但這些詞語在漢代文獻中常見，使用的區域較廣，這裏就不一一敘述了。

〔主要參考文獻〕

初師賓．漢邊塞守御器備考略//漢簡研究文集．蘭州：甘肅人民出版社，1984.

甘肅省文物考古研究所．敦煌漢簡．北京：中華書局，1991.

甘肅省文物考古研究所等．居延新簡——甲渠侯官．北京：中華書局，1994.

何雙全．簡牘．蘭州：敦煌文藝出版社，2004.

華學誠．揚雄方言校釋匯證．北京：中華書局，2006.

勞榦．居延漢簡考證．“中央研究院”歷史語言研究所集刊 30 本上，1959.

李天虹．居延漢簡簿籍分類研究．北京：科學出版社，2003.

史光輝．常用詞“矢”、“箭”的歷時替換考//漢語史學報第四輯．上海：上海教育出版社，2004.

天鎖．從“弓”、“矢”談起——關於漢語基本詞彙發展的歷史繼承性//語言學論叢第一輯．上海：新知識出版社，1957.

魏德勝．西北屯戍簡牘中的“矢”、“箭”．魯東大學學報（哲學社會科學版），2011（2）.

魏堅主編．額濟納漢簡．桂林：廣西師範大學出版社，2005.

張德芳．敦煌馬圈灣漢簡集釋．蘭州：甘肅文化出版社，2013.

謝桂華等．居延漢簡釋文合校．北京：文物出版社，1987.

趙岩．簡帛文獻詞語歷時演變專題研究．北京：中國社會科學出版社，2013.

中國簡牘集成編輯委員會．中國簡牘集成（1－12）．蘭州：敦煌文藝出版社，2001.

Illustrate the Dialectical Words of Guanxi Area in Yang Xiong's Fangyan（方言）Based on the wooden Slips of the northwest frontier of the Han Dynasties

Wei Desheng

(College of Advanced Chinese Training, Beijing Language And Culture University, Beijing 100083, China)

Abstract: Some Dialectical Words of Yang Xiong's Fangyan（方言）haven't been confirmed in the documents transmitted to now. This paper uses a lot of examples appeared in wooden slips of the northwest frontier of the Han Dynasties as main materials to come to a conclusion that some Dialectical Words of the Guanxi Area in Yang Xiong's Fangyan（方言）can be confirmed by wooden slips.

Key words: wooden slips of the Han Dynasties; Fangyan（方言）; the Guanxi Area

（魏德勝，北京語言大學人文學院，郵編 100083）

“張致”與“失張失致”考源*

楊　琳

内容摘要：宋代以來，漢語中出現了寫作“張致”“張志”“張智”“張置”等形式的詞。本文探討了以下問題：A. 它們是一個詞還是幾個不同的詞？B. 它們有哪些意義？這些意義是怎樣產生的？C. 它們的理據是什麽？本文指出這些詞都是“章契”的變異。

關鍵詞：張致　失張失致　章契　理據

宋代以來，漢語中出現了寫作“張致”“張志”“張智”“張置”等形式的詞。需要我們弄清楚的是：A. 它們是一個詞還是幾個不同的詞？B. 它們有哪些意義？這些意義是怎樣產生的？C. 它們的理據是什麽？

這四個詞形不少詞典都有收録，但釋義不盡相同。現將一些詞典的釋義列表對照如下（例略）：

詞目 / 詞典	張致	張志	張智	張置
《漢語大詞典》(1986—1993)	1. 模樣;樣子。 2. 裝腔作勢,裝模作樣。	1. 同“張致”。 2. 方言。謂注意衣著儀錶。	1. 同“張致”。 2. 主見。	

* 本文爲 2012 年度教育部人文社會科學研究專案成果，專案號：12YJA40090。

續上表

詞目 詞典	張致	張志	張智	張置
許寶華、宮田一郎主編《漢語方言大詞典》(中華書局1999:2955、2956、2957)	1. 誇大。 2. 見"張志"1、4。	1. 模樣;恣態;體統。 2. 傲氣。 3. 形容衣著、容貌整潔。 4. 裝模作樣;下意識的做作。	1. 主張;見識。 2. 見"張志"4。	
許少峰《近代漢語大詞典》(中華書局2008:2348)	1. 模樣,形狀。 2. 擺闊裝勢。 3. 張揚,誇大。	1. 主意,主見。 2. 模樣,形狀。	1. 主意,算計。 2. 有學問,知識廣。 3. 做作,裝腔。	
白維國《金瓶梅詞典》(中華書局1991:666)	1. 模樣;樣子;行爲。 2. 拿架子;裝腔作勢。			規矩;體統。

在詞典編者看來，這四個詞形雖然意義上有所交叉，但它們是四個不同的詞。在意義有交叉的情況下，《漢語大詞典》大約認爲"張致"是正體，是原形，其他幾個都是借用。《漢語方言大詞典》似以"張志"爲正體。《近代漢語大詞典》不標互見，大約將這些詞形視爲互不相干的詞，或是編者不清楚這幾個詞形之間的關係。

"致""志""智""置"四字在宋代以來的官話中讀音很接近，在一些方言中甚至完全同音（今普通話中就讀音相同），所以要回答"張致""張志""張智""張置"是不是同一個詞的問題，關鍵看它們義位之間有無内在聯繫，是否有共同的來源。若義位有聯繫，有共同來源，應該視爲同一個詞；若義位没有聯繫，無共同來源，那就是幾個不同的詞，相同的義位只是同義詞關係或是文字通假關係。

首先我們要排除詞典中列舉的虛假義位。“有學問，知識廣”這一義位下詞典舉的例證是元范康《竹葉舟》一折《天下樂》：“你看中間一個老禿廝，左邊一個牛鼻子，右邊一個窮秀才，攀今攬古的，比三教聖人還張智哩。”此例《漢語大詞典》釋爲“裝腔作勢”，李崇興等編著的《元語言詞典》（上海教育出版社1998：416）也釋爲“裝腔作勢；拿架子”，這一解釋文意和諧，可以采信。此例中説者對提到的三個人持貶抑的態度，理解爲“有學問，知識廣”文意未安，而且未見别的例句可按此義來理解，所以“有學問，知識廣”的義位是不能成立的。

其次，“張致”等還有“慌張”這麼一個義位，未見各詞典收錄。例如：

(1)（旦）“呀！員外爲甚這般驚慌?”（生做慌説不出介）（旦）“員外你做甚張志?”（明《殺狗記》第二十七齣）

(2) 楊巡檢推開樓窗叫人，一個也不答應。衹得大著膽走下樓來。衹見這些丫鬟養娘兀自在神像案桌下躲著，也有跑出去的，和安童在門口探頭探腦望著裏面消息。楊巡檢喝道：“虎在那裏？兀自見神見鬼的，做甚張智！”（明馮夢龍《平妖傳》第十四回）

(3) 雙林尚還未睡，却坐在床邊開了箱子，像似要尋什麼衣裳。忽聽得脚步之聲，急回頭，見秋穀悄然走進，不覺大吃一驚，惟恐秋穀走到床横看見箱子裏的物件，連忙砌的一聲把箱蓋蓋上，那光景就像箱子裏頭有什麼寶貝一般。隨手搶過一把洋鎖來咯噔的把箱子鎖好，方纔回過身來。秋穀看雙林如此張致，覺得有些疑惑起來。（清張春帆《九尾龜》第二十回）

上述義位可分爲A、B、C三系。

A系以“模樣”義爲核心。例如：

(4) 那婦人做出許多奸僞張致。（《水滸傳》第二十四

回）

(5) 你還不往屋裏勻勻那臉去，揉的恁紅紅的，等住回人來看著，什麽張致！（《金瓶梅詞話》第四十三回）

(6) 哎喲！哎喲！今日好日好時，怎麽這樣一個張智？（明阮大鋮《燕子箋》第四十二齣）

(7) 昨日見了他，恨不得吞他下肚，今日又做這般張志。（明薛近兗《繡襦記》第九齣）

人的模樣形形色色，其中一些經常顯現的模樣有可能通過特指的途徑轉化爲詞的義位。如驚慌的神態是生活中常見的，"張致"常用來指這種神態，就使該詞具有了慌張的含義。假裝的神態也是經常出現的，反映在"張致"中就使該詞有了裝模作樣、拿架子、傲氣等含義。例如：

(8) 張葉本意無心娶你，在窮途身自不由己，況天寒舉目又無親，亂與伊家相娶。（合）聽著你恁説，讀書人甚張志。（宋無名氏《張協狀元》第五十三齣）

(9) 你看中間一個老禿廝，左邊一個牛鼻子，右邊一個窮秀才，攀今攬古的，比三教聖人還張智哩。（元范康《竹葉舟》一折《天下樂》）

(10) 我好意教你來吃酒兒，你怎的張致不來？（《金瓶梅》第三十三回）

(11) 不想街坊有幾個浮浪子弟，見婦人搽脂抹粉，打扮喬樣，常在門首站立睃人。人略鬭他鬭兒，又臭又硬，就張致罵人。（《金瓶梅》第三十三回）

由"拿架子"引申爲張揚，誇大。例如：

(12) 王氏介面便問道："你隆哥好了不曾？"紹聞道："没哽意思，是來人説的太張致了。"（清李綠園《歧路燈》第二十五回）

有的模樣是刻意打扮出來的，反映在"張致"中就有了注重模樣、打扮整潔的含義。例如：

(13) 修邊幅曰張志。(明沈榜《宛署雜記》卷十七《民風二·方言》)

(14) 這個人喜歡打扮，也愛乾淨，身上的衣服多張志。(北京方言)

B 系義爲規矩，體統。例如：

(15) 你莫道，没這樣兒。苦欺它道没張志！(宋無名氏《張協狀元》第十二齣)

(16) 休得聽閑説是非，勸娘行也休得嘔氣。這般鬧爭甚巴臂，傍人聽是何張志。(元無名氏《小孫屠》戲文第八齣)

(17) 你見把他逞的恁没張置的，在人根前，上頭上臉，有些樣兒?(《金瓶梅詞話》第二十六回)

C 系義爲主意，想法。例如：

(18) 衹爲我女没張志，落得自己憂。(元無名氏《三負心陳叔文》)

(19) 丫頭，老夫人這等没張志，嬸嬸你先回伏事婆婆，等我後頭來。(明丘浚《五倫全備記》第二十三齣)

(20) 聞氏道："你欺負我婦人家没張智，又要指望奸騙我?"(明馮夢龍《古今小説》卷四十)

(21) 誰知素姐倒還不曾搜得，正在那裏洗臉。狄希陳止該相機而行，待時而動，等他或是回頭，或是轉背，有多少的東西弄不到腰裏? 誰知那心慌膽怯了的人另是一個張智。(清西周生《醒世姻緣傳》第五十二回)

上列三個義系之間看不出有怎樣的聯繫，各詞典處理爲四個不同的詞似乎不無道理。不過如果進一步追根溯源，我們就會有新的認識。

北宋時期有個俗語叫"失章失契"。袁賓等（1997：254)：

"失章失契，shī zhāng shī qì，行爲舉止有失分寸。《雞肋編》卷下：'今人以舉止失措者，謂之失章失契。'"《雞肋編》引的是北宋李誡《營造法式》中的話。《營造法式》卷一《材》中説："《説文》：'栔，刻也。'栔音至。《傅子》：'構大廈者，先擇匠而後簡材。'今或謂之方桁，桁音衡。按：構屋之法，其規矩制度皆以章栔爲祖，今語以人舉止失措者謂之失章失栔，蓋此也。"值得我們注意的是"栔音至"的注音。栔即契之異體，《廣韻·霽韻》音苦計切，《屑韻》音苦結切，各詞典均無"音至"之説，故袁賓等（1997）不取至音。是不是《營造法式》傳本有誤？宋朱翼中《北山酒經》卷中《頓遞祠祭麴》："浮上鋪箔，箔上鋪麴，看遠近用草人子爲栔（音至）。"這裏也説"栔音至"，而版本又是國家圖書館收藏的宋刻本，不可能兩處都誤。看來契在宋代確實有"至"的讀音。王鍈（2001：272）説："《廣雅疏證》卷五下：'栔，刻也。《玉篇》苦結切。《廣韻》又苦計切。'音義與《營造法式》之'栔'未盡相合，但李誡必當有所本。此詞後來寫作'張志'、'張致'等。……由房屋建築中的規矩制度，引申爲人們合乎規範的舉止行爲，進而指一般的行爲舉動。"此説大體可取，關鍵是要弄清李誡之所本究竟何在，否則"契"音"至"的説法難以爲人們所接受。

那麽，契的這一讀音是從何而來的呢？《説文》："楔，櫼也。"徐鍇《説文解字繫傳》："此即櫼也。《爾雅》：'棖謂之楔。'注曰：'門兩旁木柣。'即今府署大門脱限者兩旁斜柱兩木於橛之耑是也。蓋棖亦呼爲楔，與許慎所言櫼別也。"桂馥《説文解字義證》："《周禮·玉府》：'大喪共含玉角柶。'鄭司農云：'角柶以楔齒。《士喪禮》曰：楔齒用角柶。楔齒者，令可飯含。'通作柣。《廣雅》：'柣，韯也。'"可知楔古代又叫柣。文字中有義同換讀現象（參沈兼士 1947），大約宋人把口語中所説的柣寫作常用的契，實即楔。典籍中契可通楔。東漢崔寔《政論》："譬如乘弊車矣，當求巧工使輯（葺）治之，折則接之，緩則契之。"“契”唐馬總《意林》作“楔”。北魏賈思勰《齊民要術》卷三《種葱》："兩耬重耩，竅瓠下之，以批契繫腰曳之。"石聲漢注："批契：批是從中劈破，契是一頭大一頭小的木楔子。"秩《廣韻·質韻》音直一切，澄母入聲。唐末五代以來，北方話中入聲韻尾已有脱落的跡象。北宋邵雍的《皇極經世聲音唱和圖》中"妻、子、四、日"同在一韻，"多、可、個、舌"同在一韻，"禾、火、化、八"同在一韻，其中"日"爲質韻，"舌"爲薛韻，"八"爲黠韻，都是收－t 尾的入聲韻，却都與陰聲韻同韻，説明其－t 尾已經脱落。"日""四"同韻意味着質韻變入至韻，那麽同爲質韻的"秩"也有可能變入至韻，宋代口語中其讀音可能已變得與"至"同音。宋人讀"契"（楔）爲"至"其實就是讀作"秩"的讀音。

"失章失契"中的章和契是古代建築術語。章又叫材。《營造法式》卷 1《材》下云："《史記》：'山居千章之楸。'章，材也。"潘谷西、何建中《營造法式解讀》（東南大學出版社 2005：250、257）："材，一種高寬比爲 3：2 的標準斷面的枋木，其高作爲基本的建築模數。""梨，一種高爲 6 分°、寬爲 4 分°的小枋木，但實例中不見。其高度即爲上下二層栱或枋之間的距離，亦爲材高的 2/5。梨與材同作建築模數。"建築模數（construction module）是建築設計中的標準尺度單位，作爲建築物、建築構配件、建築製品以及有關設備尺寸相互協調的基礎。"失章失契"就是没有章法，没有章法建築必然亂套，故用來比喻人舉止失措。李誡的記述不僅表明北宋時期已有"失章失契"的説法，而且還正確揭示了這種説法的由來。

然而在文獻中，"失章失契"在明代以後才見諸應用，而且用字上改頭換面，寫作"失張失智"、"失張失志"、"失張失致"等形式，教人很難聯想到他們五百年前是一家。例如：

(22) 常言"人貧智短",他恁地貧困,如何怪得他失張失智?(明馮夢龍《古今小説》卷二)

(23) 他平日何等一個精細爽利的人,今日爲何却失張失智到此地位?(明淩濛初《初刻拍案驚奇》卷三十)

(24) 那婆子聽得叫,失張失志出去迎接來叫的官人。(明洪楩輯《清平山堂話本·簡貼和尚》)

(25) 急慢驚風,症有陰陽,症有順逆,搐有真假,治有次第,不可不知其候。……忽撩忽亂,失張失志,精神恍惚。(明萬全《萬氏家傳育嬰》卷二)

(26) 娘見那女孩兒前言不應後語,失張失志,道三不著兩,面上忽青忽紅。(明馮夢龍《警世通言》卷二十)

(27) 就是他大娘子月娘,見他這等失張失致的,只道爲死了卓二姐的緣故,倒没做理會處。(《金瓶梅詞話》第二回)

(28) 聘才道:"咱們也好散了。"輕輕的湊著元茂耳邊道:"你拿那東西來交給櫃上算錢罷。"元茂便向腰間摸了兩摸,失張失致的道:"奇怪!"(清陳森《品花寶鑒》第八回)

寫作"失智",表明使用者把它理解爲失去智慧、失去理智。寫作"失志",表明使用者把它理解爲失去意志、失去神志。寫作"失致",表明使用者把它理解爲失去情致或失去姿態。"致"有情致、姿態義。漢班婕妤《擣素賦》:"盼睞生姿,動容多致。""致""姿"對文。清姚際恒《詩經通論》卷十四:"描摹極有致態,亦複精彩。""致態"連文。《老殘遊記》第六回:"覺得棉袍子在身上有飄飄欲仙之致。"至於"失張",可能是聯想到慌張的緣故。"失張"也可以跟別的詞語組合構成新的俗語(許寶華、宮田一郎 1999:1376),如"失張大怪"(慌張而驚訝的樣子)、"失張倒怪"(驚恐慌張的樣子)、"失張莫及"(慌慌張張的樣子)等,這些俗語都有慌張的含義,從中不難看出記錄者選用"張"

字的緣由。從意義來看，"失張失智"除了舉止失措外，還有慌張、驚慌（例24、27、28)、不機靈、呆傻（例22、23)、神志不清（例25、26）等含義，這些意義相互之間都有關聯，無疑是引申的結果。

回頭再來看"張致"等寫法，它們應該是"章契"的異形詞。"章契"是標準建材，由此引申爲樣板、模樣。"章契"是建築中的章法，由此引申爲規矩、體統。章法是解決問題的原則方法，由此引申爲辦法、主意，正如"道理"既有規矩義又有辦法義一樣。如《漢書·鄒陽傳》："竊聞長君弟得幸後宮，天下無有，而長君行跡多不循道理者。"這是說不遵循規矩。宋王明清《揮塵錄餘話》卷二："俊道：'若番人探得知，必來夾攻，太尉南面有張相公人馬，北面有番人，太尉如何處置?'張太尉冷笑：'我別有道理。'"這是說另有辦法、主意。可見"張致"等詞形所具有的義位都是直接或間接由"章契"引申出來的。由於使用者不清楚"章契"這一源頭，便根據各自的理解寫成了各種異形。我們（楊琳2011：173－174）此前誤將"張致"認作這些詞形的源頭，並提出"張"受"致"的沾染而獲得樣子義的觀點。站在源頭看流變，這種觀點需要修正。合理的解釋應該是"章契"引申爲模樣，後來"章契"各自分用也有樣子的意思，這是複合詞的整體意義由其中的語素獨自承載的結果，而不是詞義沾染造成的。這顯示了詞義演變的梳理過程中探明源頭的重要意義。

在"章契"基礎上衍生出來的詞語還有很多。例如：

(29) 如今這個老婆，又是這般慣他，慣的恁没張倒置的！(《金瓶梅詞話》第七十二回)

(30) 這丫頭慣的没張倒置的，平白駡他怎麽的？怪不的俺家主子也没那正主子，奴才也没個規矩，成甚麽道理！(《金瓶梅詞話》第七十五回)

(31) 老兄事成高中後做官時，還要找我一兩次肥抽豐才使得，那時莫便做張智裝喬不允。(明阮大鋮《燕子箋》第七齣)

(32) 梳一個纏髻兒，著一件扣身衫子，做張做致，喬模喬樣。(《新刻繡像批評金瓶梅》第一回)

(33) 那些有勢有力的不肯出錢，專要討人便宜。及至肯出幾兩銀子的，女兒又嫌好道歉，做張做智的不肯。(明馮夢龍《醒世恒言·賣油郎獨佔花魁》)

(34) 被劉厚卿這一笑，驚得直立起來，失張落智的大有曲氣。(清張春帆《九尾龜》第五回)

“没張倒置”是説没規矩，“做張做智”等是説裝模作樣，“失張落智”是説驚慌失措，都跟“章契”的本義或引申義相關。

爲了一目了然，現將“章契”的詞義演變過程圖示如下：

規矩、體統←章契→辦法、主意

↓

打扮整潔←模樣→裝模作樣、拿架子→誇大

↓

慌張

〔主要參考文獻〕

沈兼士. 漢魏注音中義同換讀例發凡(1947). 沈兼士學術論文集. 北京：中華書局，1986.

王 鍈. 唐宋筆記語辭匯釋. 修訂本. 北京：中華書局，2001.

許寶華，宮田一郎. 漢語方言大詞典. 北京：中華書局，1999.

楊 琳. 訓詁方法新探. 北京：商務印書館，2011.

袁 賓. 宋語言詞典. 上海：上海教育出版社，1997.

Tracing to the etymology of zhangzhi (张致) and shizhangshizhi (失张失致)

Yang Lin
(College of Liberal Arts of Nankai University, Tianjin 300071)

Abstract: This thesis makes a textual research on the etymology of the words, zhangzhi (张致) and shizhangshizhi (失张失致). The author holds that zhangzhi (张致) comes from zhangzhi (章契), zhi (契) has the same pronunciation with zhi (至) in Song Dynasty.

Key words: zhangzhi (张致), shizhangshizhi (失张失致), etymology

(楊琳, 南開大學文學院, 郵編 300071)

“花子”補義*

魏業群　崔山佳

内容摘要：《漢語大詞典》“花子”有4個義項，我們以爲“花子”尚有另外3個義項，分別爲“騙子”、“幫閒”、“煙花”，且各個義項間有一定的引申關係。

關鍵詞：漢語大詞典　花子　詞語　補義

一

《漢語大詞典》（以下簡稱《大詞典》）收“花子”一詞，義項有四：1. 指乞丐。例如：“張千云：油嘴花子快出去。”（元·吴昌齡《張天師》第二折）2. 古時婦女貼、畫在面頰上的裝飾。例如：“今婦人面飾用花子，起自昭容上官氏所制，以掩點跡。”（唐·段成式《酉陽雜俎·黥》）3. 花草的種子。例如：“凡欲種花子，先於五六月間，擇背陰處肥美地，治作畦。”（宋·周師厚《洛陽花木記·種祖子法》）4. 方言。指棉花子。

《漢語大詞典訂補》對義項3出現的例子進行了補充：“種二年者，則成大蒜，科皆如泉，又逾於凡蒜矣。”原注：“又八月中

---

* 匿名審稿人提出了很好的修改意見，浙江財經大學譚耀炬教授給予了很多的指導意見，在此表示衷心感謝。

方得熟，九月中始刈得花子。"（北魏·賈思勰《齊民要術·種蒜》），使該義項的例子追溯到了北魏時期。

我們以爲"花子"除《大詞典》所收的4個義項外，尚有另外3個義項，分別爲"騙子"、"幫閒"、"煙花"，而且各個義項間有一定的引申關係。

二

明末陸雲龍的小説《魏忠賢小説斥奸書》第一回有"花子"一詞："這時，這些跌錢鬥葉的花子，死的死，走的走了；那些打球跑馬耍子的，也窮的窮，苦的苦了"，對照《大詞典》"花子"的義項均不能解釋文中含義。我們以爲應釋爲"幫閒"。

從上例第一回上下文語境來看，"花子"平日行爲習慣大多是吃喝嫖賭之類，應是浪蕩風流、浮誇玩世不恭、不務正業、消遣玩樂之人。如："跌錢兒，鬥葉兒，賭錢玩耍"、"越發趕入那起富家郎隊裹，踢球打彈"、"走馬宿娼，無所不爲。却又被他插了多少趣，受了多少快活"。這些均是幫閒的行爲。

從上例對文來看，"這些跌錢鬥葉的花子，死的死，走的走了"與"那些打球跑馬耍子的，也窮的窮，苦的苦了"相對。"那些打球跑馬耍子的"後也可加上"花子"二字，説明"打球跑馬耍子"也是"花子"的行爲。又由"窮的窮，苦的苦了"來看，"花子"原先應是不"窮"不"苦"的。可見，"花子"可釋爲"幫閒、不務正業之人"。

其他例子也有相應的解釋，就我們所掌握的材料來看，主要集中在明代之後。如：

(1) 看這些不成才的花子們，日常間不肯節儉，今遇兵火，却都餓死，怎比咱老爺飽食暖衣，這等快樂！雖是咱天生的造化，却也要人力經營。（明·清溪道人《禪真逸史》

第二九回）

（2）跌落下來，專在本司三院幫嫖貼食，因此人都起他一個渾名叫做應花子。（明·蘭陵笑笑生《金瓶梅》（崇禎本）第一回）

（3）今日單表沈花子自來西門舊宅，托夢與玳安，去了十年，惡業將盡，舊罪已滿，往來在東平府地方，打磚乞食。（清·丁耀亢《續金瓶梅》第四九回）

（4）你自己是個孤鬼，整年的不見一個鬼花子上門，枉爲一個男子漢，社會上全沒一點兒交際。（民國·向愷然《留東外史續集》）

例（2）例（3）兼因人物是"幫閒"故取别名爲"花子"，其中例（3）描寫的是"幫閒"在主人沉淪後的下場——乞討，而例（3）出自《續金瓶梅》，可能受例（2）《金瓶梅》的影響。以上可論證"花子"確爲"幫閒"，《大詞典》失收該義項。

三

《大詞典》"花"的義項⑮爲"不真實的，用來迷惑人的"，有該意義的詞語有"花招"、"花帳"、"花言巧語"，此"花"意蘊"虚浮不實"之義，所以元明清時期稱"騙子"爲"花子"。如：

（5）（張千云）哇，油嘴花子，快出去。（打下）（陳世英云）太醫去了也。我想那桂花仙子好生失信。你當此一夜，只説報恩而來。今日弄的我一個身子，七死八活。仙子，你那裏是報恩，分明害殺小生也。（元·吴昌齡《張天師斷風花雪月》二折）

（6）湘子未及開言，内中一個人道："朋友，你那裏曉得這道人的心事？他是沖州撞府、街坊上説真方賣假藥、慣

會油嘴騙錢的花子，假裝這般模樣。"（明·楊爾曾《韓湘子全傳》第五回）

（7）要他糊窗兒，有何用處？若果侄兒來，我也歡喜，如何肯留他的？這花子故意來捏舌，哄騙我們的家私哩。（明·淩濛初《初刻拍案驚奇》第三三回）

（8）作人無一點真懇的念頭，便成個花子，事事皆虛；涉世無一段圓活的機趣，便是個木人，處處有礙。（明·洪應明《菜根譚》）

（9）我若稍有家資，也不做這闒花子交易了。（清·邗上蒙人《風月夢》第二三回）

（10）我老爺十三省也通闖過，慣看見那些江湖上的花子，花些銀錢，自己藏躲過了，推著人婦人出面，叨叨絮絮，倒來和人打哄。（清·墨浪仙主人《海烈婦百煉真傳》第五回）

例（5）、例（6）、例（7）、例（10）中"花子"是"油嘴"、"騙錢"、"哄騙"、"江湖上的"，均可證"花子"的"騙子"義。尤其是例（5），張千罵的對像是"太醫"陳世英，他是太醫，不可能是"乞丐"；又因爲前面詳盡描寫了陳世英誇張的言爲，所以，這裏張千罵他"油嘴花子"，並把他"打下"。因此，"花子"應該是"騙子"而不是"乞丐"。《大詞典》"花子"義項❶"乞丐"用例（5）顯然不妥當。

查閱相關詞典，我們發現王利器（1988）、石汝傑、宮田一郎（2005）、許少峰（2008）、高文達（1992）均未收"花子"。

白維國（2011）收"花子"3個義項：

1. 乞丐；叫花子。亦用作詈辭。例如："糟蹋得蓬頭垢面，就如個醃臢花子一般。"（《九尾龜》第二五回）2. 拍花的；拐騙兒童的。例如："不好，仔細花子拐了去。"（《紅樓夢》第一九回）3. 焰火。例如："這花子更是不同，朵朵皆作蘭花竹葉，望

四面濺開去。”(《海上花列傳》第四十回)

吴士勳、王東明(1992)收“花子”2個義項:

1. 指拐騙小孩的人。用例同白維國(2011)義項2。2. 乞丐。例如:“黛玉笑道:‘那裏找這一群花子去’。”(《紅樓夢》第四九回)

許少峰(1997)收“花子”2個義項:

1. 乞丐,要飯的。例如:“於冰也將花子一看,見他面色雖然焦枯,那兩隻眼睛神光燦爛,迥異凡儔。”(《綠野仙蹤》第十回)2. 拐子,拍花的。

周汝昌(1987)收“花子”2個義項:

1. 舊時稱專門拐騙小孩的人。也叫拍花子。2. 乞丐。例如:“一個一個像‘燒糊了的卷子’似的,人先笑話我當家倒把人弄出個花子來。”(《紅樓夢》第五一回)

由上可見“花子”的“騙子”義是由專指“拐騙兒童的、拍花的”而來。

“拍花”一義,《大詞典》釋爲“舊稱用迷藥拐騙兒童”,例如:“拍花擾害遍京城,藥末迷人任意行。”(清·李虹若《朝市叢載·人事·拍花》)“這爺兒三個,老的老,少的少,男的男,女的女,露頭露腦,走到大路上,算一群逃難的還是一群拍花的呢?”(清·文康《兒女英雄傳》第九回)

白維國(2011)對“拍花”的注釋是:“用迷藥拍婦女或兒童口鼻,使昏迷而拐走。花,指婦女兒童。”另如:“你别鬧了啦,你聽見門口兒拍花的要小孩子哪!”(清·松友梅《小額》)

吴士勳、王東明(1992)對“拍花”的注釋爲:“江湖暗語。指拐賣兒童的人。”

“拍花”之義在部分方言中也存在。許寶華、宮田一郎(1999)“拍花”義項❶爲“<動>指舊時拐騙小孩兒。北方官話。北京”。用例如:“北京常常傳説有拍花的,用蒙汗藥把小孩子騙走。"（端木蕻良《曹雪芹》）。李榮（2002）收"拍花子：（忻州）指專門拐帶小孩的人。""拍花兒的：（哈爾濱）指專門拐帶小孩的人。"我們在作者爲非北方官話區域的作品中也發現了"拍花"，如清光緒年間貪夢道人《彭公案》中有三處，甚至第八十回的題目"使迷藥反被迷己 拍花人終被人拍"也可見"拍花"義，又如：

（11）曾天壽與隆得海二人，各拉兵刃，趕過去一聲喊嚷："甄士傑往哪里走？你在這裏各處拍花，不知傷害了多少性命，待我弟兄拿你。（清·貪夢道人《三續彭公案》第二三回）

我們以爲"拍花"一詞可能最早用於江湖騙子的術語，是指稱用迷藥拍婦女或兒童口鼻使其暈厥而拐走，而後借行爲動作指代人，指通過拍花的手段拐賣婦女或兒童的人，又因拐賣兒童最爲常見，特指專門拐賣兒童的人（引申爲不局限於使用拍花的手段）。可見，上文説到"花子"的"騙子"義是由專指"拐騙兒童的、拍花的"而來是可信的。

四

據我們目前所掌握的材料來看，清代中期以後，"花子"則多指乞丐，是"叫花子"的省略，而最早"叫花子"應寫作"叫化子"，由"教化""叫化""告化"引申而來（俞理明，2005），所以也作"教化子""叫化子""告化子"。因乞丐襤褸不潔的外貌使"花"逐漸代替了"化"，因爲"花"有"顔色錯雜的"之義。如：

（12）京師謂乞兒爲花子。（明·謝肇淛《五雜俎·人部一》）

（13）……滿臉的污泥，慢説靴子，連倒落的鞋襪都没

有。直是一群乞丐花子，三分像人，七分像鬼。（清·佚名《小五義》第一百七回）

(14) 艾虎道："俺又不是乞兒花子，如何要你周濟？俺有銀兩，買你幾碗酒，你可肯賣麽？"（清·石玉昆《七俠五義》第八八回）

以上"乞兒"是指"乞丐"，"乞兒"、"乞丐"與"花子"同義並用。另有例子可證：

(15) 住的庵堂破廟，就只是個花子的伴當；穿的百衲鶉衣，半風子也有幾門。左手的缽盂，是個討飯的。（明·羅懋登《三寶太監西洋記通俗演義》第十二回）

(16) 選不中的，愁愁苦苦，也有哭了出京，流落在河間一帶，做花子的。（明·陸雲龍《魏忠賢小説斥奸書》第三回）

(17) 恰值員外在門裏往外正走，出了大門，抬頭一看，原是討飯花子。（清《小八義》第一回）

例（15）"花子"與後文的"討飯"相對應，例（17）"討飯"與"花子"連用，皆可證"花子"爲乞丐。

白維國（1991）與白維國（2005）收"花子"，釋義一致，都只有"乞丐"一義，用例出自明·謝肇淛《五雜俎·人部一》、清·曹雪芹《紅樓夢》。白維國（2011）、吴士勳、王東明（1992）、許少峰（1997）、周汝昌（1987）收"花子"，義爲"乞丐"的用例均出自明清作品。至少我們可以確定"花子"的"乞丐"義在明代已有。

現代方言"花子"的"乞丐"義也常見。雖許寶華、宫田一郎主編（1999）未收"花子"的"乞丐"義，但李榮（2002）指出牟平、南京、武漢、萍鄉均有這樣的説法：

牟平：哪個花子不要飯？哪個君子不遭難？

武漢：蛇服花子盤擺弄｜入花子幫當乞丐

萍鄉：幾工天都冒看到回，你去做花子啊好了！

南京：也叫"要飯花子""要飯的"。

武漢：也叫"告花子""討飯的"。

萍鄉：也叫"告花子"；指以乞討爲生的無業遊民，跟"討米個"有區别。

寧波奉化方言"乞丐"稱爲"叫化子"，讀音爲［kɔ⁴⁴ huo⁵³ tsɿ⁴⁴⁵］，"雖字寫作'叫'，但音同'告'"（崔山佳，2007：284)，爲上文所説"叫化子"與"告化子"的關聯提供一定依據。

用詞義感染的理論來説，我們以爲"花子"在"騙子"義基礎上感染了"乞丐"義。

"乞丐"以乞討爲生，加之穿著破爛，若討賞不成，或許會訛人，糾纏不放，故給人一副討不成便害人的心理感覺，從"害人、不務正業"的層面上來説倒與"騙子"給人的形象一致，况且"乞丐"與"騙子"皆處社會底層。如：

(18) 裏面的女人，噙著一把眼淚，走將出來，説道："那姓鐵的，是個花子，不知是那裏人，到洋來要飯的；他假做要飯，實是要來害著咱們。"(清·夏敬渠《野叟曝言》第四七回)

(19) 忽見有個乞丐走過，賣貨人自言自語道："這個花子只怕就是討人便宜的後身，所以今生有這報應。"(清·李汝珍《鏡花緣（上)》第十一回)

(20) 打就行，喝就止，黑洞洞驢兒推磨；看見人喜就笑，怒就哭，明顯顯花子排街。可有報應？（清·葛虚存《名人軼事》(文藝類·蔣士銓夢中説夢))

"騙子"便是討人便宜、投機取巧、爲己害人，以上可見，人們對"乞丐"也有相類似的認知心理，構成詞義延伸的理據聯繫。

而“幫閒”大致也花言巧語、油嘴滑舌、不務正業，與“騙子”形象有相似之處。“騙子”、“乞丐”、“幫閒、不務正業之人”都具有貶義色彩，根據“騙子”引申“乞丐”的路徑，“騙子”也可引申出“幫閒”之義。

五

“花子”尚有“煙花”一義，大概用“煙花綻放時像花一樣的形狀”來喻指。白維國（2011）收該義項，而大部分詞典失收。其實，“煙花”義在明清作品中可見。如：

(21) 賈銘又買了兩盒煙火同各色花炮：流星九條龍、垂楊柳線穿牡丹、金盞銀臺、飛魚兒、賽月明並幾桶花子，與鳳林飲酒慶賞元宵。（明・謝詔《風月夢》第二八回）

(21) 於是兩個人，四十九隻烏鵲，以及牛郎所牽的牛，織女所織的機，一齊放起花子來。（清・韓慶邦《海上花列傳》第四十回）——《海上花列傳》共發現4例。

在現代方言中也存在，許寶華、宮田一郎（1999）收“花子”，義項❸爲：“焰火；花筒。江淮官話。”用例爲江蘇鹽城方言：“過年晚上放花子。”江蘇南通方言：孫錦標《南通方言疏證》：“《宛署記》：‘以紙函者曰花筒。’即今俗云花子是也。”

《大詞典》中“花子”的另外幾個義項皆能找到其他用例。義項❷如：“在妃嬪宮人的裝束上，想出一種新鮮的飾品，乃是將建陽進貢的茶油花子，製成花餅，或大或小，形狀各別，令各宮嬪淡妝素服……”（民國・許慕羲《宋代宮闈史》）可見民國也還在使用該義項，而《大詞典》關於該義最早用例爲唐代，說明該義跨度十分廣；義項❸如：“晉太元中，南郡忻陵縣有棗樹，一年忽生桃、李、棗三種花子。”（南朝宋・劉敬叔《異苑》）南郡可能是指今湖北省的荊州地區，屬南方，在長江邊，屬中部地區，可見中部地區也有該義項。《大詞典》關於該義的用例也涉及北方的洛陽、南方的紹興。這樣，南方有紹興，北方有洛陽，中部有荆州，分佈地區還是比較廣的。另有："初有道士朱桃椎謁之於階前，以劍撥土，取花子三粒種之。"（宋·張唐英《蜀檮杌》）；義項❹在李榮（2002）中收洛陽方言稱"花子"爲"棉花的種子"。《大詞典》關於該義衹説"方言，棉花子"，涉及的方言點不明確。

六

根據我們的考察，"花子"最早出現之義應是"花草的種子"，其次是"古時婦女貼、畫在面頰上的裝飾"。而有時"花"可特指"棉花"，故"花子"出現"棉花子"的方言義。因"煙花"形狀像似"花"，"花子"喻指爲"煙花"。至於"騙子"一義主要使用於元明清時期，由"花"的"不真實的，用來迷惑人的"與"拍花"發展而來，而"乞丐"、"幫閒"又是在"騙子"義的基礎上發展而來，故而更遲。據此，我們試着理清"花子"相關詞義發展脈絡：

↗ 花草的種子 → 棉花子
↗ 煙花
花子→ 古時婦女貼、畫在面頰上的裝飾
↘ 騙子 → 乞丐
↘ 幫閒、不務正業之人

另外，有些詞典收了"花子"一詞，但釋義不全，有些詞典缺收"花子"，更有作者在較前版本的詞典中尚有"花子"一詞，而修訂之後的詞典裏却不收"花子"，如許少峰（1997）與許少峰（2008）。所有這些，我們以爲不是很妥當。而《大詞典》在"花子"的釋義上似應補收"騙子"、"幫閒"、"煙花"義。

〔主要參考文獻〕

白維國. 金瓶梅詞典. 北京：中華書局，1991.

白維國. 金瓶梅詞典. 北京：線裝書局，2005.

白維國主編. 白話小説語言詞典. 北京：商務印書館，2011.

崔山佳. 寧波方言詞語考釋. 成都：巴蜀書社，2007.

高文達主編. 近代漢語詞典. 北京：知識出版社，1992.

漢語大詞典編纂處. 漢語大詞典訂補. 上海：上海辭書出版社，2010.

李榮主編. 現代漢語方言大詞典. 南京：江蘇教育出版社，2002.

石汝傑，（日）宮田一郎主編. 明清吴語詞典. 上海：上海辭書出版社，2005.

王利器主編. 金瓶梅詞典. 長春：吉林文史出版社，1988.

吴士勳，王東明主編. 宋元明清百部小説語詞大辭典. 西安：陝西人民教育出版社，1992.

許寶華，（日）宮田一郎主編. 漢語方言大詞典. 北京：中華書局，1999.

許少峰主編. 近代漢語詞典. 北京：團結出版社，1997.

許少峰. 近代漢語大詞典. 北京：中華書局，2008.

俞理明. 從“教化”到“告花子”——漢語中的詞義感染. 古漢語研究，2005（4）：88－91.

周汝昌主編. 紅樓夢辭典. 廣州：廣東人民出版社，1987.

The Supplementary Paraphrase of "*Huazi*"

Wei Yequn and Cui Shanjia

(College of Humanities, Zhejiang University of Finance and Economic, 310018)

Abstract: The "*Huazi*" in "The Great Chinese Dictionary" has four meanings. We believe that there are other four interrelated meanings, which are "liar", "casual and gallant person", "fireworks" and "prostitute".

Key words: dictionary; *huazi*; Words; paraphrase

（魏業群、崔山佳，浙江財經大學人文學院，郵編 310018）

《燕子賦（一）》“蹠履”考辨*

趙家棟

内容摘要：本文核稽原卷圖版，利用漢語俗字研究成果，結合故訓材料，就前人對《燕子賦（一）》中“蹠履”一詞的校讀與説解提出商榷和補正。“蹠履”之“蹠”，甲卷字形作“跿”，當校錄爲“跿”，“跿”爲“蹝”之俗寫，又作“躧”；乙卷字形作“蹀”，當爲“趹”之俗寫；丙卷作“踜”，則爲“趹”之簡寫“趹”的訛變字形，“趹”應爲“鞅”之異體。“鞅（趹）履”與“躧履/蹝履/屣履/縰履”、“靸鞋/靸鞵”及“趿履”語義所指相同，與傳世文獻相類俗語中“著靴”語義相當。

關鍵詞：《燕子賦（一）》　蹠履　考辨

敦煌寫卷《燕子賦（一）》有多個卷號，其中法藏有 P. 2653、P. 2491、P. 3666、P. 3757 及 P. 4019（殘存後半一段），英藏有 S. 214、S. 5540 和 S. 6267（殘損斷行較嚴重），此外黄征（2003）又從《俄藏敦煌文獻》中輯錄到《燕子賦（一）》殘卷 Дх .00796 + Дх. 01343 + Дх. 01347 + Дх. 01395、Дх. 05415、Дх. 10741、Дх .04803 等。文中有“耕田人打兔，蹠履人吃臛”句，僅見於 P. 2491、P. 3666、P. 3757 即諸家校錄中所説的甲

---

* 本研究得到國家社科基金重大招標項目“漢語史語料庫建設與研究”（編號：10&ZD117）、教育部規劃基金項目“敦煌文獻疑難字詞研究”（編號：13YJA740081）、江蘇省高校優勢學科建設工程資助項目（PAPD）及南京師範大學優秀高層次人才科研啟動基金經費資助。

卷、乙卷、丙卷。

文獻中習見與“耕田人打兔，蹠履人吃臛”相類似的説法，如《全唐詩》卷八七六載佛書引語“赤腳人趁兔，著靴人吃肉”。宋楚圓集《汾陽無德禪師語錄》卷上：“師云：‘赤腳人趁兔，著靴人吃肉。乞師指示。’師云：‘著靴人飽，赤腳人饑。’”（T47/607a）宋道原纂《景德傳燈錄》卷十三《汝州風穴延沼禪師》：“問：‘大衆雲集，請師説法。’師曰：‘赤腳人趁兔，著靴人吃肉。’”（T51/303b）宋釋德洪、覺範著①《石門文字禪》卷28《化供八首》之七：“著靴人吃肉，赤腳人趁兔。理有固然，非特古語。”通過比照，“蹠履”的語義所指應該比較確定，即“著靴”。諸家校注中也都能據此釋義，然對其語義來源和字形分析則存在較大分歧，主要觀點如下：

1. 江藍生（1982）認爲：“（乙卷）‘踥’字書不載，疑爲‘蹠’之形訛，而‘蹠’又爲動詞‘著’之誤。”伏俊璉（1994）《敦煌賦校注》採納江説。

2. 項楚（1990，2006）認爲“‘蹠履人’即穿鞋人，指有錢人”，然未對字形作任何分析。

3. 黄征、張涌泉（1997）認爲：“蹠，甲卷作‘蹥’，乙卷作‘踥’，丙卷作‘踱’，與‘蹠’之常用俗字‘蹠’不同。”同時引用了江説，並在按語云：“‘蹠’有踐義，不煩校改。俗諺在變文等作品中多有爲引者隨意改變以適所需者，與今日之俗諺、成語等較爲固定之情況不同。”黄征（2005）進一步認爲：“蹠，蹈也，引申爲穿鞋。”

---

① 《石門文字禪》卷二十八《化供八首》見《嘉興大藏經》（臺北新文豐出版）第23册第718頁下欄，《石門文字禪》題爲“宋江西筠溪石門寺沙門釋德洪、覺范著、門人覺慈編錄、毘陵天寧法雲堂校”，據《嘉興大藏經》此處當爲“德洪、覺範著”。項注、伏注所引皆脱“德”字。

4. 蕭旭（2008）認爲：“踙同挾，因與‘履’相關，字改從足旁。挾，方言謂插入爲挾，如：用刀挾。本字蓋爲搶（槍），《莊子·逍遙遊》：‘我决起而飛，搶榆枋。’《釋文》引崔云：‘搶，著也。’王叔岷《莊子校釋》：‘搶，《釋文》所出本、覆宋本、世德堂本、道藏成玄英疏本、吴澄内篇訂正本並作槍，《類聚》九十七、《記纂淵海》五十六、《合璧事類》别集六十四引並同。’按宋·陸佃《埤雅》卷七、宋·李昉《御覽》卷九四四引亦作槍。《石門文字禪》卷十七《送親上人乞食》：‘赤腳人趂兔鹿，著靴人飽食肉。’宋·黄震《黄氏日抄》卷八十：‘世俗所謂赤腳人打麂，著靴人吃肉。’踙履，猶言著靴也。蹠，踏也，非‘著’之誤，江説失之。”

就字形來説，“蹠”，甲卷、乙卷、丙卷字形分别作“蹝”、“踙”、“踜”。黄征（2005）《敦煌俗字典》收錄 P. 3757 卷字形“踜”，並作按語云：“蹠，蹈也，引申爲穿鞋。”同時收錄 P. 3666 卷字形“踙”，並作按語云：“此形罕見，其右邊爲‘爽’之俗字，大概因爲與‘庶’俗字形近而套用。例如 S. 799《隸古定尚書》：‘既生魄，庶邦塚君，暨百工，受命于周。’‘庶’字作‘庻’；北圖雲字 24 號《八相變》：‘王侯凡庶一般，死相亦無二種。’‘庶’字作‘庻’。”今細審原卷字形，“踜”、“踙”與“蹠”字形並不近似，諸家錄文不確。從意義來看，“蹠，蹈也，引申爲穿鞋”之説也缺乏理據，文獻中未見其它用例。至於江説“蹠”爲“著”之形誤，更不可能，因爲甲卷、乙卷、丙卷三卷字形皆不相同，不可能皆爲“著”之形誤。蕭説讀“踙”爲“挾”，其本字爲“搶（槍）”，雖故訓可通，然文獻中訓“搶（槍）”爲“著”，乃爲“觸碰”義，與表“穿著”義的“著”語義無關。

先看甲卷，我們認爲甲卷字形“蹝”當校錄爲“跐”，“跐”爲“蹝”之俗寫，又作“躧”，本指鞋子，又指趿拉着鞋子。《龍龕手鏡·足部》："𨂽，俗；跐、躧，二正。"《正字通·足部》："蹝，與跐同。"《玉篇·足部》："躧，舞履也。跐，同躧。"《集韻·紙韻》："躧，《説文》：'舞履也。'或從徙。"又《直音篇·足部》："躧，……跐，同躧。"又作"韆"、"鞑"、"靴"、"屣"，《説文·足部》："躧，舞履也。从足，麗聲。韆，或从革。"段注："躧，舞不納履，故凡不著跟，曳之行曰躧履。"朱駿聲《説文通訓定聲》："字亦作蹝、作跐、作屣，與鞑屟同。"《玉篇·革部》："靴，同鞑。"《説文·革部》："鞑，鞮屬。"徐鍇繫傳："此字今俗作屣。"《玉篇·尸部》："屣，履也。"《廣韻·紙韻》："屣，履不躡跟。"《集韻·寘韻》："屣，履不躡跟也。或作躧。"《慧琳音義》卷十四："屣，古文韆、鞑、蹝三形。"《慧琳音義》卷十四《大寶積經》卷八十六"躡金屣"下云"下（屣）音史，《考聲》云：'履之不躡跟者也。'亦作縰、鞑、鞑。案經卽西國革屣也。"

"跐/躧/屣履"一詞，文獻習見，《文選·司馬相如〈長門賦〉》："舒息悒而增欷兮，跐履起而彷徨。"李善注："跐履，足指掛履也。跐與躧音義同。"《漢書·雋不疑傳》："勝之開閣延請，望見不疑容貌尊嚴，衣冠甚偉，勝之躧履起迎。"顔師古注："履不著跟曰躧。躧謂納履未正，曳之而行，言其遽也。"南朝齊陸厥《奉答内兄希叔》詩："嘉惠承帝子，躧履奉王孫。"《樂府詩集·雜曲歌辭二·傷歌行》："攬衣曳長帶，屣履下高堂。"《後漢書·鄭玄傳》："國相孔融深敬于玄，屣履造門。"李賢注："屣謂納履未正，曳之而行，言趨賢急也。"《南齊書·蔡約傳》："高宗爲録尚書輔政，百僚屣履到席，約躡屐不改。"又作"縰履"，"縰"與"鞑/躧"通。《莊子·讓王》："原憲華冠縰履，杖藜而應門。"郭慶藩集釋引李頤曰："縰履，謂履無跟也。"

再看乙卷和丙卷，乙卷字形作"踈"，諸家據字形錄作"踈"，甚是，然字書未見此字形。今謂"踈"當爲"𨇨"之俗寫。又丙卷作"𨁈"，則爲"𨇎"之簡寫"跌"之訛變字形，其聲符構件"夾"訛變作"奭"形。然"𨁈"字，文獻中祇見作複姓"𨁈跌"用字，《集韻·屑韻》："跌，姓也。後唐有𨇎跌琉。"《通志·氏族略五》："𨁈跌氏，北蕃首領。"《新唐書·郭知運傳》有人名"𨁈跌思泰"。此意義於文句無取。今謂"𨁈"應爲"䩡"之異體，因"䩡"與足履相關，故改換形符從足。此類現象故訓材料習見，如上文所述的"韆一躧"、"鞋一跬"、"韃一蹝"，後文的"靸一趿"等。

"䩡"，《説文·革部》："䩡，鞮。䩡沙也。"段注："謂鞮之名，䩡沙者也。鞀角、䩡沙皆漢人語。《廣雅》之'𩋳鞢'也。𩋳，古匣切。鞢音沙。𩋳鞢、鞣韡，靸屣也。《集韻》：屣與韡同。《廣韻》：𩋳鞢，索韡、胡履也。《釋名》：鞣韡，韡之缺前壅者，胡中所名也。"《玉篇·革部》："䩡，公洽切，鞮屬。"《切韻·洽韻》："䩡，履跟。"《廣韻·洽韻》："䩡，履根。"《龍龕手鏡·革部》："𩋖，今；䩡，正。古洽反，䩡，履根也。""䩡"爲胡履，皮革所制，但無"前壅"，"壅"通"鞿"，指靴、襪的筒兒，由於這種鞋没筒，所以適合靸著穿，這樣就與"韃"相類。《慧琳音義》卷五十四《頻婆娑羅王詣佛供養經》："金屣，師滓反，《考聲》云：履之不攝跟者也。《字書》：䩡，韃也。即今之皮履也。西國俗尚著此也。《説文》作'韃，鞮屬。從革徙聲。'或作蹝，並同。"

"䩡"又作"𩋳"，《集韻·洽韻》："䩡、𩋳，《説文》：鞮沙也。或從盍。"《廣雅·釋器》："𩋳鞢，履也。"《篇海類編·革部》："𩋳，履根。"又作"鞈"，《類篇·革部》與《集韻·合韻》皆云："鞈、䩡，……或從夾。""鞈"又爲"靸"之或體，《集韻·合韻》："靸，……或作鞈。"《康熙字典·革部》："鞈……又《集韻》'悉合切'，音趿。與靸同。""靸"，作名詞指拖鞋，作動詞則穿鞋時不提後跟，拖著鞋走。唐王叡《炙轂子録·靸鞵舄》：

"三代皆以皮爲之。靸鞵，《禮》云：單底曰履，重底曰舄，朝祭之服。自始皇二年，遂以蒲爲之，名曰靸鞵。"五代馬縞《中華古今注·靸鞋》："蓋古之履也，秦始皇常靸望仙鞋，衣褰雲短褐，以對隱逸、求神仙。至梁天監年中，武帝解脫靸鞋，以絲爲之，今天子所履也。"唐趙璘《因話錄·征》："院長每上堂了各報，諸御史皆立于南廊，便服靸鞋以俟院長。"宋吴文英《八聲甘州·陪庾幕諸公遊靈岩》詞："時靸雙鴛響，廊葉秋聲。"元秦簡夫《趙禮讓肥》第一折："破麻鞋脚下靸。"爲突出其行走的特點，"靸"又作"趿"，元吴西逸《梧葉兒·京城訪友》曲："塵土東華夢，簪纓上苑春，趿履謁侯門。"明李夢陽《于公祠重修記》："伏臘忌歲，梁父老則把香曳趿履，若少壯咸集，如不期至。"也就是説，"鞅/跌"與"躧/蹝/屣/縰"爲同一類屬，皆爲"鞮屬"。"躧/蹝/屣/縰"與"靸/趿"當爲古今字用關係，早期多用"躧/蹝/屣/縰"，後代文獻，特别古白話文獻多用"靸/趿"。"鞅（跌）履"與"躧履/蹝履/屣履/縰履"、"靸鞋/靸鞵"及"趿履"語義所指相同，與傳世文獻相類俗語中"著靴"語義相當。

我們將甲卷、乙卷、丙卷"耕田人打兔，蹠履人吃臛"中"蹠"的字形"䟤"、"蹼"、"䟢"分别錄文作"跣"、"踙"、"跣"，校讀爲"蹝"和"鞅"，這樣諸字形和諸家釋義就能得到很好的統攝。

〔主要參考文獻〕

伏俊璉．敦煌赋校注．兰州：甘肅人民出版社，1994.

黄征．《燕子賦》研究．敦煌研究，2003（1）.

黄征．敦煌俗字典．上海：上海教育出版社，2005.

黄征，張涌泉．敦煌變文校注．北京：中華書局，1997.

江藍生．敦煌寫本《燕子賦》二種校注（之一）．//甘肅社會科學院文學研究室編．關隴文學論叢一·敦煌文學專集．蘭州：甘肅人民出版社，1982.

項楚．敦煌變文選注．成都：巴蜀書社，1990.

項楚．敦煌變文選注．增訂本．北京：中華書局，2006.

蕭旭．敦煌賦校補．［韓國］敦煌學研究，2008（1）.

趙家棟．《燕子賦（一）》中“諸問”考辨．中國語文，2010（1）.

Interpretation of Zhilv（蹠履）in Yanzi Fu（one)

Zhao Jiadong

（The Academy of Literature of Nanjing Normal University，
Nanjing 210097，China)

Abstract：In this paper，according to original text proofread，character identification and words interpretation，we made further analysis and explanation of *Zhilv*（蹠履）in *Yanzi Fu*（*one*）. In the volume P. 2491，the character ‘蹝’ of *Zhi*（蹠）should be proofread as *Xi*（跿）. *Xi*（跿）is the form of folk character of *Xi*（蹝）. *Xi*（躧）is its another variant character. In the volume P. 3666，the character ‘蹊’ should be proofread as *Xie*（跌），and in the volume P. 3757，the character ‘[illegible]’ should be the false changed character of *Xie*（跌）. *Xie*（跌）is the variant character of *Jia*（鞅）. *Jialv*（鞅履），*Xilv*（躧履/蹝履/屣履/縰履），*Saxie*（靸鞋/靸鞵）and *Salv*（趿履）have the same semantics，equivalently the similar proverb *Zhuoxue*（著靴）in handed-down documents.

Key words：*Yanzi Fu*（*one*）；*Zhilv*（蹠履）；interpret

（趙家棟，南京師範大學文學院，郵編 210097）

趙憲《朝天日記》與許篈《朝天記》詞彙比較研究

——兼論《燕行録》語言研究之意義

謝士華

内容摘要：我們從三方面考察了趙憲《朝天日記》與許篈《朝天記》的詞彙差異：一、異文詞彙比較；二、詞彙特點比較；三、對俚俗語言的關注比較。對《燕行録》的語言進行開發利用，既有助於漢語史的研究，也有助於社會語言學、對外漢語教學的研究。

關鍵詞：趙憲　許篈　《燕行録》　語言學

引　言

韓國的漢籍文獻《燕行録》① 多方位地記録了明清時期的中國社會，是研究中朝歷史關係的重要資料，也是研究明清兩朝政治、經濟、文化、社會等方面的重要史料。2001 年《燕行録全集》的出版，掀起了《燕行録》研究的熱潮，湧現出一批批《燕行録》文獻彙編成果，如弘華文主編的《燕行録全編》(第一輯)(廣西師範大學出版社，2010 年)，復旦大學文史研究院與韓國

① 《燕行録》是古代朝鮮半島出使中國（明清朝）的官員或隨行的文人用漢文寫成（有極少部分用韓文）的文獻，包括日記、詩歌、家書、公文等。其數量尚無定論，目前仍在搜集、考訂中。

成均館大學東亞學術院大東文化研究院合編《韓國漢文燕行文獻選編》（復旦大學出版社，2011 年）等。林基中則一直致力於《燕行録全集》的補訂工作，日本也有不少成果。目前，研究隊伍多集中于歷史、文學領域。從語言學的角度對這一批文獻進行研究，可謂鳳毛麟角①。

趙憲《朝天日記》與許篈《朝天記》② 是《燕行録》早期文獻中特别值得研究的兩篇。趙書收録於《燕行録全集》第 5 册，許書收録於《燕行録全集》第 6、7 册。二書同時被《韓國漢文燕行文獻選編》(以下簡稱《選編》) 收録（見第 2、3 册）。本文所用版本爲後者。

宣祖七年（即萬曆二年，1574 年）朝鮮國王派遣使團前往北京慶祝萬曆皇帝 12 歲的生日。使團一行共有 36 人，聖節使是朴希立，書狀官許篈、質正官趙憲隨行③。對於此次行使的經歷，許篈、趙憲皆以日記的形式記載下來。二書寫作時間相同，刊行時間不同。趙書是在他逝世 160 年後（即 1734 年）由英朝

---

① 據筆者所知，国内有两篇論文：汪如東《朝鮮人崔溥〈漂海録〉的語言學價值》(《東疆學刊》2002 年第 1 期)、丁鋒《〈燕行録全集〉所見朝鮮使臣的明清諸語言記録》(《如斯齋漢語史叢稿》，貴州大學出版社，2010 年，第 306－341 頁)。另外，葛振家曾在《崔溥〈漂海録〉評註》一書中指出崔溥《漂海録》有相當的口語成分，具有一定的語言學價值，並列舉了該書使用的一些口語、方言詞（第 207－209 頁)。韓國人梁世旭《崔溥的〈漂海録〉在漢語方言詞彙史上的價值》(《韓漢語言研究》，韓日中國語言學研究系列 2，［日］遠藤光曉、［韓］嚴翼相編，學古房，2008 年) 通過更多的實例佐證了葛的觀點。

② 許篈之《朝天記》版本衆多，名稱不一，或爲《朝天記》，或爲《荷谷先生朝天記》，或爲《朝天録》。因《選編》稱《荷谷先生朝天記》，故本書概稱《朝天記》，略稱許書。趙憲《朝天日記》略稱趙書。

③ 使行路線、行程參夫馬進著、伍躍譯《朝鮮燕行使與朝鮮通信使》(上海古籍出版社，2010 年，第 6 頁)。

鮮宗下旨刊行。許書則在成書之後即時刊行，並收録於《荷谷集》[①]。趙書約 6 萬字，許書約 7.5 萬字。

本文擬就趙、許二書的詞彙差異進行考察，探究其語言特點，以期爲揭示《燕行録》文獻的語言面貌做準備。本文主體由三部分構成：一、異文詞彙比較；二、詞彙特點比較；三、對俚俗語言的關注之比較。第四部分對二書詞彙差異所形成的原因進行探討。

一　異文詞彙比較

趙、許二人同時出使燕京，沿途記載的所見所聞，有所同有所不同。就同而言，有記載詳略差異。本文所謂"異文"，是指從二人日記中抽出共同記載且詳略相當的部分。此外，對衹記録時間、地點的流水帳類行程，以及對沿途瞻望的自然、人文風光的描繪及所思所感，本文不納入考察範圍，專對行程中發生的事件、聽聞的傳説、軼事進行考察。我們篩選出 29 條值得關注的異文，舉例如下：

1. 趙書：（六月十八日）湯站守堡官王魁送下程，爲遣通事遺禮單故也。其舍人怒其扇把之少，棄而先行，尋令人持去。(108)

許書：（六月十八日）湯站指揮送舍人六名，來致下程。饋給如前，舍人輩嫌其少，發怒委棄而去。余等欲試之，令姑勿追贈。最後一人，還推而去。極好笑也。(79)[②]

---

① 有關二書的刊行背景，可參看《選編》（第 2、第 3 册）相關部分的《解題》。此外，趙憲出使後另著有《東還封事》，是準備向朝鮮國王遞交的覆命報告。

② 上句爲趙書例，下句爲許書例。例句末括弧内數字爲其在《選編》的頁碼。以下皆同。

2. 趙書：（六月二十一日）站舊城差廣。嘉靖丙辰年，有達賊來圍，竟屠其城，殺戮殆盡。賊去後不能守城，退築而小之。(110—111)

許書：（六月二十一日）城圍舊則極大。嘉靖辛酉五月二十七日，達子陷其城，盡搶人民。故今狭小其制，令其易守。(83)

3. 趙書：（六月二十一日）添福年方十九，雖不讀書，而性甚孝順。與之酒果，輒以奉母。自以酒瓜，報禮以謝。(111)

許書：（六月二十一日）添福来見。饋以燒酒及蜜果，即持以遺母。少頃，攜酒一瓶、片瓜一器以贈余。(84)

4. 趙書：（六月二十五日）書狀主嫗之子爲言門子，見其曉出夜還，問諸主嫗以其故。嫗曰："咄，此小家子（乃怒而詈之之辭）①。莅任以後，虐使下人。例令丑入亥退，一時或闕而現發，則即徵米三斗，名補寬城之用，而實以載轉於家。"(115)

許書：（六月二十三日）余令安廷蘭問言之行事於主嫗。答曰："言是小家子奴材，其惡在前人無比。平居每一日三次點呼書吏、門子等名。一或不在，則徵米三斗。託言載送於寬佃子築城處，而實則私爲己用。"(95)

5. 趙書：（七月十七日）畢有一孫，能讀書解對句。喜而奬之，畢亦感而謝之。昏来要捧房錢，詐謂從人之竊衣，竟夜怒罵。(143)

許書：（七月十七日）世濟之孫志道能做對句……（十八日）奸狡貪惡無比，託言我人庋架上衣，與其子寵極發謾言……世濟又善偷竊，一行人及騾主多失其物焉。(165—

① 括弧内原文爲雙行小字，乃注釋用語，今改用括弧以區別之，下同。

166）

6. 趙書：（八月初三日）陽明是效象山之禪學而僞者也。當其在家教授生徒之時，其妻出外，口罵門徒曰："此是僞學，效他甚麼？"門徒即日散去。（172）

許書：（八月初三日）一日，陽明之妻出外，詬其門第曰："你何敢相率而師矯僞者乎？"門第由是多散去。（209）

7. 趙書：（八月初四日）作家者是總兵官，而營構未幾，其子即賣於内官，官者又賣于成國公後孫朱希忠。希忠父子亦即同死云。（176）

許書：（八月初四日）午餉于成國公朱希忠別墅。此家舊爲總兵官者所創，後屬太監，復轉買于朱云。（215）

8. 趙書：（八月初九日）皇上皆答曰："知道。"……皇帝曰："與飯吃。"（183）

許書：（八月初九日）帝親發玉音曰："與他酒飯吃。"（224）

限於篇幅，所採納的異文不全部羅列。我們對各組異文中的詞彙進行比較之後，將同概念但用詞有差異的詞語做了歸納、整理，見表1。

表1　趙《朝天日記》與許《朝天記》之異文詞彙比較

序號	趙書	許書	序號	趙書	許書
1	酒	酒肉	22	棄	委棄
2	差廣	極大	23	酒	燒酒
3	圍（城）	陷（城）	24	果	蜜果
4	小（之）	狹小（其制）	25	皇上	帝
5	一時	一	26	瓜	片瓜
6	闕	不在	27	爭訟	獄訟
7	侵剝、侵索	侵割	28	（醫）藥	（方及）藥物

續表 1

序號	趙書	許書	序號	趙書	許書
8	曰	説	29	遺	送、付、致
9	告、訴	告訴、告	30	解	能做
10	陷(城)	圍(城)	31	詐謂	託言
11	小兒	嬰兒	32	書	題
12	善政	會做	33	竊	偷竊
13	怪	誕	34	解	答
14	生徒、門徒	門第	35	末端	紙後
15	口罵	訴	36	墜	投
16	家	別墅、家	37	飯	酒飯
17	作、營構、搆	創	38	爭攫	爭掠
18	內宦、宦者	太監	39	主家	主人
19	萬邦	萬方	40	死	卒
20	怒	發怒	41	剃頭	劗(剪)髮
21	行	去	42	幾何	多寡

我們從兩方面對該表所反映的詞彙現象進行分析：

(一) 從單雙音節的角度來看

其一，趙書使用單音節詞，許書使用雙音節詞。這種情況爲數衆多，共 14 例，佔 33.3%，如：酒—酒肉、小—狹小、闕—不在、告（訴）—告訴、家—別墅、怒—發怒、棄—委棄、酒—燒酒、果—蜜果、瓜—片瓜、藥—藥物、解—能做、竊—偷竊、飯—酒飯等。其中，具有相同語素的例子尤其值得關注。這表明許篈有意識地使用雙音節詞語。

其二，趙書使用雙音節詞，許書使用單音節詞。這種情況不多，共有 4 例。如：一時—一、口罵—訴、營構—創、皇帝—帝。許文中的"一""訴""創""帝"四個單音節是文言詞語，趙文採用的“口罵”“皇上”是口語詞，“一時”“營構”非口語詞，仍具有一定的文言色彩。雙音節詞顯然比單音節詞具有更强的口語性，但是比例太小，衹佔 9.5%。

其三，二書皆使用雙音節詞，但它們的口語程度有差異，共 14 例，占 33.3%。如：差廣—極大、侵剝（侵索）—侵割、小兒—嬰兒、善政—會做、生徒（門徒）—門第、内宦（宦者）—太監、萬邦—萬方、爭訟—獄訟、末端—紙後、詐謂—託言、主家—主人、爭攫—爭掠、剃頭—劗（剪）髪、幾何—多寡等。其中，“差廣”“善政”“内宦（宦者)”“末端”顯然不如“極大”“會做”“太監”“紙後”口語性强。其餘幾組則性質較爲接近，或皆文言，或皆口語。

其四，二書皆使用單音節詞，口語程度有差别，共有 10 例，佔 23.8%。如：圍（城）—陷（城）、陷（城）—圍（城）、曰—説、行—去、解—答、死—卒、墜—投、怪—誕、書—題、遺—送等。“圍（城)”是口語詞，“陷（城)”是文言詞，出現于兩處異文中，二者混用，一處趙用“圍（城)”，許用“陷（城)”，另一處則正好相反。“曰”“行”“卒”“遺”爲文言詞，“説”“去”“死”“送”是口語詞。“解—答”“墜—投”“書—題”三組的詞語性質相似。

(二）從口語與文言角度來看

可明顯判斷爲許採用口語詞而趙使用文言詞的情況，共有 19 例（即小—狹小、闕—不在、告（訴）—告訴、家—别墅、怒—發怒、棄—委棄、酒—燒酒、果—蜜果、瓜—片瓜、藥—藥物、解—能做、竊—偷竊、差廣—極大、善政—會做、内宦（宦者）—太監、末端—紙後、曰—説、行—去、遺—送)。趙書是否也有許書所用的雙音節詞或口語詞呢？有些常見或有用例，如“發怒”“説”有 2 例，“酒肉”“燒酒”“酒飯”“太監”皆有 3 例，“不在”“去”“送”用例甚夥，不煩統計，有一部分則未見用例①。

可明顯認定趙使用口語詞而許用文言詞的情況十分少見，共有 4 例（即口罵—詬、皇帝—帝、死—卒、怪—誕）。其餘組所用詞語性質相似，可略而不論。

我們大致認爲：許書雙音節詞較爲豐富，趙書則相對貧乏。其因有二。一是與二書的句式特點有關。趙書多用短句，字數一般爲四五個，極爲工整，如上舉各例。許書善用長句，長短句並用，字數不一，亦見上所舉之例。二是與兩人所掌握的漢語詞彙豐富與否有關。詞彙量大小往往決定一個人的寫作能力。許篈的詞彙較豐富，故能靈活使用雙音節詞，甚至寫長句，這方面趙不如許。但是，我們現在難以肯定地認爲許篈多使用口語詞而趙憲採用更多文言詞語。我們試圖從别的角度對二書的詞彙做進一步對比，如下第二、三部分。

二　詞彙特點比較

通過考察趙、許二書的異文詞彙，我們發現它們的詞彙特點可能存在一定程度的差異，這種差異究竟是怎樣的？這一部分我們選取某些詞語，即“（某某）説”“～來”“老爹”②，考察它們在二書中的使用情況有何異同。

（一）“（某某）説”的使用情況

“説”，作動詞，表示向他人傳達某種資訊，可用於直接引語和間接引語中，引出主語所傳達的話語。據汪維輝（2005）考

① 我們所統計的詞包括狹小、告訴、别墅、委棄、藥物、會做、極大，皆不見用例。另，與“瓜”同的有“西瓜”一詞，共 3 例。

② 選擇這三類（或個）詞語做比較的對象，我們没有特定的標準，實因它們在明代《燕行録》文獻中出現頻率較高，且性質（指文言或口語）明確。

察，“説”最終取代“道”，是在元末明初這一時期。趙、許于明萬曆二年（即1574年）出使燕京，此時“説”早已覆蓋了北方地區。“説”字在趙書共出現12例，但多作名詞用。有4例作動詞，其義一爲“説服”，一爲“議論”，另有2例值得注意，即：

（七月初八日）令錦衣衛相視良醞廚役楊忠、小廝吴海之自縊緣由來説[①]。(273)

（七月二十八日）着都察院會同工部通查前後經管人員，参來處置，一應修造等事宜，工部看議來説。(287)

二例可作“(某某）説”解，義同“言”“語”“道”。許書的“説”多見，作動詞，義與“曰”“道”“言”等同的共有17例，舉例如下：

（六月二十四日）純彦説嘉靖乙卯年間，有巡按禦史陳瓚，持身清苦，凡朝夕飲食之資，皆取於其家。(110)

（七月十六日）安廷蘭説嘉靖丙寅閏十月初五日，達子圍城，穿數十穴以進。(164)

（九月初六日）忽黄昏，宋大春引一人來，傳一封書劄。急問之則乃季達之使者也，其名楊應元。説季達追余不及，令應元走馬來尋余。(292)

（九月二十九日）白元凱説照之死在癸亥年八月二十八日。(335)

（十月初五日）金鸞孫、林有聃等又至，説昨曉發鞍山，路陷於淖，僅宿沙河鋪，今又艱關到此。(339)

大部分例句難以判斷爲直接引語或爲間接引語，但足以肯定的是這些“説”與現代漢語的“（某某）説”用法完全一致。

---

① 該句頗爲拗口，疑是受韓文語法的影響，正常語序當爲“令錦衣衛相視良醞(之後)，(再）來説廚役楊忠、小廝吴海之自縊緣由。”以下“（來）説”之例亦同。

(二)"～來"的使用情況

"時間名詞＋來"是中古漢語常見的一種現象。"～來"表時間概念，"來"是無實義的詞綴①。趙書"～來"多見，有"昏來 2""朝來 2""古來 2""前來 3""今來 1""曾來 1""時來 1""夜來""將來 4""近來 1"②。

(七月二十一日)余與書狀坐于樹陰，聞前來行次寓此時，有禹軍官者——弄其子婦，婦告舅姑以今來判事輩——遺我甚厚，不可不厚報。(前來，即以前；今來，即現在)(149)

(七月二十九日)曰："前來亦有如此官員乎?"曰："曾來知府王名桂，河南懷慶府人，而性甚勁直，不爲非義。"(前來，即以前、以往；曾來，義同前來③)(159)

(九月初八日)時來書狀閔時中，亦是躁暴之人，而使猶以爲緩，不能治事云。(時來，即當時)(238)

(九月十二日)待夜來城中放炮一聲，則一時燃炬擊鼓。(夜來，即夜晚)(245)

許書只有"近來 3""將來 2"，如：

(五月十二日)近來二十餘日不雨，旱氣太甚，埃塵漲天。(18)

(七月二十五日)庶子童承敘則曰："莫如姑緩，以俟將來。"(186)

根據對漢語史上"～來"構詞情況的初步考察，可以推斷

---

① 參方一新《中古近代漢語詞彙學》上册第 697－700 頁。方書所舉之例某些與此處釋義稍有别，見以下例句後對各詞的解釋。

② 詞後的數字爲其在趙書所見用例的次數，下同。"將來""近來"構詞方式略有不同，因皆表時間，故此處一併考察。

③ 方一新《中古近代漢語詞彙學》上册(第 698 頁)"前來"釋爲"剛纔"，(第 697 頁)"曾來"釋爲"從來"，義皆與此處不同。

“～來”在明代早已不可能如此活躍了[1]，趙書的“～來”是一種仿古用法，亦或者是趙憲根據所學之“～來”過度類推而形成的非漢語詞。許書則不見這種泛濫現象，也證明這種推測的可能性。

(三)“老爹”的使用情況

“老爹”活躍於元明時期，是當時的一個俗語詞，有多種用法：一是對年老男子的尊稱，二是某些地方用以稱祖父或父親以及官員之父，三是僕從對家主、衙役對長官的尊稱。趙書只見一例“老爹”，即：

（八月初八日）宋大春輩例持貨物而來，故稱之曰：“老爹（中原呼官員之稱），冠帶必擇新件以與之。”(181)

趙對“老爹”特别注明其義，説明趙是第一次聽到或見到該詞。

許書共有24例“老爹”，皆見於對話體中，使用極其熟練。早在明成化二十三年（即1487年）崔溥的《漂海録》[2]中，就曾多次使用該稱呼。稍後權撥《朝天録》[3]也有不少用例。可以推測，許篈在出使燕京之前，已熟讀過有關燕行的著作。許書有三次提及崔溥或《漂海録》，即：

（六月初四日）余出橐紙二十一卷，令印朱子書節要及《漂海録》。(60)

（六月初十日）抵於義州城，城臨鴨綠江，最爲西方重鎮，而閭井蕭條，殊不稱焉。此崔錦南所謂正當唐野人往來之沖。(70)

---

① 張相《詩詞曲語辭彙釋》（第793頁）有“夜來（昨夜）”條，所舉例多爲唐宋詩詞、元雜劇，但不見其他“～來”的詞語。

② 崔溥《漂海録》，收録於《燕行録全集》第1册，《選編》第1册。

③ 權撥於明嘉靖十八年出使北京，其《朝天録》收録於《燕行録全集》第3册，《選編》未收録。

（八月十三日）余平日竊怪崔錦南評中國之俗曰“尚道佛崇鬼神”，以爲中華文物禮樂之所聚，彼遐荒僻村則容或有禱祀之處，而烏有舉天下皆然之理。今而目擊，則斯言誠不誣矣。(233)

許篈將崔溥書描繪的中朝社會來比照出行沿途的所見所聞，可謂受其影響不小。趙書則未提及崔溥及其《漂海録》。當然，我們無法據此認爲趙憲不曾閲讀過《漂海録》，而只能判斷崔著對他的影響不如許篈大。

從考察趙、許二書“（某某）説”、“～來”、“老爹”的使用情況，我們得以明確這樣一個事實：趙書極少用“（某某）説”“老爹”，却大量使用早已過時或非地道的漢語“～來”類詞；許書恰恰相反。這是否表明趙的漢文水準不如許嫻熟？極有這種可能性。然而，我們又不得不重視以下一種現象，即趙書記載了更多的俚俗語言。

三 對俚俗語言的關注之比較

趙憲在此次出使中擔任質正官，其使命是向中國方面請教朝鮮尚不了解的中國的文物風俗，（夫馬進：7）特别是語言問題①。既然如此，趙憲應更注重記録當時的風俗習語纔是。事實

① 許書在日記中對質正官向中國人請教一些名物的做法，提出過批評。原文如下：“汝式以質正條問于之符。之符只答三事，題其紙後曰：‘承教數物。黄花菜、樉棗、馬蹄鹽，出自陜西者，可得而知之。出自别省者，知之未詳，不敢妄言。若悉數物而不遺者，方術之士也。在聖門，爲玩物喪志。在吾儒，爲博學小人。是故，區區未暇此也。惟亮之，幸荷。’蓋我國之質正文義也，承文院官略不加意。及其拜表日迫，祇令書員抄出《吏文》中俗語以爲問。其最可笑者，或雜以淫褻戲慢之語。故中朝人多嗤之。此乃我國有司之過也。之符所答，正中我國之弊。其可愧也夫。”（第207—208頁）

的確如此。我們對趙、許二書中出現的“彼有此無”① 現象進行分析，發現二人所記載的事件（或有無或詳略）十分不一樣。趙憲所關注的內容，大致可分爲四大類，一是風土人情，包括喪葬、服飾、婚嫁、迷信、（中舉）慶賀等；二是官吏、稅收，包括稅銀徭役法、貪官污吏、士人舉止等；三是民間傳聞與名人軼事；四是日常小事，包括自己的糗事、下人的言行等。舉例如下：

（六月十九日）問其主人曰："北家田中露置棺材，是何故也?"曰："死者子孫男女之衆，皆遇吉日，然後乃克葬。故如此。"(109)

（六月二十日）曰："這地方御史爲誰?"曰："姓郭名不知（後聞則思極也）。"曰："那裡人耶?"曰："南人也。初來只是瘦蠻子，今作胖蠻子。（胖，肥也。蠻子者，北人辱南人之辭）"(110)

（七月二十九日）曰："今通判是甚麽人?"曰："是公子。"曰："有善政乎?"曰："公子那裡有善政乎?"曰："何謂公子?"曰："吾地人謂卿相之子不曉民事者曰公子。"曰："既是公子，自爲孩兒，慣見其父臨民處事之規，以長知識矣。何謂不曉民事?"曰："貴家子弟，生長豪侈，不事問學，習成愚騃。幸以父兄之蔭，便得臨民之官。則唯知自奉之當厚，不念民窮之可哀，故民咸怨之，謂之公子。"(160)

（八月初八日）押馬、通事其分有等。而館夫以押馬不持貨物而來，已無所利，故必擇弊衣冠以與之。金、鄭輩即令改納，答曰："窮鬼甚麽"云。(181)

（八月十七日）有官者數人，來欲交話。余答以不通話。

① “此有彼無”的概念，借自汪維輝《〈老乞大諺解〉〈朴通事諺解〉與〈訓世評話〉的詞彙差異》（《語言研究》2011 年第 2 期），但所指略有不同。

又有儒生數四人來言曰："這是高麗人乎?"余曰："怎麽每道高麗？高麗是吾地前代之名，今則名喚朝鮮。這也是皇朝所定國名。"……有一官者怪余堅坐，紿之曰："你的紗帽怎無軟脚乎?"余未免爲其所欺，以手撫之，彼乃大笑而去。(198)

趙憲對當時流行於下層百姓的俗語十分留意，並喜用對話體的方式。許書除大篇幅記敘公事對話、與士人學子有關陽明理學的議論外，較少採用對話體，所記載的內容以公事爲主。許文記載的事件大致可分爲四類，一是公事，即通事與官員的交往對話；二是官場軼事，包括品評政治人物、貪官污吏等；三是有關王陽明的討論，包括其學説與從祀事件的議論；四是政治公文、榜文、文人詩文等。試舉幾例：

(六月初七日)嵩終日默不言，本舉止驕傲，俱缺恭敬之禮。穆宗極嗤之，語人曰："今日之會，嚴不言，李不禮。"蓋漢音嚴與言、李與禮聲相近故也……用卿棄官而去，中朝人呼爲龔風子。風子云者，病風喪心之謂也……鏡面紙六十張、大笠子五部。鏡面紙即我國咨文表紙也。(64—68)

(六月二十三日)有一人持榜文以過，余取視之，乃都司所爲也。榜曰……此文正是形狀自已之惡也。聞其賫來舍人指其中"壓買"二字而言曰："老爹真個是壓買，何以禁他"云。(94—95)

(八月十八日)純彦告曰："陪臣稟上老爺，竊聞今方纂修新會典云。本國宗系事情，望老爺俯賜成就。"尚書曰："這個事情，時未曉得，當查看替你行。"(243—244)

(九月二十九日)一日，以其生辰，大官咸集其衙門設宴。宗道亦參焉。酒半，照謂宗道曰："照欲有請於公，而慮公見拒，未敢發言。"宗道曰："公座有言則雖死敢不從?"公座，如我國城主之稱也。照曰："欲雇公十萬兩銀，以爲

士卒之用。”蓋譏之也。宗道俯首不能言。之誥徐解之曰：“今日但飲酒樂耳，何論他事？”因此各不悦而散。（333—334）

趙、許二人對一些詞的解釋，值得特别關注，如趙書：“胖，肥也。蠻子者，北人辱南人之辭”“石，十斗”“一條藤，言無異也”“小家子，乃怒而詈之之辭”等，又有對“公子”“滚掛”的詳細説明等，都出自下層百姓的口中，故語言不避俚俗。許書較注重對一些政治名詞的解釋，如“鏡面紙”“掛紅”“贑老”“卯簿”“火房”“公座”等。至於“風子云者，病風喪心之謂也”“嚴不言，李不禮。蓋漢音嚴與言、李與禮聲相近故也”是在敘述朝廷官員事蹟隨文所做的釋義。

所記載内容性質的不同決定了趙、許二書在詞彙使用上的差異。趙書記録了相當量的下層百姓的生活狀況，這部分的語言比較口語化，許書用大量篇幅記載公事、公文、詩文、論學等，這一部分文言化較强。正因爲如此，趙書比許書更具有可讀性。這似乎與前文考察的結果相矛盾。究竟是趙書更具口語性，還是許書反映了更多口語詞彙？太田辰夫在《中國語歷史文法・跋》指出“處理中國古代文獻是極爲困難的”，並提出將文獻分爲“同時資料”和“後時資料”。漢語文獻的語言是相當複雜的，對中國的傳世文獻而言是如此，對域外漢籍而言更是如此。對《燕行録》文獻而言，判斷某部著作是口語成分多於文言成分，還是相反，或者判斷一部著作比另一部著作更口語化（或文言化），都不是件容易的事情。

四 詞彙差異形成的原因探討

以上考察表明，趙、許二書的語言存在“彼俗此文”或“彼文此俗”[①]。造成這種現象的原因我們在以上行文中皆有交待，現做進一步探討。

首先，從二人的出身看。許篈出身於名門，父親是享有盛名的許曄，弟弟許筠亦極負文名。（夫馬進：6－7）[②] 許篈僅 18 歲就以第一名的成績考中生員，歷任權知承文院副正字、藝文館檢閱、禮曹佐郎等職務。如此高貴的家庭使他能夠享受良好的教育，其生活圈以高官、貴族爲主。因此許書多記載高官要職人物，對一般百姓較少關注，語言顯得更爲文雅、標準，便不足爲奇。

趙憲比許篈年長 7 歲，擔任過定州教授等文教方面的官職。與出身名門的許篈不同，他“門地卑微，並無家學，生活貧寒，據説曾經自己動手耕田采薪放牛”。（夫馬進：7）趙書有不少他勸勉寒門子弟進學的記載。趙氏將目光更多地投射於貧民百姓，記録他們的生活，極力用他們的語言説話，是理所當然的。“並無家學，生活貧寒”，他没有條件受到良好、正規的教育，日記中出現的某些不太標準、過時的詞語，情有可原。

其次，從二人本次出使所任官職來看。趙憲爲質正官，職責是搜集、請教中國的風俗文物，尤其是語言問題[③]。質正官的身

① 所謂“俗”乃相對口語化而言，並非指一般意義上的俗語詞，“文”大略指文言，二者皆爲相對概念。

② 關於許篈的家世生平，可參看許篈《荷谷先生朝天記》附録尹南漢《解題》，見《國譯燕行録選集》卷一，古典國譯叢書第 95，韓國民族文化推進會，1976 年。又《選編》第 4 册許篈《朝天記》之《解題》。

③ 趙憲《朝天日記》末尾附有二十九則“質正録”，是趙憲對某些不懂的俗語、名物詞，經此次出使得以明了的內容。如“撚物：以手磨研凡物也”，“越越：方言，添加之意也”，“石油：陝西四川兩界之中，連陰谷三百里中有一石山，巔上有穴，穴中有石汁出，取汁點燈，則不滅也”等。這些內容“不僅反映了朝鮮人的認知情況，而且也有助於了解明朝的語言和生活細節”（《選編》趙憲《朝天日記》之《解題》）。

份決定了他必然多關注中國當時的習俗語，注重將沿路了解到的民情記載在案。許篈是書狀官，任務是“在監督使團成員的同時，記録途中的所見所聞，並在歸國後彙報”。（夫馬進：6）因此在許篈的日記裏公事内容佔了很大的篇幅，其語言固然較文言。

再次，從二書的寫作動機來看。許篈對中朝向往已久，因此他主動要求參加聖節使的使團，並得到批准。（夫馬進：6）他寫日記的目的是“廣而告之”，揀重要的内容寫。趙憲則不然，他不曾料想自己的日記會公開出版，所以其中有些内容是相當私密的。比如他多次警戒自己小心言論，如：

（七月初四日）夜與美叔同話，覺有自欺之病，而言脫口，改不得也。(128)

（七月二十七日）（將行，與美叔偶出戲言）“君子無易由言，耳屬於垣”之戒。憲非不曾復，而失恒在是，須識之。(155)

結　語

通過比較趙、許二書的詞彙差異，我們管窺了《燕行録》文獻的語言特點。得出以下結論：《燕行録》文獻並非一體化的文言，其中不乏口語詞，不同作者創作的漢文，有不同的語言特點；搜集其中記録的語言現象有助於漢語史的研究。研究《燕行録》文獻的語言，具有多方面的意義。

首先是對漢語史研究的意義。《燕行録》文獻可以豐富漢語史研究的語料庫。目前漢語史研究的對象大致可分兩種，一種是中國人寫的文獻，另一種是外國人寫的漢文書籍，包括佛經、日僧游唐記、朝鮮漢語教科書、歐洲傳教士旅華記等。韓國漢文文獻，是域外漢籍，屬第二種，但是與其他漢籍相比又有所不同。第一，作者（或編者）不同。已得到開發利用的域外漢籍的作者

（或編者）都是能用漢語口語會話的外國人，而《燕行録》文獻的作者絕大部分不懂漢語口語，不能用口語交流，他們只能用漢文寫作、筆談①。第二，語言性質不同。前者口語性較强，後者以文言爲主，混以俗語詞，口語性較弱②。朴在淵《〈吏文〉前言》："朝鮮時期爲熟悉吏治檔的格式和體例，朝廷挑選明朝的各種檔和朝鮮與明之間的公文中的一部分，編成《吏文》一書，作爲官吏的學習教材。"吏文是一種"漢文特殊文體，以文言爲主，混用白話中的詞彙或特殊用語"。"據推測該書大概是成宗時承文院編纂刊行的，共收録 93 則外交檔，最早的是關於 1370 年……最晚的是 1476 年"③。正如許、趙二人的漢文皆文言、白話混雜一般。《燕行録》文獻的這些特殊性足以使它成爲漢語史語料庫中的一員。

其次是社會語言學、對外漢語方面的研究意義。作爲域外漢籍，《燕行録》文獻保存了不少語言接觸的現象。如趙憲《朝天日記》中的"～來"類詞。又如趙、許共有的"～話"類詞。趙、許二書"～話"類使用甚夥，"話"的組詞能力異常活躍，但它們並非純正的漢語詞彙④。洪大容在《湛軒燕記》之《吳彭

① 也有一些韓國文人懂漢語口語（如洪大容），並且熱衷於學習口語，他們的《燕行録》有更多口語成分。

② 這是就整體而言，有不少《燕行録》文獻記録的筆談對話，也以口語成分爲主。《燕行録》文獻的語言面貌究竟如何，還待做進一步的考察。

③ 參（韓）朴在淵《〈吏文〉前言》，（韓）張俊寧譯，《世界華文文學論壇》2001 年第 3 期。關於《吏文》的語言面貌，可參看張全真的一系列考察論文，如《古代朝鮮官吏漢語教科書〈吏文〉的語言面貌》，《貴州大學學報》2007 年第 5 期；《〈吏文〉中的第一人稱代詞系統》，日本：《言語文化研究》，2005 年；《明初白話聖旨語言研究》，日本：《言語文化研究》，2007 年。

④ 趙書有同話、與話、暫話、再話、會話、坐話、來話、交話、午話、昏話、欲話、夜話等，許書有敘話、同話、來話、暫話、對話、與話、談話、會話、相話、再話、侍話、回話、細話、共話等。

問答》記載了一段對話：

余曰：'當令等候，惟衙門之意未可知，或見拒。當擇門外乾淨去處，從容鼎話。豈不便好？'彭曰：'或在庶吉士館亦可。'又問鼎話何意。余笑曰：'三人會話，俗謂之鼎話。'彭與吴及周生皆大笑。彭曰：'三人曰鼎話，四人則謂何話？'又戲曰：'當謂隅話。'皆笑。(《選編》第 18 册，20—21)

"余"即朝鮮人洪大容，"彭"是清朝官員彭冠。顯然，"鼎話"中朝人不用，乃朝鮮人的創造。諸如此類的語言材料值得大力開發，這些現象不僅是應用語言學領域可資利用的材料，也可作爲對外漢語教學研究的對象。

〔主要參考文獻〕

復旦大學文史研究院，韓國成均館大學東亞學術院大東文化研究院合編．韓國漢文燕行文獻選編（第 3、4 册）．上海：復旦大學出版社，2011.

（韓）林基中主編．燕行録全集．首爾：韓國東國大學校出版部，2001.

（日）夫馬進．朝鮮燕行使與朝鮮通信使．伍躍譯．上海：上海古籍出版社，2010.

汪維輝．老乞大諸版本所反映的基本詞歷時替換．中國語文，2005(6).

方一新．中古近代漢語詞彙學．北京：商務印書館．2010.

張相．詩詞曲語辭彙釋．北京：中華書局，1977.

汪維輝．《老乞大諺解》《朴通事諺解》與《訓世評話》的詞彙差異．語言研究，2011 (2).

（日）太田辰夫．中國語歷史文法．蔣紹愚，徐昌華譯．北京：北京大學出版社，2003.

（韓）朴在淵．《吏文》前言．（韓）張俊寧譯．世界華文文學論壇，2001 (3).

張全真. 古代朝鮮官吏漢語教科書《吏文》的語言面貌. 貴州大學學報，2007 (5).

丁鋒. 如斯齋漢語史叢稿. 貴陽：貴州大學出版社，2010.

Word-use Difference Between Zhao Xian（趙憲）'s *Chao Tian Ri Ji* （朝天日記）and Xu Feng（許篈）'s *Chao Tian Ji*（朝天日記）

——to Discuss the Importance of Study *Yan Xing Lu*（燕行録）'s Language

Xie Shihua

(College of Liberal Arts of Jinan University，Guangzhou 510632)

Abstract：The paper observed the word-use difference between Zhao Xian（趙憲）'s *Chao Tian Ri Ji*（朝天日記）and Xu Feng（許篈）'s *Chao Tian Ji*（朝天日記）from three aspects：firstly，word-use difference between the variants of two books；secondly，the word-use characteristic of two books；thirdly，the different attention of Chinese idiom and slang. Exploiting the language of *Yan Xing Lu*（燕行録）would not only contribute to study the history of Chinese but also help Sociolinguistics and Teaching Chinese as a Foreign Language.

Key words：Zhao Xian（趙憲）；Xu Feng（許篈）；*Yan Xing Lu*（燕行録）；Linguistics

（謝士華，暨南大學中文系，郵編 510632）

科舉文獻語詞研究芻議

孫中强

内容摘要：以現代語義學理論爲指導，對科舉文獻中所擁有的專業語詞進行整理和分析，不僅有利於相關辭書的編纂和修訂，亦可爲建立中國歷史術語學奠定基礎。本文將從現代語義學視角出發，系統論述科舉文獻語詞研究的内容、價值和方法。

關鍵詞：科舉　語詞　語義學

一　科舉文獻及科舉語詞研究概況

科舉文獻是指直接記載科舉制度及其歷史的文獻，與科舉制度相伴而生，劉海峰認爲科舉文獻有狹義和廣義之分[①]。狹義的

---

① 陳長文把科舉文獻分爲三個層次："第一，原始科舉文獻，即核心科舉文獻。是對科舉考試制度、過程、内容、結果及相關人物、事件的原始記錄。一方面包括科舉時代各種科舉考試詔令、試卷、金榜、各種試錄（主要包括鄉試錄、會試錄、進士登科錄、武舉鄉試錄、武舉錄等5種）以及題名碑等官方科舉考試檔案，另一方面還包括各種同年錄、履歷便覽、硃卷（個人刊刻）、書牘等私家記述。第二，專題科舉文獻，即除原始文獻以外的其他科舉專門文獻。包括以下幾類：(1) 關於進士、舉人等科舉名錄的匯輯、剪裁與整理，如明清時期的《皇明進士登科考》《皇明貢舉考》《類姓登科考》《國朝曆科題名碑錄初集》等；(2) 八股文、時務策、試帖詩等選本；(3) 關於備考科舉的專門書籍；(4) 專門記載或研究科舉的著作。第三，相關科舉文獻，即非獨立存在的有關科舉制度、科舉活動及科舉人物等記載的文獻。這一領域可謂浩如煙海，主要包括以下幾類：(1) 實錄、起居注；(2) 隋唐以後歷代正史；(3) 政書；(4) 類書；(5) 方志；(6) 小説、詩歌、戲曲、筆記、文集；(7) 其他文獻。"（陳長文《簡論"科舉文獻學"之研究》，《光明日報》2009年10月12日）

科舉文獻是指專門記載科舉制度相關内容的科舉文獻，也可稱之爲核心科舉文獻。如登科記、題名錄、登科錄、會試錄、鄉試錄、同年齒錄、同年小錄、科第錄、科齒錄、科名錄、硃卷、闈墨、科舉試卷、專門記載科舉的歷史檔案等文獻。廣義的科舉文獻範圍和數量比狭义科舉文獻大得多，在核心科舉文獻之外，還包括非獨立存在的科舉文獻，如正史選舉志、典志中的選舉部分，各種地方志、文集、類書中記載科舉的部分，散見於各種書籍中的科舉試題，以及筆記、小説、戲曲等文獻中關於科舉的直接記載。科舉文獻豐富且繁雜，本部分主要對一些典型的科舉文獻進行簡要的介紹。

（一）科舉錄

科舉錄是科舉文獻中最爲核心和最爲重要的部分。包括進士登科錄、進士題名碑錄、會試錄、鄉試同年履歷便覽等。唐宣宗大中十年（856）官府在以往登科記的基礎上編了第一部登科記，1939 年商務印書館出版的《登科錄題名錄》對此有收集和論述。元代開始刊刻鄉試題名記。明清歷科進士題名碑基本上完整地保存下來，這樣明清兩代就有二百零二次的進士題名碑錄。如明代張弘道、張凝道《皇明三元考》、張朝瑞《皇明貢舉考》和清代法式善《清秘述聞》、王家相等《清秘述聞續》、徐沅等《清秘述聞再續》等。明清兩代共有至少五千四百種科舉錄。

（二）硃卷

硃卷刊刻始於明代，清代硃卷刊刻已經十分普遍。科舉廢除後，此類科舉文獻因時代變革而散失。1992 年上海圖書館搜集硃卷八千餘卷，臺灣成文出版社出版了《清代硃卷集成》，總四百二十册，是研究清代科舉的重要文獻資料。

（三）八股文

八股文是科舉文獻中數量最多的一類，明清兩代產生的八股文不可勝數。主要分爲四種：一是程墨，爲三場主司及士子之文；二是房稿，爲十八房進士之作；三是行卷，爲舉人之作；四是社稿，爲諸生會課之作。

（四）正史中的選舉志以及政書、類書、地方志中的科舉部分也是重要的科舉文獻

從《新唐書》以後，歷代正史多有專門的選舉志，其中科舉佔了主要部分。從宋代的《册府元龜》到清代的《古今圖書集成》等類書一般都有專門卷帙記述科舉。另外，歷代筆記中有關科舉的史料也記載了大量科舉考試的實況，如《歷代教育筆記資料》（四册）中所收錄科舉方面的資料就佔到一半以上。

目前經系統整理的科舉文獻主要有陳文新主編的《歷代科舉文獻整理與研究叢刊》，收集整理的科舉文獻主要包括《歷代制舉史料彙編》《歷代律賦校注》《七史選舉志校注》《唐代試律試策校注》《八股文總論八種》《遊戲八股文集成》《翰林掌故五種》《貢舉志五種》《明代科舉與文學編年》《明代狀元史料彙編》《四書大全校注》《欽定四書文校注》《〈游藝塾文規〉正續編》《欽定學政全書校注》《〈清實錄〉科舉史料彙編》《梁章鉅科舉文獻二種校注》《二十世紀科舉研究論文選編》等。《歷代科舉文獻整理與研究叢刊》的學術價值和文獻價值很高，它不僅使得散亂的科舉文獻得到了整理，而且也爲其他相關學科的研究提供了便利。

科舉語詞研究的成果主要有翟國璋《中國科舉辭典》，它收集了 1700 多條科舉語詞，但仍然還有一部分科舉語詞未被辭典收錄。此外，李茂肅《科舉文化辭典》亦收錄了一部分科舉語詞。一些文章也涉及到部分科舉語詞的研究①，從不同的角度對相關科舉語詞進行了分析。但總體而言，筆者發現科舉語詞研究

---

① 如日本學者曾我部静雄《中國的選舉、貢舉與科舉》、王娥《科舉文化熟語探析》、曹帥《古文化常識——“科舉”詞彙》、蔣金星《〈清代硃卷集成〉的文獻價值和學術價值研究》、趙艷麗《〈唐語林〉詞彙研究》、劉傳鴻《〈酉陽雜俎〉詞彙研究》、曾臘梅《〈唐語林〉語詞與〈漢語大詞典〉訂補》、曹森琳《〈唐摭言〉雙音節詞彙研究》等。

成果的狀況零散而不成系統，鑒於此，本文試圖對科舉語詞研究的内容、價值和方法加以系統闡述，以求教於同行專家。

二 科舉文獻語詞研究的内容

我們依據現代語義學中的語義場理論，把數量龐雜的科舉語詞劃分爲學校名稱、考試科目、考試内容、考試級別、考試場所及規則、考試人員、考試結果等七個語義場，並初步對所能統計到的科舉語詞進行歸類和分析。爲了更爲明晰地顯示科舉語詞的分類，採用圖表來説明每一組的分類情況①。

（一）學校名稱

科舉時期的學校有官學和私學之分。官學又分爲中央官學、地方官學。中央官學有太學、國子學、四門學、宗學、律學、書學、算學等。地方官學有縣學、府學等。私學有家塾、私塾、村塾、蒙學、義學、冬學等。此外，還有一種比較特殊的學校叫書院，開始是作爲官方藏書、校書或人讀書治學之所，後變爲準備科考的場所。

<table>
<tr><td rowspan="3">學校</td><td rowspan="2">官辦學校</td><td>中央學校</td><td colspan="2">太學、國子學、四門學、宗學、武學、書學</td></tr>
<tr><td rowspan="2">地方學校</td><td rowspan="2">書院</td><td>縣學、府學、州學</td></tr>
<tr><td>私立學校</td><td>蒙學、私塾、義學</td></tr>
</table>

（二）考試科目

科目分爲常科、制科、武科三類，常科有秀才科、明經科、進士科、五經科、四經科、三禮科、三傳科、學究科、明法科、明字科、明算科、開元禮科、一史科、三史科、童子科等。後歸

① 各表中的科舉語詞，祇是舉例，而非全部科舉語詞。

併爲德行明經科，也稱爲進士科。制科有賢良方正能直言極諫科、詳明正術可以理人科、洞識韜略堪任將帥科、經學優深可爲人師科、辭殫文律科、下筆成章武藝超絕科、志烈秋霜科、詞科、經濟特科等。由於武科在科舉時代不受重視，故無具體分類。

<table>
<tr><td rowspan="3">考試科目名稱</td><td rowspan="2">文科</td><td>常科</td><td>秀才科、進士科、明經科、三禮科、三傳科、三史科、開元禮科、明法科、明字科、明算科、德行明經科</td></tr>
<tr><td>制科</td><td>詞科、賢良方正能直言極諫科、詳明正術可以理人科、洞識韜略堪任將帥科、經學優深可爲人師科、文辭雅麗科、儒學博通科、才高位下科、志烈秋霜科、文史兼優科、文武材干科、軍謀宏遠材任邊寄科、博學宏詞科、詞學兼茂科、茂材異等科、經博通墳典達於教化科、孝廉方正科、經濟特科</td></tr>
<tr><td>武科</td><td colspan="2"></td></tr>
</table>

（三）考試内容

以進士科爲例，唐初，進士科僅考時務策。唐高宗時加試雜文、帖經。到唐中宗神龍元年（705）形成先帖經，然後試雜文及策的三場考試制度。宋初，考詩、賦、論各一道，策五道，考《論語》十帖，對《春秋》或《禮記》墨義十條，主要以詩賦取士。明代鄉試、會試分三場：第一場，考四書義三道，五經義四道；第二場，考論一道，判五條，詔誥表内科一道；第三場，考經、史、策五道。主要以四書義取士。清承明制，第一場，考四書文三篇，五言八韻詩一首；第二場，考五經文五篇；第三場，考經史，時務策五道。至於殿試，起初考賦、詩、論。宋神宗熙寧三年（1070），改爲試時務策一道。元、明、清一直沿用此題型。

考試文體	策、論、表、判、詔、誥、律賦、五經文、八股文、試帖詩、雜文
考試类型	帖經、經義、經疑、墨義、口義、口試、策問（射策、對策、方略策、時務策）、策論、策冒、試帖、試律、試策、試賦、詩賦論策
考題类型	截搭題、雙扇題、大題、小題、截上題、截下題、截上下題、承上題、冒下題、承上冒下題、半面題、上全下偏題、上偏下全題、上下俱偏題、連章題、全章題、一節題、一句題、半句題、數句題
考試試卷	文卷、墨卷、帖由
考試書目	《五經正義》《四書章句集注》《聖諭廣訓》

（四）考試級別

隋唐五代時期，科舉考試分爲解試、省試兩級。唐代，還要參加吏部或禮部主持的銓選試。宋太祖時期，變爲解試、省試、殿試三級。元朝，分爲鄉試、會試、御試（殿試）三級。明清兩朝主要有縣試、府試、院試、歲試、科試、鄉試、會試、殿試等。清代殿試後，除狀元、榜眼、探花外，其餘都要參加朝考。除了這些考試級別名稱外，此外，科舉、貢舉、選舉、科考、大比等名稱是既可以指地方的科舉考試也可以指中央的科舉考試。

<table>
<tr><td rowspan="2">考試級別</td><td rowspan="2">科舉、貢舉、選舉、科考、大比</td><td>地方考試</td><td>解試、童生試（縣試、府試、院試）、歲試、科試（科考）、錄科試、錄遺試、鄉試（省試、秋榜）等</td></tr>
<tr><td>中央考試</td><td>會試（省試、春榜）、釋褐試、殿試、銓選試、朝考等</td></tr>
</table>

（五）考試場所及規則

貢院是專爲科舉考試而修築的考試場所。貢院有棘牆、龍門、進題公館、點名廳、明遠樓、至公堂、彌封所、謄錄所、收掌房、監試廳、聚奎堂、會經堂、經房、號舍、號巷、號板、號燈、號門、號瓦等。科舉考試規則有別頭試、鎖院等規則。自宋代開始，考生進入考場，就要按順序就坐，不得移位，進入考場不得挾書，在考場中不得傳義，不得請人代筆。試卷實行封彌、謄錄制度。評卷實行點檢官、參詳官、知貢舉三級評定制度。

考試場所及規則	考試場所	貢院、棘牆、龍門、進題公館、點名廳、明遠樓、聚奎堂、會經堂、經房、號巷、號門、號瓦、內簾、外簾
	考試規則	南北闈、作詩贖帖、圈不見點，尖不見直、鎖廳換試、別頭試、回避、鎖院、鎖宿、撿搜、彌封、謄錄、對讀、胄牒、磨勘、避親、避房、牒試、撤棘、行卷、溫卷、正榜、副榜、左榜、右榜、南北榜

（六）考試人員

考試人員有主考官、副考官、同考官、謄錄官、對讀官等。新科進士相互稱爲同年，主考官被稱爲“座主”和“座師”，被錄取的學生稱爲考官的“門生”。

考試人員	官員與考生	教習、教官、教授、教諭、博士、訓導、學長、學正、學師、學官、學祿、學論、山長、學道、學院、學政、總裁、房考官、考校官、彌封官、點檢官、對讀官、副考官、監視官、參詳官、監門官、典試官、簾外官、同考官、闈官、初考官、磨勘官、生員、生徒、生儒、鄉貢、廩生、增生、附生、貢生、拔貢、優貢、副貢、歲貢、恩貢、例貢、例生、監生、例監生、蔭生、蔭監生、貢監
	考試人員稱謂	座主、房師、老師、門生、舉主、門生、門下晚生、同門、同年、同科、同案、年兄、年誼、年家子

（七）考試結果

唐宋時期，以進士科爲例，稱進士及第，或直接稱進士。到明清時期，科舉有生員（俗稱秀才）、舉人、貢士、進士等科名。每一科名又有相關的名稱，如進士分一甲、二甲、三甲。一甲第一名稱爲狀元或狀頭，第二、三名稱爲榜眼、探花；第二甲第一名爲傳臚。會試第一名稱爲會元，舉人頭名稱爲解元或省元，秀才頭名稱爲案首。考試後的活動包括唱名賜第、設宴慶賀、編登科錄、刻石題名等。唱名賜第均在皇宮大殿舉行，儀式隆重；慶賀宴會，唐代稱"曲江宴"，宋代稱爲"聞喜宴"或"瓊林宴"，元明清以後稱爲"恩榮宴"。參加科舉考試但未被錄取，也有相關的語詞來表達，如落榜、落卷等。

考試成功	授予的"學歷"名稱	生員、秀才、舉人、貢士、進士（鄉貢進士、國子監進士、成均進士、詩賦進士、經義進士、策論進士、律科進士、女真進士、進士出身、同進士出身）、翰林修撰、翰林編修、庶吉士
	考試名次名稱	案頭（案首）、解元、省元、五經魁、五魁首、貢元、會元、亞元、亞魁、狀元、狀頭、榜頭、榜首、殿元、龍首、元魁、榜眼、探花、傳臚、小傳臚、朝元
	考試後的活動名稱	曲江宴、曲江會、杏園探花宴、月燈宴、聞喜宴、恩榮宴、鹿鳴宴、簪花禮、雁塔題名、釋褐禮、鹿鳴之章、刻石題名、鬧五魁、鷹揚宴、會武宴、重宴瓊林、重宴鹿鳴、重游泮水、重宴鷹揚
考試失敗	落第、下第、落榜、名落孫山、藍榜、落卷	

三 科舉文獻語詞的研究價值

科舉文獻語詞研究對於漢語詞彙史的研究、語文辭書的編纂和修訂以及其他相關學科的研究都有着重要的意義。

(一) 有助於拓展漢語詞彙史的研究領域

漢語史以前没有重視科舉語詞的整理和研究，科舉語詞的歷時演變研究更是無人問津，致使語文辭書中有相當一部分科舉語詞釋義有缺漏。以“舉人”爲例，隋唐以前“舉人”爲推舉，薦舉人才之義。《論語・衛靈公》卷八：“君子不以言舉人。”南朝劉宋范曄《後漢書・孝章帝紀》卷三：“每尋前世舉人貢士，或起畎畝，不系閥閱。”隋唐時期，指由府州選拔解送到中央參加省試者。唐張鷟《朝野僉載》卷四：“(武)則天革命，舉人不試皆與官，起家至御史、評事、拾遺、補闕者，不可勝數。”對地方選拔出的人材的稱謂，一般放在人名之前或地名之後。如《舊唐書・宣宗本紀》卷一八下：“御史台據正月八日禮部貢院捉到明經黄續之、趙弘成、全質等三人偽造堂印、堂帖，兼黄續之偽著緋衫，將偽帖入貢院，令與舉人虞蒸、胡簡、黨贄等三人及第，許得錢一千六百貫文。”唐趙璘《因話錄・角部》卷四：“有江淮舉人，姓嚴，是《登科記》誤本，倒書龎、嚴姓名，遂賃舟丐食。”宋元時期，指地方舉薦出來參加科考的讀書人。北宋張載《張載集・文集佚存》：“本州不拘僧道、舉人、公人、百姓、弓箭手，如有拽硬及八九斗以上，有膽氣可使之人，並仰召來試驗，如委是上等事藝，當議勾赴當司，特與相度安排，或納與請受，令各自團結，取情願處使用。”《文獻通考・選舉考四》卷三十一：“程試一如進士，惟于及第後推恩優異，以勸勉天下舉人，使敦士行，以示不專取文學之意。”明清兩代稱鄉試錄取者。清筆練閣主人《八洞天》卷五："尼姑們在旁聽了，方知盛俊是上京會試的新科舉人，加意殷懃款待。"又可指明清時期鄉試及第後獲得的一種資歷名稱。秀才經鄉試及第後即可獲得舉人的稱謂。清佚名《三門街前後傳》第六六回："鄉試之時，倚仗孔方兄的勢力，倩人槍替買了個現成的舉人。"我們發現《漢語大詞典》失收了"對地方選拔出的人材的稱謂"、"讀書人"。

（二）有利於相關辭書的編纂和修訂

不論是從漢語史研究的角度還是從科舉其他方面研究的需要出發，我們迫切需要編纂一部《科舉語言辭典》，它應當突出語文辭書的特點，全面收錄科舉用語及其相關成語、諺語、歇後語並進行釋義。通過對科舉語詞的整理和研究，不僅可以爲編纂《科舉語言辭典》打下堅實的基礎，也有利於其他語文辭書的補充和修訂。如"亞魁"一詞，《漢語大詞典》釋義爲："亞魁，古代泛指科舉考試第二名。清蒲松齡《聊齋誌異·阿霞》：'是科，景落第，亞魁果王氏昌名。'"《教育大辭典》："亞魁。鄉試中式名列第六名者。詳'文魁'""文魁"的解釋是："指鄉試中式名列六名以後者，鄉試得中爲舉人，其前五名稱經魁，第六名稱亞魁，其餘皆稱爲文魁。"《辭源》《辭海》未收錄此詞。就以上兩部辭書對"亞魁"的解釋來看，差異很大，經查閱相關語料後發現兩部辭書的解釋均有遺漏之處。明抱甕老人《今古奇觀》卷十四："三場完了，候到放榜之期，郭喬名字早高高中了第九名亞魁，忙忙去吃鹿鳴宴，謝座師，謝房師，俱隨衆一體行事。"清李修行《夢中緣》第十一回："到了揭曉之日，吳瑞生中了春秋經魁第二名，李如白中了書經亞魁第十四名。"清海圃主人《續紅樓夢新編》第十二回："貴築舊家李雲龍，年十七歲，中了貴州第六名亞魁。"清震澤九容樓主人松雲氏《英雲夢》第十二回："三場已畢，揭曉之日，三人同去看榜，王雲就高高中了第一名會元。本來王雲該在下科取中，因他在江西有彩姑陰德，所以今科得中。萬鶴中第五名亞魁，錢祿中在第十五名。”從以上所舉例證可以看出“亞魁”所涵蓋的科舉名次範圍較廣，從第五名到第十四名都可指亞魁。“亞魁”大多是指鄉試名次，但《英雲夢傳》中的“亞魁”指的是會試的名次，可見“亞魁”在使用中並不局限於鄉試。此外，《漢語大詞典》中“泛指科舉考試第二名”義項下所舉書證不能夠充分證明該義，以致蔣金星《〈清代硃卷集成〉的文獻價值和學術價值研究》一文認爲“亞魁”不表科考第二名。事實是否是這樣，不妨在此再看兩條書證，進一步看一下“亞魁”是否有“科考第二名”之義？清無名子《九雲記》第七回：“葉學士初甚躊躇，及至下生說了又說，未乃免不得許允了。爭奈榜頭雖不得，亞魁、探花分明是已諾的。”清梁章鉅《楹聯叢話全編》卷三：“乾隆乙酉科出闈後，自負不肯作第二人想。及揭曉，泥金到門，乃報中亞魁也。”顯然“亞魁”相當於“榜眼”，屬第二名。

（三）有利於其他相關學科的研究

科舉語詞的整理與研究，既有利於科舉學明晰自身術語的內涵和外延，也可以爲建立中國歷史術語學奠定基礎。劉海峰認爲“科舉考試淵源流長，在漫長的歷史上形成了許多專有名詞……現今各類辭典所收集科舉名詞只是其中一部分，若認真全面收集，有關科舉的名詞完全可以編成一部專門的辭典。這些名詞的釋義及歷史學、社會學、心理學的研究就是一門學問。”這些科舉專有名詞既是科舉學所要收集整理的內容，也是中國歷史術語學所要研究的任務。如科舉術語“茂才”，我們一般把它等同於“秀才”，其實不然。梁沈約《宋書·百官志》卷四：“漢武元封四年，令諸州歲各舉秀才一人，後漢避光武諱，改茂才，魏復曰秀才。”由此可知，東漢時爲了避光武帝劉秀的諱將“秀才”改稱爲“茂才”，但“茂才”還可指有才能的人，如清嚴可均《全後漢文·御大夫遣郡國計吏敕》卷九：“郡國有茂才不顯者言上，殘民貪污煩擾之吏，百姓所苦，務勿任用。”隋唐以降，“茂才”主要是作爲制科名稱。如《新唐書·韓琬傳》卷一一二：“有姻勸舉茂才，名動里中。刺史行鄉飲餞之，主人楊紳曰：‘孝於家，忠於國，今始充賦，請行無算爵。’儒林榮之。”還指茂才科及第後獲得的資歷名稱。一般冠於人名之前後或放在地名之後。如《周敦頤集·與傅秀才書》卷三：“傅君茂才足下：昨日飯會上，草草致書，不識已達否？”又如清王韜《弢園筆乘·洪逆瑣記》：“其下有向震川者，自言爲廣西茂才。”可見“茂才”作爲科舉術語詞，在不同時期其表達的意義是不一樣的，以往的研究沒有把它梳理清楚，這樣十分不利於科舉學的研究。

四 科舉文獻語詞的研究方法

科舉文獻語詞研究所採用的研究方法主要有静態描寫法、歷時比較法與系統研究法。

(一) 静態描寫法

分門別類，進行系統的静態描寫是漢語史研究的基礎方法。程湘清曾指出：“對語料分門別類，是一個去粗取精、去僞存真、由此及彼、由表及裡的探求過程。分門別類的結果，就把語料區別爲具有一定從屬關係的不同層次的大小類別，從中可反映出各種語言現象的本質區別和内在聯繫。分門別類要以語言現象的本質的内在的屬性爲標準，絕不是以非本質的外部特征爲依據。這需要作深入細緻的觀察和提煉才能做到。”由於科舉文獻材料紛繁複雜，因此必須首先對相關的科舉文獻進行整理，在此基礎上對文獻中的科舉語詞進行静態描寫。在對科舉文獻的整理當中，我們會發現一些科舉語詞與現代所使用的意義完全不同。如《欽定學政全書·江蘇學額》卷四十六:"遵旨義準:小學十二名,中學十六名,大學二十名,府學二十五名。……海州及溧水、高淳、崇明、清河、桃源、安東、宿遷、睢寧、沭陽、寶應、如皋十一縣,並金山一衛,改爲大學,各二十名。江浦、六合、贛榆三縣,改爲中學,各十六名。"其中"大學"、"中學"、"小學"三詞詞義與現代的意義區別很大。它們是依照清代縣學中科舉生員的多寡來分的三個等級,一般縣學科舉生員名額達十二名,就可爲小學;科舉生員名額達十六名,可爲中學;科舉生員名額達二十名,可爲大學。"大學"、"中學"、"小學"所表達的上述含義語文辭書没有解說,不能不說是一個缺憾。

(二)歷時比較法

王力指出,"静態的研究對漢語史來説,是必經的階段,但是單靠静態的研究並不能達到建立漢語史的目的"。因此,有必要對某一語言現象和語詞進行向上溯源和向下探流的歷時比較和動態分析。對科舉語詞進行歷時演變的對比研究,可以理順其在漢語史上的意義發展脈絡,這對漢語詞彙史的研究大有裨益。以"秀才"爲例,"秀才"最初爲優秀、優異的才能之義。如《管子·小匡》第二十:"農之子常爲農,朴野不慝,其秀才之能爲士者,則足賴也。"漢魏南北朝時期,"秀才"是察舉制的一個科目。南朝劉宋范曄《後漢書·黄琬傳》卷六一:"漢初詔舉賢良、方正,州郡察孝廉、秀才,斯亦貢士之方也。"東漢時爲了避光武帝劉秀的諱將"秀才"改稱爲"茂才"。清梁章鉅《稱謂錄》卷二十:"《後漢書》注'舊言光武名秀,避光武諱,故以秀才稱茂才。'"又可指舉秀才成功後獲得的一種資歷,一般冠於人名的前後或放在地名之後。清嚴可均《全三國文·與兄瑾書》卷五十九:"殷德嗣秀才,今之僑肸者也。"《晉書·成帝紀》卷七:"二年春正月，寧州秀才龐遺起義兵，攻李雄將任回、李謙等，雄遣其將羅恒、費黑救之。”隋唐時期，“秀才”是科舉考試的科目名稱[①]。唐杜佑《通典·選舉三》卷十五：“初秀才科第最高，方略策五條，有上上，上中，上下、中上凡四等。”唐永徽（650年正月—655年十二月）以後，“秀才”可用來代指“進士”或“進士科”。清徐松《登科記考·凡例》：“唐之秀才罷于永徽，孝廉科停於建中。中葉以還，則以秀才爲進士之解，孝廉爲明經之號。凡斯之類，不可以文害意。”《登科記考》卷二：“《新唐書·韓思復傳》：‘舉秀才高第。’思復在永徽後，所謂秀才者，即進士科也。”又可指應試進士科的舉子或是對讀書人的尊稱。如唐李肇《唐國史補》：“進士時所尚久矣，是故俊實集其中，由此出者終身爲聞人，故爭名常切，而爲俗亦弊。其都會謂之舉場，通稱謂之秀才，投刺謂之鄉貢，得第謂之進士。”但南宋以後，在白話文獻中“秀才”的語義色彩趨貶義化，可指不得志的讀書人。南宋洪邁《容齋三筆·秀才之名》卷二：“秀才之名，自宋魏以後，實爲貢舉科目之最，而今恬於習玩，每聞以稱之，輒指爲輕已。”清劉禺生《世載堂雜憶》：“徐駿幼年讀書，最凶頑，所延教師，窮秀才也。”明清時期，“秀才”指通過科舉考試的府

---

① 陳飛在《唐代秀才科辨考》中就認爲：“縱觀秀才科設置和變遷的全過程，大抵經歷了‘舊秀才’‘新秀才’和‘變秀才’三個主要階段。舊秀才置科於唐初，到貞觀以後便極少應舉者，到咸亨時便自行廢絕。……與舊秀才的常選性質不同，韋陟的‘新秀才’屬於薦舉性科目，如果此薦舉系遵照制而行，則爲制舉。這種秀才實行的時間較短；楊綰的‘變秀才’是對前二者的吸收和變異，同時還可能參酌了‘古義’，它雖然也屬於常選，但採取了鄉舉里選、長官推薦和學業考試相結合的辦法，貌似合理，實際上並不適應唐代是現實的要求，不不就也就罷停了。至此，唐代‘秀才科’作爲一個獨立的科目，不論在名號上還是實行上，都已不復存在……秀才科在整個唐代存在的時間雖不斷，但真正得到實行的機會並不多。唐人有關‘秀才’及第的記載和傳說，或是對進士的通稱，或指其他科目，未必是真秀才。”這些解説有利於理解唐代的秀才科。（見《文獻》2002年第36期）

學、縣學生員的稱謂。《大清世祖實錄》卷二六一："人當做秀才時，負笈徒步，及登仕版，從者數人，乘馬肩輿而行。"對其進行歷時考察後，不僅理清了科舉語詞的發展脈絡，而且也會發現"秀才"的語義色彩在不同文體中也不盡相同。正如方一新所說："從横的方面説，每一種體裁類别的作品都有其特有的習慣用語，佛典、詩歌、小説等是這樣，史書也是如此。從縱的方面説，這些習慣用語往往被後代同體裁類别的作品繼承吸收，加以發展。""秀才"在南宋以後的白話文獻中的語義色彩有貶義化趨勢。

（三）系統研究法

語詞不是一盤散沙，它是有系統的。針對以往漢語詞彙史研究中注重疑難語詞考釋的現象，近年來有的學者提倡對常用詞詞彙進行系統研究。王寧説："字、詞、義一經類聚，就顯現出内部系統性，爲詞義的比較創造了很好的環境。梁啟超所説的清代學者'最喜羅列事項之同類者，爲比較之研究，而求得其公則'的研究方法，正是通過類聚，將其一方面相同而具有可比性的詞或詞義集中起來，以便比較其相異之處，求得其特點。實際上，這一工作就是在一定的語義場里觀察詞彙的系統。"蔣紹愚指出："以概念場爲背景，考察其中成員及其分佈在不同歷史時期的變化，是研究詞彙系統的歷史演變的一種切實可行的方法。……以往研究詞彙系統的歷史演變時，側重於成員的變化，對分佈的變化注意不夠，這是今後應當加强的。成員的變化是顯性的，研究時要立足於準確的描寫。分佈的變化是隱形的，研究時要立足於深入的分析；而這種深入的分析能告訴我們一些對歷史詞彙學非常重要的東西。"在分析科舉語詞時，我們不僅把科舉語詞分爲學校名稱、考試科目、考試内容、考試級别、考試場所及規則、考試人員、考試結果等七個語義場，而且還要對每個語義場中的語詞進行具體的個案描寫和歷時對比分析。這樣不僅可以把科舉詞語放在一個共時平面上進行歸類和對比，而且也可以對各個語義場内科舉詞語的歷時嬗變情況進行細緻的歷時描寫，進而考察清楚科舉詞語在不同時期的語義變化情況。以“貢舉”和“科舉”的歷史遞變爲例，“貢舉”先於“科舉”出現，“貢舉”一詞出現於兩漢之際，指地方向朝廷舉薦人才之義。如東晉葛洪《抱朴子·審舉》卷十五：“先生欲急貢舉之法，但禁錮之罪，苛而且重，懼者甚衆。”也可指貢舉之制或貢舉之法，如北宋高承《事物紀原·貢士》卷三：“《周禮·大司徒》‘邦國舉賢者於王’，則貢舉之始也。”亦指地方向朝廷舉薦之人。如唐封演《封氏聞見記·儒教》卷一：“每令與司功參軍同試貢舉，並四季同巡縣，點檢學生，課其事業。”因舉薦之制在科舉時代仍存在，故“貢舉之制或貢舉之法”、“地方向朝廷舉薦之人”等義在科舉時代文獻中仍有使用。隋唐以降，科舉制度確立，“貢舉”被用來指代科舉考試。如《舊唐書·玄宗本紀》卷八：“三月乙未，始移考功貢舉，遣禮部侍郎掌之。”

“科舉”在唐代纔成詞，指科舉進士科考試。唐李肇《唐國史補·曲號義陽子》卷下：“貞元十二年，駙馬王士平與義陽公主反目，蔡南史、獨孤申叔播爲樂曲，號《義陽子》，有團雪散雲之歌。德宗聞之，怒，欲廢科舉，後但流斥南史、申叔而止。”“欲廢科舉”即指廢進士科考試。“科舉”一詞在宋代的使用頻率增多。《宋史·選舉志》有“科舉既數”、“遽廢科舉”、“不經科舉”、“更行科舉”、“遇科舉仍自發解”、“不由科舉”、“科舉之文”等説法。直到明清時期，“科舉”纔代替了“貢舉”指稱科舉考試制度。此時，“科舉”的詞義亦産生了引申：（1）取得參加鄉試資格的的科舉生員。如明馮夢龍《警世通言》卷一八：“搭上一名科舉，喜孜孜去赴省試。”（2）指參加科舉考試的生員名額。明李應升《白鹿洞書院古志五種·申議洞學科舉詳文》：“查吉安白鷺書院，科舉四十二人，衡其實，恐不讓才；循其名，何絕相遠……伏乞俯將鹿洞遺才，照白鷺書院事例，先期另考，額爲十名……蒙本道魏批：‘允洞生科舉八名，仍先遺才另考，定爲永例。’”（3）指國家通過科舉考試選拔人才的一種制度。如《元史·吴元珪列傳》卷一七七：“詔元圭二十餘人議政中書，若惜人力、嚴選舉、節財用、定律令、謹賞罰、建科舉、課農桑、汰冗員、易封贈，皆切於世務者。”（4）指參加科舉考試。清吴敬梓《儒林外史》第十七回：“先年有一位老先生，兒子已做了大位，他還要科舉。”雖然在科舉時代“貢舉”、“科舉”同指科舉考試，但二者意義的歷時演變軌跡並不一樣。“貢舉”有“貢舉之制或貢舉之法”、“地方向朝廷舉薦之人”等義；“科舉”有“取得參加鄉試資格的的科舉生員”、“指參加科舉考試的生員名額”、“參加科舉考試”等義。

〔主要參考文獻〕

汉语大词典编辑委员会，汉语大词典编纂处编纂．漢語大詞典．縮印本．上海：漢語大詞典出版社，1997.

顧明遠編．教育大辭典．增訂合編本．上海：上海教育出版社，1998.

劉海峰．“科舉學”芻議．廈門大學學報（哲社版），1992（4）.

程湘清．漢語史斷代專書研究方法論．漢字文化，1991（2）.

素爾納等纂修．霍有明，郭海文校釋．欽定學政全書校注．武漢：武漢大學出版社，2009.

王力．漢語史稿．北京：中華書局，1980.

方一新．東漢魏晉南北朝史書語詞箋釋，合肥：黃山書社，1997.

王寧．訓詁學原理．北京：中國國際廣播出版社，1996.

蔣紹愚．漢語詞義和詞彙系统的歷史演變初探——以“投”爲例．北京大學學報（哲社版），2006（4）.

Discussion on Linguistics Research of Imperial Examination System

Sun Zhongqiang

(College of Literature and Journalism, Sichuan University, Chengdu 610064, China)

Abstract: There are fewer linguistic research achievements on imperial examination System. From the perspective of linguistics imperial examination system, not only conducive to study Chinese history, but also expand research the space of Imperial Examination. Imperial examination system itself has a large number of terms, using modern semantic theory for these terms of imperial examination to collate and analyze, not only enhance the scope of the study on Middle and Modern Chinese history, but also be able to pave the way for the ancient Chinese Terminology.

Key words: imperial examination; words; semantics

（孫中强，四川大學文學與新聞學院，郵編 610064）

漢語“贈予”概念場常用詞演變研究

陳家春

内容摘要：論文通過對“贈予”概念場中“遺、饋、贈、送”的歷時演變考察，發現該概念場核心詞經歷過兩次更替，一是魏晉時期“贈”對“遺”的更替，一是元明清時期“送”對“贈”的更替。考其原因發現，各詞受事覆蓋域的變化、語素化程度、語法結構等對該詞是否成爲該概念場常用詞有較大影響，而這些多義詞的其他義項的使用對“贈予”義項的使用並無必然影響。

關鍵詞：常用詞　概念場　贈予　遺　饋　贈　送

引　言

常用詞演變研究一直是學界非常重視的課題，學者們已經對其研究方法、演變規律和演變原因總結出了一些有價值的規律。其中，以概念場爲背景來對常用詞進行研究已經形成共識。丁喜霞（2013）認爲：“概念域中常用詞成員的演變和分佈的演變，是常用詞演變研究的兩個密切相關的基本内容，是一個問題的兩個方面，只不過成員的演變是顯性的，而分佈的演變是隱性的。常用詞成員的演變主要是指概念域内新詞（再生詞）的衍生、舊詞的存續、消失以及新詞對舊詞的歷史更替；分佈的演變主要是指常用詞各個成員在概念域内所佔位置（覆蓋域）的變化。漢語常用詞的歷史演變，往往同時涉及概念域中成員的新增舊減和多個成員覆蓋域的變化，二者具有相互依存、相輔相成的共變關係。”我們從丁先生的觀點出發，把“贈予”概念場常用詞的歷時演變從顯性的成員演變和隱性的分佈演變（受事覆蓋域）兩個角度進行論述。

所謂“贈予”概念場，是指表示“某人無償地把對某人或某物的所有權從自己轉移給某人的行爲”概念的詞語集合，可以用蔣紹愚（2007）“概念要素分析法”分解爲“【施事：人】＋【方式：無償】＋【動作：給與】＋【受事：人和物】＋【與事：人】＋【結果：所有權轉移】”六個要素。從認知角度講，每個歷史時期，同一概念場中的成員都可能不同。比如，表示“贈予”概念場的詞，在現代漢語中主要是“送”，書面語中也常用“贈”，在上古時期却有“遺、饋、贈、送、貽、賮、問、賫、餼”等多個詞語，據我們考查，發現“遺、饋、贈、送”在“贈予”概念場中歷時較長，且從使用率和受事對象的覆蓋域來看，分別佔據了該概念場各時期的主要地位，因此，我們衹對“遺、饋、贈、送”進行演變研究。參考各家意見，我們把考查的時代分爲先秦、秦漢、魏晉南北朝、唐宋、元明清五個歷史時期。根據汪維輝（2007）的觀點，我們在各時代文獻的選擇上非常注意語言的代表性，儘量避開語言具有非同質性的文獻，同時，盡可能覆蓋不同文體、不同語體的文獻。我們認爲，一個單音詞與其他同義單音詞連用的情況是應該判定爲短語還是詞，還不能完全劃分清楚其界限，而同義語素連用構成複合詞，是某一概念場衍生新詞的方式之一，把同義連用的情況納入調查，對該概念場常用詞演變的研究具有一定的參考價值。因此，我們嘗試從語素的角度出發，對每一個常用詞在身爲成詞語素和在同義連用時身爲構詞語素的情況都進行了調查①。在“贈予”概念場“遺、饋、贈、送”的顯性演變方面，我們從直觀表層的角度對它們在“贈予”概念場的使用率、各自的受事和與事的位置以及出現方式、組合能力（語素化傾向）等幾個方面進行分析；隱性演變方面，由於在該概念場中，分佈的演變主要表現在“受事”所能覆蓋的對象這一要素上，因此，主要對它們的“受事”覆蓋域進行調查。

一

先秦“贈予”概念場語素使用情況表②：

	詩經	論語	禮記	左傳	國語	莊子	孟子	管子	荀子	戰國策	呂氏春秋	合計	四語素使用比例	成詞語素/構詞語素	四成詞語素比例
遺	0	0	5	7	0	3	0	5	0	8	13	41	46%	41/0	51%
饋	0	1	3	7	0	0	9	0	0	0	0	20	22%	17/3	21%
贈	6	0	3	8	2	0	0	0	4	0	0	23	26%	18/5	23%
送	0	0	0	1	0	1	0	0	0	1	2	5	6%	4/1	5%

上表顯示出這四個詞在“贈予”概念場的顯性表現，在以上11部文獻中，語素總使用率和成詞語素比例最高的都是“遺”，

① 當我們在用“成詞語素”這個術語的時候，含義等同於“詞”，衹是角度不同，反之亦然。

② 下表資料是我們運用《漢籍全文檢索系統（簡體本）》考察的結果。我們在統計的時候，從語素的角度出發，先對各語料中該語素在“贈予”概念場中的總數量進行統計，並計算出四個語素的使用比例，再把語素總數分別析出成詞語素和構詞語素，成詞語素即單獨成詞，構詞語素即和別的同義語素構成複合詞，最後再計算出它們的成詞語素的比例。

幾乎達到了一半的比例，是其中的核心詞；其次是“饋、贈”，二者不相上下，屬於該概念場的常用詞；“送”的用例很少，説明還没有能夠進人該概念場的常用詞範圍。

先秦“贈予”概念場成詞語素受事覆蓋域①：

	人	物										
		抽象（語言、思想）	具體									
			渾言（所贈之物）	析言（所贈之物）								
				錢財	食物	衣物	動物	植物	器具	藥物	詩文	田宅
遺	+		+	+	+	+	+	+	+			
饋			+	+	+	+	+			+		
贈		+	+	+	+	+	+	+				
送	+			+								

上表表現出這四個詞所涉及的受事的覆蓋域，其中，“遺”的覆蓋域最廣，其受事不僅包括“人”還包括“錢財、食物、衣物”等多種物件；“饋”的覆蓋域衹在具體事物方面，相對較窄，不涉及抽象事物和人；“贈”的覆蓋域包括抽象和具體的事物，但不包括人；“送”在此期間所表現出來的覆蓋域雖然包括了人和物兩個大的區域，但在物方面衹包括錢財，所以，總體覆蓋域非常窄。

---

① 我們根據整個古代漢語中“贈予”概念場（在上表所統計的能獨立成詞的語素）所涉及的受事域制定了下表，首先把受事分爲人和物兩大部分，再把物分爲抽象和具體兩個部分，最後把具體的事物分成多個部分，以此考察“贈予”概念場詞語的受事具體覆蓋到哪一方面；“+”表示横坐標成詞語素能用於縱坐標（受事域），空格表示横坐標成詞語素不能用於縱坐標（受事域）；“渾言”表示用該動詞本身轉指所贈之物，不具體説明究竟是何物，“析言”則指有明確具體的受事對象。

從以上兩個表可以看出，先秦時期，使用率的表現和受事覆蓋域的表現是一致的，使用率高的詞其受事覆蓋域便更廣，反之，使用率低的詞受事覆蓋域就更窄，説明該組詞顯性表現和隱性表現互爲因果、相輔相成。

下面對它們各自的用法進行具體分析。

（一）遺

（1）小人有母，皆嘗小人之食矣，未嘗君之羹。請以遺之。（《左傳·隱公元年》）

（2）凡遺人弓者，張弓尚筋，弛弓尚角。（《禮記·曲禮》）

（3）遺以竽瑟美人，以塞其內。（《管子·禁藏》）

（4）智伯欲伐衛，遺衛君野馬四百，白璧一。（《戰國策·衛策》）

（5）因以文繡千匹，好女百人，遺義渠君。（《戰國策·秦策》）

如上例，“遺”後可以衹出現與事，不出現受事，如例（1）；也可以只出現受事，不出現與事，如例（3）；也可以與事受事同時出現，如例（2）；受事既可以由介詞引出在其後作補語，如例（3）；也可以在其前由介詞引出作狀語，如例（5）；受事還可以出現賓語補足語，如例（4）。表“贈予”義的“遺”在此 10 部文獻中都是單用，没有同義連用的現象，説明其獨立性很强，没有表現出語素化傾向。

（二）饋

《説文·食部》：“饋，餉也。从食，貴聲。”《漢語大詞典》釋“饋”“❶进食于人。”多用在進奉食物方面。《周禮·天官·膳夫》：“凡王之饋，食用六穀，膳用六牲。”鄭玄注：“進物於尊者曰饋。”由進奉食物再引申出贈送各種物品的一般行爲，例如：

（6）康子饋藥，拜而受之。（《論語·鄉黨》）

(7) 夫人使饋之錦與馬，先之以玉。(《左傳·襄公二十六年》)

(8) 今有御人於國門之外者，其交也以道，其饋也以禮，斯可受御與？(《孟子·萬章》)

(9) 吴將伐齊，越子率其衆以朝焉。王及列士，皆有饋賂。(《左傳·哀公十一年》)

從以上例句可以看出，“饋”後可以衹出現受事賓語，如例(6)；也可以有受事、與事賓語，如例(7)；甚至可以受事與事均不出現，衹單純表示“贈予”行爲本身，如例(8)。“饋”所涉及的受事和與事均不需用介詞引人，通常衹作賓語；此外，“饋”能與“賂、飴、獻”等同義詞連用，説明具有一定的組合能力，如例(9)。

(三) 贈

《説文·貝部》：“贈，玩好相送也。从貝，曾聲。”説明“贈”的本義就是“無償給人東西”的意思。

(10) 青黑緣者，天子之寶龜也，從之以牛羊之群，則所以贈諸侯也。(《禮記·樂記》)

(11) 襄公從之，贈以馬二十乘。(《國語·晉語四》)

(12) 伊其相謔，贈之以芍藥。(《詩經·周南·溱洧》)

(13) 齊國莊子來聘，自郊勞至於贈賄，禮成而加之以敏。(《左傳·僖公三十三年》)

從上可以看出，“贈”後可以衹接與事，如例(10)；也可以衹出現受事，如例(11)；也可以受事與事同時出現，通常是與事在前，受事在後，並且一定要用介詞“以”引出受事，這是“贈”與其他幾個詞語在語法上表現出來的最大的區別，如例(12)。“贈”能夠跟“賂”同義連用構成“贈賂”“賂贈”，説明“贈”具有一定的組合能力，如例(13)。

(四) 送

《説文·辵部》:“送,遣也。从辵,𠑹省。”“送”的本義是“遣送”,後引申出“贈予”義。例如:

(14) 今予以百金送公也,不如以言。(《戰國策·燕策》)

(15) 酒酣而送之以璧,顧反,過而弗辭。(《吕氏春秋·觀表》)

(16) 秦伯送衛于晉三千,實紀綱之僕。(《左傳·僖公二十四年》)

(17) 吾以天地爲棺椁,以日月爲連璧,星辰爲珠璣,萬物爲齎送。(《莊子·列禦寇》)

由上例可以看出,“送”的受事可以用介詞引入作爲狀語放在“送”前,如例(14);也可以作爲補語放在其後,如例(15);“送”的與事既可以直接作賓語,如例(14);也可以用介詞引入作補語,如例(16);此外,“送”只有同義連用的“齎送”一詞,如例(17),説明其獨立性非常强。

小結:1. 從使用率和成詞率來看,先秦時期表示“贈予”概念的“遺、饋、贈、送”四個詞中,“遺”是核心詞,“饋、贈”爲常用詞,“送”的用例很少,處於弱勢,還没有進入該概念場常用詞範疇。2. 從受事覆蓋域來説,“遺”覆蓋域最廣,“送”覆蓋域最窄,跟使用率相符合。3. 由於它們均是三價動詞,所以都涉及施事、受事和與事,但是可以省略其中任何一至兩個,這種現象一直保持到後代,後文不再贅述;從受事出現的方式看,“贈”的受事通常需要用介詞“以”引出,其餘三個不受限制;從與事出現的方式看,除了“送”出現了用介詞引入的用例外,其餘三個均不用介詞。4. 從組合情況而言,整體都表現出獨立性,同義連用情況不常見,其中,“贈”與其他同義詞連用的例子稍多,而“遺”最少,這也能從一個側面反映出上古主要以單音節詞爲主的特點。

二

秦漢“贈予”概念場語素使用情況表：

	史記	漢書	春秋繁露	淮南子	論衡	潛夫論	説苑	太平經	鹽鐵論	西京雜記	合計	四語素使用比例	成詞語素/構詞語素	四成詞語素比例
遺	64	80	1	4	4	3	18	1	2	3	180	65%	109/71	58%
饋	7	10	0	0	3	1	0	0	0	0	21	7%	10/11	5%
贈	1	12	0	1	1	0	13	0	0	5	33	12%	30/3	16%
送	16	21	0	0	1	0	5	0	1	1	45	16%	39/6	21%

秦漢“贈予”概念場成詞語素受事覆蓋域：

	人	物									
		抽象（語言、思想）	具體								
			渾言（所贈之物）	析言（所贈之物）							
				錢財	食物	衣物	動物	植物	器具	藥物	詩文	田宅
遺	＋		＋	＋	＋	＋	＋	＋	＋	＋	＋	
饋			＋	＋	＋	＋	＋	＋				
贈		＋	＋	＋		＋						
送	＋	＋	＋	＋	＋							

(一) 遺

(18) 持壁與客曰：“爲我遺鎬池君。”（《漢書·五行志》）

(19) 淮南王大喜，厚遺金錢財物。（《漢書·淮南王

傳》)

(20) 莽乃復以所益納征錢千萬，遺與長樂長御奉共養者。(《漢書·王莽傳》)

(21) 趙簡子使人以明之乘六，先以一璧，爲遺于衛。(《説苑·權謀》)

(22) 時王祖母傅太后隨王來朝，私賂遺上所幸趙昭儀及帝舅票騎將軍曲陽侯王根。(《漢書·哀帝紀》)

(23) 執衡而藏，至清廉平，賂遺不受，請謁不聽，據法聽訟，無有所阿，孔子是也。(《春秋繁露·五行相生》)

從上例可以看出，“遺”的與事可以直接作賓語，如例(18)，也可以由介詞“於、與”等引出，如例(20)、(21)；“遺”的受事既可以直接作其賓語，如例(19)，也可以用介詞引出在前作狀語，如例(20)、(21)，但仍未見介詞引出在後作補語的的用例；秦漢時期的“遺”已經可以和多個同義詞組合成詞，其中“賂遺”使用頻率最高，如例(22)，“獻遺、給遺、遺賜、賜遺、奉遺、饋遺、餽遺、問遺、遺賑”常見，説明“遺”的獨立性逐漸減弱，有語素化傾向，且偶爾能轉指所“遺”之物，如例(23)。

(二) 饋

(24) 他日歸，則有饋其兄生鵝者也。(《論衡·非韓》)

(25) 後爲少府，數饋遺湯。(《漢書·翟方進傳》)

(26) 賁赫自以爲侍中，乃厚饋遺，從姬飲醫家。(《史記·黥布列傳》)

“饋”在秦漢時期用例急劇減少，其受事常直接在後作賓語，如例(24)；其與事也直接出現，不用介詞引出，如例(25)；在總數21個用例中，有11個是“饋遺”連用的形式出現，在此抽樣中没有發現有其他同義連用的情況，説明“饋遺”的凝合程度非常高，其所佔的比例也充分説明“饋”的語素化也已達到很高的程度。

(三) 贈

(27) 雖然，朋友以言贈行，敢不略意。(《漢書·段會宗傳》)

(28) 雖生芻之賤也，不能脫落君子。故贈君生芻一束。(《西京雜記》)

(29) 賜乘輿服御物，爲備官屬宦官侍御數百人，贈送甚盛。(《漢書·西域傳》)

秦漢時期的“贈”的用例有所下降，但是仍屬於常用詞，其受事仍可以用介詞“以”引出，出現於狀語位置，如例(27)，但不用介詞引入而直接放在其後，如例(28)；其與事不需介詞引入；“贈”能跟“送、遺、賞”連用，如例(29)，說明有一定的組合能力，但獨立性仍然佔主導地位。

(四) 送

段玉裁注《説文·貝部》“贈”云：“贈送疊韻。《秦風·渭陽》《大雅·韓奕》皆云：‘何以贈之。’《毛傳》《鄭箋》皆云：‘贈，送也。’《崧高》云：‘以贈申伯。’《傳》云：‘贈，增也。增與送義異而同，猶勝之訓增亦訓送也。’《既夕禮》云：‘知死者贈，知生者賻。’何休云：‘知死者賵賻，知生者贈襚。’按，以玩好送死者亦贈之一端也。今人以物贈人曰送。送亦古語也。”從段注可以看出，“送”的“贈予”義古已有之，其中，《毛傳》《鄭箋》用“送”來釋“贈”，說明“送”至少應該在漢代就已經進入了“贈予”概念場的常用詞範疇，而“送”在此期間用例大增也可以證實這一論斷。現甄引數例如下：

(30) 高祖以吏繇咸陽，吏皆送奉錢三，何獨以五。(《史記·蕭相國世家》)

(31) 於是送以安車駕駟，束帛加璧，黃金百鎰。(《史記·孟子荀卿列傳》)

(32) 孔子徑庭麗級，被棺斂者不省；劉子政上薄葬，奉送藏者不約。(《論衡·案書》)

秦漢時期“送”的受事可以不用介詞引出直接作賓語，如例(30)，也可用介詞“以”引出，如例（31)；其與事没有出現由介詞引出的用例；“送”在此期出現的同義連用情況不多，主要是“贈送、奉送、齎送”幾個，如例（32)，説明獨立性較强，語素化傾向不明顯。

小結：1. 從使用率、成詞率和覆蓋域來看，“遺”保持着核心詞地位；“饋”的受事覆蓋域縮小，用例明顯減少，構詞率增加，有邊緣化傾向；“送”的覆蓋域有較大擴張，用例大增，進入到該概念場常用詞範疇。2. 從受事和與事引入方式來看，“贈”的受事的引出不再局限於必須介詞參與，説明使用更加靈活。3. 從組合能力來看，“遺”開始大量出現同義連用現象，説明有一定的語素化傾向；“饋”的組合能力很强，説明語素化程度很高；“贈”和“送”保持着較强的獨立性。

三

魏晉南北朝“贈予”概念場語素使用情況表：

	三國志	抱樸子内外篇	周氏冥通記	世説新語	顔氏家訓	玉台新詠	殷芸小説	雜寶藏經	六度集經	出三藏記集	合計	四語素使用比例	成詞語素/構詞語素	四成詞語素比例
遺	17	5	0	4	1	10	1	0	1	2	41	32%	27/14	26%
饋	1	2	0	0	0	0	0	0	0	0	3	2%	0/3	0%
贈	8	2	0	2	3	35	1	0	2	4	57	44%	48/9	46%
送	10	1	1	5	0	1	2	5	3	1	29	22%	29/0	28%

魏晉南北朝“贈予”概念場成詞語素受事覆蓋域：

	人	物										
		抽象（語言、思想）	具體									
			渾言（所贈之物）	析言（所贈之物）								
				錢財	食物	衣物	動物	植物	器具	藥物	詩文	田宅
遺	＋		＋	＋	＋	＋	＋	＋			＋	
饋			＋									
贈			＋	＋		＋	＋				＋	
送	＋		＋	＋	＋	＋	＋	＋	＋		＋	

（一）遺

（33）引軍而南，重宣至誠，遺以財幣。（《三國志·吴書·陸凱傳》）

（34）佳人遺我筒中布，何以贈之流黄素。（張載《擬四愁詩》其一）

（35）有梵志與父邃相被服，常相問遺，書數往來。（《六度集經·忍辱度無極章》）

“遺”引出受事的方式可以用介詞，如例（33），可以不用介詞，如例（34）；引出與事的方式不用介詞，如例（34）；保留了秦漢時期產生的“饋遺、問遺”的用例，其餘同義連用的現象没有出現，説明其組合能力也在降低，能與之組合的詞範圍縮小並趨於固定，加之總體用例急劇下降，這都充分説明“遺”在該概念場的使用能力開始減弱，退出了核心詞地位。

（二）饋

“饋”在本時期該概念場的用例祇有三個，並全是構詞語素，如下：

（36）權數與芝相聞，饋遺優渥。（《三國志·蜀書·鄧芝傳》）

（37）於是好事者，因以聽聲而響集，望形而影附，雲

萃霧合，競稱歎之，饋餉相屬，常餘金錢。(《抱朴子内篇·祛惑》)

(38) 非類則不妄受其饋致焉。(《抱朴子内篇·佚文》)

以上三例均是同義連用現象，“饋遺、饋餉、饋致”都可以看做是並列式的雙音詞，説明“饋”的語素化程度相當高，獨立性非常弱，一般不單獨使用，有退出該概念場的趨勢。

(三) 贈

(39) 贈以龜茲國細鏤雜變石像，以申款心。(《出三藏記集·慧遠法師傳》)

(40) 謹贈足下錦裘二領，八節銀角桃枝一枚。(《殷芸小説·後漢人》)

(41) 即遣使招迎，厚加贈遺，悉不受。(《出三藏記集·佛陀耶舍傳》)

此時期的“贈”用例有很大幅度的增加，成爲使用率最高的詞，説明在該概念場中的競爭力極大增强。其受事的引出除了例(39)外，全都不用介詞引出，幾乎徹底改變了先秦必須用介詞引出的限制，表現出更强的靈活性；其與事也不需要介詞引出；同義連用的情況保持了秦漢時期的“贈遺、贈賜”等極少用例，説明“贈”繼續保持着較高的獨立性。

(四) 送

(42) 天人復以神珠一枚送之。(《六度集經·布施度無極章》)

(43) 太祖在官渡，與袁紹相持，繇送馬二千餘匹給軍。(《三國志·魏書·鍾繇傳》)

(44) 時梵摩王將諸采女於園苑中，而行遊戲安樂，以飲殘酒送與夫人。(《雜寶藏經·梵摩達夫人妒忌傷子法護緣》)

本時期“送”的受事很靈活，可以由介詞引入，如例(42)，也可以不由介詞引入，如例（43）；與事也不受限制，可不用介詞引入，如例（42），也可以由介詞引入，如例（44）。從組合情況來看，本時期的“送”全是單用，没有跟别的同義詞連用，保持着極高的獨立性。

小結：1. 從使用率、成詞率和覆蓋域來看，本時期“饋”趨向於退出該概念場的常用詞，“遺”的使用率較大下降，從核心詞降爲常用詞，“贈”的用例急劇上升，成爲使用率最高的詞，“送”的覆蓋域極大擴張，强勢進入該概念場。2. 從受事和與事的引入方式來看，“贈”的受事不再受到必須由介詞引入的限制，表現得更加靈活。3. 從組合情況來看，除了“饋”的用例全是同義連用外，其他三個都保持着較强的獨立性，語素化趨勢不明顯。4. 從以《三國志》《玉台新詠》爲代表的書面語文獻和以《雜寶藏經》《六度集經》爲代表的口語文獻比較來看，整體表現出了書面語用例超過口語的現象，衹有“送”在口語文獻中用例稍高，但並不明顯；此外，該時期並未產生用例很高的新詞進入該概念場，説明口語的衝擊並未對該概念場詞語使用產生太大影響。

四

唐宋“贈予”概念場語素使用情況表：

	大唐西域記	敦煌變文新書	封氏聞見記	唐才子傳	全唐詩	王梵志詩	新唐書	宣室志	五燈會元	夷堅志	合計	四語素使用比例	成詞語素/構詞語素	四成詞語素比例
遺	2	2	0	4	59	0	143	9	3	17	239	6%	171/68	5%
饋	1	0	1	1	3	0	41	2	0	4	53	1%	20/33	1%
贈	0	10	2	22	3172	0	38	10	12	38	3304	90%	3269/35	92%
送	0	14	1	6	33	1	21	0	13	4	93	3%	86/7	2%

唐宋“贈予”概念場成詞語素受事覆蓋域：

	人	物										
		抽象（語言、思想）	具體									
			渾言（所贈之物）	析言（所贈之物）								
				錢財	食物	衣物	動物	植物	器具	藥物	詩文	田宅
遺	＋	＋	＋	＋	＋	＋	＋	＋	＋	＋	＋	
饋			＋	＋	＋		＋		＋	＋	＋	
贈	＋		＋	＋	＋	＋		＋	＋	＋	＋	
送	＋	＋	＋	＋	＋	＋	＋		＋	＋	＋	

（一）遺

（45）已而令入池浴，肥以新衣，又以五百金錢遺之。（《大唐西域記·婆羅痆斯國》）

（46）客從昆侖來，遺我雙玉璞。（李白《雜言用投丹陽知己》）

（47）頡利德之，遺以錦裘羊馬。（《新唐書·苑君璋傳》）

（48）民間以青囊盛百穀瓜果種相問遺，號爲獻生子。（《新唐書·李泌傳》）

本時期“遺”的用法跟魏晉時期一致，受事可以由介詞引出作狀語，如例（45），也可以不用介詞直接作賓語，如例（46）；與事不用介詞引出，如例（47）。同義連用現象較多，“賂遺、饋遺、問遺、獻遺、贈遺、遺賜、貺遺”詞出現頻率較高。

（二）饋

（49）饋我籠中瓜，勸我此淹留。（韓愈《南溪始泛》其二）

(50) 初，元濟禁偶語於道，夜不然燭，酒食相饋遺者以軍法論。(《新唐書·裴度傳》)

(51) 徵在吴楚且周歲，所獲饋遺甚多。《宣室志·李徵》

本時期“饋”仍然有一定用例，但比例非常低，其用例主要集中在《新唐書》中，可能是受到史書語體的影響。其受事的引出均不用介詞，可以作賓語，如例(49)，也可以直接名詞作狀語，如例(50)；與事仍直接作賓語，如例(49)。同義連用很普遍，“饋遺、饋獻、獻饋、饋送、饋致、饋給、饋賫、賞饋”等使用頻率較高，如例(51)，説明“饋”語素化程度越來越高；本時期“饋”還經常跟其他近義或語義相關的詞構成雙音結構，體現出明顯的複音化傾向，如“賻饋、供饋、饋答”等，這是語素化程度加深的標誌。

(三) 贈

(52) 虯久慕之，至是請紅兒歌，贈以繒彩。(《唐才子傳·羅虯傳》)

(53) 懷中璧玉，以贈船人。(《敦煌變文集新書·伍子胥變文》)

(54) 歸願未克從，黄金贈路人。(喬知之《定情篇》)

(55) 久之，父卒，里中送葬千餘人，所贈予皆讓不受。(《新唐書·竇建德傳》)

本時期的“贈”的使用率達到了90%，其受事的引出很靈活，可以用介詞引出在其後作補語，如例(52)，可以不用介詞引出而直接作名詞狀語，如例(53)，也可以直接作賓語，如例(54)。“贈”雖然在本時期能夠跟一些同義詞連用，構成“贈予、贈賫、贈遺、贈答”等，如例(55)，但用例不多，説明“贈”始終保持了很强的獨立使用能力，語素化傾向並不明顯。

(四) 送

(56) 鄰家送魚鱉，問我數能來。(杜甫《春日江村》)

(57) 領頭可其奏，送以紫玉珂。(韓愈《讀東方朔雜事》)

(58) 有尼送瓷缽與師。(《五燈會元·靈樹如敏禪師》)

(59) 又責家人以其女嫁胡氏，資送太薄。(《夷堅志·王夫人齋僧》)

本時期"送"的使用率雖然不高，但其受事覆蓋域却非常廣，表現出很强的競爭潛力。其受事的引出保持着非常靈活的狀態，可以直接作賓語，如例(56)，也可以由介詞引出作補語，如例(57)，但少見介詞引出作狀語的用例；其與事的引出大多要用介詞，並常使用"送＋受事＋與＋與事"這樣的結構，如例(58)。"送"在本時期能與同義詞連用爲"資送、饋送、齎送、賂送"等，如例(59)，但用例很少，説明"送"的語素化傾向很弱，獨立性很强。

小結：1. 從使用率和覆蓋率來看，"遺"和"饋"似乎有覆蓋域擴張的現象，可使用率却越來越低，主要是由於其用例多出現在代表書面語的《新唐書》這樣的史書中，説明，"遺"和"饋"的使用受到語體的影響，主要用於書面語，是仿古的表現；"贈"的使用率激增，成爲本時期的核心詞；"送"的使用率雖然不高，但其受事覆蓋域却繼續擴張，表現出較强的潛在競爭力。2. 從受事和與事引入的方式來看，"送"的與事出現需要介詞引入的現象，其他三個詞表現出很强的靈活性。3. 從組合現象看，"遺"和"饋"的組合能力繼續增强，"饋"的語素化程度最高；"贈"和"送"有一定的組合能力，但保持着很强的獨立性。

五

元明清“贈予”概念場語素使用情況表：

	全元雜劇	元人小令七百首	拍案驚奇	三國演義	西遊記	繡像金瓶梅詞話	蕩寇志	兒女英雄傳	紅樓夢	聊齋志異	合計	四語素使用比例	成詞語素/構詞語素	四成詞語素比例
遺	3	0	2	1	1	0	0	1	1	34	43	3%	17/26	1%
饋	5	0	4	2	0	5	2	0	2	39	59	4%	14/45	1%
贈	41	31	38	12	3	3	17	25	15	135	320	22%	314/6	24%
送	122	0	142	38	67	283	65	71	216	9	1013	71%	987/26	74%

元明清“贈予”概念場成詞語素受事覆蓋域：

	人	物										
		抽象（語言、思想）	具體									
			渾言（所贈之物）	析言（所贈之物）								
				錢財	食物	衣物	動物	植物	器具	藥物	詩文	田宅
遺			+	+	+	+			+	+		
饋	+		+	+	+	+	+		+			
贈	+	+	+	+	+	+	+	+	+	+	+	+
送	+	+	+	+	+	+	+	+	+	+	+	+

(一) 遺

(60) 融常使人遺以粟帛。(《三國演義》第十一回)

(61) 歸後，以金遺道士，囑令朝夕培養之。(《聊齋志異·香玉》)

(62) 他教我休便去了，遺贈紫香囊，故意留與小生爲

信物。(鄭光祖《㑳梅香騙翰林風月》)

(63) 交好者薄有饋遺，買一羸蹇，御妻而歸。(《聊齋志異·顏氏》)

本時期"遺"跟唐宋相比，没有什麽特殊的變化，受事可以用介詞引出作補語，如例(60)，也可以介詞引出作狀語，如例(61)，還可以不用介詞直接用作賓語，如例(62)；與事不用介詞引出；語素化程度很高，可以跟同義詞構成並列式複音詞"饋遺、贈遺、賂遺、遺問"等，且使用率較高，如例(63)。

(二) 饋

(64) 議溫明董卓叱丁原　饋金珠李肅説呂布。(《三國演義》第三回)

(65) 帶了許多東西去饋送着千户，並他妻子僕妾，多方禮物。(《初刻拍案驚奇》卷三十八)

本時期所考查文獻中"饋"共有59個用例，其中有50個用例都出現在雙音詞中，同義連用的有"饋送、饋贈、饋遺、饋問、饋賞、饋恤"等，其中"饋送"用例最高，有18個；此外，還跟别的詞構成"相饋、饋金、饋餌"等複音詞，説明"饋"的語素化程度已極高，一般不單獨使用。

(三) 贈

(66) 遂把宅子贈了崔生，逾牆而去。(《初刻拍案驚奇》卷四)

(67) 金生曾做一首詩贈與翠翠，以見相慕之意。(《二刻拍案驚奇》卷六)

(68) 過數月，忽以三金贈馬。(《聊齋志異·毛狐》)

本時期"贈"的用例急劇下降，退出該概念場核心詞範疇，但仍是常用詞。用法同前期相比變化不大，受事、與事的引入都很靈活，可以用介詞也可以不用介詞，雖有同義連用的情況，但用例不多，語素化不明顯，獨立性很強。

（四）送

(69) 分外又是三兩一小封，送與老嬷做辛苦錢。（《二刻拍案驚奇》卷二）

(70) 那主簿是個小官，地方没大生意，連自家也只好支持過日，送得他一貫多錢。（《二刻拍案驚奇》卷十一）

(71) 那賊漢好狠也，我把一擔兒朱砂都送了你，只要留俺的性命。（無名氏《朱砂擔滴水浮漚記》）

本時期“送”的受事可以直接作賓語如例（70），也可以用介詞引入到處置式中作狀語，如（71）；其與事多由介詞“與”引出，如例（69）。“送”的組合能力很弱，僅有少數“饋送”等用例，獨立性非常强，通常單獨使用。

小結：1. 從覆蓋域和使用率來看，“遺”和“饋”退出了該概念場常用詞範疇，“贈”和“送”覆蓋域擴張到最大，但“送”使用率和成詞率高，成爲核心詞，這種情況一直持續到現代漢語。2. 從受事和與事引入方式來看，各自表現都非常靈活。3. 從組合能力來看，“遺”和“贈”通常以雙音節詞方式出現，表現出語素化程度極高；“贈”的雙音化明顯，有語素化傾向；“送”保持着非常高的獨立性。

結　語

我們從先秦開始對“贈予”概念場中的常用詞“遺、饋、贈、送”進行了詳細考察，得出以下結論：

一，在這組詞的常用詞成員演變中，總體表現出兩次更替，第一次是從魏晉開始一直持續到唐宋時期的“贈”對“遺”的替換，第二次是元明清時期“送”對“贈”的替換。丁喜霞（2013）認爲，常用詞演變模式有衍生、更替、消滅和存續四種，但在具體的常用詞演變研究中，各種模式的演變往往是相互交織的。在“贈予”概念場中，“遺”與“饋”屬於消減模式；“贈”與“送”呈現出更替、存續多種狀態。

二，概念場内分佈（受事覆蓋域）的演變與常用詞成員的演變一致，在某個時期覆蓋域最廣的詞，通常是該時期的核心詞，其中，“送”的受事覆蓋域的逐步擴張以致最終成爲核心詞非常有力地説明了概念場内分佈的演變是引起成員演變的重要原因，從而證明了概念場分佈演變研究的價值。

三，語法結構對常用詞的演變起到一定的制約作用。比如，“贈”的受事的引出從必須要介詞到不受限制，增强了“贈”的競爭力。

四，單音節常用詞的語素化使其構詞能力增强可能會最終導致其退出該概念場常用詞範疇，比如“遺”、“饋”。

五，“贈予”概念場各成員的其他義項的使用對“贈予”義項的使用没有必然影響。我們對“遺、饋、贈、送”四個詞在上文所選歷代文獻中用於“贈予”概念場的用例和其全部義項的總用例進行了統計，并計算出其用於“贈予”概念場的用例在全部義項總用例中的使用比例，如下表①：

	先秦		秦漢		魏晉南北朝		唐宋		元明清	
遺	41/313	13%	64/314	20%	41/423	10%	239/2633	9%	43/608	7%
饋	20/94	21%	21/55	38%	3/11	27%	53/214	25%	59/92	64%
贈	23/41	56%	33/42	79%	57/105	54%	3304/4442	74%	320/414	77%
送	5/207	2%	45/363	12%	29/313	9%	93/7624	1%	1013/5527	18%

其結果表明，據《漢語大詞典》所載義項來看，在先秦和秦

① 表中“/”前的數字是“贈予”義的用例，“/”後的是該語料中該詞所有義項的總用例。

漢時期，"遺"的義項共有18個，"贈予"概念場的"遺"的使用率分别只佔了它所有義項的13%和20%，却是這兩個時期"贈予"概念場的核心詞；"送"在元明清時期的所有義項共19個，其在"贈予"概念場的使用率衹是總數的18%，却也成爲了"贈予"概念場的核心詞；而"饋"和"贈"在"贈予"概念場中的用例一直佔據着它們所有義項總用例的較高比例，可它們却並不一定總是"贈予"概念場的核心詞。因此，我們認爲，多義詞在某一概念場中的地位跟它的其它義項的使用情況並不必然產生聯繫。

六，論文從語素的角度出發，把其獨立成詞情況和同義連用的構詞情況相結合進行討論，認爲通過獨立成詞情況可以判斷其是否是該概念場常用詞，但同義連用的構詞情況因與複音詞同義，可以用作參考，不能簡單認爲它退出了該概念場。同義連用詞彙化是漢語詞彙複音化的一種方式，也是構成該概念場新詞的一種方式，因此，把獨立成詞和同義構詞情況結合研究，能夠在一定程度上反映出該概念場新詞出現的情況。從"贈予"概念場各歷史階段同義構詞情況來看，同義復合詞並未取代單音詞而成爲常用詞，因此，我們選取這四個單音詞作爲常用詞對該概念場進行演變研究是符合客觀事實的；各語素的總使用率和成詞語素使用比例相當，説明從語素的角度來研究不僅更全面，而且結論也更可靠。

〔主要參考文獻〕

丁喜霞．漢語常用詞的演變模式初探．河南大學學報（社會科學版），2013（2）．

蔣紹愚．打擊義動詞的詞義分析．中國語文，2007（5）．

汪維輝．漢語常用詞演變研究的若干問題．南開語言學刊，2007（1）．

（清）段玉裁．説文解字注．上海：上海古籍出版社，1981．

Study on the evolution of Chinese "gift" conceptual field commonly used words

Chen Jiachun

(College of Literature and Journalism, Sichuan University, Chengdu 610064, China College of Literature, Sichan University of Science and Engineering, Zigong 643000, China)

Abstract: Based on the concept of "gift" of "diachronic left, fed, gifts, send" the evolution of the concept of field, found the core word experienced two changes, one is the Wei and Jin Dynasties "gift" to the "left" turnover, a period of Yuan Ming and Qing "sent" to "give" turnover. The reason is found, the word change, patient coverage of morpheme level, grammatical structure of the words is affected the concept of field of common words, and use these polysemous words with no other meanings of "gift" items will influence.

Key words: commonly used words; conceptual fields; gift; diachronic left; fed; gifts; send

(陳家春，四川大學文學與新聞學院，郵編 610064，四川理工學院人文學院，郵編 643000)

認知視角下的贛語詞義演變外部動因分析*

肖九根

内容摘要：詞義大多處於不斷演變之中，就其演變動因而言，不外乎爲外部動因與内部動因。如要探究詞義演變的動因，應把影響詞義演變的認知意象作爲觀照的視點。從其外部動因來説，客體世界的發展變化會及時地反映到詞義之中，並引起認知域中的詞義演變，這是推動義位變化的第一動力。此外，主體世界的發展變化，也會帶來認知域中的詞義演變，這是推動義位變化的第二動力。因此，從認知的視點出發，探明詞義演變的外部動因就顯得尤爲重要。

關鍵詞：認知視角　贛語詞義　演變　外部動因

一　引　論

詞義是認知活動的產物，也是客體世界與主體世界的映射。盡管詞義受到語言結構本身的制約，但也不能否認它與認知的關聯性。無論哪一方面發生變化，均會引起認知中的詞義演變。認

* 基金項目：國家社科基金後期資助項目（編號：14FYY027）、江西省高校人文社科規劃項目《漢語方言詞義在語言學視野下的認知分析》（編號：yy1105）。本文承蒙有關專家提出宝贵修改意見，謹致謝忱！如文中還有不妥之處，概由作者本人負責。

知中的詞義總是處於不斷的發展變化之中，雖其動因複雜多樣，但從發生學上看，不外乎來自内外兩個方面，而其中外部動因尤顯重要。因此，要探究贛語詞義演變的動因，首先也必須抓住人們認知中影響詞義演變的外部動因這個根本，並以之作爲分析的切入點。

既然詞義是物質客體世界與精神主體世界的認知反映，那麽這物質的客體世界與精神的主體世界就自然而然地成了影響贛語詞義演變的外部動因。所以，下文就此進行闡述。

二 詞義演變中的客體世界

從詞的探源中發現，贛語詞義的發展變化與物質客體世界的關係最爲密切。因爲“客體世界每一個引起人們注意的變化都及時地反映到詞義中。客體世界的變化發展是推動義位演變的第一動力。這個動力又包括許多不同方面的動力，諸如：自然和社會個體（多是物質形態）、社會生活（政治、經濟、文化、軍事、風俗習慣）、科學技術、民族種族、社會集團、歷史的發展變化，等等”①。無論哪一方面發生變化，均會促使贛語認知中的詞義發生演變。

（一）社會物質形態的改變引起贛語認知中詞義的發展變化

社會物質形態是認知中詞義形成的本源，它的發展變化必然要引起詞義的發展變化。例如，“落色”在贛語裏是“褪色”義，亦即顏色變淡或脱落。“落”本謂“葉落”。《説文·艸部》：“落，凡艸曰零，木曰落。”後來泛指物的“落下”或“脱落”。三国魏·應璩《與侍郎曹長思書》：“夫皮朽者毛落，川涸者魚逝。”其“葉落”之因，皆緣於“葉枯而澤衰”所致，故“落”又有

① 張志毅，張慶雲. 詞彙語義學. 北京：商務印書館，2005：256.

"衰退"義；而物的"褪色"謂之"落色"，正切此意。南朝宋·顔延之《祖祭弟文》："蕃蘭落色，宿草滋長。"據目前所知，贛語區[①]鷹弋、吉茶等片（如余江、鄱陽、吉水等地），人們常用之於衣物等方面。又如"地"，最初與"天"相對，指稱大地。《周易·乾》："本乎天者親上，本乎地者親下，則各從其類也。"不過，古人認爲它是由重濁之氣凝聚而成的。《説文·土部》："地，元氣初分，輕清陽爲天，重濁陰爲地，萬物所陳列也。"後來，又引稱土地。《廣韻·至韻》："地，土地。"因爲地是萬物存載之所，也是人的尸靈安存之處，所以江西境内贛語今不僅用通語中與天相對的"大地"及"土地"等義，還常以"地"指稱"墳地"、"墳墓"，如撫廣片有"掛地掃墓"、"地堆子墳丘"之説，吉茶等片（包括筆者家鄉）也有類似的説法，可以單獨指稱，除具一定的語境之外，似乎不存在其他條件的限制。這樣，雖然"地"的能指没有變化，但由於社會物質形態發生了改變，也就促使贛語認知中的詞義所指也發生了一定的變化。

（二）社會生活的改變引起贛語認知中詞義的發展變化

社會生活的發展變化也是人們認知變化的一個重要因素，這也必然要反映到表達認知變化的詞義之中。例如，"欄"是古越族的一種"干欄式"房屋建築，其内住人，底層養畜，流行於長江流域及其以南地區。據考古發現，贛地新石器時代遺址中的陶屋，也屬於這類干欄式建築。樟樹營盤裏和貴溪仙水岩崖，還發掘了西周、春秋時期的"干欄式"建築遺物。今贛地仍有各式各樣的"欄"，而其認知中的詞義所指已經起了變化，它不再是古越族那種人畜混住的屋或家，而僅指"家畜的住處"了，如贛語

① 中國社會科學院語言研究所謝留文《贛語的分區（稿）》（《方言》2006年第3期，第264—271頁）將贛語區劃成了以下九個次方言區：昌都、宜瀏、吉茶、撫廣、鷹弋（以上爲江西境内的）、大通、耒資、洞綏、懷嶽（以上爲江西境外的）。

各片都有“猪欄”、“牛欄”之説。又如“雲梯”，是古代攻城時攀登城牆的長梯。《史記·孟子荀卿列傳》：“蓋墨翟，宋之大夫。善守禦，爲節用。”文中作注引《墨子》“公輸盤爲楚造雲梯之械，成，將以攻宋”之語，司馬貞索隱：“梯者，構木瞰高也；雲者，言其升高入雲，故曰雲梯。”雖然後來戰爭中不用，而類似於此的一般房屋登樓的梯子却廣爲使用。因此，贛語區的人們仍以認知心理意象的投射把它稱之爲“雲梯”，但其認知中的詞義所指却已發生演變。像撫廣崇仁、昌都南昌以及吉茶峡江，還有鷹弋片的一些地方如鷹潭市，如今還把那種可移動的簡易木制的登樓梯子叫做“雲梯”。

（三）社會關係的改變引起贛語認知中詞義的發展變化

客體世界中存在着各種複雜的社會關係，這也是人們認知世界的一種反映。因此，社會關係的發展變化，也是認知中的詞義發展變化的一個重要方面。例如，以“鄰舍”指稱“鄰居”，似可追溯至三代時期。《晏子春秋·内篇雜下》：“諺曰：‘非宅是卜，維鄰是卜。’二三子先卜鄰矣。”吴則虞注引孫星衍云：“案今本皆與左傳文同，删去此文，疑後人妄以左傳改此書也。‘毋卜其居，而卜其鄰舍’，‘居’與‘舍’爲韻，‘舍’從‘余’得聲，猶是三代之文，勝於左氏，疑左氏取此鍛煉之。”不過，人們漸爲用之，當屬秦漢以後。東晉·葛洪《西京雜記》卷二：“鄰舍有燭而不逮，衡乃穿壁引其光，以書映光而讀之。”贛語裏，“鄰舍”由“鄰居”義進而擴至“鄉鄰”等義，地域由小而大，它既可言“鄰里”，亦可指“鄰村”、“鄰縣”甚至“鄰省”。雖然“鄰舍”的能指未變，但其所指範圍，却要依具體情况的變化而變化。

當然，客體世界還有許多因素會引發贛語認知中的詞義演變，在此難以一一。一句話，詞義的發展變化，也就是以舊語賦予新義，是要受其理據制約的，而其中最主要的取決於客體世界之間的相似性或相關性，以及詞的語音形式與詞義的認知内容之間相對應的關聯性。贛語詞義的演變，也毫不例外地受到這一理據的制約。

三 詞義演變中的主體世界

從詞的探源中還發現，贛語詞義的發展變化與人們認知事物的精神意識即主體世界也有很大關係。因爲“主體世界的變化發展，必定是推動義位演變的第二個動力。這個動力包括的主要方面是：思維認識，思想觀念，心理感情。”① 所以，人們的思維認識、思想觀念以及心理情感的變化，也會引起認知中的詞義變化。

（一）人們思維認識上的深化促使認知中的詞義變化

人們對世界的認知是不斷發展，不斷深化的。隨着人們思維認識的深化，認知中的詞義也必定要發生相應的變化。這是因爲“人的思維從具體到抽象、從特殊到一般的發展都反映在語言裏，反映在詞義的變化裏。思維從具體到抽象的發展和從特殊到一般的發展是緊密聯繫的，抽象化的過程往往同時就是一般化的過程。”② 贛語詞義的發展變化，也是人們認知思維不斷深化的映現。如“觘”，本指具體的“角上”。《玉篇·角部》：“觘，角上也。”進而演變爲“牛角頂撞”義，由此產生出一般“頂撞”的抽象義。贛語區撫廣、昌都、宜瀏、吉茶等片，常用這幾個義項。如黎川、南昌“觘角（兩頭牛用角互頂）”，高安“牛拿角觘人”，吉水“渠（他）喜歡觘（頂撞）人，人家真個（真是）不願跟渠交往。”又如“馱”，本指具體的“馬背負東西”。《集韻·

① 張志毅，張慶雲．詞彙語義學．北京：商務印書館，2005：259.
② 張永言．詞彙學簡論．武漢：華中工學院出版社，1982：56.

戈韻》:“馱,馬負物。”由此泛指其他牲口負物。《集韻·個韻》:“馱,畜負物也。”又引爲人背負。宋·孟元老《東京夢華錄》卷四:“須臾,行菜者左手杈三碗、右臂自手至肩馱迭約二十碗,散下盡合各人呼索,不容差錯。”再產生出“人負債”的抽象義。贛語區鷹弋鄱陽,昌都南昌以及吉茶吉安、吉水等地,人們還常説“馱債”之類。再如“嘸”本指具體的“咬”或“啃”,“嘸骨頭”正是用其本義;而“嘸蛆(胡説)”、“嘸牙交(閑聊、亂扯)”之類,則用其抽象義了。人們認知事物最重要的本質特徵,就是由認知物體的具體可感性朝着認知物體的抽象化方向發展。因而,隨着人們思維認識的不斷深化,認知中的詞義也隨之不斷地抽象化,這是符合人們認知規律的。

(二)人們思想觀念上的更新也促使認知中的詞義變化

事物总是发展變化着的,人們的思想觀念也會隨之更新,並促使認知中的詞義不斷地發生裂變。思想觀念就其本質而言,是客觀事物在人的認知活動中經過思維概括所形成的。這種思想觀念或認知意識的變化,也是詞義演變的最好注脚。如“馴善”的義值變化,在贛語中就是隨着人們思想觀念的變化而變化的。“馴善”本指人“馴順善良”的品格,爲人們所推崇。如《史記·蔡叔度世家》:“蔡叔度既遷而死。其子曰胡,胡乃改行,率德馴善。周公聞之,而舉胡以爲魯卿士,魯國治。”贛語區如吉茶片各地,也常用此義。由此又引申出人“老實”或“逆來順受”。贛地有句古諺:“人善有人欺,馬善有人騎。”因此,曾幾何時,“老實”或“順從”被當作“無用被欺”的代名詞,這就使得“馴善”的品行一度遭人质疑,其義值也有所降低。當然,人“老實”或“順從”有時也有其可取之處,那就是“安分守法”,任勞任怨,據考察還頗受一些用人單位的青睐。這樣一來,“馴善”的義值又有所上昇。又如“古怪”,其義“奇異”、“非同常情”,指人時多用於行爲、脾氣或性格怪異,屬貶義。而贛語區，人們的潛意識是一個人祇有“聰明”纔能“非同一般”，故而它常常被轉引爲具有褒獎的“聰明”義。撫廣、昌都、宜瀏以及吉茶等片（如樂安、南昌、星子、新余、吉安、泰和、吉水、峽江等地），今猶慣用此語。譬如，吉水話“該崽（男孩）真個（真是）古怪，冒（没有）哪個教渠（他），渠啥個東西（什麼事情）總（都）曉得（會）做”。此類義值的演變，其他方言也有類似現象。上述例子表明，贛語中的詞義演變以及義值升降與否，完全取决於人們的思想觀念是否發生變化。而人們的思想觀念，歸根結底又是隨着人們認知事物過程所產生的意象流動而變化的。

（三）人們心理情感上的變化同樣促使認知中的詞義變化

在認知過程中，詞義的演變是多樣性的，這與人們的心理情感多變性有密切關係。人們的崇尚心理、求美心理、喜好心理等，均是促使贛語詞義演變的因素。

崇尚、贊許真、善、美是人們普遍存在的一種認知心理，這是由人的天性决定的。贛語詞義的發展變化，也反映了這樣一種普遍存在的認知心理現象。如“齊整”，本謂“整齊”、“井然有序”。《六韜·龍韜·兵征》：“三軍齊整，陣勢以固，深溝高壘……大勝之征也。”引申爲“齊備”義。《金瓶梅》第六回：“另安排一席齊整酒肴預備。”因爲“整齊”和“齊備”都含有“好”的義素成分，故又用於女性的“端莊”、“漂亮”。元·白樸《東牆記》第二折：“據相貌容顔齊整，論文學海宇傳名，堪人敬。”江西境内贛語，今依然廣用“齊備”和“端莊”或“漂亮”等義。如吉茶吉水“嫁妝辦得真個（真是）齊整（齊備、有排場）”，昌都南昌“渠個（他的）新婦（兒媳）是蠻齊整（端莊、漂亮）”。顯然，人們以“齊整”言之，無疑表達了一種崇尚、贊許的認知心理。

向雅避俗、求美棄醜，也是人們普遍存在的一種認知心理特徵。這一點，在贛語詞義演變中也有所凸顯。如“東司”，本是唐代設於東都洛陽的一種“官署總稱”。唐·白居易《再授賓客分司》詩：“分命在東司，又不勞朝謁。”贛語中，今天人們還把“廁所”雅稱爲“東司”。如撫廣撫州、南城、南豐、崇仁、金溪、進賢、福建建寧，昌都修水，吉茶蓮花、永新、萍鄉，鷹弋萬年、余干，宜瀏宜春、萬載、清江、分宜等地，無論學人還是目不識丁者，均如是説。緣何有此之説呢？因爲唐宋以後，那些地方爲士子、儒生以及商賈雲集之地，故與此關係甚大。贛語中類似的例子還有很多，如“蛇”稱爲“青龍”，“猪頭”稱“神福”或“紗帽”，“坐月子”爲“蓄皇帝”等等，無不烙上了人們認知事物過程中的那種向雅、求美的心理情愫。

人與生俱來就是具有豐富情感的神靈。在七情六欲中，最爲可貴的是親善、友愛之情，這也是贛語詞義變化的一個重要内容。如“囝”，本是閩人自家“兒子”之稱。《集韻·獮韻》：“閩人呼兒曰囝。”贛東撫廣片廣昌等地，因地緣關係，多受閩語及吴越語的影響，亦慣用此語，不僅稱自家的“兒子”爲“囝”，還可稱别人家的“孩子”。長輩親切地稱小孩爲“囝”或“囝囝”，其中飽含了對孩子無限仁善、慈愛、包容的寬廣情懷。贛語中，類似的例子還有“囡”，贛東北鷹弋鄱陽等地常用之。

四 結 論

總之，大量例子表明“語義不僅僅是客觀的真值條件，而是主觀和客觀的結合，研究語義總要涉及人的主觀看法或心理因素”①。因爲事物之間的聯繫是通過人的認知“心靈空間”以語

① 陸儉明，沈陽．漢語和漢語研究十五講．北京：北京大學出版社，2004：346．

義映射的形式來實現的。雖然人們對同一“物象”心理意象的“投射”有其共通性的一面，甚至產生情感上的共鳴，但也不可否認它的另一面，即在某種程度上，認知中同一物象“由於人們的注意點不同或觀察角度不一樣，就會在頭腦中形成不同的‘意象’，也就可能有不同的意義”①。因此，認知過程中人們對同一“物象”形成不同的心理意象，並帶來認知中詞義的一定變化，正是客觀真值條件與主觀心理因素有機結合的內在反映。

〔主要參考文獻〕

張志毅，張慶雲．詞彙語義學．北京：商務印書館，2005.

許慎．説文解字．南京：江蘇古籍出版社，2001.

陳彭年．廣韻．上海：上海古籍出版社，1983.

張永言．詞彙學簡論．武漢：華中工學院出版社，1982.

顧野王．宋本玉篇．北京：中國書店，1983.

丁度．集韻．上海：上海古籍出版社，1985.

陸儉明，沈陽．漢語和漢語研究十五講．北京：北京大學出版社，2004.

The Analysis on the External Causes of the Lexical Evolution of Gan Dialect from the Cognitive Perspective

Xiao Jiugen

(Jiangxi Normal University College of Liberal Arts,
Nanchang Jiangxi 330022)

Abstract: The meaning of a word is always on the way of evolution, and the reasons for that are no more than the external causes and internal causes. For the external causes, the development of the objective world can be

① 陸儉明，沈陽．漢語和漢語研究十五講．北京：北京大學出版社，2004：347.

reflected in the lexical meaning of Gan dialect, as well as the evolution of the cognitive domain, which is the first important impetus of sememe changes. In addition, the development of the subjective world can also bring the semantic change, which is the second impetus. Therefore, from the cognitive perspective, the research on the external causes is proved to be particularly important.

Key words: Cognitive Perspective; Lexical Meaning of Gan Dialect; Evolution; External Causes

(肖九根，江西師範大學文學院，郵編 330022)

《漢語史研究集刊》稿約要求

一、本刊提倡扎實語料基礎，在拓寬傳世典籍語料研究領域的同時，重視出土文獻與活的語言資料，并汲取相關學科的研究成果；提倡微觀與宏觀相結合，在繼承傳統文獻的同時吸收現代語言學的理論和方法，探求語言現象產生的原因和演變規律。

二、來稿請用繁體字書寫。全文一般不超過 12000 字，包括 100 字左右的内容提要、3－5 個關鍵詞。特別提示：請在文末附上文章題目、内容提要以及關鍵詞的英文翻譯。來稿半年後未得到本刊答復，作者可自行處理。因人力限制，來稿恕不退還。

三、本刊採用匿名審稿，來稿請寫上論文題目、作者姓名、工作單位、通訊地址以及學術簡歷。正文另起一頁，不署名。

四、參考文獻衹列出本文直接引用者，並據内容採用以下順序：

1. 論文集類：作者、文章標題、文集名稱、編者、出版社、文集出版年份；

2. 期刊類：作者、文章標題、期刊名稱、期數、頁碼；

3. 專著類：作者、書名、出版社、出版年份。

五、爲便於閱讀，正文中的注釋使用脚注形式。這種注釋應該是對正文内容的附加解釋或補充説明，因此參考文獻或者引用文獻的出處最好不以腳注形式出現。

六、來稿請寄：四川大學中文系《漢語史研究集刊》編輯部，郵政編碼 610064，並發電子郵件至 hanyus98@163.com。

圖書在版編目（CIP）數據

漢語史研究集刊. 第十八輯/四川大學中國俗文化研究所，四川大學漢語史研究所編 . —成都：巴蜀書社，2015.1
ISBN 978－7－5531－0495－9

Ⅰ. ①漢… Ⅱ. ①四… ②四… Ⅲ. ①漢語史—研究—叢刊 Ⅳ. ①H1－09

中國版本圖書館 CIP 數據核字(2015)第 012538 號

策劃組稿：楊宗義
責任編輯：譚曉紅　楊宗義
封面設計：楊　丁

漢語史研究集刊(第十八輯)　四川大學中國俗文化研究所 四川大學漢語史研究所 編

巴蜀書社出版發行　（成都市槐樹街 2 號　郵政編碼 610031）
總編室電話（028）86259397　發行科電話（028）86259422 86259423
網址　www.bsbook.com
成都翔川印務有限責任公司印刷

成品尺寸　203mm×140mm　印張 13.625　字數 350 千
2015 年 1 月第 1 版　2015 年 1 月第 1 次印刷

ISBN 978－7－5531－0495－9　定價：45.00 圓